普通高等院校汽车工程类规划教材

汽车电器与电控技术

杨亚萍 张永辉 主 编
乔晓亮 张俊溪 副主编

清华大学出版社
北京

内容简介

本书系统地讲述了汽车电器及汽车控制技术的基本结构、工作原理、使用特性，以及常见故障诊断与排除方法。主要介绍了汽车电源系统、汽车起动系统、电控燃油喷射系统、微机控制点火系统、进排气控制系统、照明与信号系统、舒适与安全系统、汽车电控自动变速技术、汽车底盘电子控制系统、全车电路和车载网络技术等方面的内容。

本书图文并茂，通俗易懂，实用性较强。不仅可作为高等院校车辆工程、汽车服务工程及相近专业的教材，也可作为从事汽车行业的工程技术人员、使用与维修人员的参考书。

版权所有，侵权必究。举报：010-62782989，beiqinquan@tup.tsinghua.edu.cn。

图书在版编目（CIP）数据

汽车电器与电控技术/杨亚萍，张永辉主编．—北京：清华大学出版社，2019（2025.1重印）
（普通高等院校汽车工程类规划教材）
ISBN 978-7-302-52045-0

Ⅰ.①汽… Ⅱ.①杨… ②张… Ⅲ.①汽车－电气设备－高等学校－教材 ②汽车－电子系统－控制系统－高等学校－教材 Ⅳ.①U463.6

中国版本图书馆 CIP 数据核字（2019）第 009033 号

责任编辑：许　龙
封面设计：常雪影
责任校对：赵丽敏
责任印制：沈　露

出版发行：清华大学出版社
　　网　　址：https://www.tup.com.cn，https://www.wqxuetang.com
　　地　　址：北京清华大学学研大厦 A 座　　邮　编：100084
　　社 总 机：010-83470000　　邮　购：010-62786544
　　投稿与读者服务：010-62776969，c-service@tup.tsinghua.edu.cn
　　质量反馈：010-62772015，zhiliang@tup.tsinghua.edu.cn
印 装 者：三河市铭诚印务有限公司
经　　销：全国新华书店
开　　本：185mm×260mm　　印　张：24.25　　字　数：589 千字
版　　次：2019 年 5 月第 1 版　　印　次：2025 年 1 月第 3 次印刷
定　　价：69.80 元

产品编号：076505-01

汽车电器是汽车的重要组成部分之一,其性能的好坏直接影响汽车的安全性、舒适性等性能。随着汽车工业的迅速发展,汽车新技术、新工艺的开发与应用不断加快,汽车电器与电子设备也在不断改进、发展。同时,现代控制与信息技术的发展,使人、车、路有机地融为一体,现代汽车已经发展成为机电一体化的高科技产品,这就对汽车类专业人才提出了更高的要求。

本书在章节结构、内容安排和习题等方面,吸收了相关教材建设的好经验,同时总结了编者近年来从事教学工作的成果和经验,并从普通高等院校的教学实际出发,重点介绍了汽车电器与电子设备的基本结构、工作原理及常见故障诊断与排除,以及电子控制技术在汽车上的应用等。本书力求全面体现应用型本科教育特色,满足当前教学的需要。

本书由西安航空学院杨亚萍、张永辉主编,乔晓亮、张俊溪任副主编。其中,第1章由杨亚萍编写,绪论和第2、10章由张永辉编写,第3、4章由张俊溪编写,第5、6章由乔晓亮编写,第8章由周扬编写,第7章由山东交通学院曹凤萍编写,第9章由西安汽车科技学院袁月会编写。

本书在编写过程中,得到了相关高校老师、企业技术人员的大力支持,引用了有关技术资料,在此一并表示衷心的感谢。

由于编者水平有限和时间紧迫,书中的疏漏和不妥之处,敬请读者批评指正。

编　者

2018 年 3 月

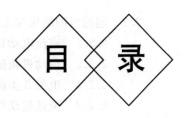

绪论 ·· 1

第1章 汽车电源系统 ··· 4

1.1 蓄电池 ·· 4
1.1.1 蓄电池的分类与功用 ··· 4
1.1.2 蓄电池的构造及型号 ··· 5
1.1.3 蓄电池的工作原理 ··· 9
1.1.4 蓄电池的工作特性 ·· 11
1.1.5 蓄电池的充电及其设备 ··· 14
1.1.6 蓄电池常见故障诊断与排除 ··· 17

1.2 交流发电机 ·· 20
1.2.1 交流发电机的构造及型号 ··· 20
1.2.2 交流发电机的工作原理 ··· 23
1.2.3 交流发电机的工作特性 ··· 26

1.3 电压调节器 ·· 27
1.3.1 电压调节器的功用 ·· 27
1.3.2 电压调节器的基本原理 ··· 27
1.3.3 电压调节器的分类及型号 ··· 28
1.3.4 交流发电机与调节器常见故障诊断与排除 ··············· 29

1.4 汽车电源新技术 ·· 32
1.4.1 新型汽车蓄电池 ··· 32
1.4.2 新型汽车发电机 ··· 33
1.4.3 42V 汽车电源系统 ·· 33

本章小结 ·· 35
习题 ·· 35

第2章 汽车起动系统 ··· 36

2.1 汽车起动系统概述 ·· 36
2.1.1 起动系统的作用与基本组成 ··· 36
2.1.2 起动机的分类与型号 ·· 37

2.2 起动机的结构与工作原理 ·· 38
　　2.2.1 直流电动机的结构与工作原理 ······································ 38
　　2.2.2 传动机构的结构与工作原理 ·· 42
　　2.2.3 电磁开关的结构与工作原理 ·· 44
　　2.2.4 减速起动机 ·· 45
2.3 起动机的工作特性 ·· 46
2.4 起动机的控制电路 ·· 48
2.5 起动系统的检测与故障诊断 ·· 51
　　2.5.1 起动机主要部件的检测 ··· 51
　　2.5.2 起动系统故障诊断 ·· 54
本章小结 ··· 59
习题 ··· 59

第3章 电控燃油喷射系统 ·· 60

3.1 电控燃油喷射系统概述 ·· 60
　　3.1.1 电控燃油喷射系统的构成 ·· 60
　　3.1.2 电控燃油喷射系统的分类 ·· 61
3.2 空气供给系统 ·· 64
　　3.2.1 空气流量传感器的结构与工作原理 ······························ 65
　　3.2.2 进气歧管压力传感器的结构与工作原理 ······················· 68
　　3.2.3 温度传感器的结构与工作原理 ···································· 69
　　3.2.4 节气门位置传感器的结构与工作原理 ··························· 72
3.3 燃油供给系统 ·· 73
　　3.3.1 电动燃油泵 ·· 74
　　3.3.2 压力调节器 ·· 80
　　3.3.3 电磁喷油器 ·· 81
3.4 燃油喷射控制过程 ·· 83
　　3.4.1 喷油正时的控制 ·· 83
　　3.4.2 喷油量的控制 ··· 83
　　3.4.3 停油控制 ··· 88
　　3.4.4 电控燃油喷射系统常见故障诊断与排除 ······················· 89
3.5 电控燃油喷射系统传感器的检测 ·· 90
　　3.5.1 空气流量传感器的检测 ·· 90
　　3.5.2 进气歧管压力传感器的检测 ······································ 92
　　3.5.3 温度传感器的检测 ·· 92
　　3.5.4 节气门位置传感器的检测 ··· 93
本章小结 ··· 94
思考题 ·· 95

第 4 章 微机控制点火系统 … 96

4.1 点火系统概述 … 96
4.1.1 汽油发动机对点火系统的基本要求 … 96
4.1.2 微机控制点火系统的组成 … 97
4.1.3 微机控制点火系统的特点 … 98
4.1.4 微机控制点火系统的控制原理 … 99

4.2 微机控制点火系统的工作原理 … 101
4.2.1 点火系统主要零部件的结构和工作原理 … 101
4.2.2 点火系统主要零部件测试 … 104
4.2.3 曲轴位置传感器和凸轮轴位置传感器 … 106
4.2.4 微机控制点火系统高压电的分配方式 … 110
4.2.5 点火提前角和闭合角控制 … 112
4.2.6 爆震传感器与爆震反馈控制 … 116
4.2.7 点火系统常见故障诊断与排除 … 117

4.3 微机控制点火系统传感器的检测 … 121
4.3.1 曲轴与凸轮轴位置传感器的检测 … 121
4.3.2 爆震传感器的检测 … 122

4.4 发动机怠速控制系统 … 122
4.4.1 怠速控制系统的组成 … 122
4.4.2 怠速控制阀的功用与类型 … 123
4.4.3 步进电动机怠速控制阀的结构原理 … 124
4.4.4 旋转滑阀式怠速控制阀的结构原理 … 126
4.4.5 脉冲电磁阀式怠速控制阀的结构原理 … 128
4.4.6 怠速转速的控制方法 … 129
4.4.7 步进电动机式怠速控制阀的控制 … 130

本章小结 … 131
思考题 … 131

第 5 章 进排气控制系统 … 133

5.1 进气控制系统 … 133
5.1.1 进气惯性增压控制系统 … 133
5.1.2 废气涡轮增压系统 … 135
5.1.3 可变气门控制系统 … 138
5.1.4 电子节气门控制系统 … 145
5.1.5 进气系统的测试 … 147

5.2 排气控制系统 … 150
5.2.1 燃油蒸发排放控制系统 … 150
5.2.2 废气再循环控制系统 … 154

  5.2.3 三元催化转化器与空燃比反馈控制系统 ·············· 158
  5.2.4 二次空气喷射系统 ·············· 163
  5.2.5 排放控制系统的测试 ·············· 165
本章小结 ·············· 168
习题 ·············· 168

第6章　照明与信号系统 ·············· 169

6.1 照明系统 ·············· 169
  6.1.1 照明系统概述 ·············· 169
  6.1.2 前照灯的结构与控制电路分析 ·············· 171
  6.1.3 照明系统常见故障诊断与排除 ·············· 184

6.2 信号系统 ·············· 187
  6.2.1 转向信号系统 ·············· 187
  6.2.2 制动信号系统 ·············· 191
  6.2.3 电喇叭系统 ·············· 193
  6.2.4 倒车信号系统 ·············· 196
  6.2.5 指示灯系统 ·············· 198
  6.2.6 信号系统常见故障诊断与排除 ·············· 202

6.3 现代仪表显示系统 ·············· 207
本章小结 ·············· 215
习题 ·············· 215

第7章　舒适与安全系统 ·············· 216

7.1 舒适系统 ·············· 216
  7.1.1 电动刮水器 ·············· 216
  7.1.2 风窗玻璃洗涤器 ·············· 220
  7.1.3 风窗除霜装置 ·············· 221
  7.1.4 电动车窗和天窗 ·············· 222
  7.1.5 电动座椅 ·············· 227
  7.1.6 电动后视镜及防眩目后视镜 ·············· 230
  7.1.7 汽车中控门锁 ·············· 231
  7.1.8 舒适系统常见故障诊断与排除 ·············· 232

7.2 安全气囊 ·············· 235
  7.2.1 安全气囊概述 ·············· 235
  7.2.2 安全气囊的组成 ·············· 235
  7.2.3 安全气囊的工作原理 ·············· 240
  7.2.4 安全气囊系统的检修 ·············· 241

7.3 胎压监测系统 ·············· 242
  7.3.1 胎压监测系统概述 ·············· 242

7.3.2 胎压监测系统的分类 ………………………………………………………… 242
7.3.3 胎压监测系统的组成与工作原理 ……………………………………………… 243
7.4 汽车空调系统 ……………………………………………………………………………… 245
7.4.1 汽车空调系统的组成及分类 …………………………………………………… 245
7.4.2 汽车空调系统的结构和工作原理 ……………………………………………… 246
7.4.3 汽车空调制冷系统总成 ………………………………………………………… 251
7.4.4 空调电控系统 …………………………………………………………………… 259
7.4.5 汽车空调系统常见故障诊断与排除 …………………………………………… 263
本章小结 ………………………………………………………………………………………… 265
习题 ……………………………………………………………………………………………… 266

第8章 汽车电控自动变速技术 ………………………………………………………………… 267

8.1 电控自动变速系统概述 …………………………………………………………………… 267
8.1.1 自动变速系统的分类 …………………………………………………………… 267
8.1.2 电控自动变速系统的基本组成部分及功用 …………………………………… 269
8.1.3 电控自动变速系统的优缺点 …………………………………………………… 270
8.2 齿轮变速系统的结构原理 ………………………………………………………………… 270
8.2.1 液力变矩器 ……………………………………………………………………… 271
8.2.2 行星齿轮变速机构 ……………………………………………………………… 272
8.2.3 换挡执行机构 …………………………………………………………………… 275
8.3 液压控制系统的结构原理 ………………………………………………………………… 278
8.3.1 液压控制系统的组成及基本原理 ……………………………………………… 278
8.3.2 自动变速器供油系统 …………………………………………………………… 279
8.3.3 自动变速器的操纵机构 ………………………………………………………… 281
8.4 自动变速电控系统的结构原理 …………………………………………………………… 286
8.4.1 信号输入装置 …………………………………………………………………… 286
8.4.2 自动变速器的执行机构 ………………………………………………………… 288
8.4.3 自动变速器的电子控制单元 …………………………………………………… 289
8.5 电控自动变速系统的控制原理 …………………………………………………………… 289
8.6 电控无级变速系统 ………………………………………………………………………… 293
8.6.1 电控无级变速器的优点 ………………………………………………………… 293
8.6.2 电控无级变速系统的结构 ……………………………………………………… 294
8.6.3 电控无级变速系统的工作及控制原理 ………………………………………… 294
本章小结 ………………………………………………………………………………………… 295
习题 ……………………………………………………………………………………………… 296

第9章 汽车底盘电子控制系统 ………………………………………………………………… 297

9.1 汽车底盘电子控制系统概述 ……………………………………………………………… 297
9.2 电控悬架系统 ……………………………………………………………………………… 299

9.2.1　电控悬架系统概述 ……………………………………………… 299
　　9.2.2　电控悬架系统的功能 ……………………………………………… 299
　　9.2.3　电控悬架系统的分类 ……………………………………………… 300
　　9.2.4　电控悬架系统的结构与工作原理 ………………………………… 300
　　9.2.5　电控悬架系统的基本检查及注意事项 …………………………… 308
9.3　电控动力转向系统与四轮转向系统 ……………………………………… 309
　　9.3.1　电控动力转向系统的分类及组成 ………………………………… 309
　　9.3.2　液压式 EPS 的结构与工作原理 …………………………………… 310
　　9.3.3　电动式电控动力转向系统 ………………………………………… 314
　　9.3.4　电控四轮转向控制系统 …………………………………………… 316
9.4　汽车防抱死制动系统 ……………………………………………………… 319
　　9.4.1　汽车防抱死制动系统概述 ………………………………………… 319
　　9.4.2　ABS 系统的基本组成 ……………………………………………… 320
　　9.4.3　ABS 系统的工作原理 ……………………………………………… 321
　　9.4.4　汽车 ABS 零部件测试及常见故障排除 …………………………… 325
9.5　汽车驱动防滑系统 ………………………………………………………… 326
　　9.5.1　ASR 系统的基本组成 ……………………………………………… 326
　　9.5.2　ASR 系统的工作原理 ……………………………………………… 326
　　9.5.3　ASR 系统与 ABS 系统的比较 ……………………………………… 328
9.6　汽车电子稳定控制系统 …………………………………………………… 328
　　9.6.1　ESP 系统的基本组成 ……………………………………………… 328
　　9.6.2　ESP 系统的工作原理 ……………………………………………… 330
9.7　汽车巡航控制系统 ………………………………………………………… 330
　　9.7.1　汽车巡航控制系统概述 …………………………………………… 331
　　9.7.2　汽车巡航控制系统的结构原理 …………………………………… 333
　　9.7.3　汽车巡航控制实例分析 …………………………………………… 339
　　9.7.4　自适应巡航控制系统 ……………………………………………… 343
本章小结 ……………………………………………………………………………… 345
习题 …………………………………………………………………………………… 345

第 10 章　全车电路和车载网络技术 …………………………………………… 346

10.1　汽车全车电路的基础知识 ………………………………………………… 346
　　10.1.1　汽车电路图的表达方法 ………………………………………… 346
　　10.1.2　线路分析 ………………………………………………………… 347
　　10.1.3　汽车电系的导线 ………………………………………………… 348
　　10.1.4　汽车线束 ………………………………………………………… 350
　　10.1.5　汽车开关 ………………………………………………………… 352
　　10.1.6　电路保护装置 …………………………………………………… 354
　　10.1.7　继电器 …………………………………………………………… 355

  10.1.8 中央配线盒 ································· 356
10.2 汽车电路的识图方法 ································· 359
10.3 车载网络技术 ································· 360
  10.3.1 传统导线线束式信息传输方式的问题 ································· 360
  10.3.2 总线式信息传输方式(网络技术)及其特点 ································· 361
  10.3.3 CAN 总线系统简介 ································· 362
  10.3.4 CAN 总线的数据传输特点 ································· 364
  10.3.5 网络技术在汽车上的应用举例 ································· 364
  10.3.6 总线系统控制模块的检测 ································· 370
本章小结 ································· 374
习题 ································· 375

参考文献 ································· 376

绪 论

汽车电器与电子控制系统是汽车的重要组成部分,其性能的好坏直接影响着汽车的动力性、经济性、安全性、可靠性、舒适性及排放性。蓄电池、起动机、发电机、灯光照明等传统的汽车电器是汽车电器与电子控制系统的基础,多年来,在汽车工业中发挥了极其重要的作用,并将继续发挥其应有的作用。但是,近几十年来,随着电子技术的迅猛发展和对汽车性能要求的不断提高,电子技术在汽车上的应用越来越广,汽车电子设备和电子控制系统不断更新,特别是大规模集成电路和微处理器的应用,更是促进了汽车的电子化,汽车电子控制系统在汽车中的作用也越来越重要。汽车电器与电子控制技术发展到今天,发动机、变速器、悬架、制动系统、转向系统、门锁控制、车身控制等各大系统都已电子化,汽车电子化程度已成为衡量汽车技术水平和先进性的重要标志。汽车工业的竞争,在很大程度上,表现为汽车电子技术的竞争。

当前,电子技术在解决汽车所面临的油耗、安全、排放等问题方面正起着重要作用。如电子控制汽油喷射装置和电子点火装置的应用不仅节油5%～10%,同时对排气净化亦十分有利;电子控制防抱死制动装置的应用不但可使汽车在泥泞路面上高速行驶,而且紧急制动时可以防止侧滑,保证汽车制动安全。此外,在实现操纵自动化和提高舒适性等方面也离不开电器与电子设备的应用。可见,随着汽车工业和电子工业的高速发展,汽车上所装用的电子设备的数量将会与日俱增,所起的作用也将越来越重要。

世界汽车电子技术的发展大致可分为3个阶段:

1965—1975年,汽车电子产品是由分立元件和集成电路IC组成。

1975—1985年,主要发展专用的独立系统,如电子控制汽油喷射、防抱死制动装置等。

1985—2000年,主要开发可完成各种功能的综合系统及各种车辆整体系统的微机控制。这个阶段称为汽车的电子时代。

在现代汽车上,微机控制系统可以实现对发动机的点火时刻、空燃比、怠速转速、废气再循环、自动变速器、制动防抱死、仪表、信号等多项控制,为了提高工作的可靠性,控制系统还具有故障自诊断和保护功能。

目前,汽车电子化程度的高低已成为国际上衡量汽车先进水平的重要标志。

1. 汽车电器与电子控制系统的组成

现代汽车上所装用的电器与电子设备的数量很多,但按其用途可大致归纳并划分为下列五部分。

1) 电源系统

电源包括蓄电池、发电机及其调节器。两者并联工作,发电机是主电源,蓄电池是辅助电源。发电机配有调节器,其主要作用是在发电机转速增高时,自动调节发电机的电压使之保持稳定。蓄电池的主要作用是发动机起动时向起动机供电,同时辅助发电机向用电设备供电。

2）用电设备

汽车上的用电设备数量很多,大致可以分为以下几种。

起动系统：包括直流电动机、传动机构、控制装置,其作用是用来起动发动机。

点火系统：作用是产生高压电火花,点燃汽油发动机气缸内的可燃混合气。

照明设备：包括车内外各种照明灯,用以提供夜间安全行车所必需的灯光,其中以前照灯最为重要。

信号装置：包括电喇叭、闪光器、蜂鸣器及各种行车信号标识灯,主要用来提供安全行车所必需的信号。

仪表及显示系统：包括各种电器仪表（机油压力表、温度表、燃油表、车速里程表、发动机转速表等）,用来监控车辆的一些基本信息。

辅助电器：包括电动刮水器、风窗洗涤器、空调器、低温起动预热装置、收音机、点火器、防盗装置、玻璃升降器、座椅调节器等。辅助电器有日益增多的趋势,主要向舒适性、娱乐、保障安全方面发展。

3）电子控制装置

电子控制装置主要指由微机控制的装置,如电子点火控制装置、电子控制油门喷射装置、电子控制防抱死制动装置、电子控制自动变速器、智能前照灯系统、自动悬架系统等,用来提高汽车的动力性、经济性、安全性,实现排气净化和操纵自动化。

4）配电装置

配电装置包括中央接线盒、电路开关、保险装置、插接件和导线。

2. 汽车电器与电子控制系统的特点

1）低压

汽车电系的额定电压有12V、24V两种,目前汽油车普遍采用12V电系,而重型柴油车则多采用24V电系。

2）直流

汽车采用直流系统的原因是汽车发动机要靠电力起动,它是直流串激电动机,必须由蓄电池供电,而蓄电池能消耗后又必须用直流电充电,所以汽车电系为直流电系统。

3）单线制

单线制是指从电源到用电设备只用一根导线连接,而用汽车底盘、发动机等金属车体作为另一公用导线。由于单线制节约导线、线路清晰、安装和检修方便,且电器也不需要与车体绝缘,因此现代汽车均采用单线制,但在个别情况下有时也采用双线制。

4）负极搭铁

采用单线制时,将蓄电池的一个电极用导线连接到发动机或底盘等金属车体上。若蓄电池的负极连接到金属车体上,称为负极搭铁；反之,若蓄电池的正极连接到金属车体上,称为正极搭铁。按照行业标准《机动车及内燃机电气设备基本技术条件》(JB/T 6697—2006)的规定,汽车电系一定为负极搭铁。目前世界各国生产的汽车也大多采用负极搭铁方式。

5）并联连接

汽车上的各种用电设备都采用并联方式与电源连接，每个用电设备都由各自串联在其支路中的专用开关控制，互不产生干扰。

汽车领域的竞争是汽车电子技术的竞争，随着汽车电器与电子控制系统在汽车上的应用日益广泛，熟悉和掌握有关汽车电器与电子控制系统的结构、原理和使用维修等方面的知识，对于汽车类工程技术人员越来越重要。

第 1 章 汽车电源系统

汽车电源系统用于向整车用电设备提供电能，主要由蓄电池、交流发电机和电压调节器组成。其中，蓄电池是辅助电源，它的主要作用是起动发动机时向起动机供电，当发电机不工作时向用电设备供电。交流发电机是主要电源，当交流发电机工作时，由交流发电机向全车用电设备供电，同时给蓄电池充电。蓄电池与交流发电机并联工作。电压调节器的功用是在发电机转速变化时自动调节发电机的输出电压并使其保持稳定。

1.1 蓄电池

蓄电池是一种将化学能转变为电能的装置，它可以将电能转变为化学能储存起来，也可以将化学能转变为电能供给用电设备。汽车用蓄电池是一种可逆的直流电源。

1.1.1 蓄电池的分类与功用

1. 蓄电池的分类

蓄电池按照电极所用的材料和电解液性质的不同可分为铅酸蓄电池、碱性蓄电池和新型电源。

铅酸蓄电池根据用途和容量的不同可分为起动用蓄电池、固定用蓄电池、铁路客车用蓄电池、摩托车用蓄电池等。

碱性蓄电池根据电极材料不同可分为镉镍蓄电池、铁镍蓄电池、锌银蓄电池等。

新型电源分为燃料电池、锌-空气电池、钠-硫电池等。

由于起动用铅酸蓄电池具有结构简单、内阻小、短时间内可迅速提供较大的电流、电压稳定等优点，符合汽车用蓄电池的要求，且原材料丰富、技术成熟、成本低廉，所以在汽车上得到了广泛应用。本章介绍的蓄电池即为起动用铅酸蓄电池。

目前应用较为普遍的起动用铅蓄电池有干荷电蓄电池和免维护蓄电池。

2. 蓄电池的功用

在汽车上，蓄电池与发电机并联向用电设备供电。在发动机工作时，用电设备所需电能主要由发电机供给。而蓄电池的功用为：

① 发动机起动时，向起动机、点火系和燃油喷射系统供电；

② 发电机不发电或电压较低时向用电设备供电；

③ 发电机超载时，协助发电机向用电设备供电；
④ 发电机端电压高于蓄电池电动势时，将发电机的电能转变为化学能储存起来；
⑤ 吸收发电机的过电压，保护车用电子元件。

1.1.2 蓄电池的构造及型号

1. 蓄电池的基本构造

蓄电池是在盛有稀硫酸的容器中插入两组极板而构成的电能储存器，它由极板、隔板、壳体、电解液等部分组成。蓄电池构造如图 1-1 所示。一般分为 3 格或 6 格，每格里装有电解液，正、负极板组浸入电解液中成为单格电池。每个单格电池的标称电压为 2V，3 格串联起来成为 6V 蓄电池，6 格串联起来成为 12V 蓄电池。

1) 极板

极板是蓄电池的核心，分正极板和负极板。蓄电池极板由栅架和活性物质组成，如图 1-2 所示。蓄电池充放电过程中电能和化学能的相互转换，就是依靠极板上的活性物质和电解液起化学反应来实现的。

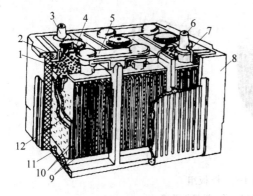

图 1-1 蓄电池的构造
1—护板；2—封料；3—负极接线柱；4—加液孔螺塞；
5—连接条；6—正极接线柱；7—电极衬套；8—壳体；
9—正极板；10—负极板；11—凸肋；12—隔板

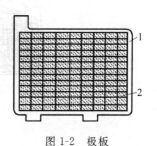

图 1-2 极板
1—栅架；2—活性物质

正极板上的活性物质是呈深棕色的二氧化铅（PbO_2），负极板上的活性物质是呈青灰色海绵状的纯铅（Pb）。

栅架的作用是容纳活性物质并使极板成型，栅架一般由铅锑合金浇铸而成。其结构如图 1-3 所示。铅锑合金中，铅占 94%，锑占 6%。加入少量的锑是为了提高栅架的机械强度，并改善浇铸性能。但是，铅锑合金耐电化学腐蚀性能较差，在要求高倍率放电和提高比能量（极板单位尺寸所提供的容量）而采用薄形极板时，高锑含量板栅势必导致使用寿命的降低。因此，采用低锑合金就十分重要了，目前板栅含锑量为 2%～3%。在板栅合金中加入 0.1%～0.2% 的砷，可以减缓腐蚀速度，提高硬度与机械强度，增强其抗变形能力，延长蓄电池的使用寿命。

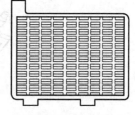

图 1-3 栅架

极板的活性物质是由铅块在球磨机中研磨，与空气接触，形成氧化铅粉，然后加入一定量的添加剂和硫酸溶液调成膏状，填充在栅架网格内，干燥后，放入硫酸溶液中，经过规定时间的充电（蓄电池生产过程中称为化成，一般 18～20h），使正极板的活性物质绝大部分变成深棕色的二氧化铅，负极板上的活性物质绝大部分变成呈青灰色的海绵状纯铅。为了防止负极板上活性物质的收缩，保证其多孔性，铅膏里常加入添加剂，如腐殖酸、硫酸钡、木素磺酸钠、炭黑等，同时还在活性物质中加入天然纤维或合成纤维，以防活性物质的脱落和裂纹。

正极活性物质脱落和板栅腐蚀是决定蓄电池使用寿命的主要原因，因此正极板栅要厚一些，负极板栅厚度一般为正极板栅厚度的 70%～80%。国产蓄电池负极板栅厚度为 1.6～1.8mm，也有薄至 1.2～1.4mm 的；正极板厚度为 2.2～2.4mm，也有薄至 1.6～1.8mm 的。薄形极板的使用能改善汽车的起动性能，提高蓄电池的比能量。

为了增大蓄电池的容量，将多片正、负极板分别连在一起，用横板焊接，组成正、负极板组，如图 1-4 所示。安装时，将正负极板组相互嵌合，中间插入隔板，就成了单格电池。在每个单格电池中，负极板的数量总是比正极板要多一片。这样正极板夹在负极板之间，使其两侧放电均匀，否则由于正极板的机械强度差，两侧工作情况不同，会使两侧活性物质体积变化不一致，而造成极板拱曲，导致活性物质脱落，影响蓄电池的正常供电。

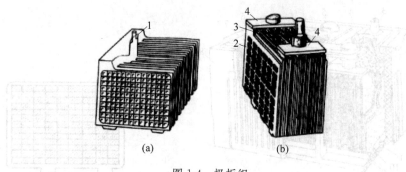

图 1-4 极板组
(a) 极板组；(b) 极板组总成
1—极柱；2—极板；3—隔板；4—横板

2) 隔板

为了减少蓄电池内部尺寸，降低蓄电池的内阻，蓄电池内部正负极应尽可能靠近。但为了避免相互接触而短路，正负极板之间要用绝缘的隔板隔开，如图 1-5 所示。隔板材料应具有多孔性结构，以便电解液自由渗透，而且化学性能应稳定，具有良好的耐腐蚀性和抗氧化性。常见的隔板材料有木质、微孔橡胶、微孔塑料、玻璃纤维纸浆和玻璃丝棉等几类。

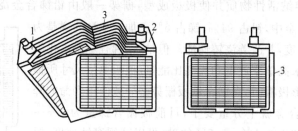

图 1-5 单格电池的构造
1—正极板；2—负极板；3—隔板

安装时隔板上带沟槽的一面应面向正极板,这是由于正极板在充、放电的过程中化学反应剧烈,沟槽能使放电产生的氢气和氧气顺利流通。同时,沟槽使正极板上脱落地活性物质顺利地掉入壳底槽中。

在现代新型蓄电池中,还将微孔塑料隔板制成袋状包在正极板外部,可进一步防止活性物质脱落。

3) 壳体

蓄电池壳体由电池槽和电池盖两部分组成,用来盛放电解液和极板组,外形为长立方体,壳体要求耐酸、耐热、耐寒、耐振,并具有足够的机械强度。一般由硬橡胶或聚丙烯塑料制成。聚丙烯塑料外壳壁薄、质量轻、外形美观、透明,近年来发展非常快,得到广泛应用。

电池槽由间壁分成6个互不相通的单格,底部制有凸起的肋条,以便放置极板组。凸肋与极板底缘组成的空间可以积存极板脱落的活性物质,防止正、负极板短路。对于采用袋式隔板的免维护蓄电池,因为脱落的活性物质存积在袋内,所以没有设置肋条。

电池盖分为单体盖和整体盖两种,单体盖上有3个孔,两侧圆孔作为极桩孔,中间为带内螺纹的加液孔,平时用加液孔螺塞拧紧,加液孔螺塞顶部中心有通气小孔,可随时排除蓄电池内的 H_2 和 O_2,以免发生事故。整体盖上有3个或6个加液孔和两个接外电路用的极桩。

4) 电解液

电解液又称电解质,俗称电解水,它的作用是形成电离,促使极板活性物质溶离产生电化学反应。

电解液,是由相对密度 $1.84g/cm^3$ 的纯硫酸和蒸馏水配制而成,密度随地区和气候条件适当调节,一般在 $1.24\sim1.31g/cm^3$ 的范围内。电解液的纯度是影响蓄电池的电气性能和使用寿命的重要因素,一般工业用硫酸和普通水中,因含有铁、钢等有害杂质,绝对不能加入到蓄电池中去,否则容易自行放电,并且容易损坏极板。因此,蓄电池电解液要用规定的蓄电池专用硫酸和蒸馏水配制,蓄电池用电解液必须符合工业和信息化部发布的机械行业标准《铅蓄电池用电解液》(JB/T 10052—2010)规定,见表1-1。所用硫酸必须符合国家发展和改革委员会发布的化工行业标准(GB 534—2014)规定,见表1-2。所用蒸馏水必须符合机械行业标准《铅蓄电池用水》(JB/T 10053—2010)规定,见表1-3。

表 1-1 不同气温下电解液密度的选择

使用地区最低温度/℃	冬季/(g/cm³)	夏季/(g/cm³)
<-40	1.30	1.26
-30~-40	1.28	1.25
-20~-30	1.27	1.24
0~-20	1.26	1.23

表 1-2 工业硫酸国家标准

项 目	浓硫酸指标		
	优等品	一等品	合格品
硫酸(H_2SO_4)的质量分数/% ≥	92.5 或 98.0	92.5 或 98.0	92.5 或 98.0
灰分的质量分数/% ≤	0.02	0.03	0.1
铁(Fe)的质量分数/% ≤	0.005	0.01	—

续表

项目		浓硫酸指标		
		优等品	一等品	合格品
砷(As)的质量分数/%	≤	0.0001	0.005	—
汞(Hg)的质量分数/%	≤	0.001	0.01	—
铅(Pb)的质量分数/%	≤	0.005	0.02	—
透明度/mm	≥	80	50	
色度/mL	≤	2.0	2.0	—

表1-3 蓄电池用蒸馏水的标准

杂质名称	最大允许量	杂质名称	最大允许量
有机物	0.003	硝酸盐(NO_3)及亚硝酸盐(NO_2)	0.004
残渣	0.005	铁(Fe)	0.004
氯(Cl)	0.004	氨(NH_4)	0.0008

2. 蓄电池的型号

按照机械工业部部颁标准 JB/T 2599—2012 的规定,铅蓄电池产品型号由3部分组成,其排列及含义如图1-6所示。

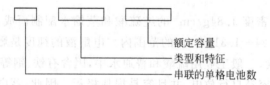

图1-6 蓄电池的型号

① 串联的单格电池数。用阿拉伯数字组成,其额定电压为这个数字的2倍。比如3表示3个单格,额定电压6V;6表示6个单格,额定电压12V。

② 类型和特征。由两个汉语拼音字母组成。其中第一个字母为Q,表示起动用铅蓄电池。第二个字母为蓄电池的特征代号:A—干荷电式;W—免维护式;无字母则为干封式。具体产品特征代号见表1-4。

表1-4 蓄电池产品特征代号

序号	产品特征	代号	序号	产品特征	代号
1	干荷电	A	7	半密封式	B
2	湿荷电	H	8	液密式	Y
3	免维护	W	9	气密式	Q
4	少维护	S	10	激活式	I
5	防酸式	F	11	带液式	D
6	密封式	M	12	胶质电解液式	J

③ 额定容量。用阿拉伯数字表示。我国目前规定20h放电率的容量,单位为A·h。有时在额定容量后面用一个字母表示特征性能:Q—高起动率;S—塑料槽;D—低温起动

性能好。

例如,6-QA-105 表示由 6 个单格电池组成,额定电压为 12V,额定容量为 105A·h 的起动用的干荷电高起动率蓄电池。

1.1.3 蓄电池的工作原理

根据双极硫酸盐化理论,蓄电池中参与化学反应的物质,正极板上是 PbO_2,负极板上是 Pb,电解液是 H_2SO_4 的水溶液。蓄电池放电时,正极板上的 PbO_2 和负极板上的 Pb 都变成 $PbSO_4$,电解液中的 H_2SO_4 减少,相对密度下降。蓄电池充电时,则按相反的方向变化,正极板上的 $PbSO_4$ 恢复成 PbO_2,负极板上的 $PbSO_4$ 恢复成 Pb,电解液中的 H_2SO_4 增加,相对密度增大。略去中间化学反应过程,则其化学反应方程式如下:

$$PbO_2 + Pb + 2H_2SO_4 \underset{充电}{\overset{放电}{\rightleftharpoons}} 2PbSO_4 + 2H_2O$$

在充放电过程中,蓄电池内部物质的变化情况见表 1-5。

表 1-5 蓄电池充放电过程中内部物质的变化情况

工作状态	正极板	负极板	电解液及其相对密度	
完全充电	二氧化铅(PbO_2)	铅(Pb)	硫酸铅($PbSO_4$)	相对密度增大
↓↑	↓↑	↓↑	↓↑	↓↑
完全放电	硫酸铅($PbSO_4$)	硫酸铅($PbSO_4$)	水(H_2O)	相对密度减小

1. 电动势的建立

在极板浸入电解液后,由于少量的活性物质溶解于电解液,产生了电极电位,并且由于正负极板的电极电位不同形成了蓄电池的电动势,如图 1-7 所示。

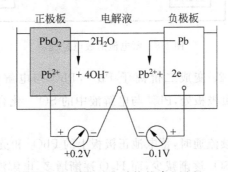

图 1-7 蓄电池电动势的建立过程

正极板处,少量的 PbO_2 溶入电解液,与水生成 $Pb(OH)_4$,再分离成 4 价铅离子(Pb^{4+})和氢氧根离子(OH^-),即

$$PbO_2 + 2H_2O \longrightarrow Pb(OH)_4$$
$$Pb(OH)_4 \longrightarrow Pb^{4+} + 4OH^-$$

其中,溶液中的 Pb^{4+} 有沉附于正极板的倾向,使正极板呈正电位,同时由于正、负电荷的吸引,极板上 Pb^{4+} 又与溶液中 OH^- 结合,有生成 $Pb(OH)_4$ 的倾向,当两者达到动态平衡时,正极板的电极电位约为 $+2.0V$。

在负极板上,金属铅受到两方面的作用:一方面它有溶解于电解液的倾向,因而有少量铅进入溶液,生成 Pb^{2+},在负极板上留下两个电子 $2e$,使负极板带负电;另一方面,由于正、负电荷的相互吸引,Pb^{2+} 有沉附于极板表面的倾向。当两者达到平衡时,溶解便停止,此时极板具有负电位,约为 $-0.1V$。

因此,当外电路未接通,一个充足电的蓄电池反应达到相对平衡状态时,在静止状态下的电动势 E_j 为

$$E_j = 2.0 - (-0.1) = 2.1V \tag{1-1}$$

2. 蓄电池的放电过程

当蓄电池与外电路接通时,在蓄电池电动势的作用下,电流 I_f 便从正极经过负载流向负极(即电子 $2e$ 从负极移向正极),使正极电位降低,负极电位升高,从而破坏了原有的平衡状态。放电时的化学过程如图 1-8 所示。

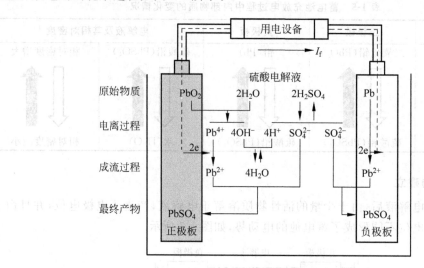

图 1-8 蓄电池的放电过程

正极板处,Pb^{4+} 得到 $2e$ 变成二价离子 Pb^{2+},Pb^{2+} 与电解液中的 SO_4^{2-} 化合,生成 $PbSO_4$ 沉附于正极板上;负极板处,Pb^{2+} 与电解液中的 SO_4^{2-} 化合也生成 $PbSO_4$ 沉附于负极板上。

在外部电路的电流继续流通时,蓄电池正极板上的 PbO_2 和负极板上的 Pb 将不断转变为 $PbSO_4$,电解液中的 H_2SO_4 逐渐减少,而 H_2O 逐渐增多,电解液相对密度下降。

从理论上来说,蓄电池的这种放电过程将进行到极板上的所有活性物质全部转变为 H_2SO_4 为止,而实际上不可能达到这种情况,因为电解液不能渗透到极板活性物质最内层中去。在使用中所谓放完的蓄电池,极板上的活性物质材料实际上只有 20%~30% 转变成 $PbSO_4$。因此,采用薄型极板,增加多孔性,提高极板活性物质的利用率是蓄电池工业的发展方向。

3. 蓄电池的充电过程

充电时蓄电池的正负两极接通直流电源,当电源电压高于蓄电池的电动势 E 时,在电源力的作用下,电流将以相反的方向通过蓄电池,即由蓄电池的正极流入,从蓄电池的负极流出,其化学反应过程如图 1-9 所示。

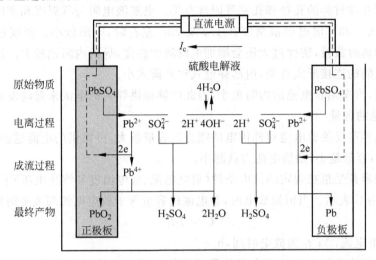

图 1-9 蓄电池的充电过程

正极板处,有少量的 $PbSO_4$ 溶于电解液中,产生 Pb^{2+} 和 SO_4^{2-},Pb^{2+} 在电源的作用下失去两个电子 2e 变成 Pb^{4+},它又和电解液中解析出来的 OH^- 结合,生成 $Pb(OH)_4$,$Pb(OH)_4$ 再分解成为 PbO_2 和 H_2O,而 SO_4^{2-} 与电解液中的 H^+ 化合生成 H_2SO_4。

负极板处,也有少量的 $PbSO_4$ 溶于电解液中,产生 Pb^{2+} 和 SO_4^{2-},Pb^{2+} 在电源的作用下获得两个电子 2e 变成金属 Pb,沉附在负极板上,而 SO_4^{2-} 则与电解液中的 H^+ 化合生成 H_2SO_4。

由此可见,在充电过程中,正、负极板上的 $PbSO_4$ 将逐渐恢复为 PbO_2 和 H_2O,电解液中的 H_2SO_4 成分逐渐增多,H_2O 逐渐减少,电解液密度上升。当正、负极板上的 $PbSO_4$ 全部转变为 PbO_2 和 Pb 时,充电过程结束。

充电终期,电解液密度达到最大值,且会引起水的电解。蓄电池充电时要保证通气孔畅通和充电室通风。

1.1.4 蓄电池的工作特性

1. 蓄电池的基本电特性

1) 静止电动势

静止电动势指蓄电池在静止状态(不充电也不放电)时正、负极板的电势差,用 E_0 表示。静止电动势可以用直流电压表或万用表直接测量,静止电动势的大小取决于电解液的密度和温度。蓄电池的电解液密度在充电时增大,放电时减小,一般在 $1.12\sim1.3\mathrm{g/cm^3}$ 之间波动,故静止电动势在 $1.97\sim2.15\mathrm{V}$ 之间变化。

2) 内阻

蓄电池内阻的大小反映了蓄电池带负载的能力,用 R_f 表示。在相同条件下,蓄电池内阻越小,输出电流越大,带负载的能力越强。蓄电池的内阻包括极板、隔板、电解液、单格电池连接条等的电阻。

极板电阻很小,且随极板上活性物质的变化而变化。充电时电阻变小,放电时电阻变大,特别是放电终了时,由于活性物质转变成为导电性极差的硫酸铅,因此内阻显著增加。隔板电阻与多孔性材料的孔径和孔率等因素有关。电解液电阻与其温度和密度有关。温度降低,电阻增大。25℃时电解液密度在 $1.23g/cm^3$ 左右时,电阻较小。密度过高或过低都会减少硫酸的离解数量,密度过大还会增加电解液的黏度,导致内阻比较大。连接条电阻与蓄电池单格之间的连接形式有关,内部穿壁式比外露式小。

总的来说,汽车用蓄电池的内阻很小,因此能够提供强大的电流来起动发动机。

3) 蓄电池的容量

蓄电池的容量反映蓄电池对外供电的能力。容量越大,可提供的电能越多,供电能力也就越大;反之,容量越小,则供电能力就越小。

蓄电池的容量是指在规定的放电条件(放电电流、放电温度和终止电压)下,蓄电池能够输出的电量,用 C 表示。当恒流放电时,蓄电池的容量等于放电电流与放电时间的乘积,即

$$C = I_f t_f \tag{1-2}$$

式中,I_f 为放电电流,A;t_f 为放电时间,h。

额定容量是检验蓄电池是否合格的重要指标。蓄电池的额定容量用 20h 放电率容量 C_{20}(A·h)表示,它是指充足电的新蓄电池在电解平均温度为 25℃条件下,以 20h 放电率的电流连续放电至单格电池的平均电压为 1.75V 时输出电量的最小允许值。

影响蓄电池容量的因素主要有极板的构造、放电电流、电解液温度和电解液密度等。

2. 蓄电池的放电特性

蓄电池的放电特性是指恒流放电过程中,蓄电池的端电压 U_f 和电解液相对密度 $\rho_{25℃}$ 随放电时间 t_f 变化的规律。将完全充足电的蓄电池以 20h 放电率的电流进行放电,在放电过程中不断地调节外接的电位器,使放电电流保持稳定不变,每隔一定的时间,测量端电压和电解液密度,将得到如图 1-10 所示的放电特性曲线。

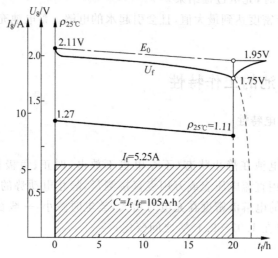

图 1-10 蓄电池放电特性曲线

由于放电过程中电流是恒定的,单位时间内所消耗的硫酸量是相同的,所以 $\rho_{25℃}$ 沿直线下降,且每下降 $0.04\mathrm{g/cm^3}$,蓄电池放电约为额定容量的 25%。

放电过程中,由于蓄电池存在内阻,所以实测蓄电池的端电压 U_f 总小于蓄电池的电动势 E_0,即

$$U_\mathrm{f} = E_0 - I_\mathrm{f} R_\mathrm{f} \tag{1-3}$$

放电过程中,蓄电池的端电压是变化的,它随放电过程中电动势的减小而降低。

从图 1-10 可以看出,随着放电程度的增加,蓄电池端电压将逐渐下降。放电开始时,端电压从 2.1V 迅速下降,这是由于极板孔隙中的硫酸迅速消耗,溶液密度降低的缘故。这时容器中的电解液便向极板孔隙内渗透。当新渗入的电解液完全补偿了因放电时化学反应而消耗的硫酸时,端电压将随整个容器内电解液密度的降低而慢慢地下降,相当于图中斜率较小的一段,直到 1.85V 左右。接着电压又迅速下降至 1.75V,这是由于放电接近终了,放电生成的硫酸铅聚积在极板孔隙内,使电解液渗入困难,其密度迅速下降,蓄电池端电压也随之急剧下降。

当蓄电池端电压下降至 1.75V 时,应停止放电。再继续放电则称为过度放电。过度放电十分有害,因为孔隙中生成的粗结晶硫酸铅充电时不易还原,而使极板损坏。

蓄电池放电终了的特征,通常由以下两个数据来判断:

(1) 电解液相对密度降低到最小允许值(约为 $1.11\mathrm{g/cm^3}$);

(2) 单格电池的端电压降至终止电压,以 20h 放电率放电,单格电池电压降至 1.75V。

单格电池允许的放电终止电压与放电电流强度有关。放电电流越大,则放完电的时间越短,而允许的放电终止电压越低,其关系见表 1-6 所示。

表 1-6 蓄电池放电率与终止电压的关系

放电情况	放电率	20h	10h	3h	30min	5min
	放电电流/A	$0.05C_{20}$	$0.1C_{20}$	$0.25C_{20}$	C_{20}	$3C_{20}$
单格电池终止电压/V		1.75	1.70	1.65	1.55	1.50

注:C_{20} 表示蓄电池的额定容量。

3. 蓄电池的充电特性

蓄电池的充电特性是指恒流充电时,蓄电池的端电压 U_c 与电解液相对密度 $\rho_{25℃}$ 随时间 t_f 变化的规律。充电电源必须采用直流电源,电源的正极与蓄电池的正极相连接,电源的负极与蓄电池的负极相连接。以一定的电流 I_c 向一只完全放电的蓄电池进行充电,不断调节外电路中的电位器,以保持充电电流 I_c 不变,每隔一定时间测量单格电池的端电压和电解液相对密度,可以绘制出蓄电池的充电特性曲线,如图 1-11 所示。

充电时,电源必须克服蓄电池内阻的电压降,因此,充电电压要高于蓄电池的电动势,即

$$U_\mathrm{c} = E_0 + I_\mathrm{c} R_\mathrm{f} \tag{1-4}$$

式中,I_c 为充电电流,A。

从图 1-11 中可以看出,由于恒流充电,单位时间内生成的硫酸量相等,所以电解液密度随充电时间直线上升。蓄电池的端电压在充电开始后迅速上升,这是因为接通充电电流时,极板孔隙表层迅速生成硫酸,使孔隙中电解液密度增大。蓄电池单格端电压上升到 2.1V 以后,孔隙内的硫酸向外扩散,继续充电至孔隙内产生硫酸的速度和渗透的速度达到平衡

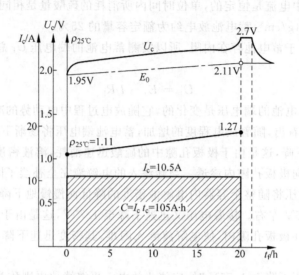

图 1-11 蓄电池的充电特性曲线

时,蓄电池端电压不再迅速上升,而是随着电解液密度的上升而相应增高。

充电接近终了,蓄电池端电压达到 2.3～2.4V 时,极板上可能参加变化的活性物质几乎恢复为二氧化铅和纯铅。如果继续通电,则使电解液中的水电解,产生氢气和氧气,以气泡的形式剧烈放出,形成"沸腾"状态。由于产生的氢气是以离子状态 H^+ 集结在负极板处,来不及全部变为气泡放出,使溶液和极板之间产生约 0.33V 附加电位差,从而使蓄电池端电压高达 2.7V 左右。这时应切断电源电路停止充电,否则将产生过充电。过充电不仅不能增加电池的储备容量,而且由于剧烈放出气泡,会在极板内部造成压力,从而加速活性物质的脱落,使极板过早损坏。

在实际使用中,为了保证蓄电池充足电,往往在出现沸腾之后,再继续充电 2～3h,测量端电压和电解液密度不再增加,才停止充电。注意在使用或充电中,蓄电池盖上加液孔塑料小盖上的通气孔必须保持畅通。

蓄电池充电终了的特征:
① 蓄电池内产生大量气泡,即出现"沸腾"现象;
② 端电压上升到最大值,并且 2h 之内不再增加;
③ 电解液密度上升到最大值,并且 2h 之内不再增加。

1.1.5 蓄电池的充电及其设备

1. 充电种类

蓄电池的充电按其性质不同,可分为初充电、补充充电和去硫化充电等。

1) 初充电

新蓄电池或修复后的蓄电池在使用之前的首次充电称为初充电,其目的在于恢复蓄电池存放期间,极板上部分活性物质缓慢硫化和自放电而失去的电量。表 1-7 所示为蓄电池初充电、补充充电的电流规范。

表 1-7 蓄电池初充电、补充充电的电流规范

蓄电池型号	额定容量/(A·h)	额定电压/V	初充电 第一段 电流/A	初充电 第一段 时间/h	初充电 第二段 电流/A	初充电 第二段 时间/h	补充充电 第一段 电流/A	补充充电 第一段 时间/h	补充充电 第二段 电流/A	补充充电 第二段 时间/h
3-Q-75	75	6	5	25～35	3	20～30	7.5	10～11	4	3～5
3-Q-90	90	6	6	25～35	3	20～30	9.0	10～11	5	3～5
3-Q-105	105	6	7	25～35	4	20～30	1.05	10～11	5	3～5
3-Q-120	120	6	8	25～35	4	20～30	1.20	10～11	6	3～5
6-Q-60	60	12	4	25～35	2	20～30	6.0	10～11	3	3～5
6-Q-75	75	12	5	25～35	3	20～30	7.5	10～11	4	3～5
6-Q-90	90	12	6	25～35	3	20～30	9.0	10～11	4	3～5
6-Q-105	105	12	7	25～35	4	20～30	1.05	10～11	5	3～5
6-Q-120	120	12	8	25～35	4	20～30	1.20	10～11	6	3～5

初充电的操作步骤如下：

① 加注电解液。新蓄电池在出厂时没有装电解液，电解液是由使用者加注的。要按制造厂的规定，加注一定密度的电解液。一般新蓄电池规定加注密度为 $1.25～1.285g/cm^3$ 的电解液，液面高出极板上沿 15mm。加注电解液后，蓄电池应静置 3～6h，待温度低于 35℃才能进行充电。

② 初充电过程。将蓄电池接入充电机，采用两阶段定流充电法充电。第一阶段充电电流约为额定容量的 1/5，充电至电解液中逸出气泡，单格电压 2.4V 时为止；第二阶段充电电流减半，充电至电解液沸腾，密度和端电压连续 3h 不变时为止。整个初充电时间为 60h 左右。

③ 注意事项。充电过程中应经常测量电解液温度，上升到 40℃时应将充电电流减半；上升到 45℃时应停止充电，待冷却至 35℃以下再进行充电。初充电接近完毕时应测量电解液密度，如果不符合规定值，应用蒸馏水或密度为 $1.4g/cm^3$ 的电解液调整，调整后再充电 2h。新蓄电池充电完毕后，要以 20h 放电率放电，再以补充充电方法充足，然后又以 20h 放电率再次放电。如果第二次放电的蓄电池容量不小于额定容量的 90%，就可以使用了。

2）补充充电

蓄电池在汽车上使用时，经常有充电不足的现象发生，应根据需要进行补充充电，如果发现下列现象之一的，必须随时进行补充充电。

（1）电解液密度下降到 $1.15g/cm^3$ 以下；

（2）单格电池电压下降到 1.75V 以下；

（3）冬季放电超过 25%，夏季放电超过 50% 的，起动无力。

补充充电也要按表 1-7 中规范的电流进行，也分为两个阶段：第一阶段充到单格电池电压 2.4V；第二阶段充到 2.5～2.7V，电解液密度恢复到规定值并且 3h 保持不变，则说明已经充足。补充充电一般共需要 13～16h。

补充充电接近完毕时，应测量电解液的相对密度，如果不符合规定值，应进行调整，调整的方法与初充电相同。

3)去硫化充电

蓄电池长期充电不足,或放电后长时间未充电,极板上会逐渐出现一层白色粗晶粒硫酸铅,它在正常充电时不能转化为活性物质,这种现象称为硫化铅硬化,简称硫化。极板硫化主要发生在负极板,为消除硫化现象而进行的充电称为去硫化。

极板硫化会使蓄电池内电阻增加,汽车起动困难,必须进行去硫化充电,即先倒出容器内的电解液,用蒸馏水反复冲洗数次,然后加入蒸馏水至高出极板上沿15mm,用初充电电流进行充电,并且随时测量电解液密度。如果密度上升到 1.15g/cm^3 时,要加蒸馏水冲淡,继续充至密度不再上升。然后进行放电,反复进行到在6h内密度值不再变化时为止。最后按初充电的方法充电,调整电解液密度至规定值。

2. 蓄电池的充电方法

蓄电池常用的充电方法有定流充电、定压充电和快速脉冲充电3种。

1)定流充电

在充电过程中,充电电流始终保持一定的充电方法称为定流充电。采用定流充电时,可将电压不同、容量相同的蓄电池串联一起同时充电,如图1-12所示。所串联的蓄电池最好剩余容量相接近,否则充电电流的大小必须按容量最小的来选定,而容量大的蓄电池可能充电不足或者充电太慢。

定流充电有较大的适应性,可以任意选择和调整充电电流,因此可以对各种不同情况及状态的蓄电池充电,例如新蓄电池的初充电、使用中的蓄电池补充充电、去硫充电等。定流充电的不足之处在于需要经常调节充电电流,充电时间长。

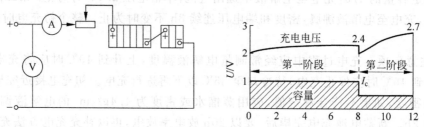

图1-12 定流充电接线图和特性曲线

2)定压充电

蓄电池在充电过程中,始终保持充电电压不变的充电方法称为定压充电。定压充电也可以同时对多个蓄电池充电,但要求每组蓄电池电压相同,各蓄电池组之间采用并联连接,如图1-13所示。

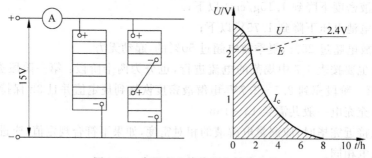

图1-13 定压充电接线图和特性曲线

采用定压充电法,充电电压按每单格2.5V选择。如电池组的额定端电压为12V,充电电压应选15V。定压充电时,充电电流很大,充电开始之后4~5h内蓄电池就可以获得本身电荷容量的90%~95%,因而可以大大缩短充电时间。

定压充电的充电时间短,充电进行中不需要人照管,适用于蓄电池补充充电,在汽车修理行业被广泛采用。

3) 快速脉冲充电

采用自动控制电路,对蓄电池进行正反向脉冲充电,称为快速脉冲充电。快速充电过程分为充电初期和脉冲期两个阶段,如图1-14所示。

① 充电初期。采用大电流$(0.8~1)I_c$进行定流充电,使蓄电池在短时间内充至额定容量的50%~60%,当单格电池电压上升到2.4V左右而且冒出气泡时,由充电机的自动控制电路自动控制,开始进入脉冲期。

② 脉冲期。先停止充电25~40ms(称为前停充),接着再放电或反向充电,使蓄电池反向通过一个较大的脉冲电流(脉冲深度一般为充电电流的1.5~2倍,脉冲宽度为100~150ms),再停止充电40ms(称为后停充),然后正向充电一段时间,往复不断地进行,直至蓄电池充足电。

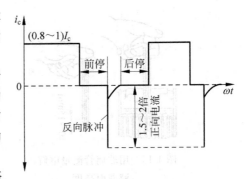

图1-14 快速脉冲充电

快速脉冲充电具有充电时间短、空气污染小、省电节能的优点,但其输出容量较低,能量转换效率也较低。因此,在正常情况下,应按蓄电池生产厂提供的规定电流值进行初充电或补充充电那样的常规充电,在特殊情况下才采用快速充电。

3. 蓄电池的充电设备

对蓄电池充电,必须采用直流电源。电网提供的是交流电,要将交流电转换为直流电才能作为充电电源,因此充电设备实际上就是一台整流装置。充电时,充电电源的正极接蓄电池的正极,充电电源的负极接蓄电池的负极。

汽车上的充电设备是由发动机驱动的交流发电机。充电机多采用硅整流充电机、晶闸管整流充电机和智能充电机。

1.1.6 蓄电池常见故障诊断与排除

1. 蓄电池的检测

为了正确使用蓄电池,及时发现蓄电池在使用过程中出现的各种故障,汽车每行驶1000km,要对蓄电池进行检查。

1) 用玻璃管测量电解液液面高度

如图1-15所示,电解液液面高度应高出极板上沿15mm。不足时要加注蒸馏水,除非确实知道液面降低是电解液溅出所致,一般不允许加入硫酸溶液。因为这样会使电解液密度偏高,缩短蓄电池的使用寿命。

2) 用密度计测量电解液密度

用吸式密度计测量电解液密度,如图1-16所示。液平面所对应密度计上的刻度即为密度值。在测量密度时,应同时测量电解液的温度,并将测得的密度转换到25℃进行修正。

密度值的修正按式(1-5)计算。根据实际经验,电解液相对密度每减少0.01,相当于蓄电池放电6%,所以通过测量电解液密度就可以粗略估算蓄电池的放电程度。

$$\rho_{25℃} = \rho_t + \beta(t - 25) \tag{1-5}$$

式中,ρ_t为实测的电解液相对密度,g/cm^3;t为测量时的电解液温度,℃;β为相对密度温度系数,一般取$\beta = 0.00075$,即每温升1℃,密度将下降0.00075g/cm^3。

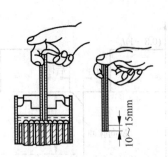 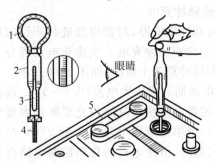

图1-15 用玻璃管测量电解　　图1-16 用吸式密度计测量电解液密度
　　　　液液面高度　　　　　　1—橡胶球;2—玻璃管;3—浮子;
　　　　　　　　　　　　　　　4—橡胶吸管;5—被测蓄电池

用高率放电计测量放电电压。高率放电计用于模拟起动机工作状态,检查蓄电池的容量。它由一只电压表和一个负载电阻组成,如图1-17所示。由于在检测时,蓄电池对负载电阻放电电流可达100A以上,因此,用高率放电计能比较准确地判定蓄电池的容量。

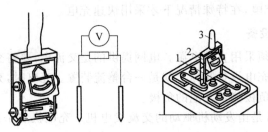

图1-17 用高率放电计测量放电电压
1—分流电阻;2—电压表;3—手柄

测量时应将高率放电计的两个叉尖紧紧地压在单格电池的正、负极柱上,历时5s,电压表的读数就是大负荷放电情况下蓄电池所能保持的端电压。若指针稳定在10~12V区间,说明蓄电池电量充足,不需要充电;若指针在9~10V区间,说明蓄电池电量不足,需要充电;若指针在9V以下区间,说明蓄电池严重亏电,要立即充电;若空载时电压基本符合要求,但负载时指针迅速下降,说明蓄电池已损坏,要进行更换。

注意:此项测量不能连续进行,必须间隔1min后才可以再次检测,以防止蓄电池损坏。

2. 蓄电池使用注意事项

① 经常检查蓄电池外表面,应保持干燥、清洁,无电解液渗漏或溅出,以防电池短路和极桩腐蚀。

② 保持蓄电池的通气孔畅通,以防止蓄电池充电过程中内部气压升高而损坏蓄电池。

③ 蓄电池在车上的固定要牢靠,避免振动造成活性物质脱落。

④ 经常清除极桩和导线接头上的氧化物,保证极桩与导线连接良好,减小接触电阻。

⑤ 定期检查蓄电池液面高度,发现不足时及时补充,根据季节,及时调节电解液密度。

⑥ 定期检查蓄电池放电程度,应保持蓄电池经常处于充足电状态,蓄电池放电超过极限值,应及时补充充电;否则,若蓄电池长期充电不足,会导致极板硫化。

⑦ 冬季使用蓄电池时,应注意以下几点:经常保持蓄电池处于充足电状态,以免电解液密度降低而结冰;补加蒸馏水,应在发动机运转,发电机向蓄电池充电时进行,这样可使蒸馏水快速与电解液混合,减小电解液结冰的危险;由于冬季蓄电池容量降低,在冷起动前应进行预热,以便使发动机容易起动。

⑧ 避免大电流长时间过充电,否则,极板会由于过热而拱曲,引起活性物质松附而脱落。

⑨ 避免大电流长时间过放电,发动机起动时应控制起动时间和两次起动的间隔时间,特别是冬季更要严格控制起动时间,否则会导致极板弯曲,活性物质脱落。

⑩ 严禁将金属工具放在蓄电池上,以防止造成短路,而导致大电流放电。

3. 蓄电池常见的故障与排除

蓄电池在使用中所出现的故障,除材料和制造工艺方面的原因外,多数情况下都是由于维护和使用不当造成的。蓄电池常见的内部故障有极板硫化、自行放电、活性物质脱落、内部短路等,外部故障有外壳裂纹、接触不良、极桩腐蚀或松动等。其中,极板硫化和活性物质脱落是导致蓄电池寿命终止的根本原因。蓄电池常见的故障现象、可能原因及处理方法见表1-8。

表1-8 蓄电池故障的诊断与排除

故障	故障现象	可能原因	排除
极板硫化	① 极板上生成一层白色大颗粒的硫酸铅; ② 放电时端电压急剧下降,充电时端电压显著上升; ③ 电解液密度低于正常值	① 蓄电池长期充电不足或放电后没有及时充电; ② 蓄电池电解液液面过低,使极板上部与空气接触而发生氧化; ③ 电解液不纯; ④ 电解液相对密度过高	① 使蓄电池经常处于充足电状态,放完电的蓄电池应及时进行补充充电; ② 电解液面高度符合规定标准; ③ 电解液密度要选择恰当; ④ 轻者可用去硫化充电法消除硫化,重者需更换新产品
自行放电	存放期间,放电容量超过制造厂规定值	① 电解液中有杂质,这些杂质在极板周围形成局部放电而产生自行放电; ② 蓄电池盖上有电解液未清除干净; ③ 蓄电池内部短路	① 经常保持蓄电池外面的清洁; ② 蓄电池用电解液和蒸馏水符合标准; ③ 蓄电池加液孔螺塞要盖好; ④ 使用中的蓄电池每个月进行一次补充放电

续表

故　　障	故障现象	可能原因	排　　除
极板短路	① 充电过程中,电解液温度迅速上升,电压与电解液密度上升缓慢; ② 放电时,蓄电池容量明显不足	① 隔板质量不好或隔板缺角使正负极板相接触而短路; ② 极板拱曲及金属杂质落入正负极板之间等; ③ 活性物质脱落过多	先找出短路的部分在哪个单格的极板内,然后拆散蓄电池,取出极板群,更换新隔板,更换不符合要求的极板
极板活性物脱落	① 放电时,蓄电池容量下降过快; ② 充电时端电压上升快,电解液过早出现"沸腾"现象; ③ 电解液浑浊	① 极板质量差; ② 充、放电电流过大; ③ 充电时间过长; ④ 低温大电流放电; ⑤ 蓄电池受到剧烈振动	① 不要过充电,充电电流不宜过大; ② 严格按照规定的终止电压放电; ③ 更换电解液,加水时要加注蒸馏水

1.2 交流发电机

汽车上所用的交流发电机大多为三相交流发电机,主要由三相同步交流发电机和硅二极管整流器组成,所以又称为硅整流发电机,简称交流发电机。交流发电机必须配用电压调节器,其作用是使交流发电机在发动机转速发生变化时输出稳定电压。

1.2.1 交流发电机的构造及型号

交流发电机按总体结构的不同可分为普通交流发电机、整体式交流发电机、带泵的交流发电机、无刷交流发电机和永磁甲流发电机 5 种类型,按整流器结构的不同可分为 6 管交流发电机、8 管交流发电机、9 管交流发电机和 11 管交流发电机 4 种类型,按励磁绕组搭铁形式的不同可分为内搭铁型交流发电机和外搭铁型交流发电机两种类型。

1. 交流发电机的构造

目前国内外生产的汽车交流发电机的构造基本相同,主要由转子、定子、整流器、端盖及电刷组件、风扇和皮带轮组成。典型汽车交流发电机的构造如图 1-18 所示。

1) 转子

转子是交流发电机的磁场部分,其作用是形成发电机的磁场。主要由磁极、励磁绕组和滑环等组成。交流发电机转子的结构如图 1-19 所示。

当两个电刷通入直流电时,励磁绕组中就有电流流过,并产生轴向磁通,使爪极一块被磁化为 N 极,另一块被磁化为 S 极,从而形成六对相互交错的磁极。当转子转动时,就形成了旋转的磁场。

2) 定子

定子是交流发电机的电枢部分,其作用是产生交流电动势。定子主要由定子铁芯和电

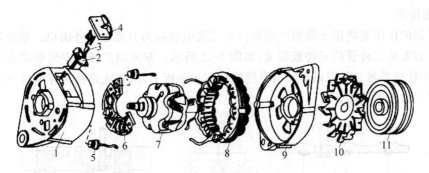

图 1-18 汽车交流发电机的构造

1—后端盖；2—电刷架；3—电刷；4—电刷弹簧盖板；5—硅整流二极管；
6—整流板；7—转子；8—定子；9—前端盖；10—风扇；11—皮带轮

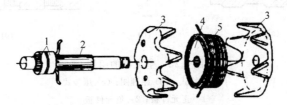

图 1-19 交流发电机的转子

1—滑环；2—轴；3—爪形磁极；4—磁轭；5—励磁绕组

枢绕组组成，其结构如图 1-20 所示。定子铁芯由内圆带槽的环状硅钢片叠压而成，定子铁芯槽内嵌入三相对称绕组，三相绕组一般有星形(Y)和三角形(△)两种连接方法，如图 1-21 所示。国产车大多采用星形接法，美国通用汽车的交流发电机采用三角形接法。

为了保证三相绕组产生大小相等、相位相差 120°电角度的对称电动势，三相绕组在定子槽中的绕法必须遵循以下原则：

① 每相绕组的线圈个数、每个线圈的匝数和节距都必须相等；

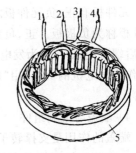

图 1-20 交流发电机的定子

1～4—绕组引线；5—定子铁芯

② 三相绕组的首端 A、B、C 及末端 x、y、z 在定子槽内的排列必须相隔 120°电角度。

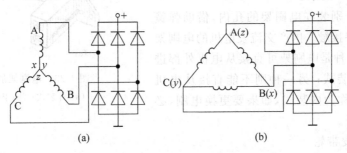

图 1-21 定子绕组的连接方法

(a) 星形连接；(b) 三角形连接

3）整流器

整流器的作用是将定子绕组产生的三相交流电转换为直流电对外输出。整流器由硅整流二极管和安装二极管的元件板组成，如图1-22所示。常见的二极管安装形式有焊接式和压装式，焊接式是将二极管的PN结直接烧结在元件板上，压装式是将具有金属外壳的二极管压装在元件板的孔内。

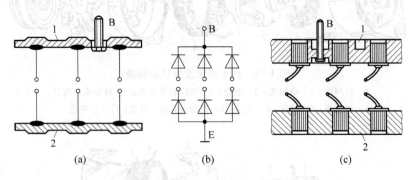

图1-22 整流器的组装
(a) 焊接式；(b) 原理图；(c) 压装式
1—正元件板；2—负元件板

硅整流二极管分为正极管和负极管。引线为正极、外壳为负极的二极管称为正极管，管底涂有红色标记；引线为负极、外壳为正极的二极管称为负极管，管底涂有黑色标记。

元件板有正、负元件板之分，安装3只正极管的元件板称为正极板，安装3只负极管的元件板称为负极板。正、负元件板绝缘地安装在一起。正元件板通过螺栓引至后端盖外部（与后端盖绝缘），作为发电机的正极，用"B"（"＋""A""电枢"）表示。负元件板与后端盖相连，作为发电机的负极，用"E"或"－"表示。整流器总成的形状各异，有马蹄形、半圆形和圆形等。

4）端盖与电刷组件

端盖的作用是支撑转子、定子、整流器和电刷组件。端盖一般用铝合金铸造，一是可以有效地减少漏磁，二是铝合金散热性能好。在后端盖上装有电刷组件，电刷组件由电刷、电刷架和电刷弹簧组成，如图1-23所示。

两个电刷分别装在电刷架的孔内，借助弹簧压力与滑环保持接触。国产交流发电机的电刷架有两种形式：一种是电刷架可直接从电机外部进行拆装，称为外装式；另一种则不能直接从电机外部进行拆装，称为内装式，如果要更换电刷，必须将发电机拆开。

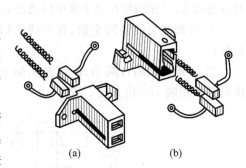

图1-23 电刷架的结构
(a) 外装式；(b) 内装式

5）风扇和皮带轮

发电机的前端装有皮带轮，后面装有叶片式风扇，前后端盖上分别有出风口和进风口。当发动机的曲轴驱动皮带轮旋转时，可使空气高速流入发电机内部进行冷却。

2. 交流发电机的型号

根据行业标准《汽车电器设备产品型号编制方法》(QC/T 73—1993)的规定,汽车交流发电机型号组成如下:

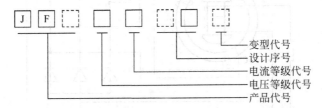

① 产品代号:交流发电机的产品代号有 JF、JFZ、JFB 和 JFW 共 4 种,分别表示普通交流发电机、整体式交流发电机、带泵的交流发电机和无刷交流发电机。

② 电压等级代号:用 1 位阿拉伯数字表示。例如,1 表示 12V,2 表示 24V,6 表示 6V 等。

③ 电流等级代号:用 1 位阿拉伯数字表示,其含义见表 1-9。

表 1-9 电流等级代号

电流等级代号	1	3	4	5	6	7	8	9
电流/A	≤19	30～39	40～49	50～59	60～69	70～79	80～89	≥90

④ 设计序号:用 1～2 位阿拉伯数字表示,表示产品设计的先后顺序。

⑤ 变型代号:交流发电机以调整臂位置作为变型代号。从驱动端看,调整臂在中间不加标记,Y 表示调整臂位于右边,Z 表示调整臂位于左边。

例如,JF152,表示电压等级为 12V,电流等级为 50～59A,第二次设计的普通型交流发电机。

例如,奥迪 100 型轿车 JFZ1913Z,表示电压等级为 12V,电流等级大于 90A,第 13 次设计的整体式交流发电机,调整臂在左边。

1.2.2 交流发电机的工作原理

1. 发电原理

交流发电机的工作原理如图 1-24 所示。当转子旋转时,定子绕组与磁力线之间产生相对运动,在三相绕组中产生交变电动势,其频率为

$$f = \frac{pn}{60} \tag{1-6}$$

式中,p 为磁极对数;n 为发电机转速,r/min。

在汽车交流发电机中,由于转子磁极呈鸟嘴形,其磁场分布近似正弦规律,所以交流电动势也近似正弦波,三相定子绕组对称分布在发电机的定子槽中,产生的三相电动势也是对称的,所以在三相绕组中产生频率相同、幅值相等、相位相差 120°的三相电动势。

三相绕组中交流电动势瞬时值的表达式为

$$e_A = E_m \sin\omega t = \sqrt{2} E_\varphi \sin\omega t \tag{1-7}$$

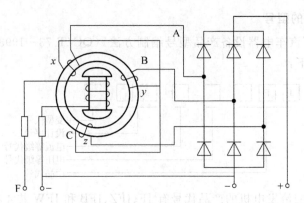

图 1-24 交流发电机的工作原理

$$e_B = E_m \sin(\omega t - 120°) = \sqrt{2} E_\varphi \sin(\omega t - 120°) \quad (1-8)$$

$$e_C = E_m \sin(\omega t + 120°) = \sqrt{2} E_\varphi \sin(\omega t + 120°) \quad (1-9)$$

式中,E_m 为每相电动势的最大值;E_φ 为每相电动势的有效值;ω 为角频率。

交流发电机每相绕组电动势的有效值为

$$E_\varphi = 4.44 K f N \varphi = 4.44 K \frac{pn}{60} N \varphi = C_e \varphi n \quad (1-10)$$

式中,K 为每相定子绕组的系数,一般小于 1;f 为感应电动势的频率;N 为每相绕组的匝数;φ 为磁场的磁通量。$C_e = 4.44 K \frac{p}{60} N$,表示发电机结构常数。

2. 整流原理

交流发电机的整流器实际上是一个由 6 个硅二极管组成的三相桥式整流电路,如图 1-25 所示。VD_1、VD_3、VD_5 采用共阴极接法,即阴极电位相等,哪个管子导通取决于二极管的阳极电位,阳极电位高者先导通,导通的二极管使另外两个二极管承受反向电压而截止。VD_2、VD_4、VD_6 采用共阳极接法,即阳极电位相同,哪个管子导通取决于二极管的阴极电位,阴极电位低者先导通,导通的二极管使另外两个二极管承受反向电压而截止。这里主要应用了二极管的单向导电性。三相桥式整流电路二极管的导通过程及负载端输出电压波形如图 1-26 所示。

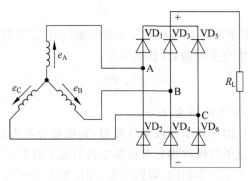

图 1-25 三相桥式整流电路

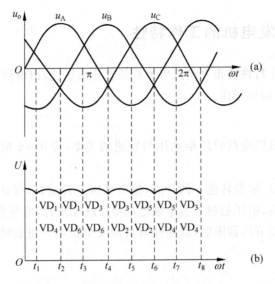

图 1-26 三相桥式整流电路输出电压波形

(a)三相交流电压波形；(b)整流输出电压波形

由图 1-26 可知,交流发电机输出直流电压的平均值为

$$U = 1.35U_L = 2.34U_\varphi \tag{1-11}$$

式中,U_L 为线电压有效值；U_φ 为相电压有效值。

3. 励磁方式

交流发电机励磁绕组的励磁方式有两种,一种是自励,一种是他励。当交流发电机的转速很低时,采用他励方式,即由蓄电池向励磁绕组提供励磁电流,产生磁场,使交流发电机在低速转动时电压能够迅速上升。当交流发电机的转速升高到一定值、其输出电压达到或超过蓄电池电压时,励磁电流由交流发电机自身提供,这种励磁方式称为自励。由此可见,汽车交流发电机在输出电压建立前后分别采用他励和自励两种不同的励磁方式。

一般交流发电机的励磁电路如图 1-27 所示。当点火开关 S 接通时,蓄电池通过电压调节器向发电机的励磁绕组提供励磁电流(他励),其电路为：蓄电池正极→点火开关 S→电压调节器→发电机励磁绕组→搭铁。

当交流发电机转速升高到一定值时,励磁方式由他励变成自励,其电路为：发电机正极 B→点火开关 S→电压调节器→发电机励磁绕组→搭铁。

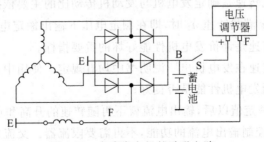

图 1-27 交流发电机的励磁电路

1.2.3 交流发电机的工作特性

交流发电机的工作特性是指发电机整流后的直流电压、输出电流和转速之间的关系,包含空载特性、输出特性和外特性。

1. 空载特性

空载特性是指发电机空载时的端电压与转速的关系,即 $I=0$ 时,$U=f(n)$ 的曲线,如图 1-28 所示。

由曲线图可以看出,随着转速 n 的升高,输出电压上升较快,保证了低速时有良好的充电性能。随转速的升高,电压超过了蓄电池电动势后继续上升,可见在其他条件不变的情况下,转速升高,电压需要节压器限制,以保证对负载安全供电。空载特性是判断发电机充电性能是否良好的依据。

2. 输出特性

输出特性也称负载特性,是指发电机输出电压一定时(对 12V 系统的发电机规定为 14V,对 24V 的发电机规定为 28V),输出电流与转速之间的关系。输出特性曲线如图 1-29 所示。

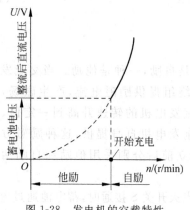

图 1-28 发电机的空载特性

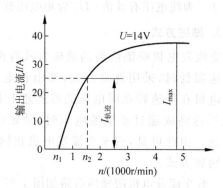

图 1-29 发电机的输出特性

由输出特性可以看出,发电机在不同转速下输出功率的情况。

① 发电机只要在较低的空载转速 n_1 时,就能达到额定输出电压值,因此其具有低速充电性能好的优点。空载转速是确定发电机与发动机传动比的主要依据。

② 发电机转速升至满载转速 n_2 时,即在额定电压下输出额定电流,因此其具有发电性能优良的特点。满载转速是评价发电机性能好坏的重要指标。

空载转速和满载转速在发电机出厂说明书中均有规定。使用中,只要测得这两个数据,与规定值相比即可判断发电机性能是否良好。

③ 当转速升到某一定值以后,输出电流就不再随转速的升高和负载阻抗的减小而持续增大,因此其具有自身控制输出电流的功能,不再需要限流器。交流发电机最大输出电流约为额定电流的 1.5 倍。

3. 外特性

外特性是指发电机转速一定时,端电压与输出电流之间的关系,即 n 为常数时 $U=f(I)$ 的曲线,如图 1-30 所示。

由外特性曲线图可知,随着输出电流的增加,发电机的端电压下降,且转速越高,下降的斜率越大。

当输出电流增大到一定值时,如果负载再增加,输出电流反而会同端电压一起下降,即外特性曲线上有一转折点。

交流发电机输出电压受转速和负载变化的影响较大,因此必须配用电压调节器才能保持恒定的电压值。当发电机高速运转时,如果突然失去负载,则其输出电压会急剧增高,发电机中的硅整流二极管以及调节器的电子元件就有击穿的危险,因此应该避免外电路断路的现象。

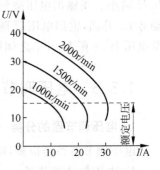

图 1-30 发电机的外特性

1.3 电压调节器

1.3.1 电压调节器的功用

在汽车上,交流发电机是由发动机按固定的传动比驱动旋转,其转速高低取决于发动机转速。由交流发电机每相绕组产生的感应电动势计算式(1-10)可知,每相绕组感应电动势 E_φ 的大小与发电机转速 n 和每极磁通 φ 的乘积成正比。在汽车行驶过程中,由于发动机转速随时都在发生变化,发电机转速随之改变(现代汽车发电机转速可在 0~18000r/min 范围内变化),因此发电机输出电压必然随转速的变化而变化。

电压调节器的作用就是,当发电机转速变化时,自动调节发电机输出电压并使电压保持恒定,防止输出电压过高而损坏用电设备和避免蓄电池过量充电。

1.3.2 电压调节器的基本原理

交流发电机输出电压 U 与其感应电动势 E_φ 成正比关系,即

$$U \propto E_\varphi = C_e \varphi n$$

当发电机转速变化时,如果要保持发电机电压恒定,就必须改变磁极磁通。而磁极磁通的大小取决于励磁电流的大小,所以在发电机转速发生变化时,只要自动调节励磁电流,就能使发电机的电压保持恒定。

电压调节器就是通过调节励磁电流改变磁极磁通,从而使汽车发电机输出电压保持恒定。当发电机转速一定时,电压调节器的调节过程如图 1-31 所示。

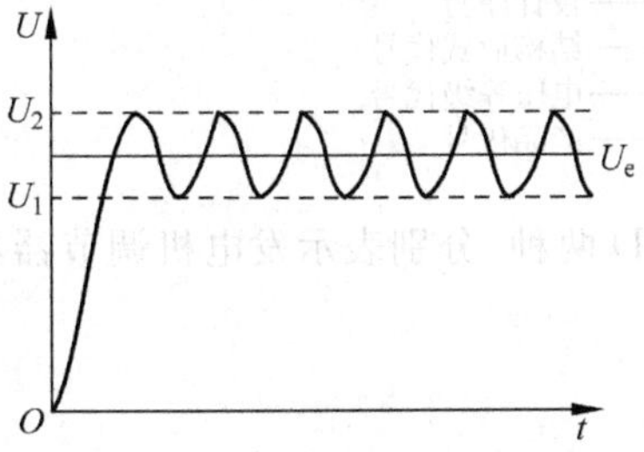

当发电机转速 n 达到一定值时,输出电压达到调节

图 1-31 发电机电压调节基本原理

电压上限值 U_2 时，调节器通过调节励磁电流使磁通 φ 减小，电动势 E_φ 下降，从而使输出电压 U 减小。当输出电压降到调节电压下限值 U_1 时，调节器调节励磁电流使磁通 φ 增大，电动势 E_φ 升高，输出电压 U 随之升高。调节器重复上述调节过程，使发电机输出电压 U 在调节电压上、下限 U_2、U_1 之间脉动，从而保持平均电压 U_e 不变。

1.3.3 电压调节器的分类及型号

1. 电压调节器的分类

电压调节器种类很多，按其结构不同可分为电磁振动式和电子式两大类。

1）电磁振动调节器

电磁振动调节器是利用电磁力矩与弹簧力矩的共同作用控制触点反复开闭，以改变发电机磁场电路的电阻，调节励磁电流，达到调压的目的。电磁振动式调节器按其组成的联数不同可分为单联（只有电压调节器）、双联（除电压调节器外，还有磁场继电器或充电指示灯继电器等）和三联。

2）电子调节器

电子调节器是利用晶体管的开关作用，使磁场电路接通和断开来调节磁场的励磁电流而进行调压的。

按其结构不同电子调节器分为晶体管式、集成电路式和数字式。晶体管式是利用分立电子元件组成的调节器，如 JFT106 型电子调节器。集成电路式是利用集成电路组成的调节器。数字式是由发动机电脑控制的调节器。

按安装方式电子调节器分为外装式和内装式。外装式是指与交流发电机分开安装的调节器。内装式是指安装在交流发电机上的调节器。

按搭铁形式电子调节器可分为内搭铁式和外搭铁式。内搭铁式是与内搭铁型交流发电机配套工作的电子调节器，如 JFT126A 型调节器。外搭铁式是与外搭铁型交流发电机配套工作的电子调节器，如 JFT106 型电子调节器。

2. 电压调节器的型号

根据《汽车电气设备产品型号编制方法》（QC/T 73—1993）的规定，调节器的产品型号编制方法如下：

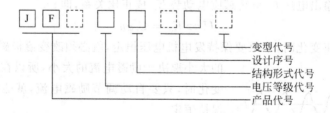

① 产品代号：发电机调节器的产品代号有 FT 和 FTD 两种，分别表示发电机调节器和发电机电子调节器。

② 电压等级代号：与交流发电机相同，见表 1-9。

③ 结构型式代号：用 1 位阿拉伯数字表示，见表 1-10。

表 1-10　发电机调节器的结构型式代号

结构型式代号	1	2	3	4	5
电磁振动式调节器	单联	双联	三联		
电子调节器				晶体管式	集成电路式

④ 设计序号：用 1~2 位阿拉伯数字表示，表示产品设计先后顺序。

⑤ 变型代号：以英文大写字母 A、B、C、…顺序表示（O 和 I 除外）。

例如，FT126C 表示 12V 的双联电磁振动式调节器，第 6 次设计，第 3 次变型。

1.3.4　交流发电机与调节器常见故障诊断与排除

汽车交流发电机和调节器组成的系统通常称为充电系统。无论发电机故障还是调节器故障，最终都会导致发动机无法起动，汽车不能行驶。

1. 发电机的检测

1) 转子检查

① 转子绕组（磁场绕组）短路与断路的检查。用万用表的欧姆挡检查绕组电阻，若阻值为∞，则说明断路；若阻值过小，则说明短路。一般 12V 发电机转子绕组电阻为 3.5~6Ω，24V 发电机转子绕组电阻为 15~21Ω。

② 转子绕组搭铁的检查，即检查转子绕组与铁芯（或转子轴）之间的绝缘情况。用万用表电阻最大挡检测两集电环与铁芯（或转子轴）之间的电阻，若表针有偏转则说明有搭铁故障，正常应指示为∞。

③ 集电环的检查。集电环表面应平整光滑，无明显烧损，否则用 00 号砂布打磨。两集电环间隙处应无污垢。集电环圆度误差不超过 0.025mm，厚度不小于 1.5mm。

④ 转子轴的检查。用转子表检查轴的弯曲，弯曲度不超过 0.05mm（径向圆跳动公差不超过 0.1mm），否则应予校正。爪形磁极在转子轴上应固定牢靠，且间距相等。

2) 定子检查

① 定子绕组短路与断路的检查。用万用表检测定子绕组的 3 个接线端，两两相测，正常时阻值应小于 1Ω 且相等。阻值过大说明断路，过小说明短路。

② 定子绕组搭铁的检查，即检查定子绕组与定子铁芯之间的绝缘情况。用万用表电阻最大挡检测定子绕组接线端与定子铁芯间的电阻，若绝缘电阻小于 100kΩ 则说明有搭铁故障，正常时指示趋于∞。

③ 整流器二极管的检查。使用万用表的蜂鸣挡，黑表笔接元件板，红表笔分别接整流器各接柱，万用表应均导通，否则说明该二极管断路。调换两表笔进行测试，万用表应均不导通，否则说明二极管短路。

3) 电刷组件的检查

观察电刷组件，其表面不得有油污，且应在电刷架中活动自如。用游标卡尺检测电刷，其外露长度应不小于 7mm。电刷架应无裂纹，弹簧应无腐蚀或者折断现象，否则应更换电刷或电刷弹簧。

2. 调节器的检测

调节器在使用中应定期进行测试和必要的调整,保证发电机的输出电压经常稳定在额定值范围内。

1) 电磁振动调节器的检测

电磁振动调节器主要检查触点是否有污染、烧灼现象。如有轻微烧灼,可用细砂纸将其磨平、擦净后继续使用。若烧灼严重无法修磨时,可更换衔铁总成或用铆接法单独换装新触点。电阻和线圈的状况可用万用表欧姆挡检查,电阻值应符合规定值,若有断路、短路故障应予更换。

2) 晶体管调节器的检测

（1）搭铁形式的判别

晶体管调节器有内搭铁和外搭铁之分,若标记不清,可用图1-32所示的方法判别。图中小灯泡为12V/2W。L_1灯亮为外搭铁式,L_2灯亮为内搭铁式。

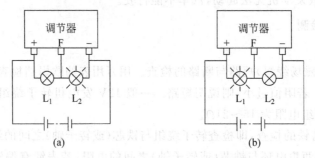

图1-32 晶体管调节器搭铁形式检测
(a) 内搭铁式调节器；(b) 外搭铁式调节器

（2）故障检查

用一只电压可调的直流稳压电源(输出电压为0～30V,电流为3A)和一只车用灯泡(代替发电机励磁绕组),按图1-33所示的电路连接好。调节直流稳压电源使输出电压从零逐渐升高,灯泡应逐渐变亮。当电压升到调节器的调节电压(即(14 ± 0.2)V或(28 ± 0.5)V)时,灯泡应突然熄灭。再把电压逐渐降低,灯泡又点亮,且随电压降低而亮度减弱。这说明调节器性能良好,否则调节器有故障。

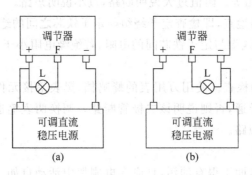

图1-33 晶体管调节器故障检测
(a) 内搭铁式调节器；(b) 外搭铁式调节器

3) 集成电路调节器的检查

集成电路调节器都是用环氧树脂封装或塑料模压而成的全密封结构,与发电机制成一体,成为整体式发电机。

判断集成电路调节器好坏时,可将单独的发电机按图 1-34 所示的电路连接好,电流表选用 5A 的电流表或 12V/20W 车用灯泡。测试时调节直流稳压电源,使电压缓慢升高,直至电流表指示为零或灯泡熄灭,这时电压表上显示的值则为调节器的调节电压值。该值应在规定的调节范围内,否则说明有故障,应予更换。

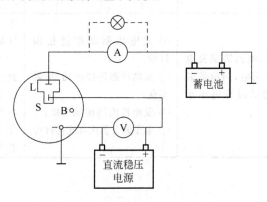

图 1-34 集成电路调节器的检测

3. 充电系统的故障诊断与排除

充电系统常见的故障有:不充电、充电电流过大或过小、充电电流不稳等,具体见表 1-11。

表 1-11 充电系统常见的故障及排除

故障	故障现象	可能原因	排除
不充电	发电机中速运转时,充电指示灯仍然发亮或电流表仍指示放电	① 交流发电机驱动带过松; ② 充电系统线路故障; ③ 发电机不发电; ④ 电子调节器电压过低	① 检查发电机与发动机曲轴带动轮驱动带轮之间的驱动带挠度,挠度过大应进行调整或更换; ② 检查交流发电机端子与蓄电池之间的线路导线有无松脱或断路; ③ 检查发电机与调节器之间的接线; ④ 用电压表、电流表或充电指示灯检查发电机是否发电
充电电流过小	发电机中速以上运转时,电流表指示充电电流过小	① 发电机驱动挠度过大而出现打滑; ② 充电线路或磁场线路端子松动造成接触不良; ③ 定子绕组局部短路	① 检查交流发电机驱动挠度是否符合规定; ② 检查充电线路或磁场线路连接是否牢靠; ③ 利用直流电压表和直流电流表就车检测发电机输出功率是否达到额定功率

续表

故障	故障现象	可能原因	排除
充电电流过大	① 汽车行驶时,充电电流始终保持在 10A 以上且不减小; ② 蓄电池液面降低快	① 电子调节器内部电路参数匹配不当使调节器电压过高; ② 大功率晶体管短路; ③ 调节器前级驱动电路断路	确认调节器故障后,更换新品
充电电流不稳	汽车行驶时,电流表或充电指示灯指示充电,但电流表指针左右摆动或充电指示灯闪烁	① 发电机驱动带过松而打滑; ② 充电线路连接松动、接触不良; ③ 发电机内部接触不良; ④ 电子调节器内部元件虚焊	① 检查交流发电机驱动挠度是否符合规定; ② 检查充电线路或磁场线路连接是否牢靠; ③ 用试灯代替磁场绕组,检查发电机线路; ④ 逐步升高发电机转速,查看充电指示灯发亮情况

1.4 汽车电源新技术

1.4.1 新型汽车蓄电池

1. 物理电池

物理电池即飞轮电池,它突破了化学电池的极限,用物理方法实现储能。飞轮电池采用的是将动能转换为电能,其飞轮用于储存电能。

飞轮储能电池的概念起源于 20 世纪 70 年代早期,最初只是将其应用在电动汽车上,但限于当时的技术水平,并没有得到发展。直到 20 世纪 90 年代,磁悬浮轴承技术等一些高新技术才得到了大力发展。

美国飞轮系统公司已用最新研制的飞轮电池成功地将一辆克莱斯勒轿车改成电动轿车。

2. 铁锂电池

铁锂电池是以合成稳定的磷酸铁锂($LiFePO_4$)作为铁锂电池的正极材料来制作的能量密度大、体积小、寿命长、无污染的新型化学电池。与普通电池相比铁锂电池具有以下优点:

① 高能高容量。目前市场上的铅酸电池比功率只有 60~150W/kg,而铁锂电池可达到 1000kW/kg 以上,放电电流是普通电池的 3~10 倍。特别适合电动汽车对大功率、大电流的要求。

② 铁锂电池性价比高。

③ 铁锂电池输出电压高。单格标称电压 3.2V,充电电压 3.6V,放电终止电压 2.0V。

④ 原料丰富。使用地壳中最为丰富的铝和铁,降低了原料成本。

⑤ 安全性高。虽然铁锂电池是锂离子电池的一种,但能大电流放电,工作温度范围宽,不燃烧不爆炸。

比亚迪股份公司在电动车上使用的就是铁锂电池。

3. 太阳能电池

20世纪80年代,美欧一些国家研发了多晶硅太阳能电池,其光电转换率约为16%,稍低于单晶硅太阳能电池。但是材料制作简便,总的生产成本低,因此近些年来得到了大力发展。三洋电机公司开发的太阳能电池可实现22.8%的电池单元转换效率。

1.4.2 新型汽车发电机

1. 无刷交流发电机

带有碳刷滑环结构的交流发电机,易出现电刷过度磨损、电刷在刷架中卡滞、电刷弹簧失效、滑环脏污等使电刷与滑环接触不良的现象,是造成发电机不发电或发电不良的原因之一。无刷交流发电机可以克服普通交流发电机的这一缺陷,因而在汽车上得到了应用。目前无刷交流发电机有爪极式无刷交流发电机、励磁式无刷交流发电机、感应子式无刷交流发电机、永磁式无刷交流发电机等几种类型。汽车上使用的就是永磁式无刷交流发电机。

2. 永磁式发电机

永磁式交流发电机以永久磁铁为转子磁极而产生旋转磁场,常用的永磁材料有铁氧体、铝镍钴、稀土钴、钕铁硼等。

永磁式无刷交流发电机具有体积小、质量轻、维护方便、比功率大、低速充电性能好等优点,若永磁材料的性能有更进一步的提高,相信这类发电机将会得到快速发展。

3. 带泵交流发电机

带泵交流发电机与普通交流发电机不同的是转子轴很长并伸出后端盖,联动一个真空泵,为汽车制动系统中的真空助力器件提供真空源。

1.4.3 42V汽车电源系统

1. 概述

汽车电源的电压从20世纪50年代的6V改为12V,已有60多年历史。自1990年开始,汽车用电量每年以5%~8%的比例增加。随着汽车技术的不断进步,越来越多的电器及电子系统被应用到汽车上。但是,目前汽车上的12V电源系统最大只能提供2kW的功率,已远不能适应现代汽车对用电量不断增长的需求。

20世纪90年代,汽车设计者提出的提高汽车电源电压的构想,很快得到了汽车研究机构、汽车制造商、汽车零部件制造商的一致认同,并制定了汽车电源42V电压的相关标准。

2. 42V汽车电源系统的优点

① 42V电压是安全的、易得到的。根据国际标准,人体的安全电压是50V以内,任何超过60V电压的系统,在导线和连接处都要采取特殊的绝缘措施,这将增加系统的质量和成本。因此,42V电压,既能满足用电的同时,又可以像传统的12V系统一样,即使触碰到

电极或金属车体时也不会对人体安全造成威胁。另外,12V 系统的过渡阶段也很方便,42V 为现在发电机输出电压 14V 的 3 倍,其采用的 36V 蓄电池可以用现用的 12V 铅酸蓄电池串联改装组成。

② 42V 电源系统能显著降低汽车线束成本。现代汽车平均拥有长达 12km 的导线、2000 多个插接线头和 350 多个集线器。采用 42V 电源系统后,则可以大大降低线束质量和成本。原理是传输同样功率的电能,42V 系统的电流只有 14V 系统的 1/3,这样就降低了发电机和电力元件的电流负荷,使线路和功率元件的传输损耗减少为原来的 1/9,这样就可以将线径选得小很多以降低质量。

③ 42V 电源能使大量汽车高新技术广泛应用。有了 42V 电源,原先的一些由于用电量大而无法普及的技术都变得可行了。如电子加热式催化剂和电磁阀系统、电动四轮辅助驱动装置等都能够普及。使用 42V 电源驱动发动机一些长期运转的附件如冷却风扇、空调压缩机等,可以减少空转消耗,提高能源利用率。

④ 42V 电源系统可大幅度提高发动机效率。目前汽车使用的硅整流发电机效率在 60% 以下,由于发电机输出电流大,电枢绕组的电流密度达 $10A/mm^2$ 以上,很多能量被励磁绕组、电枢绕组和整流元件消耗掉。所以,目前使用的交流发电机功率大都只能做到 2kW 以下。而 42V 电源系统可在整个发动机转速范围内提供较高的电流输出,电机效率可达 80% 以上,而且功率也可达 8kW 以上。如西门子 VDO 产品功率输出达 10~15kW,效率可达 85%。

⑤ 42V 电源系统有利于发展混合动力车。采用 42V 电源后,使发动机电力辅助驱动技术成为可能,可以设计起动发电机总成装置(ISA),实现以下功能:①汽车起步时,在很短时间内(通常为 0.1~0.2s)由电动装置将内燃机加速过怠速转速,然后内燃机点火,实现发动机无怠速工况;②汽车较长时间处于停车状态,如遇红灯时,控制系统会自动切断内燃机供油,内燃机停止运行;③汽车正常行驶时,ISA 工作在发电机工况,向电池充电;④汽车加速或爬坡时,ISA 工作在电动机工况,为发动机提供辅助推进动力,ISA 使发动机工作在高效区,提高了效率,降低了燃油消耗。

⑥ 42V 电源系统已经具备一定的研究基础。早在 20 世纪 90 年代,德国便成立了车载电源论坛,成员有大众、奥迪、宝马、欧宝和保时捷等汽车公司,该机构提出了 14V/42V 双电压供电系统的规范草案。此后,世界各大汽车厂商都提出了具体的办法和相应的研究机构。目前,42V 电气系统结构已经得到了国际汽车工业界的认可,并在一些车辆上采用,如沃尔沃公司的 S80 和福特公司的混合动力车 Explorer。

3. 42V 系统的运行模式

在新的电气系统中,有两种实施方案,一种是全车 42V 单一电压方案,一种是 42V/14V 双电压方案。

① 42V 单一电压运行模式。典型的 42V 电气系统单一电压方案对目前的汽车零部件制造商会造成很大的冲击,推广起来有一定的困难。

② 42V/14V 双电压模式。由于目前 42V 电源供电的推广对汽车零部件制造商的技术改造成本大、范围广,因此,作为过渡阶段的 42V/14V 双电压系统的方案,正被广大厂商所关注,该系统需要有一个 DC/DC 转换器将 42V 电压转换成 14V 电压,因而需要两个蓄电池(12V 和 36V),只有当大量的部件都适应 42V 车用电源时,才能大批量生产纯 42V 的车

用电源。

双电压运行模式将汽车电器和电控装置根据耗电量的大小分为两组,传统的中小功率用电器为一组,如车灯、仪表、电动雨刮器等采用14V电源供电;而一些大功率的用电器如加热器、电动悬架、四轮辅助驱动等直接采用42V供电,交流发电机经整流调压后得到42V电压供给高功率负载,并对36V蓄电池充电,42V电压再经DC/DC变换器之后为14V电气系统供电。

作为过渡阶段,对42V/14V双电压系统的研究将会是汽车界最近时期的一个研发热点。

本章小结

汽车电源系统由蓄电池、发电机和电压调节器组成。在发动机起动时蓄电池向起动机供电,当发电机不工作时向用电设备供电;发电机主要向全车用电设备供电,同时给蓄电池充电。蓄电池与交流发电机并联工作。电压调节器在发电机转速变化时自动调节发电机的输出电压并使其保持稳定。

蓄电池是一种化学电源,它可以将电能转换为化学能进行储存,也可以将化学能转换为电能供给用电设备,即充电过程和放电过程。其特性包含充电特性、放电特性和外特性。

发电机的基本原理包括发电原理、整流原理和励磁方式。当转子旋转式,定子绕组与磁力线之间产生相对运动,在三相绕组中产生交变电动势,通过整流器将交流变成直流。调节器串联在发电机的励磁电路中,当发电机的转速发生变化时,调节器通过控制晶体管的导通与截止,改变输出电压的大小。

习题

1-1 蓄电池的组成有哪些?为什么负极板比正极板多一片?
1-2 简述铅蓄电池的工作原理,并写出化学反应方程式。
1-3 蓄电池初充电和补充充电如何进行?
1-4 蓄电池在什么情况下应进行补充充电?
1-5 什么是蓄电池容量?影响蓄电池容量的因素有哪些?
1-6 蓄电池的常见故障有哪些?分别分析故障现象、可能原因及处理方法。
1-7 怎样正确使用蓄电池?
1-8 发电机由哪些部分组成?各起什么作用?
1-9 简述发电机的励磁方式。
1-10 简述晶体管调节器的作用和原理。
1-11 绘制发电机充电系统的电路图,并指出充电电路、他励电路和自励电路。

第 2 章 汽车起动系统

2.1 汽车起动系统概述

要使发动机由静止状态过渡到工作状态，必须用外力使发动机曲轴转动，之后气缸吸入可燃混合气并燃烧做功，发动机工作循环才能自动进行。曲轴在外力作用下开始转动到发动机怠速运转的全过程，称为发动机起动。

发动机起动方法很多，汽车上常用电动机作为机械动力，当电动机输出轴上的驱动齿轮与发动机飞轮齿圈啮合时，动力就由电动机传到飞轮和曲轴上，使之旋转。电动机本身又用蓄电池作为能量源。目前绝大多数汽车发动机都采用直流电动机起动。

2.1.1 起动系统的作用与基本组成

起动系统的作用是在正常使用条件下，通过起动机将蓄电池储存的电能转变为机械能，带动发动机以足够高的转速运转，以便发动机顺利起动，发动机起动之后，起动机便立即停止工作。

汽车起动系统主要由蓄电池、起动机、起动主电路和控制电路组成。起动主电路包括蓄电池搭铁电缆和起动机电缆。控制电路包括起动开关、继电器、防盗 ECU 或发动机 ECM 等。典型的起动系统如图 2-1 所示。

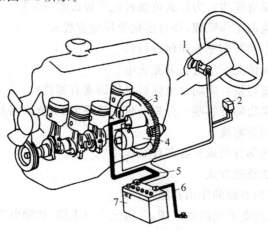

图 2-1 起动系统的组成

1—点火开关；2—起动继电器；3—飞轮；4—起动机；5—起动机电缆；6—搭铁电缆；7—蓄电池

汽车起动系统应满足以下四个基本要求：一是起动机的功率保证起动机产生的电磁力矩大于发动机的起动阻力矩，带动发动机以高于最低起动转速的转速运转；二是蓄电池的容量必须和起动机的功率相匹配，保证为起动机提供足够大的起动电流和必要的持续时间；三是起动电路连接要可靠，导线电阻和接触电阻要尽可能小；四是发动机起动后，起动机驱动齿轮自动与发动机飞轮退出啮合或滑转，防止发动机带动起动机运转。

1. 起动机

现代起动机一般由直流串励式电动机、传动机构和电磁开关3部分组成。起动机的作用是将蓄电池的电能转变成电磁转矩，驱动发动机，使发动机工作。传动机构用于将电动机所产生的电磁转矩传递给发动机飞轮，并在发动机起动后能自动断开发动机向起动机的逆向动力传递，确保起动后驱动齿轮打滑与飞轮齿圈自动脱开。电磁开关用于控制起动机驱动齿轮与发动机飞轮的啮合与分离，且同步控制电动机电路的通断。

2. 起动机控制电路

起动机控制电路用于控制起动机电磁开关的通断电，一些起动机控制电路还具有驱动保护控制。起动机控制电路中的主要部件是起动开关、起动继电器，有些车型还与防盗ECU或发动机ECM控制电路连接，起到安全保护作用。起动开关用于直接或间接通断起动机电磁开关电路，汽油发动机的起动开关与点火开关安装在一起，形成复合式开关。起动继电器起保护（起动开关）和自动控制（发动机起动后使起动机自动停止工作）作用。

3. 起动电源

起动电源是蓄电池，由多股铜丝组成的电线将蓄电池的正极与起动机的电源接线柱相连接，蓄电池的负极通过搭铁线连接到车身或车架上。要使发动机能够顺利起动，首先要保持蓄电池充足电，提高蓄电池的电动势，减小蓄电池内阻；其次蓄电池的电缆线要采用足够粗的铜导线，并连接牢固、可靠，减小导线电阻和接触电阻；最后发动机起动前应充分预热，尽量采用减压措施等减小发动机起动阻力矩。

2.1.2 起动机的分类与型号

1. 起动机的分类

1）按电动机磁场产生的方式分类

① 励磁式起动机。励磁式起动机的直流电动机，其磁极磁场由磁场绕组通入电流产生，目前汽车上所使用的起动机大都属于此种类型。

② 永磁式起动机。永磁式起动机所用的直流电动机，其磁极用永久磁铁制成，磁极无励磁绕组，也无需通入电流。永磁式起动机在小汽车上应用逐渐增多。

2）按驱动齿轮啮入方式分类

① 惯性啮合式。依靠驱动齿轮自身旋转的惯性力产生轴向移动，并啮入飞轮齿圈。惯性啮合方式结构简单，但工作可靠性较差，现已很少采用。

② 电枢移动式。依靠磁极产生的电磁力吸引电枢轴向移动，并带动固定在电枢轴上驱动齿轮啮入飞轮齿圈。电枢移动式起动机其结构比较复杂，主要用于欧洲国家生产的柴油车。

③ 磁极移动式。依靠磁极产生的磁力,使其中的活动铁芯移动,带动驱动齿轮啮入飞轮齿圈。磁极移动式起动机其磁极的结构较为复杂,目前采用此种结构形式的起动机相对较少。

④ 齿轮移动式。依靠电磁开关推动电枢轴孔内的啮合杆,而使驱动齿轮啮入飞轮齿圈。齿轮移动式结构也比较复杂,采用此种结构的一般为大功率的起动机。

⑤ 强制啮合式。依靠电磁力通过拨叉或直接推动驱动齿轮作轴向移动啮入飞轮齿圈,强制啮合式起动机工作可靠、结构也不复杂,因而使用较为广泛。

3)按传动机构结构分类

(1)普通起动机。起动机的电动机与驱动齿轮之间直接通过单向离合器连接,其传动机构比较简单,是汽车起动机传统的结构形式。

(2)减速起动机。在起动电动机与驱动齿轮之间除有单向离合器外,还增设了一组减速齿轮。减速起动机具有结构尺寸小、重量轻、起动可靠等优点,已在小型轿车上逐步推广。

2. 起动机的型号

起动机的型号根据《汽车电气设备产品型号编制方法》(QC/T 73—1993)的规定进行编制。国产起动机型号由以下 5 部分组成:

① ② ③ ④ ⑤

① 产品代号:普通起动机用 QD 表示,永磁式起动机用 QDY 表示,减速式起动机用 QDJ 表示。

② 电压等级代号:用数字表示,1 表示 12V,2 表示 24V。

③ 功率等级代号:用数字表示,见表 2-1。

④ 设计序号:用数字表示。

⑤ 变型代号:表示起动机的变型代号,用数字表示。

表 2-1 起动机功率等级代号

功率等级代号	1	2	3	4	5	6	7	8	9
功率/kW	0~1	1~2	2~3	3~4	4~5	5~6	6~7	7~8	8~9

例如,QD124 起动机,QD 代表普通型的起动机,1 代表起动机用 12V 的电源进行起动,2 代表起动机的功率为 1~2kW,4 代表第 4 次设计。

2.2 起动机的结构与工作原理

如前所述,现代汽车用起动机由直流电动机、传动机构和电磁开关 3 部分组成,本节介绍目前使用最广的电磁操纵强制啮合式起动机,其结构如图 2-2 所示。

2.2.1 直流电动机的结构与工作原理

1. 直流电动机的工作原理

1)电磁转矩的产生

直流电动机依靠带电导体在磁场中受磁场力的作用而产生电磁转矩,其工作原理如

图 2-3 所示。电源的直流电通过电刷 A 和对应换向铜片引入可转动的电枢绕组,通过换向铜片 B 流出。电枢绕组的两匝边便受磁场力 F 的作用而形成电磁转矩(见图 2-3(a))。在电磁转矩作用下,电枢绕组转动,当 ab 匝边转到下半平面、cd 匝边转到上半平面时,a 端换向片与 d 端换向片交换所接触的电刷,使电枢绕组的电流换向,但两电刷间电流方向不变,所以电枢绕组两匝边受磁场力 F 作用所形成的电磁转矩的方向保持不变(见图 2-3(b))。在方向不变的电磁转矩作用下,电枢绕组便可持续转动。

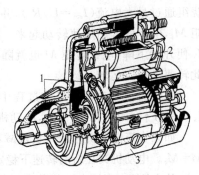

图 2-2 起动机的组成
1—传动机构;2—电磁开关;3—直流电动机

由于一个线圈所产生的转矩太小,且转速不稳定,因此实际上,电动机的电枢上绕有很多线圈,换向片也随线圈的增多而相应增加。

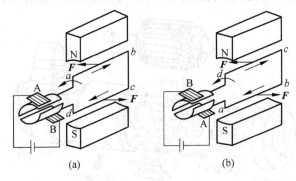

图 2-3 直流电机工作原理
(a) 电流 $a \to d$;(b) 电流 $d \to a$

实际直流电动机为产生足够大且稳定的电磁转矩,其电枢用多匝绕组串联而成,并由多片换向铜片组成换向器。根据安培定律,可以推导出直流电动机通电后所产生的电磁转矩 M 与磁极的磁通量 Φ、电枢电流 I_s 之间的关系如下:

$$M = C_m \Phi I_s$$

式中,C_m 为电动机的结构常数,它与电动机磁极对数 P、电枢绕组导线总根数 Z 及电枢绕组电路的支路对数 a 有关($C_m = PZ/(2\pi a)$)。

2) 直流电动机转矩自动调节原理

通电的直流电动机的电枢在电磁转矩 M 的作用下转动起来,同时电枢绕组就因切割磁力线而产生感应电动势,此电动势与电枢电流 I_s 的方向相反,故称为反电动势 E_f。E_f 与磁极的磁通量 Φ 和电枢的转速 n 成正比,即

$$E_f = C_e \Phi n$$

式中,C_e 为电动机结构格数($C_e = PZ/(60a)$)。

由此得到电枢回路的电压平衡方程如下:

$$U = E_f + I_s R_s$$

式中,R_s 为电枢回路的电阻,它包括电枢绕组的电阻和电刷与换向器的接触电阻。

在直流电动机刚接通电源的瞬间,电枢转速 n 为 0,电枢反电动势 E_f 也为 0,这时,电枢

绕组通过最大电流($I_{sm}=U/R_s$),并产生最大的电磁转矩 M_{max},如果 M_{max} 大于电动机的阻力矩 M_z,电枢就开始加速转动起来。随着电枢转速的上升,电枢反电动势 E_f 增大,电枢电流 I_s 便开始下降,电磁转矩 M 也就随之减小。当 M 降至与 M_z 相平衡($M=M_z$)时,电枢就在此转速下稳定运转。

如果直流电动机在工作过程中负载增大($M<M_z$),就会出现如下变化:$n↓→E_f↓→I_s↑→M↑→M=M_z$。于是,电动机在新的转速下稳定运转。

如果直流电动机的工作负载减小($M>M_z$)则出现如下变化:$n↑→E_f↑→I_s↓→M↓→M=M_z$。电动机又在新的转速下稳定运转。

从上可知,直流电动机能通过转速、电流和转矩的自动变化来平衡负载的改变,使之能在新的转速下稳定工作,即直流电动机具有自动调节转矩功能。

2. 直流电动机的组成部件

直流电动机由电枢、磁极、换向器、外壳、电刷与刷架及其他附件组成,如图 2-4 所示。

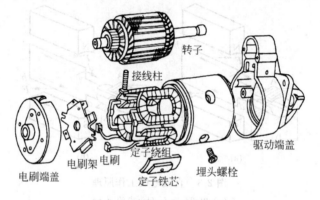

图 2-4 直流电动机的组成

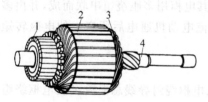

图 2-5 电枢总成
1—换向器;2—铁芯;3—电枢绕组;4—电枢轴

1) 电枢总成

电枢总成的作用是通入电流后,在磁极磁场的作用下产生一个方向不变的电磁转矩。电枢总成由电枢轴、电枢铁芯、电枢绕组及换向器等组成,如图 2-5 所示。

电枢铁芯用多片内外圆均带槽、表面绝缘的硅钢片叠压而成。通过内圆花键槽固定在电枢轴上。外圆槽内绕有电枢绕组,电枢绕组一般用较粗的扁铜线采用波绕法绕制,各绕组的端子与换向器铜片焊接,如图 2-6 所示。

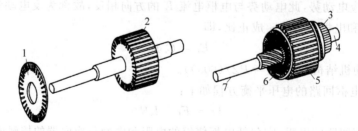

图 2-6 电枢绕组连接方式
1—铁芯叠片;2—未绕绕组的铁芯转子;3—换向器;4—轴;5—铁芯;6—绕组;7—轴

换向器由铜片和云母片叠压而成,压装于电枢轴的一端,云母片使铜片间、铜片与轴之间均绝缘(见图 2-7)。根据材质的不同,换向器铜片之间的云母片有低于铜片和与铜片平齐两种。电刷较硬的换向器,其云母片低于铜片,主要是为了避免铜片磨损后云母片外突而造成电刷与换向器接触不良;电刷较软的换向器,其云母片则与钢片平齐,主要是防止电刷粉末落入铜片之间的槽中而造成短路。国产起动机换向器云母片一般不低于钢片,但许多进口汽车起动机换向器云母片却低于铜片。

2)磁极

磁极用于在电动机内形成一个磁场。励磁式电动机的磁极由铁芯和磁极绕组构成,用螺钉固定在电动机壳体上。为增大电磁转矩,一般采用 4 个磁极,有的大功率起动机采用 6 个磁极。磁极绕组也是用粗扁铜线绕制而成(见图 2-8),与电枢绕组采用串联方式。一种将所有磁场绕组的所有线圈串联在一起,然后再与电枢绕组串联,如图 2-9(a)所示。一种将磁场绕组的线圈分成两组,每组线圈相互串联,然后两组再并联起来与电枢绕组串联,如图 2-9(b)所示。

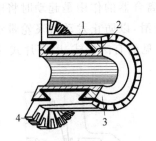 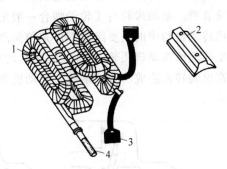

图 2-7 换向器剖面图　　　　　　　　图 2-8 定子的外形
1—铜片;2—轴套;3—压环;4—接线凸缘　　1—定子绕组;2—定子铁芯;3—电刷;4—接线柱

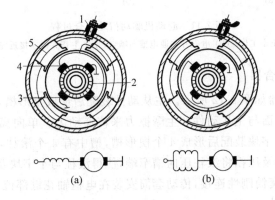

图 2-9 磁场绕组的接法
(a)相互串联;(b)两串两并
1—绝缘接线柱;2—换向器;3—搭铁电刷;4—绝缘电刷;5—磁场绕组

3)电刷与刷架

电刷用铜粉和石墨压制而成,石墨中加入铜粉是为了减小电阻和提高耐磨性。刷架多为柜式,刷架上的盘形弹簧用于将电刷紧紧地压在换向器铜片上,如图 2-10 所示。共有 4 个电刷架。其中,两个与机壳直接相连搭铁,称为搭铁电刷架;另外两个称为绝缘电刷架。

4) 轴承与端盖

电动机轴承安装于前后端盖上,端盖与机壳用螺栓固定。普通起动机的电动机一般采用青铜石墨滑动轴承或铁基含油滑动轴承。减速起动机由于电枢的转速很高,电动机轴承一般采用滚珠轴承或滚柱轴承。

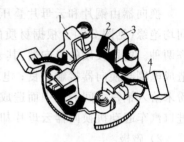

图 2-10　电刷与电刷架
1—搭铁电刷架;2—绝缘垫;3—绝缘电刷架;4—搭铁电刷

2.2.2　传动机构的结构与工作原理

一般起动机的传动机构是指包括驱动齿轮的单向离合器,减速起动机的传动机构还包括减速装置。驱动齿轮与飞轮的啮合一般是靠拨叉强制拨动完成的,如图 2-11 所示。普通起动机传动机构中的主要组成部件是单向离合器,单向离合器的作用是起动时将电枢的电磁转矩传递给发动机飞轮,而在发动机起动后,就立即打滑,以防止发动机飞轮带动起动机电枢高速旋转而造成"飞散"事故。起动机单向离合器常见的有滚柱式、摩擦片式、扭簧式 3 种形式。

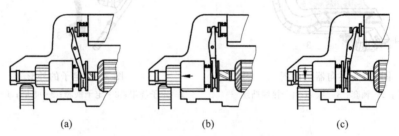

图 2-11　起动机驱动齿轮啮合过程
(a) 静止未工作;(b) 电磁开关通电推向啮合;(c) 主开关接通接近完全啮合

1. 滚柱式单向离合器

滚柱式单向离合器如图 2-12 所示。主从动件装配后形成楔形槽,通过滚柱卡紧于楔形槽窄端,滚柱的外圆表面与主从动件产生摩擦力来传递动力。单向离合器的外壳与驱动齿轮连为一体,外壳和十字块装配后形成 4 个楔形槽,槽中有 4 个滚柱,滚柱的直径大于槽窄端又小于槽宽端,弹簧及压帽将滚柱压向槽窄端,使得滚柱与十字块及外壳表面有较小的摩擦力。十字块与传动套筒刚性连接,传动套筒安装在电枢轴花键部位,使单向离合器总成可作轴向移动和随轴转动。

起动时,电枢轴通过花键带动传动套筒而使十字块转动,十字块相对于外壳作顺时针转动,使滚柱在小摩擦力的作用下滚向槽窄端而被卡紧,外壳随十字块一起转动,电动机的电磁转矩通过单向离合器传递给了驱动齿轮(见图 2-13(a))。发动机一旦发动,发动机飞轮带动驱动齿轮旋转,使外壳的转速高于十字块,十字块相对于外壳的逆时针转动使滚柱滚向槽宽端而打滑(见图 2-13(b)),从而避免了发动机飞轮带动起动机电枢高速旋转而造成"飞

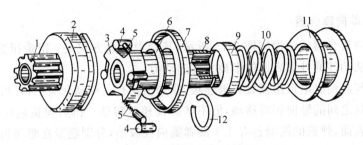

图 2-12 滚柱式单向离合器

1—起动机驱动齿轮；2—外壳；3—十字块；4—滚柱；5—压帽与弹簧；6—垫圈；
7—护盖；8—花键套筒；9—弹簧座；10—缓冲弹簧；11—移动衬套；12—卡簧

散"事故。

滚柱式单向离合器结构简单紧凑，在中小功率的起动机上被广泛采用，但在传递较大转矩时，滚柱容易变形而卡死。因此，滚柱式单向离合器不适用于较大功率的起动机。

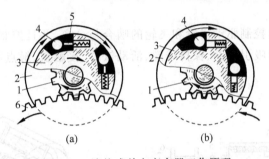

图 2-13 滚柱式单向离合器工作原理

(a) 起动时；(b) 起动后

1—驱动齿轮；2—外壳；3—十字块；4—滚柱；5—压帽与弹簧；6—飞轮齿圈

2. 摩擦片式单向离合器

摩擦片式单向离合器通过主从动摩擦片压紧后的摩擦力传递动力，如图 2-14 所示。起动时，起动机电枢带动传动套筒转动，内接合毂的惯性作用力使其与传动套筒之间产生相对的转动而轴向左移，内接合毂的端面将主从动摩擦片压紧。这时，电动机的电磁转矩就通过单向离合器传递给驱动齿轮。发动机一旦发动，发动机飞轮带动驱动齿毂高速转动，使内接合毂的转速高于传动套筒的转速，内接合毂与传动套筒之间产生了与起动时相反的相对转动，使内接合毂轴向右移。这时，主从动摩擦片间的压紧力消失而打滑，从而避免了起动机电枢被发动机带动而超速旋转的危险。摩擦片式单向离合器可以传递较大的转矩，用于功率较大的起动机。

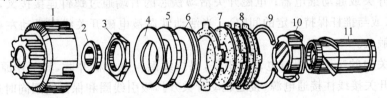

图 2-14 摩擦片式单向离合器

1—驱动齿轮套筒；2—止推套筒；3—调整螺母；4—弹性圈；5—压环；6—调整垫片；
7—主动片；8—从动片；9—卡簧；10—内接合毂；11—螺旋花键套筒

3. 扭簧式单向离合器

扭簧式单向离合器的结构如图 2-15 所示,其动力传递方式是:扭簧扭紧时,利用扭簧内圈表面与主从动件的外圆表面的摩擦力传递动力。

传动套筒与起动机电枢用螺旋花键连接,驱动齿轮套在传动套筒上,月形圈限制了驱动齿轮和传动套筒之间的轴向相对移动,但不妨碍其相对转动。扭力弹簧包在驱动齿轮和传动套筒的外圆表面,弹簧的两端各有 1/4 圈弹簧内径较小,分别箍紧在驱动齿轮和传动套筒上。起动时,扭力弹簧在其两端小摩擦力的作用下被扭紧,整个弹簧紧箍在驱动齿轮柄和传动套筒上而传递转矩。发动机发动后,由于驱动齿轮转速高于电枢的转速,扭力弹簧放松,于是驱动齿轮便在传动套筒上打滑。扭簧式单向离合器结构简单、使用寿命长,但由于扭力弹簧的轴向尺寸较大,故不宜在小型起动机上装用。

2.2.3 电磁开关的结构与工作原理

电磁开关的作用是控制驱动齿轮和飞轮的啮合与分离,并且控制电动机电路的接通与切断。电磁开关主要由吸引线圈、保持线圈、活动铁芯、接触盘、触点等组成,典型电磁开关的结构如图 2-16 所示。

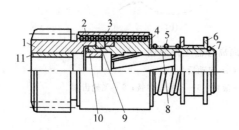
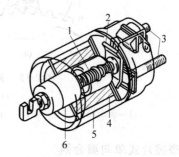

图 2-15 扭簧式单向离合器
1—驱动齿轮;2—扭力弹簧;3—护套;4—垫圈;
5—缓冲弹簧;6—拨环;7—卡环;8—传动套;
9—月形圈;10—挡圈;11—衬套

图 2-16 电磁开关的结构
1—回位弹簧;2—接触片;3—端子;4—吸引线圈;5—保持线圈;6—活动铁芯

电磁开关两主接线端子分别连接蓄电池和电动机,两主接线端子在电磁开关内部有相应的触点,由接触盘将其接通;电磁开关接线柱内部连接吸引线圈和保持线圈,外部通过线路连接起动开关或起动继电器;电磁开关活动铁芯的右端通过螺钉连接拨叉,左端连接接触盘的推杆(或与推杆保持一定的间隙)。当活动铁芯被电磁开关线圈吸动左移时,就会带动拨叉和接触盘。

电磁开关内的吸引线圈与电动机串联,保持线圈与电动机并联,其工作原理如图 2-17 所示。电磁开关接线柱接通电源(接通起动开关)时,吸引线圈和保持线圈同时通电,两线圈产生的磁力使活动铁芯克服回位弹簧力而左移,带动拨叉转动而将驱动齿轮投向飞轮齿圈,与此同时,使接触盘左移而接通电动机电路。

电动机通电工作时,吸引线圈被接触盘短路,但保持线圈仍然通电,所产生的磁力使铁芯保持在移动的位置。断开起动开关瞬间,接触盘还未回位,电源通过接触盘使电磁开关两线圈仍然通电,但此时吸引线圈所产生的磁力与保持线圈的磁力互相抵消,活动铁芯在回位弹簧力的作用下退回,使驱动齿轮和接触盘退回原处,电动机断电停止工作。

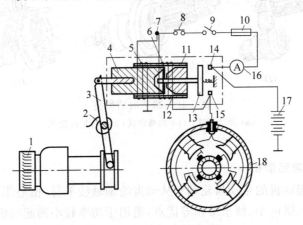

图 2-17 电磁开关工作原理

1—驱动齿轮；2—回位弹簧；3—拨叉；4—活动铁芯；5—保持线圈；6—吸引线圈；7—电磁开关接线柱；8,9—起动开关；10—熔断丝；11—铁芯套筒；12—挡铁；13—接触盘；14,15—接线柱；16—电流表；17—蓄电池；18—电动机

2.2.4 减速起动机

在起动机电动机轴与驱动齿轮之间装有减速器的起动机称为减速起动机,如图 2-18 所示。减速起动机解决直流电动机转速高与发动机需求起动转矩大的矛盾。增加减速器,可采用高转速、低转矩的直流电动机,电动机的体积和质量可以减小。高转速低扭矩的直流电动机,工作电流较小,还可减轻蓄电池的负担,延长蓄电池的使用寿命。

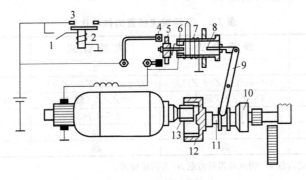

图 2-18 减速起动机

1—起动开关；2—起动继电器线圈；3—起动继电器触点；4—主触点；5—接触盘；6—吸引线圈；7—保持线圈；8—活动铁芯；9—拨叉；10—单向离合器；11—螺旋花键轴；12—内啮合减速齿轮；13—主动齿轮

普通起动机电枢轴与驱动齿轮之间的传动比为 1,减速起动机则不同,在电枢和驱动齿轮之间设有减速机构,速比一般为 2~4。减速器按齿轮的啮合方式不同,可分为外啮合式、

内啮合式、行星齿轮式减速器 3 种,如图 2-19 所示。

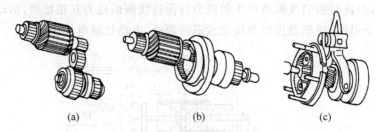

图 2-19 减速器的种类
(a) 外啮合式;(b) 内啮合式;(c) 行星齿轮式

1. 外啮合式减速起动机

外啮合式减速起动机的主动齿轮轴和从动齿轮轴轴线平行,偏心距约为 30mm,它具有结构简单、工作可靠、噪声小、便于维修等优点,适用于功率较小的起动机。

2. 内啮合式减速起动机

内啮合式减速起动机,其主动齿轮轴与从动齿轮轴轴线平行,但偏心距较小,约为 20mm,故工作可靠,但噪声大。由于传动中心距小,可以有较大的减速比,故可适用于较大功率的起动机。内啮合式减速起动机的驱动齿轮轴向移动需用拨叉拨动,因此内啮合式减速起动机的外形与普通起动机相似。

3. 行星齿轮式减速起动机

行星齿轮式减速起动机具有结构紧凑、传动比大、效率高的特点。行星齿轮啮合式起动机由于输出轴与电枢轴同心、同旋向,电枢轴无径向载荷,可使整机尺寸减小;除了增加行星齿轮减速机构的差别,行星齿轮式减速起动机其他轴向位置上的结构与普通起动机相同,因此应用广泛。

三种减速装置的性能比较见表 2-2。

表 2-2 三种减速装置的性能比较

传动方式	外啮合式	内啮合式	行星齿轮传动式
齿轮数量	2	2	5
中心距	$C=m/(2(Z_s+Z_c))$	$C=m/(2(Z_s-Z_c))$	0
传动比	$i=Z_s/Z_c$(较小)	$i=Z_s/Z_c$(较大)	$i=1+Z_s/Z_c$(较大)
减速比	$1<j<5$	$2.5<j<5$	$j>3.8$
噪声	低	高	低
可靠性	高	高	低

注:Z_s 为主动齿轮的齿数,Z_c 为从动齿轮齿数,m 为齿轮模数。

2.3 起动机的工作特性

起动机的工作特性有转矩特性、机械特性和功率特性。其转矩、转速、功率与电流的关系曲线称为起动机的特性曲线。起动机的特性取决于直流电动机的特性,而直流串励电动机特性的特点是起动转矩大,机械特性软。

1. 转矩特性

电动机电磁转矩随电枢电流变化的关系,称转矩特性。对于直流串励电动机,其磁场电流 I_j 与电枢电流 I_s 相等,并且磁路未饱和时,磁通量 Φ 与电枢电流成正比,即 $\Phi = C_1 I_s$。所以,串励直流电动机的转矩可表示为

$$M = C_m I_s \Phi = C_m C_1 I_s^2$$

可见,在磁路未饱和的情况下,直流串励电动机的电磁转矩 M 与电枢电流 I_s 的平方成正比,串激直流电动机在负载发生变化时,其转速、电流和转矩将会自动发生相应变化,以满足负载变化的需要,如图 2-20 所示。

在起动发动机的瞬间,由于发动机的阻力矩很大,发动机处于完全制动状态下,转速为零,反电动势也为零。此时电枢电流将达到最大值,电动机产生最大转矩,从而使起动机易于起动发动机。在磁路未饱和时,电磁转矩随电流的平方而增加,这也是汽车上多采用直流串励电动机的主要原因。

2. 机械特性

电动机的转速随电磁转矩而变化的关系称为机械特性。直流串励电动机转速 n 与电枢电流 I_s 的关系式为

$$n = \frac{U - I_s \sum R - \Delta U_{ds}}{C_m \Phi}$$

式中,U 为加在起动机上的电压,V;I_s 为电枢电流,A;$\sum R$ 为包括电枢、励磁绕组的电阻,Ω;ΔU_{ds} 为电刷接触电压降,V。

相对而言,串励电动机在磁路未饱和时,由于 Φ 不为常数,当 I_s 增加,即电磁转矩增大时,Φ 与 $I_s \sum R$ 同时随之增加。因此,电枢转速 n 随 I_s 的增大而下降较快,因此说直流串励电动机具有较软的机械特性,如图 2-21 所示。

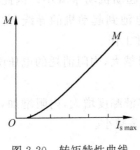

图 2-20 转矩特性曲线

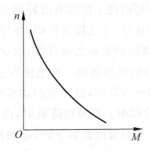

图 2-21 机械特性曲线

从机械特性同样可以看出,直流串励电动机具有轻载转速高、重载转速低的特点。重载转速低,可以保证电动机在起动时(重载)不会超出限定值而烧毁,使起动安全可靠。这也是车用起动机采用串励直流电动机的又一原因。但由于其轻载或空载时转速很高,容易造成"飞散"事故,故对于功率较大的串励直流电动机,不允许在轻载或空载下长时间运行。

3. 功率特性

起动机的输出功率由电动机电枢转矩 M 和电枢的转速 n 来确定,即

$$P = \frac{Mn}{9550}$$

从特性曲线可以看出,在完全制动状态($n=0$)和空载($M=0$)时,起动机的功率等于零;当电枢电流接近制动电流的一半时,电动机输出功率最大。由于起动机起动时间很短,起动机可以最大功率运转,因此将其最大功率作为额定功率,如图 2-22 所示。

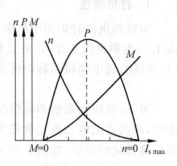

图 2-22 功率特性曲线

起动机功率必须保证发动机能够迅速可靠地起动。若功率不够将会增加起动次数,缩短蓄电池的使用寿命,增加燃料消耗及低温下发动机零件的磨损。起动发动机所必须的功率,取决于发动机的最低起动转速和起动阻力矩。

最低起动转速是指保证发动机可靠起动的最低转速。一般汽油机最低起动转速是 50~70r/min,柴油机是 100~200r/min。发动机的起动阻力矩是指在最低起动转速时的发动机的阻力矩。它包括 3 部分,即摩擦力矩、压缩损失力矩、惯性阻力矩。各型发动机的阻力矩应由实验方法测定,也可用经验公式计算。

0℃时起动机所必须的功率,汽油机为

$$P = (0.003 \sim 0.004)L(\text{kW})$$

柴油机为

$$P = (0.001 \sim 0.0076)L(\text{kW})$$

式中,L 为发动机排量,cm^3。

在实际应用中,影响起动机功率的因素较多,必须对起动机进行正确保养。影响因素主要有如下几点。

① 接触电阻和导线电阻的影响。电刷与换向器接触不良、电刷弹簧弹力减弱以及导线与蓄电池接线柱连接不牢,都会使电阻增加;导线过长以及导线截面积过小所造成较大的电压降。由于起动机工作时电流特别大,这些都会使起动机功率减小。因此必须保证电刷与换向器接触良好,导线接头牢固,并尽可能缩短蓄电池到起动机的导线、蓄电池搭铁线的长度,并选用截面积足够大的导线,以保证起动机正常工作。

② 蓄电池容量的影响。蓄电池容量越小,其内阻越大,内阻消耗的电压降也越大,从而供给起动机的电压降低,也会使起动机功率减小。

③ 温度的影响。当温度降低时,由于蓄电池电解液黏度增大,内阻增加,加上蓄电池容量和端电压也会因温度低而下降,起动机功率将会显著减小。

2.4 起动机的控制电路

1. 带起动继电器的起动系统

起动机控制电路中增设了起动继电器,起动继电器的触点为常开,串联在起动机电磁开关电源电路中,触点闭合时接通起动机电磁开关电路;起动继电器线圈电路由点火开关(起动挡)控制其通断,起动继电器线圈通电时,起动继电器触点闭合。

该起动控制电路有较大的电磁开关电流(35～45A),由起动继电器触点控制,起动开关(或点火开关起动挡)只是控制较小的继电器线圈电流,因此点火开关不容易烧蚀,延长了点火开关的使用寿命,带起动继电器的起动电路如图2-23所示。

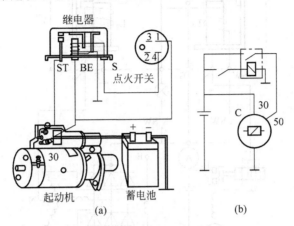

图 2-23 起动继电器控制的起动系统电路
(a)接线图;(b)电路原理图

工作过程如下:

当点火开关扭转到起动挡时,蓄电池经点火开关给起动继电器中的磁化线圈供电(电流很小),在电磁吸力的作用下继电器中的常开触点闭合,这样蓄电池电流经主接线柱30→继电器的触点→起动机电磁开关上的起动接线柱50→吸引线圈和保持线圈,起动机开始正常工作。

发动机起动后,离合器打滑,只要松开点火开关,即可自动回到点火挡。此时,起动继电器中的电流中断,触点打开,切断起动机主电路,起动机停止工作。

2. 起动复合继电器控制起动系统

带组合继电器的控制电路,具有安全保护功能,即当发动机起动后,若驾驶员未及时释放起动开关或在行车过程中,由于误操作而接通起动开关时,保护起动机不工作,以保护起动机机件不被损坏。

组合式继电器多由起动继电器和保护继电器(充电指示继电器)组合而成,如图2-24所示。起动继电器中的常开触点用来接通或吸引线圈和保持线圈电流电路;继电器电磁铁线圈电流通路由点火开关控制,经保护继电器常闭触点搭铁,保护继电器具有一对常闭触点,其电磁线圈由发电机中性点供电,以控制充电指示灯的亮灭,显示发电机的工作状态;并且自动保护起动电路。

工作过程如下:

发动机起动时,点火开关扭转到起动挡时,起动继电器内部线圈 L_1 通电,在电磁吸力作用下,常开触点 K_1 闭合。此时起动机主电路接通,起动机正常工作,其电流回路为:蓄电池正极→起动接线柱→继电器B→触点 K_1→继电器S→吸引线圈→电动机磁场绕组→电枢绕组→搭铁→蓄电池负极。充电指示灯回路为:蓄电池正极→点火开关S→充电指示灯→继电器L→触点 K_2→磁轭→搭铁→蓄电池负极,故充电指示灯点亮。

发动机起动后,点火开关断开,起动继电器内部线圈 L_1 断电,常开触点 K_1 断开,吸引线圈、保持线圈断电,起动机停止工作。同时,由于充电指示继电器 L_2 承受发电机中性点电

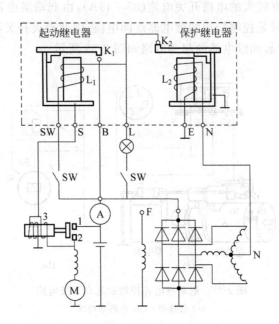

图 2-24 带组合继电器的起动系控制电路

压,使常闭触点 L_2 断开,切断了充电指示灯电路,充电指示灯熄灭。若此时,未及时松开点火开关,则常闭触点 L_2 断开,起动继电器内部线圈 L_1 无法形成回路,起动电路被切断。这就避免了单向离合器的磨损和蓄电池电能的消耗。

3. 车载计算机控制起动系统

随着微机在汽车上应用越来越广,在一些高级轿车上安装了微机控制防盗报警系统,起动机的运行受微机控制。下面以丰田公司生产的雷克萨斯 LS400 轿车为例对微机控制起动系统的工作原理、故障诊断方法作简要介绍。

雷克萨斯 LS400 轿车微机控制起动系统的控制电路原理如图 2-25 所示。

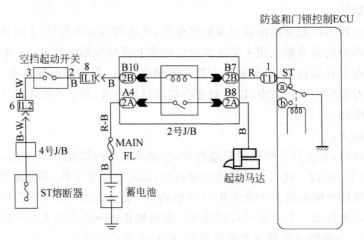

图 2-25 微机控制起动系统

工作过程如下：

当点火开关钥匙没有插入或没有处于工作位置时，防盗系统工作，防盗和门锁控制 ECU 使 ST 端子为高电位 12V，即使点火开关置于起动位置，并且空挡起动开关接通，也因起动继电器线圈两端电位相等，起动继电器触点不能闭合，使起动机不工作。

当点火开关钥匙插入并处于工作位置时，全部防盗功能解除，防盗和门锁控制 ECU 使 ST 端子为低电位 0V。如果点火开关置于起动位置、变速器处于空挡位置，则起动继电器线圈电路接通，使起动继电器触点闭合，起动机工作。

发动机起动后，点火开关自起动位置退回，起动继电器线圈电路切断、触点断开，起动机停止工作。

空挡起动开关保证了只有变速器在空挡位置才能起动发动机，既有利于汽车顺利、安全起动，又能保证在汽车行驶过程中，即使误将点火开关旋至起动位置，起动机也不会工作，避免了齿轮撞击，延长了起动机驱动齿轮和飞轮齿圈的使用寿命。

防盗和门锁控制 ECU 也可以根据发电机的工作情况或发动机的转速对 ST 端子的电位进行控制，实现起动机的安全保护。如果防盗和门锁控制 ECU 是根据发电机的工作情况对 ST 端子的电位进行控制的，则当发电机工作正常后，发电机的输出电压或中性点输出电压超过规定值，防盗和门锁控制 ECU 将使 ST 端子为高电位 12V；如果防盗和门锁控制 ECU 是根据发动机的转速对 ST 端子的电位进行控制的，则当发动机的转速达到怠速转速后，防盗和门锁控制 ECU 将使 ST 端子为高电位 12V；即使点火开关置于起动位置，并且空挡起动开关接通，起动机也不工作，实现了起动机的安全保护。

2.5 起动系统的检测与故障诊断

起动系统的使用注意事项：
① 起动时踩下离合器踏板，自动挡汽车将变速器挂入空挡或停车挡；
② 每次接通起动机的时间不得超过 5s，两次之间应间歇 15s 以上；
③ 发动机起动后应马上松开起动开关；
④ 发现起动系统工作异常时，应及时诊断并排除故障后再起动。

2.5.1 起动机主要部件的检测

1. 电刷、电刷架和电刷弹簧的检测

若绝缘电刷架搭铁，则应更换绝缘垫后，重新铆合。在弹簧处于工作状态时，用弹簧秤检查电刷弹簧的压力，一般为 11.7~14.7N，如图 2-26 所示。若压力降低，可将弹簧向与螺旋方向相反处扳动或更换。为减小电火花，电刷与换向器之间的接触面积应在 75% 以上，否则应进行修磨。电刷的高度不应低于新电刷高度的 2/3。电刷在电刷架内应活动自如，无卡滞现象。

2. 转子的检测

1）电枢绕组的检测

检查电枢绕组短路故障时，接通电枢感应仪电源，将电枢放在电枢感应仪的 V 形槽上

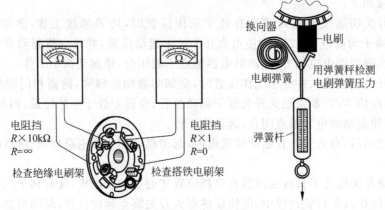

图 2-26　电刷架和电刷弹簧的检测

(见图 2-27(a)),一边转动电枢,一边用一薄钢片(如钢锯条),在电枢铁芯的每个槽上依次试验(见图 2-27(b))。若钢片在某一槽上发生振动,则表示该槽的某一线圈有短路现象。因为线圈发生短路后,短路的线匝形成闭合回路,在感应仪交变磁场的作用下,产生交变电流,该交变电流又产生一局部交变磁场,钢片在交变磁场的作用下产生振动。

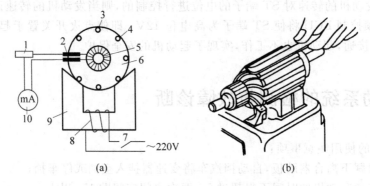

图 2-27　用电枢感应仪检查电枢故障
(a) 电枢感应仪原理;(b) 试验方法
1—可变电阻;2—毫安表触针;3—试验用薄钢片;4—电枢绕组;5—换向器;
6—电枢铁芯;7—开关;8—感应仪线圈;9—感应仪铁芯;10—毫安表

起动机电枢绕组采用波绕法。相邻两换向片间短路时,钢片会在 4 个槽中振动。当同一个槽中上下两层导线短路时,钢片在所有的槽中都振动。

2) 断路检测

检查电枢绕组断路故障时,将电枢检验仪所附毫安表的两根触针,分别接触两个在水平位置相邻的换向片。固定两触针,慢慢转动电枢轴,若导线无断路,便有电流显示,若无电流显示,则说明线圈有断路。多处断路时,也可用万用表电阻挡进行检测,如图 2-28 所示。

3) 搭铁的检测

对于电枢绕组的搭铁故障,可使用 220V 交流测试灯进行检查。将交流测试灯的两根触针分别接触电枢轴和换向片,若测试灯亮,说明电枢绕组搭铁,检查时应注意安全。也可用万用表电阻挡进行检测,如图 2-29 所示。

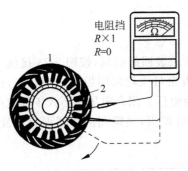
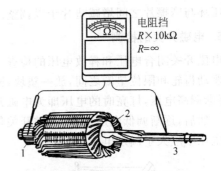

图 2-28 电枢绕组断路的检测
1—电枢转子；2—换向器

图 2-29 电枢绕组搭铁的检测
1—换向器；2—电枢绕组；3—转子轴

3. 磁场绕组的检测

1）短路检测

磁场绕组的外部包扎层若已烧焦、脆化，一般表明匝间已绝缘不良。若外部完好无法判断时，可把绕组套在铁棒上，放入电枢感应仪，进行检测，如图 2-30 所示。感应仪通电 3～5min 后，若绕组发热，则表明匝间有短路。

2）断路检测

磁场绕组断路，一般是绕组引出接头脱焊、假焊所致，可用万用表检查，如图 2-31 所示。将万用表的一根触针接触起动机接线柱，另一根触针接触绝缘电刷，万用表指示电阻为∞说明断路。也可用测试灯检查。

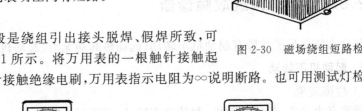

图 2-30 磁场绕组短路检测

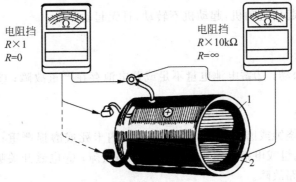

图 2-31 定子外壳与磁场绕组绝缘电阻的检测
1—磁场绕组；2—定子外壳

3）搭铁检测

将万用表置于电阻 $R \times 10k\Omega$ 挡，两个试棒分别接起动机接线柱和机壳，若 $R=\infty$，则说明磁场绕组与机壳绝缘良好。

4. 单向离合器的检测

将单向离合器夹紧在台钳上，用扭力扳手向离合器压紧方向旋转，如图 2-32 所示。单向离合器应能承受规定扭矩而不打滑，否则应更换。摩擦片式离合器，扭矩若不符合规定，可在压环与摩擦片之间增减垫片予以调整。

5. 电磁开关的检测

电磁开关闭合电压和释放电压的检查。将电磁开关装回起动机,按图 2-33 接线。在起动机驱动齿轮和限位垫圈之间,放一垫块,模拟驱动齿轮与飞轮齿圈齿端相啮状态,接通电路,逐渐调高电压,灯亮时的电压即为电磁开关的闭合电压。闭合电压应不大于额定电压的 75%。然后,逐渐调低电压,直到电磁开关释放,测试灯熄灭,该瞬间的电压即为释放电压。释放电压不应大于额定电压的 40%。

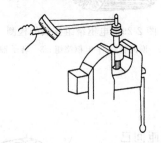
图 2-32 检查单向离合器是否打滑

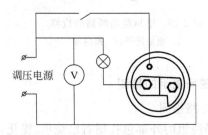
图 2-33 电磁开关吸放性能测试

2.5.2 起动系统故障诊断

起动系统常见的故障有起动机不转动、起动机起动无力、起动机空转和起动机异响等。

1. 起动机不转动

1）故障现象

接通点火开关,起动起动机,起动机不转动,且无起动声音。

2）故障原因

(1) 蓄电池故障

①导线连接处松动;②蓄电池电量不足或蓄电池存在严重故障;③极柱表面氧化严重或极柱太脏。

(2) 起动机故障

①换向器油污、烧蚀或磨损;②电刷在电刷架内卡死或磨损严重;③弹簧弹力不足或弹簧折断;④励磁绕组或电枢绕组出现断路或短路故障;⑤电磁开关吸拉线圈或保持线圈出现搭铁、断路或短路故障。

(3) 起动继电器故障

①起动继电器线圈断路或短路;②起动继电器触点脏污、烧蚀或间隙过大;③触点闭合电压不合要求。

(4) 开关及导线故障

①点火开关失灵;②有关导线断路、连接不良以及线路连接错误。

3）故障诊断与排除

① 用起子连接起动机两个接线螺栓。若起动机不转动,说明起动机电机或蓄电池存在故障。首先,检查蓄电池导线的连接情况。如有松动,应当紧固。如在连接处有发热情况,说明导线连接不良,接触电阻过大,应当拆开检修。若导线连接正常,再使用高率放电计检

测蓄电池电压。每个单格电压不应低于1.5V,若低于此值应当更换蓄电池。若蓄电池和导线连接均正常,说明故障在起动机电机,应对其进行全面拆检和修复。

② 用起子连接起动机两接线螺柱,若起动机转动正常,故障应在起动机电磁开关。可用起子将起动机"火线"接线螺栓与电磁开关线圈"火线"接线柱连接。若起动机不转动,说明电磁开关存在故障,应对其进行拆检和修复。

③ 上述检查若均为正常,应检查组合继电器与点火开关及有关连接导线。首先用试灯法或万用表检查法检查组合继电器接线柱 B、S、SW 的连接导线。若有松动之处应紧固,若有接线错误应更正,若有断路应更换。若导线均正常,用一条导线连接组合继电器接线柱 B 与 SW。若起动机转动,说明点火开关存在故障;若起动机不转动,说明组合继电器存在故障,应拆检和修复。当组合继电器检修后,使用点火开关起动起动机,起动机仍不转动,说明点火开关也存在故障,应当更换新件。

4) 案例分析

一辆上海帕萨特B5型轿车,近一段时间起动困难,有时还会出现起动时起动机一点反应都没有的故障现象。已更换过多种部件,但起动困难的故障依然存在。根据故障现象分析,故障可能的原因是起动机工作不良或起动电源(蓄电池亏电或有故障、起动电源线路连接不良)有故障。从车主介绍的相关情况中了解到,起动机已更换过多次,因此故障检查的重点放在起动电源上。测量蓄电池正负极之间的电压为11.8V,基本正常;接通点火开关,测量起动机电磁开关接线柱与蓄电池负极之间电压正常,说明起动机控制线路没有问题。

如果起动机没有问题,蓄电池电压也基本正常,且将电压加在了起动机上。那么除此之外的什么原因会使起动机转动速度低或不转动呢?那就只有蓄电池正极→起动机电磁开关主触点→起动机电动机→发动机缸体→发动机搭铁线→车架→蓄电池负极这条起动电源电路有故障了。检查蓄电池极桩与线夹连接、起动机电源接线柱连接及蓄电池负极与车架的搭铁线等,均无问题,剩下就是发动机搭铁线了。用一根粗导线连接发动机缸体和蓄电池负极,发动机即可顺利起动,所以连接发动机机体与车架的搭铁线有故障确定无疑。检查发动机搭铁线,发现其接头处已氧化,几乎断裂。拆下已损坏的发动机搭铁线,并将搭铁连接处清理干净后装上新的发动机搭铁线,故障排除。

分析发动机搭铁线氧化断裂的原因,可能是接线端子装夹导线端有松动。在起动时,大电流通过此处而产生电压降,并可能产生跳火,使其氧化并最终导致铜线断裂。由于搭铁线已变细且连接处接触不良,故而导致起动困难,严重时还会出现起动机不转动现象。

本故障检查蓄电池状况采用了测量蓄电池静止电动势的方法,此方法比较简单,但可靠性不如动态电动势测试。可采用高率放电计,进行负载状态下的测试,能准确判断蓄电池存电是否充足、是否有故障。

2. 起动机起动无力

1) 故障现象

接通点火开关,起动机能够带动发动机转动,但转速过低甚至稍转即停。

2) 故障原因

(1) 蓄电池故障

①蓄电池亏电过多;②蓄电池各导线连接不良。

(2) 起动机故障

①换向器油污或轻微烧蚀;②电刷磨损或弹簧压力不足;③励磁绕组或电枢绕组匝间

短路；④电磁开关接触盘轻微烧蚀；⑤轴承过紧。

3）故障诊断与排除

① 检查蓄电池导线连接情况，如有松动应紧固；如有发热处，应拆下导线清理配合表面，然后装复。

② 若导线正常，应使用高率放电计检查蓄电池各单格电压，各单格电压均不得小于1.5V。低于此值时，应更换蓄电池或按规定进行充电。

③ 若上述检查均正常，说明起动机本身存在故障，应拆检修复。

4）案例分析

一辆发动机为JV的上海桑塔纳轿车，在使用中间歇性地出现起动无力，曾进行过检修，且换上新的蓄电池和起动机时，间歇性起动无力故障现象依然出现。就起动机运转无力而言，故障的可能原因包括蓄电池亏电或有故障、起动电源线路接触不良、起动机本身有故障。用万用表测量蓄电池电压，正常；测量起动时的蓄电池电压，为11V，说明蓄电池不亏电，也没有故障。检查起动电源连接线路，没有发现有破损、松动之处。

反复进行多次起动试验，并测量起动时的蓄电池电压。试验中间歇性起动无力再现，在起动无力时，蓄电池电压急剧下降，且低于正常的起动电压。鉴于起动机是新更换的，排除了起动机本身故障的可能性，那是否是起动机的安装方面有问题而导致起动机作旋转运动不协调，影响了起动机的转矩输出呢？于是对起动机的安装部位进行了仔细地检查，但未发现有异常情况。

拆下起动机后重新安装，故障依旧。再一次拆下起动机检查，才发现起动机转子在变速器壳体上的前端支承座孔有异常磨损，镶入标准支承铜套后，铜套与座孔之间有轻微的松旷，故障的原因终于找到了。由于起动机前端支承铜套与座孔间松旷，使起动机的转子在工作时因与定子不同心而发生碰擦，起动机的阻力矩增大，造成蓄电池输出电流上升而电压下降，电动机的电磁转矩不足而导致了起动无力。当松旷的铜套在座孔中转动某个角度，使起动机转子与定子正好处于同心位置时，起动机又可正常工作了。

3. 起动机空转

1）故障现象

接通点火开关，发动机曲轴不转动，但起动机或者高速空转，或者以很低的转速转动。

2）故障原因

① 单向啮合器打滑；

② 发动机飞轮齿圈缺齿；

③ 拨叉连接处脱开。

3）故障诊断与排除

接通点火开关，起动发动机时，若发现起动机空转，但转速很低，说明单向离合器打滑，应当更换新件。若空转转速很高，则关闭点火开关，转动曲轴，使飞轮齿圈转过一定角度，再接通点火开关，使起动机起动发动机。若起动正常，说明飞轮齿圈有几个齿损坏，可以焊修或更换新件。若起动机仍然高速空转，说明单向离合器打滑严重或者拨叉脱落，应当拆检修复或更换。

4）案例分析

一辆天津夏利轿车在起动时，只听到起动机高速空转的声音，但发动机不转。有时经反复多次起动后也会起动发动机。起动机空转的主要原因是单向离合器打滑，此外，飞轮齿圈损坏而部分齿严重缺损也会有此故障现象,但这种故障出现的概率较小。拆下起动机并解体后,将单向离合器夹持在台虎钳上,用扳手转动驱动齿轮,正反转都能转动,证实了是单向离合器打滑引起了起动机空转。更换离合器总成,将起动机装复后,故障排除。

滚柱式起动机单向离合器打滑的原因多见于其滚柱不能顶出,使滚柱不能滚向楔形槽窄的那一端,从而未产生摩擦力而打滑。之所以在多次起动时,发动机偶尔也会起动,是因为有时候滚柱被甩在了楔形槽窄的地方,并迅速被卡紧了,因而可以传递动力使发动机起动。

4. 驱动齿轮与飞轮齿圈不能啮合且有撞击声

1) 故障现象

接通点火开关,起动起动机时,伴有连续不断的齿轮撞击声,使驱动齿轮不能与飞轮齿圈啮合。

2) 故障原因

① 主回路通电过早。在驱动齿轮与飞轮齿圈还未啮合之前,驱动齿轮就已转动。

② 起动机安装螺栓松动。

③ 驱动齿轮和飞轮齿圈的齿损害或磨损严重,齿长不足,啮合不牢,扭矩过大时,两齿轮打滑。

3) 故障诊断与排除

首先调整起动机电磁开关的闭合时间,将调整螺钉适当旋入。若仍然存在齿响,再检查驱动齿轮与飞轮齿圈的磨损情况。若齿磨损大于 3mm,应焊修或更换。

4) 案例分析

一辆东风康明斯自卸车起动时出现打齿现象,近一年半每行驶两个月左右就要更换发动机飞轮齿圈及起动机驱动齿轮。解体起动机后,首先检查起动机驱动齿轮,其齿数和齿轮顶圆直径都是对的,缓冲弹簧弹力也不弱。所以可排除起动机驱动齿轮模数不对、起动机缓冲弹簧弹力过弱故障的可能性。检查起动机转子轴无弯轴,起动机轴承衬套磨损也正常,起动机端盖无歪斜和变形,可排除起动机轴与飞轮轴心不平行的故障的可能性。

用蓄电池直接连接起动电磁开关进行试验,起动机工作时,其驱动齿轮并未完全啮合到位,还可推约 3mm 的行程。故障原因找到了,原来是驱动齿轮与单向离合器总成长度不够造成的。该车配用的 QD2623 型起动机,其驱动齿轮单向离合器总成有长、短两种,长短相差 7mm 之多。本故障说明在选用配件时,一定要清楚原车配件的规格型号,以免错装而造成系统工作不正常。

5. 单向离合器不回位

1) 故障现象

起动过程中,发动机不着火,松开钥匙后驱动齿轮与飞轮仍然保持啮合而不回位。

2) 故障原因

① 起动继电器触点烧结;

② 电磁开关接触盘与接线螺栓烧结;

③ 电磁开关回位弹簧折断,或活动铁芯卡住;

④ 蓄电池亏电;

⑤ 起动机安装不牢,电机轴线倾斜。

3) 故障诊断与排除

① 首先应拆开蓄电池导线,切断电源,防止长时间通电烧坏起动机。

② 当切断电源后,若单向离合器可以自动回位,说明组合继电器中起动继电器触点烧结或者电磁开关烧结,应进行拆检、修复或更换。

③ 当切断电源后,单向离合器仍不能回位,可转动曲轴。若单向离合器回位,说明蓄电池亏电,或起动机安装松动。可用高率放电计检查蓄电池各单格的端电压,电压过低应充电或更换或检查起动机固定螺栓的松紧度。

4) 案例分析

一辆东风牌汽车,在行驶中突然熄火,再起动时起动机没有一点动作迹象,检查发现全车无电,原来蓄电池的正极桩已烧坏,与电源线已脱开。因急于赶路,驾驶员买了新蓄电池换上,起动发动机正常,但行驶不远新蓄电池的正极桩又被烧断。蓄电池正极桩烧断,说明起动电路中有短路,可能的短路处是蓄电池至起动机电源接线柱之间的电缆线搭铁,或起动机电动机内部有搭铁故障,或起动机电磁开关有搭铁故障。检查蓄电池至起动机的电缆线,未发现异常;拆检起动机电磁开关时发现接触盘已脱落,搭在了起动机电源接线柱的主触点上,从而导致了电源接线柱直接搭铁。

这是由于起动机检修时,没有拧紧电磁开关接触盘的紧固螺母。在汽车行驶过程中,汽车的颠簸振动使接触盘脱落,并搭接于电源接线柱的主触点,造成蓄电池极桩通过极大的短路电流而烧熔断裂。驾驶员更换新蓄电池后能起动且运行了一段时间,可能是在前一次接触盘搭接短路时,在蓄电池极桩烧熔的同时,接触盘也因强大的短路电流所形成的电弧放电,使其脱离了主触点。当驾驶员更换新蓄电池后再起动时,接触盘正好被推向主触点,并使起动机正常工作,发动机起动后,接触盘也正好与主触点脱开了。第二次蓄电池极桩已烧熔,则是与第一次同样的原因,即汽车的颠簸振动,又使接触盘搭接于电源接线柱的主触点上了。

6. 起动机工作不良

1) 故障现象

起动机有时能起动,有时不能起动。

2) 故障原因

① 起动机内部故障;

② 起动控制线路中插接件接触不良。

3) 故障诊断与排除

① 短接起动机后,检测起动机是否工作正常;

② 检测起动继电器等相关控制线路中插接件接触情况。

4) 案例分析

一辆现代索纳塔轿车使用时间不长,但出现起动系统工作不正常现象,起动机有时能起动,有时不能起动。该车起动机有时能起动,有时不能起动,又是使用时间不长,因此多为起动控制线路的问题,如起动控制线路中的某个插接件接触不良。仔细检查起动电路控制器件,先检查起动开关和起动继电器,均正常;拔开电磁开关上的插接件,将电源直接接入电磁开关后起动机可正常工作。说明故障可能发生在起动继电器和插接件之间。

由于该车的起动控制电路由起动继电器和离合器开关串联组成,且离合器开关由离合器踏板控制。在进行故障检修时发现将离合器踏板踩到底时,起动机起动正常,所以起动机可能受离合器位置开关的影响。经检查发现,串联在起动继电器与插接件之间的离合器位置开关的紧固螺钉有些松动,使得离合器位置开关只有在离合器踏板踩到底时才接通,因而在踩踏力不大时,离合器位置开关不能闭合,起动机控制电路不能接通。

将离合器位置开关的紧固螺钉拧紧,使离合器位置开关在离合器任意位置踩下时能确保闭合,故障随即排除。

本章小结

汽车起动机由电磁开关、串励直流电动机及传动机构 3 部分组成。电磁开关的作用有两个:一是控制驱动齿轮与发动机飞轮齿圈啮合;二是控制接触盘与主接线柱的接合,接通主电路。在起动过程中,驱动齿轮先与发动机飞轮啮合,然后用接触盘将主电路接通。

串励直流电动机产生的转矩随着电流的增大而增大。在发动机刚起动的瞬间(起动阻力最大)起动转矩最大,这样非常有利于发动机的起动。因此,在车辆使用过程中,起动机主电路的工作状况对起动机影响很大,如电刷的接触情况、电磁开关中接触盘的接触情况都将影响主电路的工作情况。

由于发动机的实际工况,需要传动机构中配置单向离合器。单向离合器的作用是在起动发动机时将起动机动力传递给发动机。当发动机起动后而点火开关还没有离开起动挡时,单向离合器打滑,防止发动机带动起动机飞转。在车辆使用过程中,单向离合器因磨损严重而在发动机起动过程中不能正常传递转矩,导致发动机无法正常起动,这时就需要更换单向离合器。

习题

2-1 起动机由几部分组成?每部分的作用是什么?
2-2 起动系统由哪些部分组成?各起什么作用?
2-3 起动机的起动转矩与什么因素有关?
2-4 简述单向离合器的作用。
2-5 说明起动机的工作过程。
2-6 简述滚柱式单向离合器的工作原理。
2-7 起动机工作无力的原因是什么?
2-8 当点火开关置于起动挡时起动机不转动,试分析故障部位一定在起动机吗?

第 3 章 电控燃油喷射系统

汽油发动机电控系统是一个集各种控制功能于一体,高度集约化的综合控制系统。电控燃油喷射系统是汽油发动机电控系统中的首要组成部分,本章内容将从结构和控制功能两个方面单独对电控燃油喷射系统进行分析,而不是简单地从结构上将电控燃油系统从汽油发动机电控系统中分割开来。

3.1 电控燃油喷射系统概述

汽油机电控喷油技术简称汽油电喷技术,全称是汽油发动机电子控制燃油喷射技术,是借鉴飞机汽油机喷油技术而诞生,并伴随着汽车油耗法规、排放法规和电子技术的进步而逐步发展到当今水平。因电子控制燃油喷射发动机(电控发动机或电喷发动机)具有降低油耗和减少有害物质排放等卓越性能,所以到20世纪末完全取代了化油器式发动机。

3.1.1 电控燃油喷射系统的构成

现代汽油发动机的电控系统尽管种类繁多,但作为一个控制系统,它们具有与其他电子控制系统相同的3个基本组成部分:传感器、电控单元(electronic control unit,ECU 或 electronic control model,ECM)和执行元件。然而,以汽油发动机作为特定控制对象,以实现某些控制功能为目标的汽油发动机电控系统,在具体组成元件的内涵上有明显的特点,汽油发动机电控系统的构成如图3-1所示。

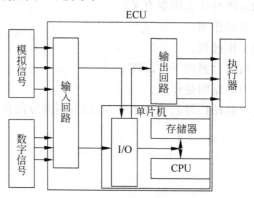

图 3-1 发动机电控系统的构成

3.1.2 电控燃油喷射系统的分类

由于生产的厂商和年代不同,目前正在使用的电控汽油发动机种类繁多,布置形式和结构有较大的差异。为了对电控汽油发动机有一个全面认识,对各种类型的电控汽油发动机按照它的主要结构特征或工作特征,可作如下分类。

1. 按汽油喷入的位置分类

对采用压力喷射方式形成混合气的电控汽油发动机,按汽油喷入的位置分类,可分为缸内直接喷射方式和进气管喷射方式两种类型。进气管喷射系统又可分为单点喷射(SPI、TBI 或 CFI)和多点喷射(MPI)。多点喷射系统按照进气量的检测方式不同,又可分为压力型(D型)和流量型(L型)燃油喷射系统。

1)缸内直接喷射系统

缸内直接喷射方式的主要特点是:喷油器安装在气缸盖上,喷油器把汽油直接喷入发动机气缸内,在气缸内与已吸入的空气混合形成可燃混合气,如图 3-2 所示。

采用缸内直接喷射方式,通过合理组织缸内的气体流动,并与一定的喷油规律相配合,能够实现分层稀薄燃烧(fuel stratified injection,FSI),可以进一步降低汽油发动机有害物的生成量,提高汽油发动机的燃油经济性。缸内直喷技术是柴油机分层燃烧技术衍生而来的汽油喷射新技术,缸内直喷系统均为多点喷射系统,这种喷射系统将喷油器安装在火花塞附近的气缸盖上,并以较高的燃油压力(10MPa 左右)将燃油直接喷入气缸燃烧。因为汽油黏度低而喷射压力较高。实验证明,缸内喷射的优越性在于喷油压力高、燃油雾化好,并能实现缸内稀薄混合气(空燃比 40∶1)的燃烧,因此,能够显著降低油耗,减少排放和提高动力性。缸内直喷技术是汽油机电控喷油技术的发展方向,国内外汽车都已经采用缸内直喷技术,如奔驰 E200、E300L,宝马 X6 系列、7 系列,速腾 1.4L TSI、1.8L TSI,迈腾,奥迪 RS4、R8,丰田雷克萨斯 GS300 等轿车都已经装备缸内直喷系统。

2)进气管(缸外)喷射系统

进气管喷射又称为缸外喷射,是指喷油器将燃油喷射在节气门或节气门附近进气管内的喷射系统,如图 3-3 所示。与缸内喷射相比,进气管喷射系统对发动机机体的改动量较小,喷油器不受燃烧高温、高压的直接影响,设计喷油器时受到的制约较少,且喷油器工作条件大大改善。国产桑塔纳、宝来、捷达、奥迪、红旗、广州本田、海南马自达、天津夏利、威乐、威驰、丰田、北京现代等系列都采用了进气管喷射系统。

图 3-2 缸内直喷示意图
1—进气歧管;2—喷油嘴;3—高压雾化的汽油;4—进气门

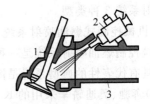

图 3-3 缸外喷射(进气管喷射)示意图
1—进气门;2—喷油嘴;3—进气歧管

(1) 单点燃油喷射系统(single point fuel injection system,SPFI 或 SPI)

单点燃油喷射系统是指在多缸发动机节气门的上方,安装一只或并列安装两只喷油器同时喷油的燃油喷射系统,如图 3-4 所示。

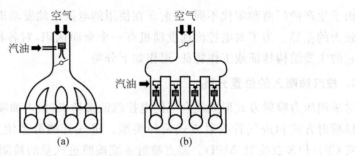

图 3-4 单点喷射与多点喷射
(a) 单点喷射;(b) 多点喷射

在单点燃油喷射系统中,燃油喷射在节气门上方的进气管中与进气气流混合形成可燃混合气,通过进气歧管分配到各个气缸。如图 3-4(a)所示。因为喷油器安装在节流阀体(即节气门体)中央集中喷射燃油,所以又称为集中喷射系统(concentrate injection system,CFI),如美国通用汽车公司的 TBI 系统、福特汽车公司的 CFI 系统以及德国博世(Bosch)公司的 Mono-Motronic 系统等。

(2) 多点燃油喷射系统(multi-point fuel injection system,MPFI 或 MPI)

多点燃油喷射系统是指在发动机每个气缸都安装一只喷油器的燃油喷射系统,如图 3-4(b)所示。缸内喷射系统的喷油器安装在气缸盖上方,缸外喷射系统的喷油器安装在进气门前方。多点燃油喷射和单点燃油喷射系统工作原理都是由电控单元根据空气流量计、曲轴位置传感器、节气门位置传感器、冷却液温度传感器等检测的发动机工况信号计算喷油时间,在发动机每个气缸进气行程开始之前喷油一次,喷油量由每次喷油持续时间的长短来控制,喷射所需要的压力燃油由电动燃油泵提供。由于单点喷射系统的燃油器距离进气门较远,喷入进气管的燃油具有足够的时间与进气气流混合形成均匀的可燃混合气,因此,对燃油雾化质量的要求不高,可采用较低的喷油压力(一般为 100kPa 左右),多点喷射的燃油器距离进气门较近,对燃油雾化的要求较高,因此喷油压力较高(一般为 250～400kPa)。

2. 按喷油控制方式分类

按照控制方式不同,发动机燃油喷射系统可分为机械控制式、机电结合式和电子控制式燃油喷射系统 3 种类型。

1) 机械控制式燃油喷射系统

机械控制燃油喷射系统是一种以机械构件组成的控制系统对汽油喷射过程进行控制的模式。具有代表性的典型系统是博世公司的机械控制方式汽油喷射系统,如早期的(1967—1982 年)奔驰、奥迪轿车采用的 K 型汽油喷射系统(K-Jetronic),即为机械控制式燃油喷射系统。

2) 机电结合式燃油喷射系统

机电结合式燃油喷射系统也称为 KE-Jetronic 系统,它是 K-Jetronic 系统的改进,由博世公司于 1982 年推向市场。KE-Jetronic 系统与 K-Jetronic 系统基本相同,汽油控制系统的控制方式仍采用机械控制,差异在于 KE-Jetronic 系统增加了一个电控单元、若干个传感器和一个电液式压差调节器。

3) 电子控制式燃油喷射系统

电子控制式燃油喷射系统是指由电控单元(ECU)根据各种传感器信号,经过数学计算和逻辑判断处理后,直接控制执行器(喷油器)喷射燃油的系统,如图 3-5 所示。

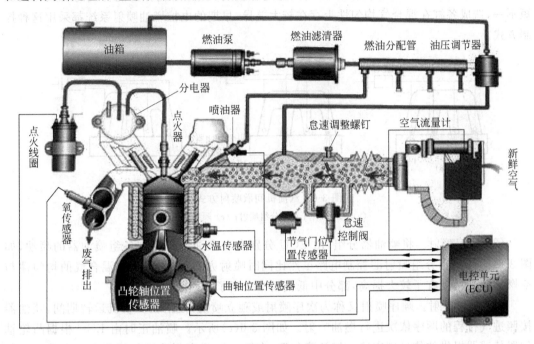

图 3-5 电控燃油喷射系统

电子控制式燃油喷射系统又称为电控喷油系统,其显著特点是发动机供油系统供给一定压力的燃油(一般高于进气歧管压力 300kPa),燃油由喷油器喷入进气门附近或直接喷入气缸内与空气混合,喷油器受电控单元(ECU)控制,ECU 通过控制每次喷油持续时间的长短来控制喷油量。喷油持续时间一般为 2~12ms,喷油持续时间越长,喷油量越大。

3. 按喷油器喷油方式分类

按照喷油器喷油方式,燃油喷射系统分为连续喷射和间歇喷射两种。

1) 连续喷射

连续喷射方式又称为稳定喷射方式。连续喷射方式的特点是:汽油发动机运行期间,喷油器的喷油是连续进行的。这种喷射方式不需要考虑喷油定时和各缸的喷油顺序,因此控制非常简单,但混合气的均匀性、空燃比控制精度及汽油发动机对过渡工况的响应特性都较差。连续喷射方式仅用在博世公司的机械控制式汽油喷射系统(K-Jetronic 系统)和机电结合式燃油喷射系统(KE-Jetronic 系统)中。

2) 间歇喷射

间歇喷射方式也成为脉冲喷射方式。间歇喷射方式的特点是:汽油发动机运行期间,喷油器按照一定的规律以间歇工作的方式,把汽油喷入各缸的进气歧管内,电控汽油发动机全部采用间歇喷射方式。间歇喷射方式按各缸喷油器的喷射时序控制方式,可分为同时喷射、分组喷射和顺序喷射3种方式。

(1) 同时喷射。同时喷射是指在发动机运转期间,由 ECU 的同一个指令控制所有喷油器同时开启或同时关闭的喷油控制,如图 3-6(a)所示。此外采用分组喷射或顺序喷射的燃油喷射系统发生故障时,控制系统处于应急状态运行时,ECU 将自动转换为同时喷射。同时喷射方式的喷油正时与发动机各缸的工作过程没有关系,因此各缸混合气的形成时间长短不一,造成各缸在混合气均匀性上存在较大差异,早期的电控燃油喷射系统都采用这种控制方式。

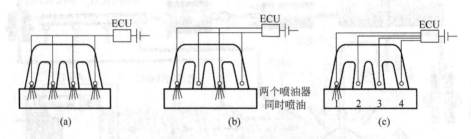

图 3-6 汽油机间歇喷射方式
(a) 同时喷射;(b) 分组喷射;(c) 顺序喷射

(2) 分组喷射。将喷油器分组,由 ECU 分别发出喷油指令控制各组喷油器的喷油,如图 3-6(b)所示。分组喷射的控制电路虽然比同时喷射方式复杂,但各缸混合气的均匀性与空燃比控制精度有了较大提高,部分中低档轿车采用了分组喷射方式。

(3) 顺序喷射。顺序喷射又称为次序喷射或独立喷射,是指在发动机运转期间,喷油器按照进气行程的顺序依次进行燃油喷射。如图 3-6(c)所示。喷油正时由 ECU 根据凸轮轴位置传感器提供的信号判定第一缸活塞位置,在第一缸活塞到达进气行程上止点前一定角度时,ECU 发出喷油脉冲信号控制第一缸喷油器喷射燃油。第一缸喷油器喷油之后,ECU 根据气缸点火顺序,轮流控制其他气缸的喷油器在其活塞到达进气行程上止点前一定角度时喷射燃油,从而实现顺序喷射。

3.2 空气供给系统

空气供给系统的作用是向汽油发动机提供清洁的、与汽油发动机负荷相适应的、经过计量的新鲜空气,使它们在进气管或气缸内与喷油器喷出的汽油形成品质良好的可燃混合气。空气供给系统由空气滤清器、空气计量装置(空气流量传感器)、节气门体和节气门位置传感器、进气总管和进气歧管组成。按照检测进气量的方式不同,空气计量方式又分为 D 型(压力型)和 L 型(空气流量型)。D 是德语压力(druck)的首字母,D 型是早期的燃油喷射系统中没有空气流量计,采用进气歧管绝对压力传感器,通过复杂的算法间接计算进气量的方式;L 是德语空气流量(luftmengen)的首字母,L 型则是采用空气流量计直接计算进气量。本节主要讲述空气流量传感器、进气歧管压力传感器以及节气门位置传感器等的工作原理。

3.2.1 空气流量传感器的结构与工作原理

空气流量传感器(air flow sensor,AFS)又称为空气流量计(air flow meter,AFM),是进气歧管空气流量计的简称,其功用是检测发动机进气量的大小,并将空气流量信息转换成电信号输入电控单元(ECU),以供 ECU 计算确定喷油时间(喷油量)和点火时间。进气量信号是 ECU 计算喷油时间和点火时间的主要依据。

电控燃油喷射系统中目前使用过的空气流量计主要有翼片式空气流量计、卡门涡流式空气流量计、热丝(热线)式空气流量计和热膜式空气流量计 4 种类型。因翼片式空气流量计为机械式空气流量计,目前已经淘汰,本文只介绍卡门涡流式、热丝与热膜式空气流量计。

1. 卡门涡流式空气流量传感器

卡门涡流式空气流量传感器又称为卡门漩涡式空气流量计,其依据为卡门涡流理论,是利用超声波或者反光镜检测涡流频率来检测空气流量的一种传感器。如果在流速均匀的空气通道中安放一个涡流发生器,那么当空气流过涡流发生器时,就会在它的背面两侧有规律地交替产生一个个漩涡,叫作卡门漩涡。如图 3-7 所示,在一定的流速范围内,卡门漩涡的发生频率 f(即单位时间内交替产生的漩涡个数)与空气的流速 v、涡流发生器的直径 d 有如下对应关系:

$$f = s_t \frac{v}{d} \quad 或 \quad v = d \frac{f}{s_t}$$

式中,S_t 为斯特罗巴尔数,其数值的大小与涡流发生器的几何形状有关,当涡流发生器的几何形状确定时,在流速为 1~75m/s 范围内,斯特罗巴尔数基本上保持不变(S_t 约为 0.2)。由于流量计的通道截面积一定,因此只要测出涡流发生的频率,ECU 就能由以上对应关系,计算出空气的流速和体积流量,进而根据温度和压力算出进入发动机气缸的空气质量。

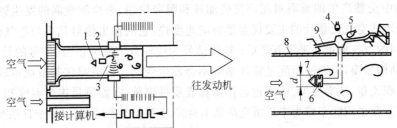

图 3-7 反光镜检测卡门涡流式空气流量计

1—涡流发生器;2—稳定板;3—卡门漩涡;4—LED;5—光敏晶体管;
6—导压孔;7—涡流发生器;8—进气歧管;9—板弹簧

电控汽油发动机中的卡门涡流式空气流量计根据涡流频率检测方法不同,有反光镜检测方式和超声波检测方式两种类型。

1) 反光镜检测方式

反光镜检测方式卡门涡流空气流量计的基本结构如图 3-8 所示,主要由涡流发生器、发光二极管(LED)、光敏三极管、反光镜、集成控制电路等组成。在传感器气流入口处一般设置蜂窝状整流网栅(见图3-7),其作用是使吸入的空气在涡流发生器上游形成比较稳定的气流,从而保证涡流发生器产生与流速成正比的涡流。反光镜采用反光能力较强的金属箔片制成,并用细薄的张紧带张紧在导压腔的外表面上,镜面上部设有一只发光二极管(LED)和一只光敏三极管,发光二极管发出的光由反光镜发射到光敏三极管上。涡流频率的检测任务由发光二极管、反光镜、光敏三极管完成,传感器内部的信号处理电路将频率信号转换成数字信号,再输入ECU进行运算处理,涡流式流量传感器检测的是进气气流的体积流量,为了避免环境温度变化给流量监测带来误差,一般采用进气温度信号进行修正。

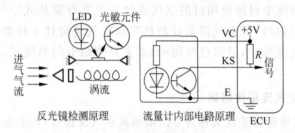

图 3-8 反光镜检测方式工作原理

2) 超声波检测方式

超声波检测方式见图3-7,该流量计由布置在主通道中央产生卡门漩涡的锥状涡流发生器和涡流稳定板、检测涡流发生频率的超声波发生器、超声波接收器、集成电路,以及对进气压力和温度进行检测的进气压力传感器和进气温度传感器等部件组成。当空气流过涡流发生器时,将在涡流发生器两侧交替产生卡门漩涡,由于卡门漩涡的存在,涡流发生器背后流场的压力和速度场会发生与涡流变化规律相对应的交替变化。反光镜式卡门涡流空气流量计利用压力的交替变化来检测涡流的发生频率,超声波检测方式卡门涡流空气流量计则是利用流场中交替产生的漩涡对超声波的加速和阻滞效用,来检测漩涡的发生频率。

卡门涡流式空气流量计的主要优点是响应速度快,它的输出信号几乎与空气流速变化同步,因此得到的空气流量几乎没有滞后;输出信号为线性数字脉冲信号,信号的处理简单;进气阻力小,结构紧凑,长期使用流量特性基本不会发生变化。但也存在制造成本较高,测出的是空气的体积流量,还需要ECU通过运算换算成质量流量,并需测量进气温度和进气压力的缺点。目前主要采用的车型为丰田雷克萨斯LS400及部分三菱轿车,仅用于日系车型。

2. 热丝(热线)式与热膜式空气流量传感器

热丝与热膜式空气流量传感器借鉴的是日常生活中使用的电吹风机的工作原理。当空气流过一个温度比它高的发热物体时,空气从发热物体吸收的热量与流过该发热体的空气质量具有一定的对应关系,利用这一原理制成的空气流量计称为热丝(热线)式或热膜式空气流量计,这类空气流量计检测到的是空气的质量流量。

热丝式空气流量传感器的结构如图3-9所示,该空气流量计主要由防护网1、取样管2、铂热线3、温度补偿电阻4和控制线路板5等组成。取样管布置在空气通道中央,由两个塑料护套和一个热线支撑环组成。在热线支撑环内,布置一根直径为70μm、电阻为R_H且随温度变化的铂丝热线3作为发热体。热线支撑环前段布置一个电阻为R_K且阻值随温度变化的铂薄膜电阻 4(也称为冷线),起温度补偿作用。热丝式空气流量计的输入电压信号从精密电阻 R_A 的两端引出,R_A 布置在热线支撑环后端的塑料护套内。R_H、R_K、R_A 和位于控制电路板上的 R_B 构成一个惠斯通电桥,R_B 除了作为惠斯通电桥的一个桥臂外,同时兼有对空气流量计的输出特性进行最后调整的功能。

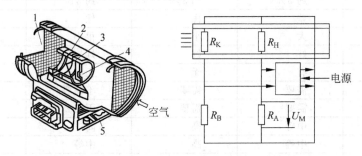

图 3-9　热丝式空气流量传感器的结构及电路原理
1—防护网;2—取样管;3—铂热线;4—温度补偿电阻;5—控制线路板

热丝式空气流量计的基本工作原理为:当温度较低的空气流过布置在空气通道中温度较高的热线时,热线与空气发生热量交换,热线变冷电阻变小。作为热线式惠斯通电桥的一个桥臂,该桥臂电阻的变化使原来平衡的电桥产生了不平衡,为了使电桥恢复平衡,必须增大流过热线的电流,对热线加热,使它的电阻值恢复到使电桥平衡的数值。由此可见,流过热线的空气质量越多,空气带走的热量也越多,为保持电桥平衡,维持热线温度所需的电流也越大,反之则越小。由于流过热线的电流与精密电阻 R_A 两端的电压成正比,因此 ECU 根据 R_A 两端的输出电压,就能用相应的算法,算出空气的质量流量。

热丝式空气流量计具有响应速度快、测量精度高、进气阻力小、不会磨损、可直接测量进气空气的质量流量等优点。但它也存在价格较高,热线表面易受空气中尘埃的玷污而影响精度,当空气流速分布不均匀时也会产生误差,发动机回火时容易造成断线等缺点。因此,电控系统一般设有热线自洁电路,在发动机熄火后,自动将热线加热至 1000℃,持续 1s,把玷污热线的尘埃烧掉;在有些电控系统中,也有采用将热线与冷线的温差提高至 200℃,以减轻热线玷污的控制策略。

热膜式空气流量计与热丝(热线)式空气流量计工作原理相同,但结构上有一些差异。热膜式空气流量计的发热体用固定在薄的树脂基片上的铂膜代替铂丝,或者用厚膜工艺将热线、冷线、精密电阻镀在一块陶瓷基片上,从而简化结构,降低制造成本。采用热膜式空气流量计的国产轿车有上海大众桑塔纳 2000 时代超人、帕萨特和"一汽"的红旗、捷达王等。

汽车用空气流量传感器的性能比较见表 3-1。

表 3-1　空气流量传感器性能比较

性能 \ 类型	翼片式	涡流式	热丝与热膜式	歧管压力式
输出方式	模拟输出:信号电压 U_S 与进气容积 Q_A 成反比,即 $Q_A \propto 1/U_S$	数字输出:信号频率 f 与进气容积 Q_A 成正比,即 $Q_A \propto f$	模拟输出:信号电压 U_S 与进气质量 Q_M 的 4 次方根成正比,即 $U_S \propto \sqrt[4]{Q_M}$	模拟输出:信号电压 U_S 与进气歧管压力 p 成正比,即 $U_S \propto p$

续表

类型 性能	翼片式	涡流式	热丝与热膜式	歧管压力式
测量误差	约3%	约3%	约3%	约3%
相应特性	差	优	优	良
通道阻力	大	小	很小	很小
急速稳定性	好	好	好	好
有无移动部件	有	无	无	无
进气温度修正	需要	需要	不需要	需要
大气压力修正	需要	需要	不需要	需要
系统控制精度	中等	高	高	低
成本	中等	高	中等	低
综合评价	良	优	优	良

3.2.2 进气歧管压力传感器的结构与工作原理

进气歧管压力传感器属于压力传感器的一种，是一种检测进气歧管绝对压力（或真空度）的压力传感器。在汽车行驶过程中，需要实施检测发动机的进气压力、大气压力、燃油压力、润滑油压力、制动油液压力以及变速传动油液压力等，这些压力传感器一般采用压阻式传感器，工作原理基本相同，主要功能是将气体或液体的压力信号转变为电信号，并输入ECU进行处理，从而保证汽车正常行驶。

各种汽车用压阻效应式歧管压力传感器结构类似，外形和结构如图3-10所示。半导体压敏电阻式绝对压力传感器是利用半导体压阻效应制成的一种测压传感器。这类传感器主要由真空室、滤清器、集成电路IC以及硅片和接线端组成。真空室为传感器所要测定的绝对压力提供一个基准压力（0气压），硅片为其压力转换组件，也是半导体压敏电阻，压力转换组件由一块约3mm见方，厚160μm，其中央部分用光刻腐蚀方法形成一个直径约2mm，厚约50μm硅薄膜的硅膜片和在圆形薄膜表面用微加工和台面扩散技术形成的4个压敏电阻在硅薄膜连接成惠斯通电桥组成（见图3-11）。测压通道通过软管与进气歧管相连，把进气歧管内的进气压力引到硅薄膜上。在气体压力的作用下，硅薄膜发生拱曲变形，同时引起扩散在其上的4个压敏电阻阻值发生相应的变化。由于惠斯通电桥桥臂阻值发生变化，破坏了电桥的平衡，在惠斯通电桥的输出端会输出电桥电压，该电压的高低与进气歧管绝对压力一一对应。

压阻效应式压力传感器的工作特性曲线如图3-12所示，横坐标为当前进气歧管的绝对压力，纵坐标为传感器输出电压，随绝对压力的增大，硅膜片受到的压差增大，膜片变形程度增大，惠斯通电桥的桥臂电阻阻值变化率增大，因此输出电压随之升高，可以看出，输出电压与进气歧管绝对压力几乎成正比。

半导体压敏电阻式绝对压力传感器具有尺寸小、精度高、成本低、响应速度快、重复性和耐震性好；输出信号与进气歧管绝对压力成线性关系；在-30~100℃使用范围内，测量精度基本不受温度的影响等突出优点。采用半导体压敏电阻式绝对压力传感器的国产轿车有

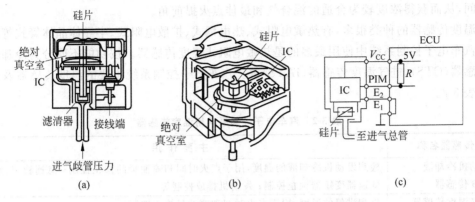

图 3-10 进气歧管压力传感器的结构及连接线
(a) 剖面结构图；(b) 侧剖面结构图；(c) 电路连接图

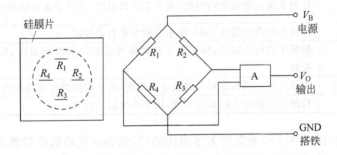

图 3-11 压敏电阻式进气歧管压力传感器的原理

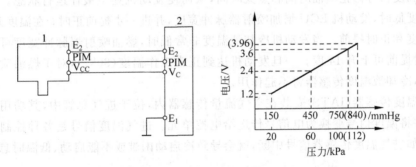

图 3-12 压敏电阻式进气歧管压力传感器的输出特性曲线

上海大众桑塔纳 99 系列、上海通用的赛欧和凯越、一汽大众的奥迪、二汽的富康、广州的本田雅阁等车型。

3.2.3 温度传感器的结构与工作原理

温度是反映发动机热负荷状态的重要参数，为保证控制系统能够精确控制发动机的工作参数，必须随时测定发动机冷却液的温度、进气温度，以便修正控制参数，计算进气的质量流量和进行排气净化处理。温度传感器的作用是检测发动机冷却液、进气和排气温度等，并将其转变为电信号输送给电控单元 ECU，ECU 根据发动机的温度信号修正喷油时间和点火时间,从而获得浓度较为合适的混合气和最佳点火提前角。

温度传感器的种类很多,有热敏电阻式、热电耦式、扩散电阻式、半导体晶体管式等。目前在汽车电子控制系统中使用最多的是热敏电阻式温度传感器。按功能不同分为冷却液温度传感器(CTS)、进气温度传感器(IATS)等。汽车电子控制系统主要的温度传感器及其作用见表3-2。

表 3-2 汽车电子控制系统用温度传感器

传感器名称	主 要 作 用
发动机冷却液温度传感器	检测发动机冷却液的温度,用于点火时间和喷油量的修正控制;急速稳定、自动变速器变矩器锁止控制;发动机排放控制等
进气温度传感器	检测进气的温度,用于点火时间和喷油量修正控制
燃油温度传感器	检测燃油箱中燃油的温度,用于喷油量修正控制
自动变速器油温度传感器	检测变速器油箱中的温度,用于变速器换挡、自动变速器油循环控制
车厢温度传感器	检测车厢内的温度,用于汽车空调温度自动控制
车外温度传感器	检测车厢外的温度,用于汽车空调蒸发器处的制冷剂温度,用于空调温度自动控制
蒸发器温度传感器	检测汽车空调蒸发器处的制冷剂温度,用于空调温度自动控制
排气温度传感器	检测三元催化反应器的温度,用于排气温度报警

冷却液温度传感器(CTS)通常称为水温传感器,安装在发动机冷却液出水管上,其功用是检测发动机冷却液的温度,并将温度信号变换为电信号传送给电控单元。电控单元根据发动机的温度信号修正喷油时间和点火时间,从而使发动机处于最佳运行状态。在发动机冷却液温度低时,发动机ECU增加喷射器脉冲宽度,并进一步提前正时;在温度升高后,减小脉冲宽度和正时提前。当发动机冷却液温度非常低时,燃油喷射器脉冲宽度可增加高达60%,正时提前可上升14度。一旦发动机达到正常工作温度(80℃),对于燃油喷射器脉冲宽度来说,冷却液温度传感器将不起作用。

进气温度传感器(IATS)安装在空气流量传感器内,位于进气总管中,其功用是检测进气温度,并将温度信号变换为电信号传送给电控单元。进气温度信号是各种控制功能的修正信号。如进气温度传感器信号中断,就会导致冷启动困难或不能启动、低温时怠速转速不良故障。

由于空气质量的大小与进气温度高低有关,当进气温度低时,空气密度大,相同体积气体的质量增大;反之,相同体积气体的质量将减小。因卡门涡流空气流量传感器测定的空气流量为体积流量,因此需要配备进气温度传感器,传感器采用负温度系数热敏电阻(NTC)。控制单元根据发动机的进气温度修正喷油量,使发动机自动适应外部环境温度(寒冷、高温)的变化。

发动机控制装置内的5V电压通过装置内的电阻提供给进气温度传感器,通过进气温度传感器在发动机控制装置内接地。当进气温度低时(空气密度大),热敏电阻的阻值大,传感器输入电控单元的信号电压高,电控单元控制喷油器增加喷油量;反之进气温度高时(空气密度小),热敏电阻阻值小,传感器输入电控单元的信号电压低,电控单元将控制喷油器减少喷油量。

1. 热敏电阻式温度传感器

1)测量原理

半导体的电阻随温度变化而改变,其对温度的灵敏度比金属材料高,变化也比较复杂,可归为3种情况:电阻随温度的上升而增大,称为正温度系数热敏电阻(PTC);电阻随温度的上升而减小,称为负温度系数热敏电阻(NTC);在某一临界温度下电阻跃变,称为临界温度系数热敏电阻(CTR)。热敏电阻的工作特性如图3-13所示。

2)传感器结构

热敏电阻式温度传感器是利用半导体的电阻值随温度变化而变化的特性制成的,核心元件为热敏电阻,其结构如图3-14所示。从热敏电阻的温度特性可知,使热敏电阻式温度传感器具有较高灵敏度和线性度的温度变化范围都是有限的。汽车电子控制系统中各温度传感器的工作温度是不同的,比如发动机冷却液温度传感器的工作温度为-20~130℃,而排气温度传感器的温度则为600~1000℃。选择不同的氧化物、控制掺入氧化物的比例和烧结温度等就可以得到适用于不同工作温度的热敏电阻。汽车上的冷却液温度传感器和进气温度传感器普遍采用负温度系数型热敏电阻(NTC),具有温度升高时阻值减小、温度降低时阻值增大的特性。

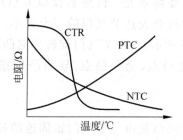
图3-13 热敏电阻的温度特性

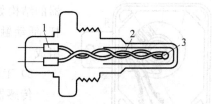
图3-14 热敏电阻式温度传感器的结构
1—接线端子;2—引线;3—热敏元件

3)NTC型温度传感器的工作原理

热敏电阻相当于一只可变电阻,当传感器温度升高时,输出阻值减小;反之当传感器温度降低时,输出阻值增大。

当被测对象的温度升高时,传感器阻值减小,热敏电阻上的分压值降低;反之,当被测对象的温度降低时,传感器阻值增大,热敏电阻上的分压值升高。电控单元根据接收到的信号电压值,便求得对应的温度值,从而实施控制。

2. 其他类型温度传感器

1)扩散电阻式温度传感器

在硅半导体上形成电阻电极,当电极上施加电压时,产生的扩散电阻随温度变化。扩散电阻式温度传感器就是利用这一特性并应用半导体刨平技术制成。

2)半导体晶体管式温度传感器

利用硅晶体管在一定的电流作用下,其基极和发射极之间的偏置电压随温度而变化这一特性,制成了半导体晶体管式温度传感器。

3.2.4 节气门位置传感器的结构与工作原理

节气门位置传感器位于节气门体上,其作用是把节气门的开度信号转换为电信号。节气门位置传感器的输出信号,在不同的电控系统中,由于控制策略的差异其作用也不尽相同。一般而言,节气门位置信号通常作为工况参数中的负荷信息,用于空燃比开环和闭环控制的判据、基本点火提前角的确定、加速工况的判定等。另外,在多数电控汽油发动机中,节气门位置信号也作为空气量计算的备用参数。当空气计量装置发生故障时,电控系统依据节气门位置信号和汽油发动机转速信号,采用节流-速度方式,对汽油发动机吸入的空气量进行计算。

节气门位置传感器安装在节气门体上,通过节气门轴与节气门同步旋转。电控汽油发动机中目前使用过的节气门位置传感器主要有开关量(触点)信号输出型和线性(模拟)信号输出型两种类型。

1. 开关量(触点)信号输出型节气门位置传感器

1) 结构组成

开关量(触点)输出型节气门位置传感器的主要特点是:传感器仅以开(ON)和关(OFF)两种状态的组合表达节气门的开度大小。该传感器的结构如图 3-15 所示,它由节气门旋转导向凸轮、控制杆、活动触点、怠速触点、全开触点、导向凸轮槽和插座组成。

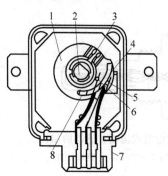

图 3-15 开关量(触点)输出型节气门位置传感器的结构
1—导向凸轮;2—节气门轴;3—控制杆;4—活动触点 TL;5—怠速触点 IDL;6—全开触点;7—插接器;8—导向凸轮槽

2) 工作原理

传感器中的导向凸轮由与节气门轴固连的控制杆驱动,与节气门同步转动,在凸轮转动过程中,导向凸轮槽推动活动摆臂左右摆动,使活动摆臂前段的活动触点与两侧的某一个固定触点接合,或者都不接合。

当节气门完全关闭时,活动触点与右侧的怠速触点接合,怠速触点处于闭合状态(即怠速触点 ON),以此表示节气门完全关闭,发动机处于怠速状态。

当节气门开度大于 50% 时,活动触点与全开触点接合,全开触点处于闭合状态(即全开触点 ON),以此表示节气门开度大于 50%,发动机处于大负荷状态。

当节气门开度小于 50% 时,活动触点与两个固定触点都不接合(即怠速触点 OFF,全开触点 OFF),以此表示节气门开度较小,发动机处于中小负荷状态。

在节气门从全闭到全开的过程中,传感器输出信号的变化如图 3-16 所示。

2. 线性(模拟)信号输出型节气门位置传感器

线性(模拟)信号输出型节气门位置传感器的主要特

图 3-16 开关量(触点)输出型节气门位置传感器输出信号
1—节气门全开;2—节气门全闭

点是：节气门位置传感器的输出电压与节气门开度成线性关系。比较典型的线性（模拟）信号输出型节气门位置传感器的基本结构和电路如图 3-17 所示，该传感器由两个与节气门同步转动的电刷臂和检测节气门开度的滑动电刷以及检测节气门全闭位置的滑动电刷、滑动电阻以及接线插座组成。

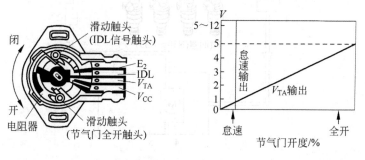

图 3-17　线性（模拟）信号输出型节气门位置传感器的结构及特性

当驾驶员踩油门踏板时，电刷臂带动滑动电刷在电阻体上滑动，V_{TA}（即电刷 2）与 E_2 之间的电阻值将发生相应的变化，若 E_2 和 V_{CC} 之间所施加的供电电压不变，则 E_2 和 V_{TA} 之间的电阻与节气门的百分比开度成线性关系，所以 E_2 和 V_{TA} 之间的电压与节气门的百分比开度也成线性关系。

当驾驶员完全放松油门时，节气门完全关闭，此时 E_2 和 V_{TA} 之间的电阻最小，电压最低。虽然此时输出电压可以表示节气门处于完全关闭位置，但是考虑到使用过程电阻体磨损对电阻值的影响，及节气门全闭位置（即发动机怠速工况）在汽油喷射控制中的重要性，为了保证节气门全闭位置检测的准确性，在传感器中增设了节气门全闭位置检测电刷 3。当节气门全闭时，电刷 3 使 E_2 和 IDL 导通，ECU 对发动机怠速工况的判断就是根据 E_2 和 IDL 之间的通断情况作出的。图 3-16 给出了线性（模拟）信号输出型节气门位置传感器的输出电压随节气门开度百分比的变化规律，从图中可以看出传感器的输出电压与节气门的百分比开度成正比。

3.3　燃油供给系统

燃油供给系统的任务是以一定的压力，向汽油发动机进气总管或进气歧管内喷入清洁的、雾化良好的燃油。传统意义上的燃油供给系统如图 3-18 所示，由油箱、电动燃油泵、汽油滤清器、燃油分配管、喷油器和压力调节器等组成。汽油发动机工作时，电动汽油泵从油箱吸入汽油，加压后泵送到输油管，汽油经输油管、滤清器到达燃油分配管，然后分送到各个喷油器。串联在油路上的压力调节器对汽油的压力进行调解，多余的汽油经压力调节器流回油箱。

有些汽油发动机在燃油输送管路中还安装有燃油压力脉动减振器，以减弱喷油器喷油过程中油压脉动的传递，降低噪声。

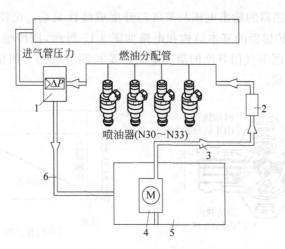

图 3-18 电控汽油发动机燃油供给系统简图
1—燃油压力调节器；2—燃油滤清器；3—进油管；4—电动燃油泵；5—油箱；6—回油管

3.3.1 电动燃油泵

电动燃油泵的作用是将汽油从油箱中吸出，加压后通过燃油管道输送到喷油器。电控汽油喷射系统中使用的各种电动燃油泵，按照安装位置可分为外装式电动燃油泵和内装式电动燃油泵两种。外装式电动燃油泵可以布置在油箱外燃油管路中的任一适当位置，因此具有布置灵活方便的特点。内装式电动燃油泵一般用油泵支架垂直悬挂在油箱内，或者垂直安装在油箱底部，如图3-19所示。由于内装式电动燃油泵浸在油液中，因此具有不易产生气阻、运转噪声低、使用寿命长和不必顾及汽油泄漏问题等优点，因此轿车电控汽油发动机普遍采用内装式电动燃油泵。

1. 外装式电动燃油泵

外装式电动燃油泵广泛采用单级滚柱泵，由电动机、滚柱泵、单向阀、限压阀等组成。外装式电动燃油泵可以安装在油路中的任意位置，因此布置比较自由方便。

1）滚柱泵

滚柱泵的基本构造见图3-20，油泵由相对于泵体偏心布置的转子1、泵体3、滚柱2等组成，其中滚柱2将油泵沿周向分隔成若干个工作腔。

油泵的转子由电动机驱动，当转子在电动机带动下旋转时，位于转子凹槽内的滚柱在离心力的作用下，紧紧压靠在泵体的内表面和转子凹槽侧面，在油泵内形成与滚柱个数相同的若干工作腔。由于转子相对于泵体偏心布置，当工作腔随转子一起旋转时，每个工作腔内容积将发生由大到小和由小到大的变化。在腔内容积由小逐渐变大的过程中，工作腔内的压力随腔内容积的增大而降低，处于负压状态，当工作腔转到与进油道相通位置时，汽油在大气压力的作用下被吸入工作腔。在腔内容积由大逐渐变小的过程中，工作腔内汽油受到压缩而油压升高，当工作腔转到与出油道相通位置时，压力较高的汽油从出油口流出。

第 3 章 电控燃油喷射系统

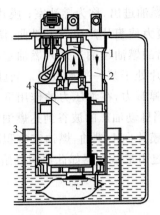

图 3-19　内装式电动燃油泵在油箱内的布置
1—出油管；2—回油管；3—小油罐；4—电动汽油泵

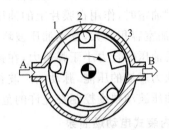

图 3-20　滚柱泵及其工作原理
A—进油口；B—出油口；
1—转子；2—滚柱；3—定子(泵体)

由于滚柱泵是依靠工作腔的负压来吸油，通过对汽油的压缩来提升油压，因此，吸油高程大、供油压力高是主要优点，但也存在泵油过程不连续、出油口油压脉动过大等缺点。因此在出口端一般安装有阻尼稳压器，以减轻下游燃油管中油压脉动的幅度。

2) 其他组件

① 电动机。电动机的作用是向汽油泵提供动力。它由永久磁铁、电枢、电刷、引线和接线柱等组成。电动机工作时，油泵压出汽油流过电枢，对电枢进行冷却，所以这种电动机也叫做湿式电动机。

② 单向阀。单向阀的作用是防止燃油倒流，使油路保持适当的剩余压力，提高汽油发动机的起动性能。另外，汽油发动机熄火后，电动汽油泵停止泵送燃油，单向阀在管路内油压的作用下立即关闭，使汽油泵出口端与燃油压力调节器之间油道中的燃油仍然保持较高的剩余压力，有利于减小气阻，提高汽油发动机高温起动性能。

③ 安全阀。安全阀的作用是防止油压过高，对油泵起保护作用。在汽油泵出口端或下游油路出现堵塞时，油泵工作压力大于 0.4MPa 时，安全阀自动打开，滚柱泵的出油口与进油口短路，使燃油在汽油泵内部循环，防止因油压过高造成油管破损而导致燃油泄漏事故。

④ 阻尼减振器。阻尼减振器的作用是吸收油压脉动能量，减小油压脉动幅度。阻尼减振器通常布置在汽油泵出口端，与汽油泵一起作为一个总成部件，使汽油泵出口的油压脉动幅度不超过规定值。有些电控汽油发动机把阻尼减振器布置在回油管或燃油分配管上，这种布置方式是为了减小喷油器开或关时对油路中油压的影响，同时兼有降低回油噪声作用。布置在不同位置的脉动阻尼减振器外形及细部结构有一些差异，但主要结构和原理基本相同。

图 3-21 所示是一个串联在燃油分配管上的阻尼减振器，该阻尼减振器主要由膜片、弹簧、调节螺钉等组成。膜

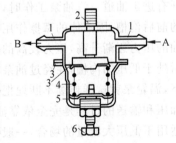

图 3-21　脉动阻尼减振器
A—进油口；B—出油口；1—油管接口；2—固定螺纹；3—膜片；4—弹簧；5—壳体；6—调节螺钉

片把阻尼减振器分隔成两部分,膜片的上部空腔供燃油进出,称为燃油室;膜片的下部空腔称为弹簧室,室内布置着弹簧,作用在膜片上的弹簧力使膜片产生向上拱曲,调节螺钉通过弹簧座可以对弹簧的预紧力进行调整。汽油泵泵出的燃油经油道进入燃油室,油压作用在膜片上表面与另一侧面上作用的弹簧力相平衡,膜片处于某一平衡位置。当脉动油压的波峰到达燃油室时,作用在膜片上的油压的合力大于弹簧力,在油压力的作用下,膜片向下拱曲,使燃油室容积变大,脉动油压波峰削低;反之,当脉动油压的波谷到达燃油室时,作用在膜片上的油压的合力小于弹簧力,在弹簧力作用下膜片向上拱曲,燃油室容积减小,弹簧的势能转换为燃油的压能,脉动油压波谷被抬高。通过阻尼减振器如此周而复始地工作,可以把系统油压波动幅度控制在允许的范围内。

2. 内装式电动燃油泵

内装式电动燃油泵大多采用单级涡轮泵,有些采用侧槽泵和涡轮泵或转子泵串联布置的双级泵。

1) 内装式单级电动燃油泵

单级燃油泵为涡轮泵,其基本结构如图 3-22 所示,汽油泵的组成部件与外装式汽油泵相似,由电动机、涡轮泵、单向阀、限压阀等组成,对于基本相同的组件这里不再叙述,下面仅对涡轮泵的工作原理作一介绍。

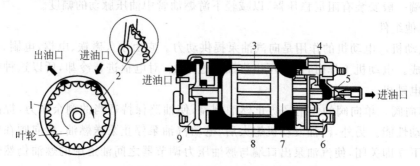

图 3-22 涡轮泵及其工作原理
1—外壳;2—叶片;3—磁铁;4—轴承;5—单向阀;
6—溢流阀;7—电动机;8—转子;9—叶轮

涡轮泵由涡轮及前后泵壳组成,涡轮轮缘周围上均匀分布着叶片和沟槽,在前后泵壳上开有进出油道。汽油泵工作时,轮缘圆周沟槽内的燃油和涡轮一起高速旋转,在每一个叶片的前后沟槽,因液体的摩擦作用存在一个压力差,由许多叶片和沟槽产生的压力递升,使燃油的压力逐渐升高,压力较高的燃油被涡轮带至油泵后盖出油口,经出油道排出。排空燃油后处于低压的沟槽,在经过油泵前盖进油口时,经进油道,从油箱吸入汽油。在电动机驱动下,涡轮泵就这样连续不断地把燃油从油箱吸入,加压并输送到出油道。由于涡轮泵对燃油加压和输送的过程是完全依靠油液分子间动量转换实现的,因此这种泵的压力升高率不高,适用于低压大流量的场合,一般供油压力为 0.25~0.5MPa。涡轮泵工作时,涡轮与泵壳不直接接触,因此油泵工作时噪声低、振动小、磨损小,工作寿命及可靠性都比滚柱泵好。涡轮泵的吸油和泵油过程基本上是连续的,因此汽油泵出口端油压脉动很小,仅为 0.002MPa,所以不需要安装阻尼减振器,这样可以减小油泵轴向高度,有利于在油箱内安装布置。涡轮泵属于叶片泵,驱动油泵所需力矩比滚柱泵小,因此可采用高速小扭矩型电动机,这样有利于油泵的小型化和轻量化。

2）内装式双级电动燃油泵

为了去除汽油泵吸油时，局部真空造成汽油蒸发而产生的气泡，现代轿车上常采用轴向串联的双级泵结构，如图 3-23 所示。双级泵的第一级（前置级）大多采用侧槽泵，其作用是对汽油进行预加压防止气泡产生，并去除已经产生的气泡。第二级（主泵）采用涡轮泵或转子泵，主泵对汽油进一步加压，最后完成汽油的加压和输送任务。

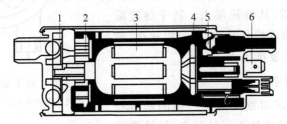

图 3-23　侧槽泵与转子泵组成的双级泵
1—侧槽泵；2—转子泵；3—电动机；4—整流器；5—单向阀；6—电接头

① 侧槽泵。侧槽泵是液压泵的一种变形，它的工作原理与涡轮泵类似，都是通过燃油分子间的动量转换使油压升高，其结构上与涡轮泵的主要差异在于叶轮形状、叶片数目以及流道的形状和布置。图 3-24 为侧槽泵的基本构造，其突出优点是能在汽油蒸气和汽油的混合物中正常工作，油泵特别设计的放气口可以使油气混合物在升压的初期得到部分分离，然后随着汽油压力进一步提升，剩余的汽油蒸气被冷凝液化，因此能有效地防止气阻的发生，侧槽泵的这一优点对于电控汽油喷射系统的正常工作，特别是高温下的热起动具有十分重要的意义。

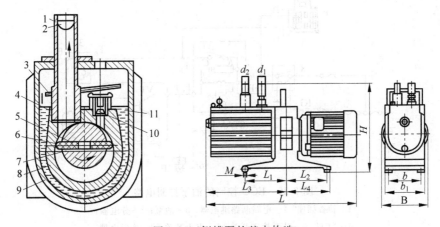

图 3-24　侧槽泵的基本构造
1—进气嘴；2—滤网；3—挡油板；4—进气嘴 O 形密封圈；5—旋片弹簧；6—旋片；7—转子；
8—泵身；9—油箱；10—1 号真空泵油；11—排气阀片

② 转子泵。转子泵是一种容积式增压泵，它的基本构造如图 3-25 所示，转子泵由带有若干个外齿的主动内转子 1 和比内转子多一个内齿的从动外转子 2 及油泵壳体等组成。内转子固定在电动机驱动轴上，外转子在油泵壳体内可自由转动，内、外转子的中心有一定的偏心距。

转子泵的工作原理与滚柱泵类似,内转子在电动机的驱动下旋转时,带动外转子旋转。转子的齿形齿廓设计使得转子转到任何角度时,内、外转子每个齿的齿形齿廓线上总能相互形成点接触。这样内、外转子间便形成6个相互独立的工作腔。某一个工作腔从进油道转过时,由于容积增大,产生真空,汽油便经进油道,从油箱吸入。转子继续旋转,当该工作腔与出油道相通时,腔内容积减小,油压升高,汽油从出油道被排出。

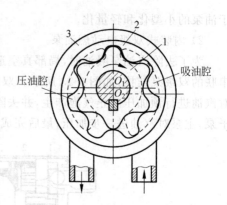

图3-25 转子泵的结构和工作原理
1—内转子;2—外转子;3—泵壳

3. 油泵运转控制电路

电控汽油喷射系统对油泵运转控制的基本要求是:只有当汽油发动机处于运转状态时,油泵才运转,若汽油发动机不工作,即使接通点火开关,油泵也不工作。电控汽油喷射系统油泵控制电路有ECU控制的油泵控制电路、油泵开关控制的油泵控制电路和具有转速控制的油泵控制电路3种形式。

1) ECU控制的油泵运转控制电路

ECU控制的油泵控制电路由ECU和断路继电器对油泵的运转进行控制,其控制电路如图3-26所示。当点火开关IG接通时,主继电器闭合,电控系统电路接通。此时如果汽油发动机起动,则ST端闭合,断路继电器线圈L_2通电,产生吸力使断路继电器油泵开关闭合,油泵开始运转。

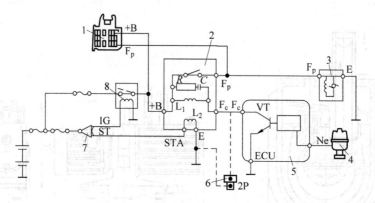

图3-26 ECU控制的油泵控制电路
1—检查插座;2—电路断路继电器;3—油泵;4—分电器;
5—ECU;6—油泵检查开关;7—点火开关;8—主继电器

同时,由于汽油发动机已经开始运转,分电器即有转速信号输出,该信号使ECU中的晶体管VT导通,断路继电器线圈L_1通电,油泵仍然保持运转状态。汽油发动机起动结束,ST端断开,线圈L_2断电,但由于线圈L_1仍然通电,故油泵开关仍保持闭合,油泵继续工作。

汽油发动机停止工作,分电器不再有转速信号输出,晶体管VT截止,断路继电器线圈L_1断电,油泵开关断开,油泵停止工作。

2) 油泵开关控制的油泵运转控制电路

在早期采用翼片式空气流量计的电控汽油喷射系统中,油泵控制电路与前述控制电路的不同点是:ECU 控制的油泵控制电路中的开关晶体管 VT 的功能,由空气流量计中的油泵控制开关代替,汽油发动机起动时的控制与前述相同,如图 3-27 所示。由于汽油发动机已经开始运转,即空气流过空气流量计,流量计测量叶片开启,油泵控制开关闭合,L_1 通电,短路继电器触点闭合,油泵仍然保持运转状态。汽油发动机停止工作时,流量计测量叶片关闭,油泵控制开关断开,L_1 断电,短路继电器触点分开,油泵停止运转。

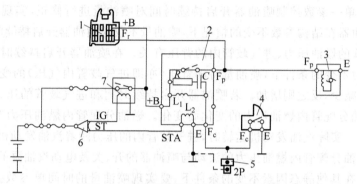

图 3-27 油泵开关控制的油泵控制电路
1—检查插座;2—断路继电器;3—油泵;4—空气流量计油泵开关;
5—油泵检查开关;6—点火开关;7—主继电器

3) 具有转速控制的油泵运转控制电路

具有转速控制的油泵控制电路的特点是:根据汽油发动机的转速和负荷,ECU 控制油泵以低速或高速运转模式运转。汽油发动机处于高速或大负荷工况时,由于所需油量增大,此时油泵以高转速模式运转。汽油发动机处于低速或小负荷工况时,由于所需油量较小,油泵以低转速模式运转,以减小油泵磨损和不必要的电能消耗。

油泵运转模式的切换控制,由 ECU 控制开关晶体管的导通、截止来实现,如图 3-28 所示。当汽油发动机处于低转速小负荷工况时,晶体管导通,继电器的 B 触点闭合,电阻 R 被串入油泵电路,油泵以低速模式运转。当汽油发动机处于高转速或中等以上负荷工况时,晶体管截止,继电器的 B 触点断开,A 触点闭合,油泵以高速模式运转。

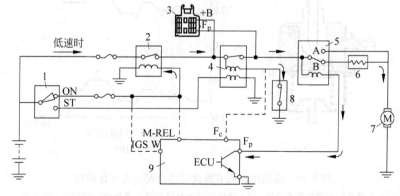

图 3-28 具有转速控制的油泵控制电路
1—点火开关;2—主继电器;3—检查插座;4—电动汽油泵继电器;5—电阻器旁路继电器;6—电阻器;7—油泵电动机;8—油泵开关(空气流量计);9—ECU 油泵转速控制电路(电阻器式)

除了以上油泵转速控制电路外,汽油发动机起动时、运转中以及停车后的控制过程和方法与前述电路基本相同。

3.3.2 压力调节器

燃油压力调节器的主要功用是保持燃油分配管内的油压与进气歧管内气压的压差不变,差值依汽油发动机的类型而异,一般为 0.25～0.3MPa。采用压力差恒定的控制方法,使 ECU 能够用单一参数控制喷油器开启持续时间对喷油量进行修正,实现简单又精确的控制。因为喷油器在结构参数不变的情况下,喷油量不仅与喷油器开启持续时间有关,而且还与燃油分配管的燃油压力、进气歧管内的背压有关。在喷油器开启持续时间和燃油分配管内的燃油压力不变的条件下,喷油量将随背压(亦即进气歧管内气压)的变化而变化。背压升高,喷油量减少,反之则增加。若喷油器开启持续时间和进气歧管的压力保持不变,则喷油量将随燃油分配管内燃油压力的变化而变化。燃油分配管内燃油压力升高,喷油量增加,反之则减少。实际汽油发动机运转时,进气歧管内的压力随着汽油发动机转速和负荷的变化而变化,燃油分配管内燃油压力的波动与喷油器的开、关及电动汽油泵的输出特性等因素有关。因此,在其他静态因素不变的条件下,要实现喷油量的时间单参数控制,必须在独立参数燃油分配管内燃油压力和进气歧管内压力之间建立起某种不变的相对关系,在可以实现这一目标的诸多方法中,几乎所有电控汽油发动机都采用这种控制简单可靠、精度符合使用要求的压力差恒定控制方法。

压力调节器大多安装在燃油分配管的端部,其基本构造如图 3-29(a)所示。它由壳体、弹簧、膜片、球阀、进出油道及进气歧管压力引入通道等组成。膜片将压力调节器的内部隔成两个工作腔。膜片的上方是引入进气歧管负压的真空室,真空室内装着一个控制压力的螺旋弹簧,燃油分配管内燃油压力和进气歧管内压力的差值由弹簧的预紧力确定,弹簧的预紧力通过弹簧座作用在膜片上。膜片的下方是燃油室,燃油室上的进油管与燃油分配管连接,回油管则与油箱回油管连接。

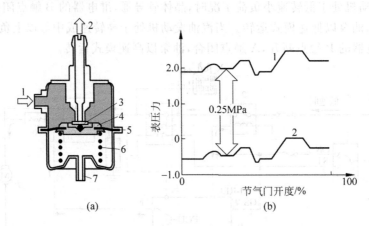

图 3-29 燃油压力调节器及燃油分配压力变化曲线
(a)燃油压力调节器的构造;(b)节气门开度与进气歧管及燃油分配管压力的关系
1—进油管;2—回油管;3—球阀;4—阀座;5—膜片;6—弹簧;7—连接真空室

汽油发动机工作时,进气歧管的负压和弹簧的预紧力共同作用在膜片上部。汽油从燃油分配管进入燃油室,其油压作用在膜片下部。若压差低于设定值,在弹簧力的作用下,球阀将回油孔关闭,没有汽油流回燃油箱,燃油分配管内油压持续上升。当压差超过设定值时,汽油的油压向上推动膜片,回油孔打开,汽油经回油管回流到油箱,燃油分配管内油压下降,在弹簧力的作用下,球阀将回油孔关闭,燃油分配管的油压不再下降。

汽油发动机运转时,燃油分配管内汽油压力随进气歧管压力变化的规律如图3-29(b)所示。假定弹簧的预紧力为0.25MPa,当进气歧管负压为零时,燃油分配管内的平衡油压为0.25MPa。当汽油发动机处于怠速工况时,若进气歧管内的压力为-0.065MPa。此时燃油分配管内的平衡油压为

$$0.25 - 0.065 = 0.185 (\text{MPa})$$

即在怠速时,压力调节器自动把汽油压力调整为0.185MPa,使两者的差值仍保持在0.25MPa。

节气门全开时,进气歧管的压力为-0.005MPa,燃油分配管内的平衡油压为

$$0.25 - 0.005 = 0.245 (\text{MPa})$$

此时,两者的压差仍保持为0.25MPa。

当燃油分配管内的油压大于平衡压力时,回油孔打开,汽油经过回油管回流到油箱,直至燃油分配管内的油压低于平衡压力,回油孔才关闭。通过把进气歧管负压引入真空室,使燃油分配管内的平衡油压的变化与进气歧管内压力变化一一对应,而两者的差值恒等于弹簧的预紧力,保证喷油器开启持续时间与喷油量唯一的对应关系,使ECU能够用喷油器开启持续时间这个单一参数控制喷油量。

汽油发动机不工作时,球阀在弹簧力的作用下,将回油孔关闭,使电动汽油泵出口到压力调节器燃油室之间的油路内保持一定的压力。

采用压力调节器进行恒压差调节,虽然避免了复杂的计算,简化了控制参数和控制程序,但是压力调节器为机械结构,存在灵敏度低、响应速度较慢等不足。因此,目前很多电控汽油发动机已经不再采用恒压差调节方式,而是采用多参数的计算方法,通过采集传感器信号,计算出每一循环的实际喷油量(或喷油器开启持续时间),以减小进行废气再循环时及过渡工况实际空燃比相对目标空燃比的偏差,使有害物排放量降低。

3.3.3 电磁喷油器

电磁喷油器的作用是在ECU的控制下,把雾化良好的汽油喷入进气总管或进气歧管。电磁喷油器(又称为喷嘴),安装在燃油分配管上。喷油器是发动机电控汽油喷射系统执行机构中的一个关键部件,是一种加工精度非常高的精密器件。为了满足燃油喷射系统控制精度的要求,要求喷油器具有抗堵塞性能良好、燃油雾化好和动态流量范围大等优点。

1. 电磁喷油器的分类

按照总体结构不同,喷油器可分为轴针式、球阀式和片阀式3种。按喷油器电磁线圈阻值大小,喷油器可分为高阻型($13 \sim 18\Omega$)和低阻型($1 \sim 3\Omega$)两种。国产轿车普遍采用球阀式高阻型喷油器,如桑塔纳2000GSI、3000,宝来(BORA)、捷达AT、GXT($13 \sim 18\Omega$(20℃)),

以及切诺基吉普车((14.5±1.2)Ω(20℃))。

2. 电磁喷油器的结构特点

1) 球阀式喷油器

球阀式喷油器的结构如图 3-30 所示,它主要由喷油器体、弹簧、中磁线圈、衔铁、球阀、阀座等组成。

喷油器阀体由球阀、导杆和弹簧座组成。阀体上端安装有一根螺旋弹簧,当喷油器停止工作时,弹簧弹力使阀体复位,球阀关闭,钢球压靠在阀座上起到密封作用,防止燃油泄漏。导杆为空心结构,因为球阀具有自动定心的作用,所以导杆较短,质量较小,且密封性能好。此外,喷孔较小,汽油的雾化质量良好,有利于提高汽油汽化速度。

2) 轴针式喷油器

轴针式喷油器的结构如图 3-31 所示,它主要由针阀阀体、针阀阀座、线束插座、电磁线圈和复位弹簧等组成。轴针式喷油器的结构与球阀式喷油器基本相同,主要区别在于阀体的结构不同。轴针式喷油器阀体采用的是针阀,针阀制作在阀体上。为了保证阀体轴向移动时不发生偏移和阀门密封良好,必须具有较长的导杆,并制成实心结构,因此质量较大。此外,其喷孔直径比球阀喷油器大,汽油的雾化质量稍差。

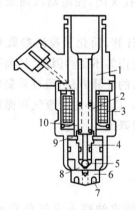

图 3-30 球阀式喷油器的结构
1—喷油器体;2—弹簧;3—中磁线圈;
4—球阀;5—钢球;6—护套;7—喷孔;
8—阀座;9—挡块;10—衔铁

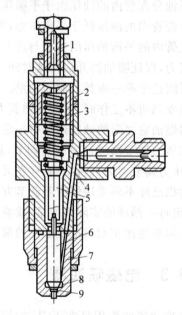

图 3-31 轴针式喷油器的结构
1—回油道;2—喷油器体;3—调压弹簧;
4—进油道;5—顶杆;6—针阀;7—针阀
体;8—承压锥面;9—密封锥面

3. 电磁喷油器的工作原理

当喷油器的电磁线圈接通电流时,线圈中就会产生电磁吸力吸引阀体。当电磁吸力大于复位弹簧的弹力时,阀体压缩弹簧而向上移动(升程很小,一般为 0.1~0.2mm)。阀体上移时,球阀或针阀随阀体一同上移并离开阀座,使阀门打开,阀座内燃油便从喷孔喷出。因为阀座上设置有螺旋油道和2~4个喷孔,所以当具有一定压力的燃油沿螺旋油道喷出时,形状呈小于35°的圆锥雾状,并与空气混合形成雾化良好的可燃混合气。

当喷油器电磁线圈的电流切断,电磁吸力小时,阀体在复位弹簧的弹力作用下复位。球阀或针阀回落到阀座上将阀门关闭而停止喷油。

燃油喷射式发动机大多为16气门、20气门和24气门发动机,即每个气缸有4个或5个气门,其中进气门2~3个,排气门2个。进气门增多的目的是增大进气量,提高发动机的动力性。排气门增多的目的是减小排气阻力,减少功率损失。

3.4 燃油喷射控制过程

燃油喷射控制包括喷油正时的控制、喷油量的控制、停油控制和电动汽油泵控制4个方面内容,因电动汽油泵控制在前面已经介绍,本节只讨论前三项内容。

3.4.1 喷油正时的控制

喷油正时控制是指ECU对喷油开始时刻的控制,在间歇汽油喷射系统中,喷油正时控制包括同步喷射和异步喷射两种控制方式。

1. 同步喷射控制方式

喷射的开始时刻与曲轴的转角位置有关,也称位置触发控制方式。现在采用进气管喷射方式的电控汽油发动机,对同步喷射都采用不可变正时控制策略,喷射开始时刻一般为排气行程上止点前60°~70°曲轴转角。由这一控制策略可知,对于采用顺序喷射方式的电控汽油发动机,每当曲轴转到上止点前60°~70°曲轴转角时,总有一个正处于排气行程的气缸在喷油,如图3-32所示。对于采用分组喷射方式的电控汽油发动机,每当曲轴转到上止点前60°~70°曲轴转角时,总有两个气缸在喷油。在汽油发动机运转过程中,同步喷射始终在进行,因此也称为主喷射控制。

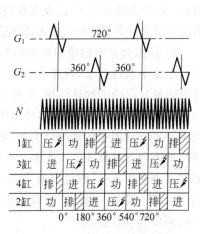

图3-32 同步顺序喷射正时图

2. 异步喷射控制方式

喷射开始时刻与曲轴的转角位置无关,也称为事件触发控制方式。ECU根据需要进行异步喷射的信号或过程输出喷油脉冲信号。异步喷射方式是一种临时的补偿性喷射,是对同步喷射的补充,汽油发动机处于冷起动、加速等非稳定工况时,电控汽油喷射系统除了同步喷射,还增加了异步喷射,对同步喷射的喷油量进行增量修正。

3.4.2 喷油量的控制

对于现代电控汽油喷射系统,喷油器的喷油量唯一取决于喷油持续时间这个单一参数控制,因此喷油量控制即为喷油持续时间控制。喷油持续时间控制根据汽油发动机的运行工况和控制策略,分为汽油发动机起动时喷油持续时间控制和起动后喷油持续时间控制。

1. 汽油发动机起动时喷油持续时间的控制

汽油发动机起动时,在极短的时间内,发动机的转速发生了很大变化,在这种情况下,无论采用间接测量方式或采用直接测量方式都无法准确地测出实际的进气量。因此,在汽油发动机起动时,ECU 不能采用按实际进气量来计算喷油量控制策略,而必须采用其他形式的喷油量控制方式。根据起动时汽油发动机的热状态,又可分为冷起动时的喷油持续时间控制和高温起动时的喷油持续时间控制。

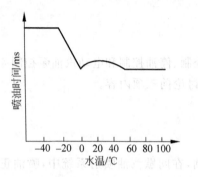

图 3-33 冷却液温度与喷油时间的关系

1) 冷起动时的喷油持续时间控制

汽油发动机冷起动时,基本喷油持续时间由汽油发动机冷却液的温度确定,两者之间的对应关系已制成数据表预先储存在 ECU 的 ROM 中,如图 3-33 所示。ECU 根据冷却液温度,从数据表中找出相应的基本喷油持续时间,然后再根据进气温度、蓄电池电压对基本喷油时间进行修正,得到冷起动时实际的喷油持续时间。对于大多数电控汽油发动机,冷起动时的喷油正时控制都采用同步喷射控制方式。但有些电控汽油发动机,为防止一次喷入油量过多,造成火花塞浸湿,在冷起动时采用异步喷射控制方式,冷起动所需的喷油量以少量多次的形式喷入进气管,以保证汽油发动机有良好的低温起动性能。

2) 高温起动时的喷油持续时间的控制

在夏季高温时节,汽车在高速行驶后停车 10~30min 再次起动时,由于汽油发动机散发的热量对汽油的加热作用,会使汽油温度上升至 80~100℃,此时喷油器内的汽油就会沸腾生成大量汽油蒸气,实际喷油量因汽油中含有油蒸气而减小,造成起动时混合气过稀,出现高温下起动困难的情况。为此,电控系统必须采取高温油量修正方法,以改善电控汽油发动机的高温起动性能。在大多数电控汽油发动机中,ECU 根据冷却液温度确定是否进行高温起动油量修正(一般设定值为 100℃),在有些专门配置汽油温度传感器的电控汽油发动机中,ECU 根据汽油的温度确定是否进行高温起动时喷油量修正,以保证汽油发动机有良好的高温起动性能。

2. 汽油发动机起动后喷油持续时间的控制

汽油发动机起动后,一般当发动机转速大于 500r/min 时,ECU 即判定起动过程结束,电控系统对喷油持续时间控制,由起动时控制程序转入起动后控制程序。此时,ECU 按循环空气质量及目标空燃比决定喷油量的控制原则,对实际喷油持续时间进行控制。

起动后的实际喷油持续时间与循环进气量、目标空燃比、汽油发动机运行工况、汽油发动机的热状态、空燃比反馈信号及蓄电池电压等因素有关,可用如下公式表示:

$$T = T_p F_c + T_v$$

式中,T 为实际喷油持续时间,ms;T_p 为基本喷油持续时间,ms;F_c 为综合修正系数;T_v 为无效喷油持续时间,ms。

1) 基本喷油持续时间 T_p

基本喷油持续时间 T_p 是为了达到目标空燃比，由计算求得的喷油持续时间。目标空燃比 $(A/F)_{目标}$ 一般预设为 14.7∶1，已储存在 ROM 中。图 3-34 所示为某型国产轿车电控汽油发动机目标空燃比的脉谱图。

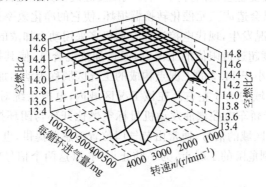

图 3-34　某型国产轿车电控汽油发动机目标空燃比的脉谱图

汽油发动机工作时，ECU 首先根据空气流量计或进气歧管绝对压力传感器、温度传感器、曲轴位置传感器等输入的信号，算出一个工作循环汽油发动机吸入的空气质量，然后根据目标空燃比和循环空气质量，算出所需的基本喷油量 G_f。计算公式如下：

$$G_f = \frac{G_a}{\left(\dfrac{A}{F}\right)_{目标}}$$

式中，G_a 为一个工作循环汽油发动机吸入的空气质量，g；G_f 为一个工作循环所需的基本喷油量，g。

当喷油器的结构参数和系统油压与进气歧管压力都已经保持不变的情况下，喷油量与喷油持续时间唯一对应，由此 ECU 可以算出基本喷油持续时间 T_p。

2) 综合修正系数 F_c

综合修正系数包括暖机过程喷油量修正系数、怠速稳定性修正系数、动力加浓修正系数、加减速修正系数、空燃比反馈修正系数、学习空燃比控制修正系数等。

(1) 暖机过程喷油量修正系数

汽油发动机低温起动后，转速逐渐升高并趋于稳定，进入以实现目标空燃比为最终目标的起动后喷油持续时间控制程序，但由于此时汽油发动机的温度比较低，仍存在汽油蒸发不良等问题，为了使汽油发动机正常运转，仍需继续提供较浓的混合气。暖机过程基本喷油持续时间的增量修正量与冷却液温度有关，ECU 根据冷却液温度确定初始修正量，如图 3-35 所示。以后随着冷却液温度上升逐渐减小，当水温达到正常值后，暖机修正量等于零。

(2) 怠速稳定性修正系数

在 D-Jetronic 和 D-Motronic 系统中，用于进气量计算的进气歧管绝对压力，在怠速工况相对汽油发动机转速具有明显的滞后，节气门后进气系统的体积越大，怠速转速越低，滞后时间越长，这种滞后将导致怠速转速产生较大的周期性波动。为了提高电控汽油发动机的怠速稳定性，ECU 根据进气歧管绝对压力和汽油发动机怠速转速，采取与扭矩变化相反的反响修正策略，以提高汽油发动机的怠速稳定性。

(3) 动力加浓工况喷油量修正系数

现代电控汽油发动机为了最大限度地降低有害物的排放量,都采用尽可能扩大目标空燃比的区域,在该工况区域,电控系统对目标空燃比实行闭环控制的策略。但是随着汽油发动机负荷或转速提高,排气温度也会逐渐升高,当排气温度超过三元催化转换器的最高允许工作温度时(1000℃左右),高温会造成三元催化转换器损坏,使它的净化效率遭受无法恢复的功能性损伤。为了防止这种情况发生,现代电控汽油发动机多采用动力加浓的控制方法,即在发动机试验台架上,对排气温度超过极限值的工况点,通过加浓混合气,使其排气温度稳定在限值以下。由这些目标空燃比小于 14.7 的工况点构成的工况区域称为动力加浓工况区域,该工况区域占发动机整个工况区域的 1/3 左右。在该工况区域内,电控系统对空燃比实行开环控制。图 3-36 所示为某型国产轿车电控汽油发动机目标空燃比开环与闭环控制区域图。ECU 判定目标空燃比开闭环控制区域的信号,通常由节气门位置传感器提供,也可由进气歧管绝对压力传感器提供,在某些特别危险的工况点,为了防止误判,以这两个信号中最安全的一个作为控制方式变换的依据。

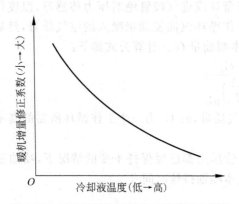

图 3-35 暖机时燃油增量修正系数变化趋势

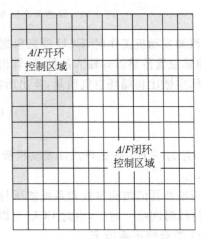

图 3-36 某型国产轿车电控汽油发动机 A/F 控制区域图

(4) 加减速工况喷油量修正系数

汽车急加速时,节气门在短时间内快速开大,ECU 根据节气门开度的变化,修正喷油持续时间,把目标空燃比调整到 12.5∶1～13.2∶1 范围内,增大汽油发动机的输出扭矩,以满足汽车急加速对发动机动力性的要求。

另外,考虑到空气流量信号的滞后及节气门在短时间内快速开大,进气歧管内的压力上升,将导致汽油蒸发速度减慢。在这种情况下,尽管喷入进气歧管的油量增加,实际从附着在进气歧管壁面的油膜中蒸发出的汽油蒸气并未同步增加,使混合气浓度短时间变稀,或者达不到功率混合气浓度要求,导致汽油发动机对急加速响应滞后。为了提高汽油发动机对急加速的响应速度,当 ECU 一收到表示汽车急加速的输入信号,立即向输出回路发出异步喷射控制脉冲,及时对混合气进行加浓。对于汽车急加速的判断,ECU 一般根据单位时间节气门开度变化率,或者单位时间空气流量变化率来确定。

汽车急减速时,节气门在短时间内快速关小,进气歧管内的压力下降,真空度上升,汽油蒸发速度加快。在这种情况下,尽管喷入进气歧管的油量已经减少,实际从附着在进气歧管壁面的油膜中蒸发出的汽油蒸气,反而因真空度提高而增加,使混合气浓度短时间变浓,导致汽油发动机有害物排放量增加,为此 ECU 将对基本喷油持续时间进行减量修正,避免汽油发动机排放性能短时恶化情况出现。

(5) 空燃比反馈修正系数

为了使三元催化转换器始终具有最高的净化效率,现代电控汽油发动机在大部分工况都采用氧传感器反馈控制(也称为 A/F 闭环控制),ECU 根据氧传感器对排气中氧含量检测结果,对基本喷油持续时间进行修正,将空燃比始终维持在 14.7∶1 附近。

(6) 学习空燃比理论系数

随着汽油发动机使用时间的延续,汽油喷射系统各组成系统及组成各部件的性能会发生变化,使按原来设定参数进行控制得到的实际空燃比偏离理论空燃比,随着使用时间的推移,这种偏离将不断增大。虽然电控系统具有空燃比反馈修正功能,但是一旦偏离值超出正常修正范围,将给反馈修正带来控制上的困难。

学习空燃比控制也称为学习控制,其作用是当偏离值超出正常修正范围时,ECU 对实际空燃比与理论空燃比之间的偏离量(也称学习修正系数)进行计算,然后用计算得到的偏离量对基本喷油持续时间进行总修正,并把偏离量储存在 EPROM 或 RAM 中,作为以后的预置值,以提高空燃比的控制精度。

3) 无效喷油时间修正

在电控汽油喷射系统中,ECU 发出喷油脉冲信号,输出回路立即使喷油器电磁线圈搭铁通电,但由于喷油器的针阀(或球阀)具有惯性,针阀(或球阀)的实际开启时刻(开始喷油时刻)相对于喷油脉冲的上升沿存在一个滞后。同样当喷油器电磁线圈断电时,针阀(或球阀)的实际关闭时刻(停止喷油时刻)相对喷油脉冲的下降沿也存在一个滞后。图 3-37 所示表明了喷油脉冲与针阀(或球阀)工作特性之间的相互关系,图中 t_1 为针阀(或球阀)开启滞后,t_2 为针阀(或球阀)离座至全开的反应时间,t_3 为针阀(或球阀)开始落座至完全关闭的反应时间。针阀(或球阀)全开时刻相对喷油脉冲上升沿的时间滞后(t_1+t_2)与针阀全关时刻相对喷油脉冲下降沿的时间滞后(t_3),两者的差值称为无效喷油时间 T_v,即

$$T_v = (t_1 + t_2) - t_3$$

由于针阀开启过程的滞后时间比针阀关闭过程的滞后时间长,因此无效喷油时间就是实际喷油持续时间比电控系统要求的喷油持续时间少掉的那段时间。试验证明,针阀(或球阀)开启过程滞后时间,主要与结构参数有关,受蓄电池电压的影响较小。由于在汽车行驶和使用过程中,蓄电池电压的变化范围幅度较大,为此在实际喷油持续时间计算中,单独设置了无效喷射时间修正项,ECU 根据蓄电池电压确定修正喷油量,如图 3-38 所示。

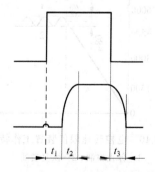

图 3-37 喷油脉冲和针阀(或球阀)工作特性

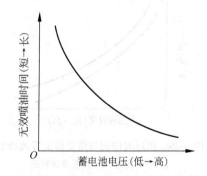

图 3-38 无效喷油时间修正与蓄电池电压的关系

3.4.3 停油控制

停油控制是指汽油发动机运转期间,出现某种可能危及安全或对环境造成危害的情况,ECU暂时停止向输出回路发送喷油脉冲信号。当促使ECU做出停油判断的情况消失后,ECU将恢复对汽油发动机的供油。在电控汽油发动机中,出现以下两种情况,ECU将对汽油发动机实行停油控制。

1. 减速停油控制

当汽油发动机在高转速运行时,突然减速,汽油发动机处于强制怠速工况,这时汽车依靠自身的动能滑行,不需要汽油发动机输出功率。另外,由于节气门突然关小,进气量迅速减少,而进气歧管真空度提高,汽油的蒸发速度加快,造成混合气短时过浓,汽油发动机排放性能变坏。从节约能源,提高汽油发动机燃油经济性,减少有害物排放的目的出发,当出现上述情况,且汽油发动机的转速高于该运行状态的设定值,ECU执行减速停油控制。当汽油发动机转速降至与汽油发动机的运行状态相对应的怠速转速,或者节气门重新打开,ECU才恢复向汽油发动机供油。停油控制转速和恢复供油的转速取决于冷却液的温度、空调是否工作、其他用电器工作情况等因素,停油和恢复供油转速与冷却液温度的对应关系如图3-39所示。

2. 超速停油控制

当汽油发动机转速超过允许的最高转速,为了防止汽油发动机损坏,ECU执行汽油发动机超速停油控制。过去的电控系统,为了防止汽油发动机超速,通常采用停止点火或延迟点火的方法,但这些方法对排放和燃油经济性都是十分不利的。现代电控汽油发动机都采用电子限速装置,切断燃油供给的控制方式,Bosch公司的Motronic系统中采用的电控转速限值装置的工作特性如图3-40所示。汽油发动机运行时,ECU将汽油发动机的实际转速与设定允许最高转速进行比较,当转速超过允许值时,ECU停止输出喷油脉冲信号,由于燃油供应停止,汽油发动机转速下降,当转速下降到恢复供油转速时,ECU恢复向汽油发动机供油,如此反复循环,使汽油发动机的转速始终保持在最高转速附近,防止汽油发动机转速继续上升。

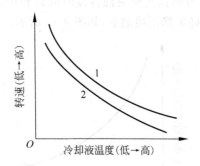

图3-39 减速时停油与恢复供油转速特性
1—停油转速;2—恢复供油转速

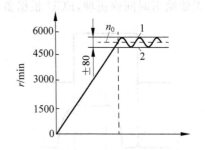

图3-40 电控转速限值装置工作特性
1—停止喷油;2—恢复喷油

3.4.4 电控燃油喷射系统常见故障诊断与排除

1. 故障自诊断系统工作原理

汽车电子控制系统中,各系统的控制单元 ECU(微机)内部都有自诊断功能(OBD),汽车出现的持续性故障以故障代码的形式存储在 ECU 内。提取故障代码的方法有人工读码和专业检测仪器读码两种。

系统正常工作时,微机的输入信号都在规定范围内变化,执行器件都向微机反馈信号,如果某一信号不在规定范围内或一段时间内没有发生应有的变化或微机未收到执行器件的反馈信号,ECU 就判断该电路出现了故障,并把这一故障以故障代码的形式存在微机的读写存储器 RAM 中,同时,点亮发动机检查警告灯。仪表板上的发动机检查警告灯一般为"CHECK"或"SERVICE ENGINE SOON"。当某传感器信号产生了故障后,其信号就不能作为发动机的控制参数使用,为了维持发动机的正常运转,ECU 便从其程序存储器中调出某一固定值,作为发动机的应急参数,保证发动机可以持续运转。

各系统工作时,如果偶尔出现一次不正常信号,微机不会判断为故障,只有当不正常信号持续一定时间或多次出现时,微机诊断系统才判断为故障并将故障代码存入微机内。

2. 自诊断模式的分类

自诊断测试就是利用自诊断系统对电控系统的故障进行诊断。点火开关打开后,发动机故障指示灯会点亮,这是 ECU 对指示灯执行自检,发动机起动后,故障指示灯应熄灭,如常亮则表示发动机控制系统有故障存在。自诊断系统通过故障指示灯来提示驾驶员或维修人员,汽车电控系统存在故障应立即修理。至于故障的类型和故障部位,则需通过起动自诊断系统才能读取故障代码,再由故障代码表查得该代码的含义,或者直接由解码器读取故障代码和故障内容。

在自诊断系统中,对系统故障的诊断有两种不同的诊断模式:一种是静态检测,即点火开关打开,发动机不发动,主要在发动机静态时将微机系统中所存储的故障代码读取出来;另一种是动态诊断模式,即点火开关打开,发动机运转,主要是在发动机运行时读取故障代码或进行混合气成分的监测。

3. 利用故障代码诊断故障

1) 人工读码

(1) 故障警告灯的检查

① 点火开关置于 ON,发动机尚未运转时,发动机故障警告灯会发亮。

② 当发动机起动后,发动机故障警告灯应熄灭。如仍亮,表明诊断装置检查出了发动机系统故障代码或异常。

(2) 故障代码输出

① 把故障诊断座内特定的两个端子(即 TEL 和 E1),用专用工具(导线)短接后,将点火开关拧至 ON,但不要起动发动机。通过观察仪表板上的故障指示灯的闪烁频率和次数来读取故障代码。

② 根据发动机故障警告灯闪烁次数,识别故障代码。发动机电控系统运行正常(无故

障)警告灯每秒交替亮灭闪烁两次。

故障代码显示法：出现故障时，警告灯每0.5s闪烁一次。第一次闪烁次数等于两位数故障代码的十位数；间歇1.5s以后闪烁次数等于个位数。如出现两个或以上的故障代码，其间有2.5s的间歇。所有故障代码显示后，有4.5s的间歇，故障代码将重复显示。

2) 专业检测仪读码

将专用检测仪器与汽车上的故障诊断座相连接，根据检测仪器提供的操作规程进行操作，从而读取故障代码。

3) 清除故障代码

在修理后，ECU存储器所存储的故障代码必须清除。故障代码如不清除，就会存储在ECU存储器中，发动机起动后，故障警告灯仍会亮。在出现其他故障时，该故障代码会与新故障代码一同显示。清除故障代码的方法是断开点火开关，拆下EFI15A熔断器10s以上，环境温度越低，熔断器取出时间越长。

断开蓄电池负极也能清除故障代码，但其他存储系统的内容（如防盗、时钟等）也会清除。

清除故障代码后，起动发动机，故障灯应显示正常，否则表明故障未被排除。

3.5 电控燃油喷射系统传感器的检测

3.5.1 空气流量传感器的检测

根据目前汽车上配备的常用空气流量传感器，这里主要介绍卡门涡流式空气流量传感器和热线及热膜式空气流量传感器的检测。

1. 卡门涡流式空气流量传感器的检测

1) 静态检测

拔下空气流量传感器线束插头，用万用表电阻挡测量插座上端子THA与E2之间进气温度传感器的阻值，检测结果应当符合表3-3的规定，如阻值不符，则须更换传感器。

表3-3 卡门涡流式空气流量传感器检修参数

检测对象	端子名称	检测条件	标注参数
进气温度传感器	THA-E1	−20℃	10~20kΩ
		0℃	4~7kΩ
		20℃	2~3kΩ
		40℃	0.9~1.3kΩ
		60℃	0.4~0.7kΩ
进气温度传感器	THA-E1	急速、进气温度20℃	0.5~3.4V
空气流量计	VC-E2	点火开关接通	4.5~5.5V
	VS-E2	点火开关接通	4.5~5.5V
		急速	2.0~4.0V

2) 动态检测

将传感器线束插头与插座插好,用万用表直流电压挡测量传感器连接器端子 THA 与 E1、VC 与 E2 和 VS 与 E2 之间的电压应当符合规定,如检测结果与标准电压值不符,则应检查传感器与 ECU 之间的线束是否断路;如线束良好,则拔下传感器插头并接通点火开关,检测电源端子 VC 与 E1 和信号输入端子 VS 和 E1 之间的电压,如均为 4.5~5.5V,说明 ECU 故障,应检修更换 EU。

2. 热线式及热膜式空气流量传感器的检测

1) 静态检测

如图 3-41(a)所示,空气流量计的 E 端子与蓄电池正极相连,D 端子与负极相连,将万用表置于 10V 直流电压挡,两表笔测量插座的 B、D 之间的电压,其值应为(1.6±0.5)V。如测量值与规定值不符,则应更换新的空气流量传感器。

2) 动态检测

接线状态不变,用电吹风向空气流量传感器进口吹热风,如图 3-41(b)所示,B、D 两端之间的电压为 2~4V。如测量值与规定值不符,则更换新的空气流量传感器。

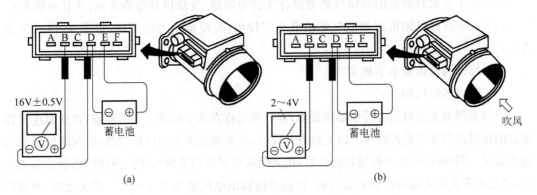

图 3-41 热线式空气流量传感器的检测
(a)静态检测;(b)动态检测

3) 在路检测法

(1) 接通点火开关,不起动发动机。测量图 3-41(a)插座内 E 与 D 之间的电压应为 12V 左右。

(2) 如果测量 E 和 D 之间无电压,再测量 E 与 C 之间的电压,其值若为 12V,则说明 D 端搭铁不良,应检查 D 与 ECCS 之间的导线或 ECCS 的搭铁线是否良好。

(3) 测量 B 与 D 之间的电压,应为(1.6±0.5)V。起动发动机,测量 B 与 D 之间的电压,应在 2~4V 之间变化。

(4) 检测热线式空气流量计自洁电路。

① 直观检测法。首先起动发动机,以 2500r/min 以上的转速运转,其次使发动机怠速运转,检查空气滤清器和空气流量传感器进口处的管道,最后关闭点火开关,从空气流量传感器进口部位查看铂丝热线是否在发动机熄火后 5s 内被加热至发出红光,并持续 1s 时间。

② 万用表测量法。首先使发动机冷却液温度上升至 60℃以上,发动机转速超过 1500r/

min,然后用万用表DC 10V挡,将表笔分别接在插座的F、D处,最后关闭点火开关,电表电压值应归零,并在5s后又跳跃上升,1s后再回到零。

如检测结果与上述要求不符,应检查ECU与空气流量传感器连接导线是否有问题,如连接良好,则更换空气流量传感器。

3.5.2 进气歧管压力传感器的检测

进气歧管绝对压力传感器的作用是把检测的进气歧管压力(负压)转换成电信号送到ECU,以确定电控系统基本喷油量。它仅用于D型电控汽油喷射系统。在测量过程中,如果进气压力传感器送给计算机的信号出现偏差,发动机的空燃比及点火时刻都会受到影响。这种偏差可能是传感器本身的故障,也可能是连接导线短路或断路,也可能是进气歧管或真空软管有泄漏。一般绝对压力传感器及相关部件出现故障后,动力性能和排放性能都会有如下不正确的现象:

(1) 由于点火时刻提前和空气燃油混合气较为稀薄,发动机有爆燃现象,并且易熄火;

(2) 由于点火时刻推迟和空气燃油混合气较浓,发动机动力性下降,冒黑烟,燃油经济性差;

(3) 起动困难或根本不能起动;

(4) 排放污染增加。

一旦发现有关绝对压力传感器的故障代码,首先检查真空软管是否有泄漏,再查看连接传感器的连接器与导线是否损坏。以上检查无误时,再检查其输出电压信号值,以判断传感器的技术状况。测量时,先拔下传感器连接器,用高阻抗数字万用表的电压挡测试传感器的输出电压,当点火开关接通而发动机未发动时,传感器的输出电压值应为4~5V。若无电压,则应检查ECU上相应的端子电压;若有电压则为线路故障,反之则为ECU故障。然后再插回连接器。当发动机在热机空挡怠速运转时,其输出电压应降到1.5~2.1V,否则应更换传感器。

3.5.3 温度传感器的检测

水温传感器用于测量发动机的工作温度,当其出现故障时,会影响发动机的工作性能,严重时,将导致发动机无法起动。水温传感器的性能可通过测量传感器的电阻值或输出电压来判断,其检测内容和方法如下。

1. 水温传感器的电阻值测量

拔下传感器导线连接器,并从发动机上将其拆下,先在不同的水温下用万用表测量水温传感器的电阻值,如图3-42所示,如电阻值不符合表3-4的规定,则须更换。

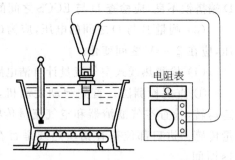

图3-42 水温传感器电阻值的测量

表 3-4 冷却液温度传感器/进气歧管空气温度传感器的电阻值

温度 /℃(℉)	电阻/kΩ	
	最小	最大
−40(−40)	291.49	381.71
−20(−4)	85.85	108.39
−10(14)	49.25	61.43
0(32)	29.33	35.99
10(50)	17.99	21.81
20(68)	11.37	13.61
25(77)	9.12	10.88
30(86)	7.37	8.75
40(104)	4.90	5.75
50(122)	3.33	3.88
60(140)	2.31	2.67
70(158)	1.63	1.87
80(176)	1.17	1.34
90(194)	0.86	0.97
100(212)	0.64	0.72
110(230)	0.48	0.54
120(248)	0.37	0.41

2. 水温传感器的输出电压测量

装好水温传感器,再将传感器的插接器插好,同时点火开关置于 ON。此时,传感器的信号输出端(THW)应有电压,其值应在 0.2~4.3V 之间,如不符,应对电路做进一步检测,判明故障原因。

也可用烘干风机对温度传感器进行加热,并用万用表测量传感器的电阻。当传感器由冷态逐渐被加热时,电阻值应由大变小。如果电阻值没有变化,说明传感器已经损坏,须进行更换。

发动机进气温度传感器的检测方法与水温传感器的检测方法基本相同,不再赘述。

3.5.4 节气门位置传感器的检测

1. 线性可变电阻型节气门位置传感器的检测

节气门位置传感器的常见故障有插接器松动、导线断开、滑动触头和电阻片损坏、触点接触不良或损坏等。节气门位置传感器工作不正常可能会引起无怠速、加速无力、减速冒烟、起动困难等故障。

1) 怠速触点导通性检测

点火开关置于 OFF,拔去节气门位置传感器的导线连接器,用万用表电阻挡在节气门位置传感器连接器上测量怠速触点 IDL 的导通情况。当节气门全闭时,IDL-E2 端子间应导通(电阻为 0);当节气门打开时,IDL-E2 端子间应不导通(电阻为∞)。否则应更换节气门位置传感器。

2) 线性电位计的电阻检测

断开点火开关,取下节气门位置传感器线束插头,用万用表电阻挡测量传感器信号端与接地端之间的电阻(E2 和 VTA),其电阻值应随节气门开度逐渐增大而由小到大平滑连续变化。否则,表明节气门位置传感器有故障,应予更换。

3) 线性电位计的电压检测

接通点火开关,用万用表电压挡测量传感器电源端与接地端间的电压,其电压值应为 5V。改变节气门的开度,使节气门分别处于全开、全闭及任何位置,其电压值应稳定在 5V 左右。若测得值与规定值不符,表明传感器线束插接器或连接导线有断路或短路故障,应予检修或更换。另外,再测量传感器信号端与接地端之间的电压,其电压值应随节气门开度的改变而变化,即当节气门由关闭状态逐渐开大至全开位置时,其电压值应平滑地从 0.4V 升高到 5V。若检查结果与上述规定不符,表明节气门位置传感器有故障,应予更换。

4) 供电检查

切断点火开关,取下节气门位置传感器插头。接通点火开关,用万用表电压挡测量,电压应为 5V 左右。

5) 性能检查

对于连续量节气门位置传感器,应测量线性电位计的电阻。从关闭逐渐增大到全开,电阻值应呈线性变化;用万用表电压挡检测电压,电压值应平滑变化,节气门电位计开度值必须达到 4V。否则,应更换节气门位置传感器。

2. 开关量输出型节气门位置传感器的检测

检查端子间的导通性,当节气门全闭时,怠速触点 IDL 应导通;当节气门全开或接近全开时,全负荷触点 PSW 应导通;在其他开度下,两触点均应不导通,否则,应调整或更换节气门位置传感器。

本章小结

本章介绍了电控汽油喷射系统的控制原则和系统构成,各组成系统的主要组成部件及传感器的作用,一般结构及工作原理,汽油喷射的控制过程、控制及修正方法。电控汽油喷射系统由空气供给系统、燃油供给系统和汽油喷射电子控制系统 3 个子系统构成。

空气供给系统的作用是向汽油发动机提供清洁的、与汽油发动机负荷相适应的经过计量的新鲜空气,使它们在进气管或气缸内与喷油器喷出的汽油形成品质良好的可燃混合气,主要由空气计量装置、节气门体和节气门位置传感器等部件组成。

燃油供给系统的任务是以一定的压力,向汽油发动机进气总管或进气歧管内喷入清洁的雾化良好的燃油,主要由电动汽油泵、燃油压力调节器、喷油器等部件组成。

汽油喷射电子控制系统是 ECU 根据曲轴位置传感器、凸轮轴位置传感器等传感器信号实现燃油喷射的控制,包括喷油正时控制、喷油持续时间控制、停油控制和电动汽油泵控制 4 个方面内容。

电控燃油喷射系统检测主要是对常用传感器的检测,包括空气流量传感器、进气歧管绝对压力传感器、温度传感器以及节气门位置传感器的检测。

思考题

3-1 电控汽油喷射系统的控制原则是什么？
3-2 节气门位置传感器有哪几种类型？各有什么特点？
3-3 燃油供给系统由哪些部件组成？它们的作用是什么？
3-4 滚柱泵和涡轮泵在性能上有什么特点？
3-5 压力调节器起什么作用？使压差值保持不变有什么优点？
3-6 曲轴位置传感器和凸轮轴位置传感器在电控系统中有什么作用？有哪些类型？
3-7 ECU由哪几部分组成？各有什么作用？
3-8 汽油喷射控制有哪几个方面的控制内容？
3-9 汽油发动机加减速时，ECU对喷油持续时间如何进行修正？
3-10 什么是无效喷油时间？ECU是如何修正无效喷油时间的？

第 4 章 微机控制点火系统

点火控制技术水平的高低直接影响汽油发动机的动力性、经济性和排放性能。汽油发动机点火控制系统由微机控制点火系统和发动机爆震控制系统两个子系统组成。微机控制点火系统与发动机爆震控制系统相互配合,能将点火提前角控制在最佳值,使可燃混合气燃烧后产生的温度和压力达到最大值,在显著提高发动机动力性的同时,还能提高燃油经济性和减少有害气体的排放量。

4.1 点火系统概述

汽油发动机点火系统的性能对汽油发动机的动力性、经济性和排放性能具有十分重要的影响,要使汽油发动机的各项性能指标达到较高的水平,汽油发动机对它的点火系统有如下基本要求。

4.1.1 汽油发动机对点火系统的基本要求

1. 点火系统必须向火花塞电极提供足够高的击穿电压

火花塞电极间产生火花时的电压,称为击穿电压。汽油发动机正常工作所需的击穿电压与汽油发动机的运行工况有关。在低速大负荷时,所需的击穿电压为 8~10kV,而在起动时所需的击穿电压最高可达 17kV。为了能可靠地点燃可燃混合气,点火系统提供的击穿电压除必须满足不同工况的要求外,点火系统所能提供的电压还应有一定的宽裕度,目前大多数电控汽油发动机点火系统所能提供的击穿电压已经超过 28kV。

2. 火花塞电极间产生的火花必须具有足够的能量

要可靠地点燃混合气,除了需要足够高的击穿电压外,火花塞产生的电火花还应具有足够的能量。电火花的能量用公式表示如下:

$$W = UIT$$

式中,W 为电火花的能量,mJ;U 为火花塞电极间的击穿电压,V;I 为火花塞电极间流过的电流,mA;T 为电火花持续时间,ms。

一般情况下,电火花的能量越大,混合气的着火性能越好。点燃混合气所必需的最低能量与混合气的浓度、火花塞电极间隙及电极的形状等因素有关。汽油发动机正常工作时,由于接近压缩终点时混合气已经具有很高的温度,因此所需的火花能量较小,一般为 1~5mJ。

在起动工况、急速工况、节气门开度快速变化的非稳定工况,则需较高的火花能量。为了使混合气有好的着火性能,电火花一般应具有 50~80mJ 的点火能量,目前电控系统的高能点火装置,其所能提供的点火能量都超过 80~100mJ。

3. 在汽油发动机运行的大部分工况应始终具有较佳的点火提前角

点火系统除了应按各缸的工作顺序依次点火外,还必须保证具有较佳的点火提前角,这样不仅能提高汽油发动机的动力性,降低燃油消耗率,而且也能减少汽油发动机有害物质的生成量。

对于以上 3 个要求,传统的机械式有触点点火系统、普通电子点火系统等都无法完全满足,而微机控制电控点火系统在以上 3 个方面都取得了全面的改善和提高。

4.1.2 微机控制点火系统的组成

微机控制点火系统(microcomputer control ignition system,MCI)主要由凸轮轴位置(上止点位置)传感器(CIS)、曲轴位置(曲轴转速与转角)传感器(CPS)、空气流量(负荷)传感器(AFS)、节气门位置(负荷)传感器(TPS)、冷却液温度传感器(CTS)、进气温度传感器(IATS)、车速传感器、各种控制开关、电控单元(ECU)、点火控制器、点火线圈以及火花塞等组成。桑塔纳 2000GSi、3000 型轿车微机控制直接点火系统的组成如图 4-1 所示。

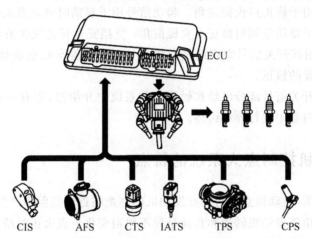

图 4-1 桑塔纳 2000GSi、3000 型轿车微机控制直接点火系统的组成

传感器用来检测与点火有关的发动机工况信息,并将检测结果输入 ECU,作为计算和控制点火时刻的依据。虽然各型汽车采用的传感器的类型、数量、结构及安装位置不尽相同,但其作用大同小异,而且这些传感器大多与燃油喷射系统和其他电子控制系统共用。

凸轮轴位置(上止点位置)传感器 CIS 是确定曲轴基准位置和点火基准的传感器。该传感器在曲轴旋转至某一特定的位置(如一缸上止点前某一确定的角度)时,输出一个脉冲信号,ECU 将这一脉冲信号作为计算曲轴位置的基准信号,再利用曲轴转角信号计算出曲轴任一时刻所处的具体位置。

曲轴位置(曲轴转速与转角)传感器 CPS 将发动机曲轴转过的角度变换为电信号输入 ECU,曲轴每转过一定角度就发出一个脉冲信号,ECU 通过不断地检测脉冲个数,即可计算出曲轴转过的角度。与此同时，ECU 根据单位时间内接收到的脉冲个数，即可计算出发动机的转速。在微机控制电子点火系统中，发动机曲轴转角信号用来计算具体的点火时刻，转速信号用来计算和读取基本点火提前角。凸轮轴位置和曲轴位置信号是保证 ECU 控制点火系统正常工作的最基本的信号。

空气流量传感器 AFS 是确定进气量大小的传感器，在第 3 章已经详细介绍过。在 L 型电控燃油喷射系统中，采用的是流量型传感器直接检测空气流量；在 D 型电控燃油喷射系统中，采用的是压力传感器，通过检测节气门后进气歧管内的负压(真空度)来间接检测空气流量。空气流量信号输入 ECU 后，除了用于计算基本喷油时间之外，还用作负荷信号来计算和确定基本点火提前角。

进气温度传感器 IATS 是反映发动机吸入空气温度的传感器。在微机控制电子点火系统中，ECU 利用该信号对基本点火提前角进行修正。

冷却水温传感器 CTS 是反映发动机工作温度高低的传感器。在微机控制点火系统中，ECU 除了利用该信号对基本点火提前角进行修正之外，还要利用该信号控制起动和发动机暖机期间的点火提前角。

节气门位置传感器 TPS 将节气门开启角度转换为电信号输入 ECU，ECU 利用该信号和车速传感器信号来综合判断发动机所处的工况(急速、中等负荷、大负荷、减速等)，并对点火提前角进行修正。

各种开关信号用于修正点火提前角。起动信号用于起动时修正点火提前角；空调开关信号用于急速工况下使用空调时修正点火提前角；空挡安全开关仅在采用自动变速器的汽车上使用，ECU 利用该开关信号来判断发动机是处于空挡停车状态还是行驶状态，然后对点火提前角进行必要的修正。

上述传感器和开关信号部分已经在燃油喷射系统中介绍过，还有一部分传感器和开关信号将在本章后续内容中进行详细讲述。

4.1.3 微机控制点火系统的特点

理论和实践证明，发动机点火时间在发动机的燃烧临近爆燃但不产生爆燃时最佳，发动机的最佳点火提前角随发动机转速和负荷呈现不规则变化。点火正时所调整的基本点火提前角都是以发动机在整个转速变化范围内不产生爆燃为前提。

1. 机械式点火提前调节器的不足

传统的机械点火系统所阐述的真空、离心点火提前调节器的点火提前角随发动机转速和负荷的变化调节是线性的，因此不能在发动机转速和负荷变化的所有范围内将点火提前角都调整到最佳值，只能在某种程度上满足发动机转速和负荷变化对点火提前角改变的需求。由于真空、离心点火提前调节装置对温度等影响燃烧的因素不能起调节作用，当发动机的温度、进气压力、混合气浓度等因素发生变化时，混合气的燃烧速度会发生变化，点火提前角也应作相应的调整，而真空、离心点火提前调节器则不能起作用。

2. 微机控制电子点火系统的优点

微机控制电子点火系统由 ECU 根据各有关传感器(包括发动机温度、进气压力、混合气浓度等传感器)的电信号确定最佳的点火时间并进行适时调整,实现最佳点火时间的精确控制,使发动机在各工况下都可处于最佳的点火状态。

微机控制电子点火系统还可与其他电子控制系统实现协调控制。

对于无分电器电子点火控制系统,还具有如下优点:

(1) 减少了点火能量的损失。传统的高压配电方式工作时配电器分火头与旁电极之间的跳火和具有较高电阻的高压导线均会损失部分点火能量,电子高压配电避免了这部分能量损失,提高了有效点火能量。

(2) 降低了点火系统的故障率。配电器在高压下工作,分电器盖、分火头及高压导线等的漏电、烧损是点火装置常见的故障,采用电子高压配电则避免了这些故障,提高了点火系统的工作可靠性。

(3) 增加了点火线圈的个数。对于每个点火线圈来说,初级绕组的可通电时间增加了 2~6 倍。因此,即使发动机在极高的转速下,点火线圈初级绕组也有充足的通电时间,从而保证了发动机在高速时有足够的点火能量和次级电压。

4.1.4 微机控制点火系统的控制原理

微机控制点火系统的控制原理如图 4-2 所示。各种传感器输入 ECU 的信号首先经输入接口电路和 A/D 转换器等电路进行数据处理,然后存储在随机存储器 RAM 中备用。曲轴位置传感器 CPS 向 ECU 提供发动机转速、曲轴转角信号,转速信号用于计算确定点火提前角,转角信号用于控制点火时刻(点火提前角)。空气流量传感器 AFS 和节气门位置传感器 TPS 向 ECU 提供发动机负荷信号,用于计算确定点火提前角。冷却液温度信号 CTS、进气温度信号 IATS、车速信号 V_{AA} 以及空调开关信号 A/C 等,用于修正点火提前角。

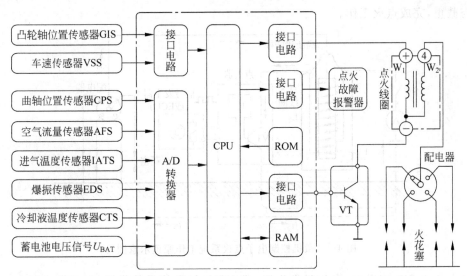

图 4-2 微机控制发动机点火系统的控制原理

发动机转动时,CPU 首先根据反映发动机工况的转速和负荷传感器信号,从预先存储在只读存储器 ROM 中的点火提前角三维数据 MAP 图中查询得到相应工况下的基本点火提前角,再根据其他传感器信号确定点火提前修正量,并计算确定最佳点火提前角。然后不断检测凸轮轴位置传感器信号(即标志位信号),判定是哪一缸即将到达压缩行程上止点。当接收到标志位信号时,CPU 立即开始对曲轴转角信号进行计数,并对点火提前角进行控制。

当计数到曲轴转角等于最佳点火提前角时,CPU 立即向点火控制器发出控制指令,使其大功率三极管 VT 截止,点火线圈初级电流切断,次级绕组产生高压,并按发动机的点火顺序分配到相应气缸的火花塞点燃混合气。

上述控制过程是指发动机在正常状态下点火时刻的控制过程。当发动机处于起动、怠速或汽车滑行等非稳定工况时,则由预先设定的控制程序进行控制。

微机控制电子点火系统按照是否保留分电器可分为有分电器式和无分电器式两种。

有分电器微机控制电子点火系统又称为非直接点火系统,该系统中,点火线圈产生的高压电经过分电器中的配电器按照点火顺序分配至各气缸,使各缸火花塞以此点火完成点火工作;无分电器微机控制电子点火系统又称为直接点火系统,该系统中没有分电器,其点火线圈上的高压线直接与火花塞相连,工作时点火线圈产生的高压电直接送到火花塞,点火顺序的控制由发动机电子控制单元 ECU 根据各传感器输入的信息完成。

有分电器微机控制电子点火系统主要由与点火有关的各种传感器、电子控制单元 ECU、点火器、点火线圈、分电器、火花塞等组成,详见图 4-2。在这种点火系统中,分电器保留了配电器的功能,即将点火线圈产生的高压电按照点火顺序分配至各缸,使各缸火花塞依次跳火。

以图 4-3 为例,点火系统工作过程为:信号发生器的转子在分电器轴(或配气凸轮轴)的驱动下旋转而在其感应线圈中产生信号电压(微机控制点火系统则是由 ECU 根据各传感器信息而产生触发信号),该信号以方波的形式输入点火器后控制其末级大功率三极管的导通与截止,完成点火工作。

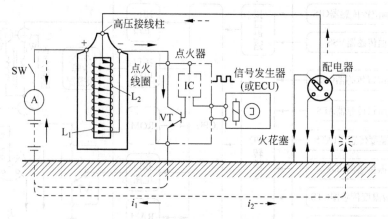

图 4-3 微机控制电子点火系统工作原理示意图

点火开关 SW 接通时,在信号发生器(或 ECU)触发信号的作用下,当点火器末级大功率三极管 VT 导通时,点火线圈初级绕组中有初级电流 i_1 流过(图 4-3 中实线箭头所示),其电路为:蓄电池正极→电流表 A→点火开关 SW→点火线圈"+"端子→初级绕组 L_1→点火线圈"−"端子→点火器末级大功率三极管 VT→搭铁→蓄电池负极。电流流过点火线圈初级绕组时,在铁芯中形成磁场。当点火器大功率三极管 VT 截止时,初级电路被切断,初级电流迅速减小,铁芯中的磁场随之变化,在初级绕组 L_1 和次级绕组 L_2 中分别产生自感应电动势和互感应电动势。次级绕组产生的高压电流经的路径(图 4-3 中虚线箭头所示)为:次级绕组 L_2→点火线圈"＋"端子→点火开关 SW→电流表 A→蓄电池→搭铁→火花塞侧电极、中心电极→配电器旁电极、分火头→点火线圈高压接线柱→次级绕组。

点火器的大功率三极管每截止一次,点火线圈就产生一次高压电;分电器轴每旋转一周,配电器就按发动机的点火顺序,轮流向各缸火花塞输送一次高压电。发动机工作时,信号发生器转子在发动机凸轮轴驱动下连续旋转,并不断产生点火信号控制三极管导通与截止,点火线圈就不断产生高压电,并由配电器按照点火顺序分配到各缸火花塞产生电火花点燃混合气,保证发动机正常工作。

综上所述,发动机的点火系统有两个电路,初级电流 i_1 流经的电路称为低压电路或初级电路;高压电流 i_2 流经的电路称为高压电路或次级电路。不论是哪一种点火系统,其工作过程都可分为 3 个过程:初级电路接通,初级电流 i_1 增长过程;初级电路切断,次级绕组产生高压电的过程;火花塞电极间跳火产生火花放电过程。

若要停止发动机的工作,只要断开点火开关,切断低压电源电路即可。

无分电器微机控制电子点火系统省去了分电器,增加了配电电路,具体见 4.2.4 节,这里不再赘述。

4.2 微机控制点火系统的工作原理

4.2.1 点火系统主要零部件的结构和工作原理

发动机的动力性、经济性及排放性能等指标都与混合气燃烧质量有关,而决定燃烧质量的最重要的因素就是点火时刻,即最佳点火提前角。影响最佳点火提前角的因素除了发动机的转速和负荷外,还有发动机燃烧室形状、燃烧室温度、空燃比、燃油品种、大气压力和冷却液温度等。采用微机控制点火系统,发动机在各种工况下点火系统都可以提供最佳的点火提前角。发动机 ECU 控制点火系统目前主要有两种形式,一种是分组点火系统(两缸共用一个点火线圈),另一种是独立点火系统(每缸一个点火线圈)。

1. 传感器

因为发动机电控系统中的燃油喷射系统和点火控制系统许多传感器是共用的,因此在第 3 章介绍了部分传感器的结构和工作原理,本章后续会介绍其他传感器的结构和工作原理,这里不再赘述。

2. 发动机 ECU

根据传感器输入的信号,发动机 ECU 计算出最佳点火提前角,并将点火控制信号输送给点火控制器。ECU 的组成如图 4-4 所示。

3. 点火控制器

根据发动机 ECU 输出的点火控制信号控制点火线圈一次电路的通断,产生二级高压,

图 4-4 ECU 内部电路及外形结构

同时,向 ECU 返回点火确认信号。在发动机 ECU 控制的独立点火系统中,点火控制器、点火线圈及火花塞组合成一体。某车型点火控制器外形如图 4-5 所示。

4. 点火线圈

点火线圈的作用是将 12V 低压电转换为 30kV 的高压电,其结构与自耦变压器相似,所以也称为变压器。点火线圈由一次绕组、二次绕组和铁芯组成。

点火线圈的结构如图 4-6 所示。

 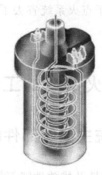 

图 4-5 汽车点火控制器(高尔夫)　　　　图 4-6 点火线圈的结构

点火线圈的磁路如图 4-7 所示,在口字形或日字形铁芯内绕有二次绕组,在二次绕组外面绕有一次绕组,一次绕组产生的磁通通过铁芯构成闭合磁路。一次绕组约为 200 匝,二次绕组约为 2 万匝。

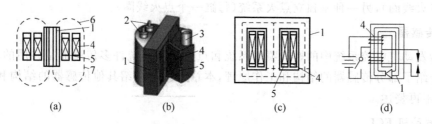

图 4-7 点火线圈的磁路
(a) 开磁路;(b) 闭磁路点火线圈外形;(c) 日字形铁芯的磁路;(d) 口字形铁芯的磁路
1—铁芯;2—初级线圈接线柱;3—高压插孔;4——次绕组;5—二次绕组;6—磁力线;7—导磁钢套

一次绕组通电(12V)产生的磁通量通过铁芯构成的闭合磁路,穿过一次绕组与二次绕组的磁通量相等。当点火控制器得到发动机 ECU 传送的点火信号后,点火控制器立刻断开一次绕组的电路,穿过一次绕组与二次绕组的磁通量迅速减少。这时,由于二次绕组匝数多,在二次绕组中便产生约为 30kV 的感应电动势,此感应电动势使火花电极跳火,点燃混合气。

在点火系统中,一般将点火线圈一次绕组 N_1 所在的闭合电路叫做一次电路(低压回路)。将点火线圈的二次绕组 N_2 所在的闭合回路叫做二次电路(高压回路)。一般将点火线圈到火花塞的电路称为高压电路。流经一次绕组 N_1 的电流称为一次电流,一般一次电流为 7～8A,一次电路的电压为电源电压 12V,二次电路的电压为 30kV 左右的高压电。

5. 火花塞

火花塞的工作条件十分恶劣,它承受高压、高温及燃烧产物的强烈腐蚀。因此,火花塞必须具有足够的强度,能承受温度的强烈变化,应有良好的热特性,火花塞的电极应采用难熔、耐腐蚀的材料制成。

1) 火花塞的结构

火花塞的结构及外形如图 4-8 所示。火花塞的中心电极用镍铬合金制成,具有良好的耐高温、耐腐蚀性能,中心电极做成两段,中间加有导电玻璃,由于导电玻璃和瓷绝缘体的膨胀系数相近,因此,导电玻璃主要起密封作用。火花塞间隙多为 1～1.2mm。

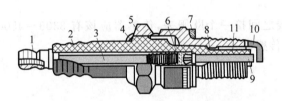

图 4-8 火花塞的结构及外形

1—接线螺母;2—绝缘体;3—金属杆;4—内垫圈;5—壳体;6—导体玻璃;
7—密封垫圈;8—内垫圈;9—中心电极;10—侧电极;11—绝缘体裙部

2) 火花塞的热特性

火花塞的热特性是指火花塞下部(裙部)的温度特性。实践证明,火花塞裙部温度保持在 500～600℃ 时,落在绝缘体上的油滴能立即烧去,通常将这个温度称为火花塞的自净温度。低于这个温度时,火花塞易产生积炭;高于这个温度时,火花塞表面易产生炽热点,形成早燃。因此,要使火花塞能正常工作,就要保证火花塞的裙部温度为自净温度。

火花塞的热特性主要决定于绝缘体裙部的长度。绝缘体裙部长的火花塞,其受热面积大,传热距离长,散热困难,裙部温度高,称为热型火花塞,如图 4-9(a)所示;裙部短的火花塞,吸热面积小,传热距离短,散热容易,裙部温度低,称为冷型火花塞,如图 4-9(b)所示。

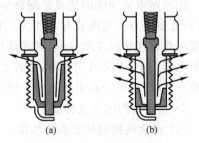

图 4-9 火花塞的热特性
(a) 热型火花塞;(b) 冷型火花塞

4.2.2 点火系统主要零部件测试

1. 爆震传感器测试

1) 检测注意事项

如果发动机爆震传感器固定力矩过大、过于灵敏,会减小点火提前角,降低燃油效率;如果其固定力矩过小,会使灵敏度下降,并出现发动机爆鸣声。在许多发动机上,拆下发动机爆震传感器之前,必须先将冷却液放掉。

2) 爆震传感器检测方法

可用一个与发动机相连的正时信号灯来对发动机爆震传感器进行一次快速检查。把发动机转速设定在 2000r/min,观察正时信号,用小锤子在发动机缸体靠近发动机爆震传感器处轻轻敲打。如果发动机爆震传感器工作正常,点火提前角被缩小的幅度将由正时信号的位置来表明。注意:一定要执行汽车制造商所推荐的测试程序和标准值。

3) 诊断发动机爆震传感器的步骤

① 拆下发动机爆震传感器的导线连接线,接通点火开关。

② 在发动机爆震传感器被拆下的两条导线之间接上一个电压表,电压值应该在 4~6V 之间。如果电压值不正常,可以刺破发动机爆震传感器在计算机一端的导线,测出电压值。如果测出的电压值符合要求,则要检修发动机爆震传感器的导线;如果测出的电压不符合规定值,则要更换计算机。

③ 在发动机爆震传感器与地线之间接一个欧姆表,传感器应该有 3300~4500Ω 的电阻,如果未达到这个阻值,则需更换传感器。

2. 点火线圈组件测试

1) 点火线圈工作原理

点火线圈是将电源的低压电转变为高压电的基本元件。常用的点火线圈分为开磁路点火线圈和闭磁路点火线圈两种。

(1) 开磁路点火线圈。开磁路点火线圈是利用电磁互感原理制成的,它主要由硅钢片叠成的铁芯上的初级线圈和次级线圈、壳体及其外的附加电阻等组成。开磁路点火线圈有两接线柱式和三接线柱式之分。

(2) 闭磁路点火线圈。闭磁路点火线圈,将初级绕组和次级绕组都绕在口字形或日字形的铁芯上。初级绕组在铁芯中产生磁通,通过铁芯构成闭合磁路。

闭磁路点火线圈的优点是漏磁少,磁路的磁阻小,因而能量损失小,能量变换率高,可达 75%(开磁路点火线圈只有 60%)。并且闭磁路点火线圈采用热固性树脂作为绝缘填充物,外壳以热熔性塑料注塑成形,其绝缘性、密封性均优于开磁路点火线圈。体积小,可直接装在配电器盖上,不仅结构紧凑,又省去了点火线圈与配电器之间的高压导线,并可使次级电容减小,故已在电子点火系统中广泛采用。

2) 点火线圈的点火性能

(1) 点火线圈的热态点火性能。点火线圈的热态点火性能包括以下两方面内容:当点火线圈的周围介质温度在+70℃和规定的分电器工作转速连续工作 3h 情况下,能在标准的三针放电器上保持规定连续的不间断的火花间隙。当点火线圈以不工作状态置于+120℃

的恒温箱中保持1h后,按上述方法进行30s的试验应能可靠地工作,试验后不得有绝缘物溢出。

(2) 点火线圈的冷态点火性能。冷态试验时,应将放电装置的电极间隙比通常数值增加2mm。点火线圈(12 V)初级绕组、次级绕组及附加电阻的电阻值(20℃)应符合有关要求。或点火线圈以不工作状态置于－40℃的低温箱中保持3h后取出,在5min之内做常温点火性能试验,当分电器转速为2500r/min时,连续不间断的火花间隙不小于9mm。

(3) 点火线圈常温点火性能。车用点火线圈在常温下,一般点火线圈的低压线圈的电阻值为1.95Ω,高压线圈的电阻值为3600Ω,附加电阻为1.1～1.2Ω。将点火线圈的次级线圈所产生的高压电经分电器接到标准的三针放电器上,点火线圈应在分电器不同转速情况下,在标准三针放电器上发生连续不间断的火花,间隙应不小于规定值。

3) 检测方法

曲轴位置传感器(CKP)和凸轮轴位置传感器(CMP)检测正常,但没高压火,通常是点火线圈组件电源导线断路。

(1) 用高阻抗万用表和发光二极管测试。无分电器点火的车型,先拔下4通道点火线圈初级绕组插头,用高阻抗万用表检测供电电源插孔,电压应不小于11V。再分别在其余接线端子与电源搭铁端子之间接上发光二极管,发动机起动时发光二极管若不闪亮,说明没有低压信号,应重点检查低压电路。功率晶体管故障会影响点火控制信号,功率晶体管是点火控制信号放大器,断开点火开关,在蓄电池正极和功率晶体管端子之间连接发光二极管,起动发动机,使之运转10s,如发光二极管不亮,应更换功率晶体管。

(2) 电阻值测试。点火线圈电阻值的高低直接关系到点火性能的好坏,如出现无火或火花弱,应重点检查初级绕组、次级绕组的电阻值,分别拔下各缸的高压线,20℃时测量1、4缸之间,3、4缸之间的电阻值。如电阻值在生产厂商规定范围内说明正常,如电阻值过低说明内部短路,如电阻值过高则说明内部断路。如测量值和厂家规定不符必须更换。

点火线圈将要损坏时的主要特征是点火线圈发热、烫手。传统汽车检查点火线圈故障主要是看高压跳火,在低压电路正常的前提下,如点火线圈也没有故障,跳火时应为强烈的蓝色火花。电子燃油喷射的点火线圈则主要是测初级和次级绕组的阻抗和用发光二极管测电路的通断。如发现某个缸火花塞无火或工作不良,可拔下该缸高压分线,连接一个新的火花塞,在缸外距缸体8mm处跳火,如正常,说明故障在原火花塞。

行驶中突然出现无火或火花弱,可用红外线测温仪或手摸来确定点火线圈或点火模块是否产生内部短路或断路故障。判断故障时,也可以重新起动,无论能否起动,都可以通过测点火线圈外壳的温度进行判断。

① 点火线圈过热:点火线圈表面温度大于95℃,说明点火线圈内部短路,必须更换。

② 点火线圈过冷:起动时点火线圈表面温度和环境温度相等,说明点火线圈内部断路,必须更换。

③ 点火模块过热:点火模块温度高于100℃,说明点火模块内部短路,必须更换。

④ 点火模块过冷:起动时点火模块温度和环境温度相等,说明点火模块内部断路,必须更换。

4.2.3 曲轴位置传感器和凸轮轴位置传感器

曲轴位置传感器的作用是向 ECU 提供汽油发动机的转速和曲轴转角信号。汽油发动机转速是 ECU 判断汽油发动机运行工况、选择控制程序和确定初始控制参数的主要依据，也是 ECU 对汽油发动机一个工作循环吸入空气量进行计算所必需的基本参数。

凸轮轴位置传感器的作用是向 ECU 提供汽油发动机基准气缸所处工作行程和活塞运动方向的信号，一般称为判缸信号。在采用顺序喷射方式的电控汽油喷射系统中，判缸信号是 ECU 进行喷油正时和顺序控制的唯一依据，因此在采用顺序喷射方式的电控汽油喷射系统中，必须有凸轮轴位置传感器，对于采用分组喷射或同时喷射方式的电控汽油喷射系统则不需要该传感器。

曲轴位置传感器和凸轮轴位置传感器工作原理相同，按照它们的工作原理，可分为电磁感应式、霍尔效应式和光电感应式3种类型。这3种类型的传感器可以不同的组合方式，完成各自承担的数据采集任务。

1. 电磁感应式传感器

电磁感应式传感器的结构及工作原理如图 4-10 所示。传感器由信号转子、传感线圈、永久磁铁和磁轭等组成。磁力线穿过的路径为：永久磁铁 N 极→定子与转子间的气隙→转子凸齿→转子凸齿与定子磁头间的气隙→磁头→导磁板→永久磁铁 S 极。当信号转子旋转时，磁路中的气隙就会周期性地发生变化，磁路的磁阻和穿过传感线圈(传感线圈)磁头的磁通量随之发生周期性变化。根据电磁感应原理，传感线圈中就会感应产生交变电动势。

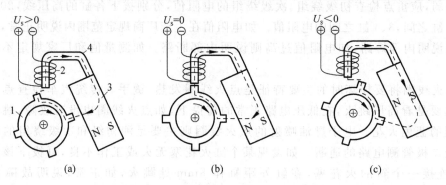

图 4-10 电磁感应式传感器工作原理
(a) 凸齿接近磁头，$E>0$；(b) 凸齿正对磁头，$E=0$；(c) 凸齿离开磁头，$E<0$
1—信号转子；2—传感线圈；3—永久磁铁；4—磁轭

当信号转子按顺时针方向旋转时，转子凸齿和磁头间的气隙减小，磁路磁阻减小，磁通量 Φ 增大，磁通变化率增大($d\Phi/dt>0$)，感应电动势 E 为正(即 $E>0$)，如图 4-11 曲线 abc 段所示。当转子凸齿接近磁头边缘时，磁通量 Φ 急剧增大，磁通变化率最大 $\dfrac{d\Phi}{dt} = \left(\dfrac{d\Phi}{dt}\right)_{\max}$，感应电动势 E 最高($E=E_{\max}$)，如图 4-11 中曲线 b 点所示。转子转过 b 点位置后，虽然磁通量 Φ 仍在增大，但磁通变化率减小，因此感应电动势 E 降低。

当转子旋转到凸齿的中心线与磁头的中心线对齐时，如图 4-10(b)所示，虽然转子凸齿与磁头间的气隙最小,磁路的磁阻最小,磁通量 Φ 最大,但是,由于磁通量不可能继续增大,磁通变化率为零,因此感应电动势 E 为零(即 $E=0$),如图 4-11 中曲线 c 点所示。

当转子沿顺时针方向继续旋转,凸齿离开磁头时,如图 4-10(c)所示,凸齿与磁头间的气隙增大,磁路磁阻增大,磁通量减小($\mathrm{d}\Phi/\mathrm{d}t<0$),所以感应电动势 E 为负值(即 $E<0$),如图 4-11 中曲线 cda' 段所示。当凸齿即将离开磁头边缘时,磁通量 Φ 急剧减小,磁通变化率达到负向最大值 $\left[\dfrac{\mathrm{d}\Phi}{\mathrm{d}t}=-\left(\dfrac{\mathrm{d}\Phi}{\mathrm{d}t}\right)_{\max}\right]$,感应电动势 E 也达到负向最大值($E=-E_{\max}$),如图 4-11 中曲线上 d 点所示。

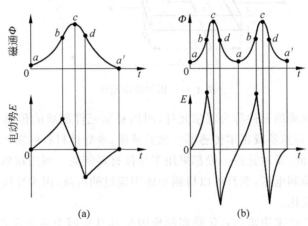

图 4-11　传感线圈中的磁通 Φ 和电动势 E 波形
(a) 低速时输出波形;(b) 高速时输出波形

由此可见,信号转子每转过一个凸齿,就会在传感线圈中产生一个周期的交变电动势,即电动势出现一次最大值和一次最小值,传感线圈输出端相应地输出一个交变电压信号。

磁感应式传感器的优点是不需要外加电源,永久磁铁起着将机械能转变为电能的作用,其磁能不会损失。当发动机转速变化时,转子凸齿转动的速度将发生变化,铁芯中的磁通量变化率也将随着发生变化。转速越高,磁通变化率就越大,传感线圈中的磁感应电动势也就越高。转速不同时,磁通和感应电动势的变化情况如图 4-11(b)所示。由于转子凸齿与磁头间的气隙直接影响磁路的磁阻和传感线圈输出电压的高低,因此在使用中,转子凸齿与磁头间的气隙不能随意变动。气隙如有变化,必须按照规定进行调整。气隙一般设计在 2.0mm 左右,桑塔纳 2000 系列、3000 系列和捷达系列轿车用磁感应式曲轴位置传感器的气隙值为 (1.8 ± 0.01)mm。

2. 霍尔式曲轴与凸轮轴位置传感器

1) 霍尔效应

霍尔式曲轴与凸轮轴位置传感器以及其他形式的霍尔式传感器,都是根据霍尔效应制成的。霍尔效应(Hall effect)是美国约翰·霍普金斯大学物理学家爱德华·霍尔博士(Dr. Edward H. Hall)于 1897 年首先发现的。即当把一个通有电流 I 的长方形金属或者半导体垂直于磁力线放入磁感应强度为 B 的磁场中时,在导体的两个横向侧面上会产生一个垂直于电流方向和磁场方向的电压 U_H,如图 4-12 所示。当取消磁场时,电压立即消失,该电压被称为霍尔电压,这种现象被称为霍尔效应。产生的霍尔电压 U_H 和流过导体的电流 I 以

及磁感应强度 B 成正比,即

$$U_H = \frac{R_H}{d}IB$$

式中,R_H 为霍尔系数;d 为导体的厚度。

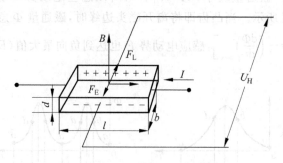

图 4-12 霍尔效应原理

利用霍尔效应制成的元件称为霍尔元件,利用霍尔元件制成的传感器称为霍尔效应式传感器,简称霍尔式传感器或霍尔传感器。试验证明,半导体材料的霍尔系数远远大于金属材料的霍尔系数,因此,霍尔元件一般都采用半导体材料制成。利用霍尔效应不仅可以通过接通和切断磁场来检测电压,而且可以检测导体中流过的电流,因为导线周围的磁场强弱与流过导线的电流成正比。

汽车电控系统广泛采用霍尔式传感器的原因是其具有两个突出优点,一是输出电压信号近似于方波信号,二是输出电压高低与被测物体的转速无关。霍尔效应式传感器与磁感应式传感器不同的是需要外加电源,其工作电压为直流 5V 或 12V。

2) 霍尔式传感器的基本结构

霍尔式传感器的基本结构如图 4-13 所示,主要由触发叶轮、霍尔集成电路、导磁钢片(磁轭)与永久磁铁等组成。

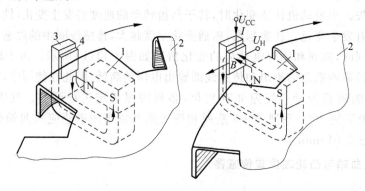

图 4-13 霍尔式传感器的基本结构
1—磁铁;2—转子;3—磁极;4—霍尔元件

触发叶轮安装在转子轴上,叶轮上置有叶片(在霍尔式点火系统中,叶片数与发动机气缸数相等)。当触发叶轮随转子轴一同转动时,叶片便在霍尔集成电路与永久磁铁之间转动。霍尔集成电路由霍尔元件、放大电路、稳压电路、温度补偿电路、信号变换电路和输出电路等组成,如图 4-14 所示。

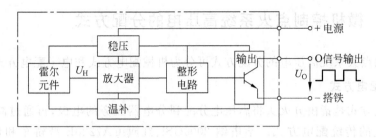

图 4-14 霍尔集成电路组成框图

3) 霍尔式传感器的工作原理

当传感器轴转动时,触发叶轮的叶片便从霍尔集成电路与永久磁铁之间的气隙中转过。当叶片进入气隙时,霍尔集成电路的磁场被叶片旁路,霍尔电压 U_H 为零,霍尔集成电路输出极的三极管截止,信号发生器输出的信号电压 U_O 为高电平(实测表明:当电源电压 $U_{CC}=12V$ 时,信号电压 $U_O=9.8V$;当电源电压 $U_{CC}=5V$ 时,信号电压 $U_O=4.8V$)。

当叶片离开气隙时,永久磁铁的磁通便经霍尔集成电路和导磁钢片构成回路,霍尔元件产生电压($U_H=1.9\sim2.0V$),霍尔集成电路输出级的三极管导通,传感器输出的信号电压 U_O 为低电平(实测表明:无论电源电压 $U_{CC}=12V$ 或 5V,信号电压均为 $U_O=0.1\sim0.3V$)。

3. 光电式曲轴与凸轮轴位置传感器

光电式传感器的基本结构和工作原理如图 4-15 所示。传感器由带有叶片的信号转子和包括发光二极管、光敏三极管、信号发生器(含放大整形电路)的电路组成。信号转子转动时,每当叶片进入发光二极管和光敏三极管之间的空隙,发光二极管射向光敏三极管的光束被遮挡,光敏三极管的电压为零;每当叶片离开两者之间的空隙时,发光二极管的光束照射在光敏三极管上,光敏三极管因感光而产生电压。信号转子每转一圈,信号发生器向 ECU 输出与叶片数量相等的电压脉冲信号,ECU 根据输出信号的个数、周期及与汽油发动机转速的关系,就能计算出汽油发动机转速和曲轴转角。

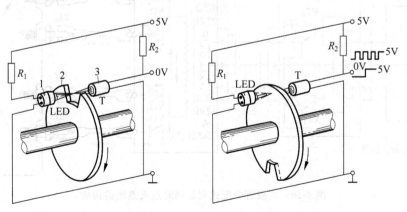

图 4-15 光电感应原理
1—发光二极管;2—信号盘;3—光敏三极管

4.2.4 微机控制点火系统高压电的分配方式

微机控制点火系统高压电的分配方式可分为机械配电方式和电子配电方式。

1. 机械配电方式

机械配电方式是指由分火头将高压电分配到分电器盖旁的电极,再通过高压线输送至各缸火花塞上的传统配电方式。桑塔纳 2000GSi、红旗 CA7220E 型轿车和切诺基、北京 2020VJ 型吉普车点火系统都采用了机械配电方式。机械配电方式存在以下缺陷:

① 分火头与分电器盖旁的电极之间必须保留一定的间隙才能进行高压电分配,因此,必然损失一部分火花能量,同时也是一个主要的无线电干扰源;

② 为了抑制无线电的干扰信号,高压线采用了高阻抗电缆,也要消耗一部分能量;

③ 分火头、分电器盖或高压导线漏电时,会导致高压电火花减弱、缺火或断火;

④ 曲轴位置传感器转子由分电器轴驱动,旋转机构的机械磨损会影响点火时刻的控制精度;

⑤ 分电器安装的位置和占据的空间,会给发动机的结构布置和汽车的外形设计造成一定的困难。

2. 电子配电方式

电子配电方式是指在点火控制器控制下,点火线圈的高压电按照一定的点火顺序,直接加到火花塞上的直接点火方式。采用电子配电方式分配高压电的点火系统称为无分电器点火系统(distributor-less ignition, DLI),由于机械配电方式存在上述缺点,因此越来越多的汽车采用了电子配电方式控制点火。常用电子配电方式分为双缸同时点火和各缸独立点火两种,如图 4-16 和图 4-17 所示。

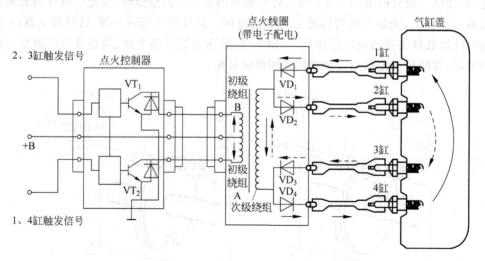

图 4-16 二极管分配式双缸同时点火系统的构成

1) 双缸同时点火

双缸同时点火又称为同时点火方式,主要特点是点火过程发生在两个工作顺序相差 360°的气缸中。电火花产生时,其中一个气缸的活塞位于压缩上止点附近,对这个气缸是一

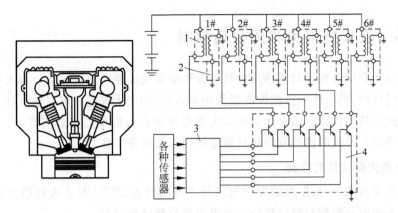

图 4-17　点火线圈分配式各缸独立点火系统的构成
1—点火线圈；2—火花塞；3—电控单元；4—点火控制模块

次有效的正式点火；而另一个气缸，由于其活塞恰好位于排气上止点附近，因此是一次无效的点火。同时点火方式，按配电方式又分为二极管分配式和点火线圈分配式两种。

图 4-16 所示为二极管分配式双缸同时点火系统的构成，该点火系统为四缸发动机点火系统。点火线圈的一次线圈有两组绕组，一次绕组①对应 1、4 缸，一次绕组②对应 2、3 缸。当 ECU 向点火控制模块发出 1、4 缸点火的触发信号时，点火控制模块中的大功率晶体管 VT_1 截止，一次绕组①中的电流被切断，在二次绕组中感应出下"＋"上"－"的高压电，点火高压经 4、1 缸火花塞构成回路，使处于压缩上止点附近的 1 缸正式点火，而处于排气上止点附近的 4 缸则空点火一次。曲轴转过 180°后，ECU 向点火控制模块发出 2、3 缸点火的触发信号时，点火控制模块中的 VT_2 截止，一次绕组②中的电流被切断，在二次绕组中感应出上"＋"下"－"的高压电，点火高压经 2、3 缸火花塞构成回路，同时在 2、3 缸产生电火花，此时 3 缸为正式点火，2 缸则空点火一次。汽油发动机曲轴转两圈，ECU 发出 4 次点火触发信号，按 1—3—4—2 的工作顺序，各缸轮流正式点火 1 次。

2）各缸独立点火

独立点火方式是多气门汽油发动机无分电器点火系统普遍采用的结构形式。点火线圈分配式独立点火系统的构成如图 4-17 所示。该点火系统主要由电控单元、点火控制模块、点火线圈和火花塞等构成。

独立点火方式的主要特点是每个气缸上配有一个点火线圈和一个火花塞，点火线圈安装在火花塞上方，取消了高压线，由点火线圈直接向火花塞供电。汽油发动机工作时，ECU 按各缸工作顺序向点火控制模块发出点火信号，点火控制模块内相应的晶体管截止，使对应气缸点火线圈一次绕组断开，在二次绕组上感应出高压，火花塞产生火花，点燃被压缩的混合气。

独立点火方式每缸配置一个超小型闭磁路点火线圈，且由点火线圈直接向火花塞供电，因此具有一次绕组充电时间长、点火能量传递损失小的突出优点，在高达 9000r/min 的宽转速范围内，点火系都能提供足够高的点火电压和点火能量。另外，独立点火方式还具有电磁干扰少、击穿电压低（火花塞中心电极为负极）、电极寿命长等优点。

4.2.5 点火提前角和闭合角控制

点火提前角和闭合角是与汽油发动机综合性能有关的两个重要参数。点火提前角与汽油发动机的经济性、动力性和排放性能紧密相关,较好的点火提前角可以使汽油发动机的三个基本性能同时达到较佳。闭合角是影响击穿电压和点火能量的重要因素,合适的闭合角可以使点火系统在较宽的汽油发动机转速范围内都能可靠工作。

1. 最佳点火提前角的控制

在电控点火系统中,根据汽油发动机运行工况的特点,ECU对点火提前角的控制分为起动时的点火提前角控制和起动后的点火提前角控制两种情况。

1) 起动时点火提前角的控制

汽油发动机起动时,在极短的时间内,汽油发动机从零转速升高到每分钟几百转,转速的剧烈变化使电控点火系统无法实行最佳点火提前角控制。因此,对于汽油发动机的起动工况,ECU不实行最佳点火提前角控制,而是根据起动开关信号和汽油发动机的转速信号,以预先设定的点火提前角点火。当汽油发动机转速超过一定值(一般大于500r/min)时,则转入起动后的最佳点火提前角控制程序。

2) 起动后最佳点火提前角的控制

汽油发动机起动后,电控点火系统对点火正时实行最佳点火提前角控制。最佳点火提前角控制的基本过程是:首先,ECU根据汽油发动机转速和负荷确定基本点火提前角。然后,根据有关传感器的信号,确定修正点火提前角。这两项点火提前角的代数和,再加上作为计算基准的初始点火提前角,得到实际的最佳点火提前角。实际点火提前角可用如下公式表示:

实际最佳点火提前角=初始点火提前角+基本点火提前角+修正点火提前角

上式中各项所对应的具体内容如下:

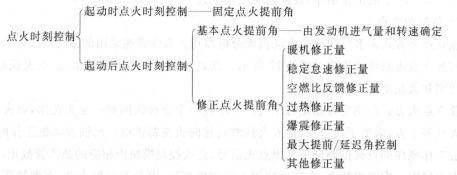

(1) 初始点火提前角。初始点火提前角对最佳点火提前角计算没有实质性影响,它的作用仅是确定点火提前角计算的初始基准位置。在有些电控点火系统中,ECU把判缸信号出现后的第一个转速信号过零点定为压缩行程上止点前10°,并以这个角度作为点火提前角计算的基准点,称之为初始点火提前角。也有一些电控点火系统,把压缩行程上止点作为点火提前角计算基准点。在这类汽油发动机中,实际最佳点火提前角的计算公式就变为:

实际最佳点火提前角=基本点火提前角+修正点火提前角

（2）基本点火提前角。对于基本点火提前角的确定，ECU 按怠速工况和非怠速工况两种情况分别处理。

汽油发动机处于怠速工况运行时，ECU 根据节气门位置传感器输入的怠速触点闭合信号，确认汽油发动机处于怠速工况，然后根据转速传感器输入的转速信号、空调开关信号，从预先设定的怠速工况基本点火提前角数据表中选出相应的点火提前角，如图 4-18 所示。

汽油发动机处于非怠速工况运行时，ECU 根据转速传感器输入的转速信号和负荷信号，从预先设定的非怠速工况基本点火提前角数据表（也称为点火提前角脉谱图）中选出相应的基本点火提前角。不同类型的电控汽油发动机，它们的基本点火提前角脉谱图有很大差异，如图 4-19 所示为某型国产轿车的电控汽油发动机基本点火提前角脉谱图。在确定基本点火提前角时，所需要用到的负荷参数，可以用节气门位置传感器的输出信号，也可以用进气歧管绝对压力传感器的输出信号。由于节气门开度与负荷率成非线性关系，如图 4-20 所示。而进气歧管绝对压力与负荷率成近似线性关系，如图 4-21 所示，因此从负荷表达的精确性角度出发，用进气歧管绝对压力表征发动机负荷更好一些，但是考虑到低速小负荷进气时，进气歧管绝对压力的滞后性，在电控系统中将采取适当的修正方法。

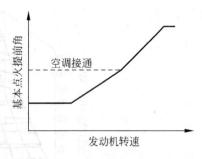

图 4-18　怠速工况的基本点火提前角

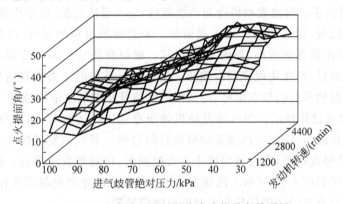

图 4-19　非怠速工况的基本点火提前角脉谱图

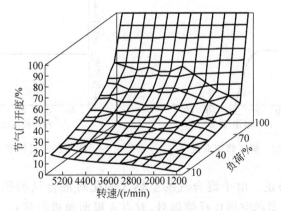

图 4-20　节气门开度与负荷率的关系

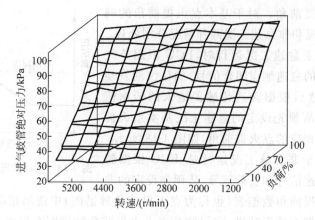

图 4-21　进气歧管绝对压力与负荷率的关系

(3) 点火提前角修正值。除了转速和负荷这两个主要因素外,其他对点火提前角有影响的因素均归入到点火提前角修正值中。汽油发动机在运转中,ECU 根据有关传感器的输入信号,分别求出对应的修正值,它们的代数和就是总的点火提前角修正值。在大多数电控点火系统中,点火提前角修正包括暖机工况修正、汽油发动机过热修正、空燃比反馈修正、汽油发动机怠速稳定性修正、爆震传感器反馈修正等。

① 暖机工况修正。汽油发动机冷起动结束后,进入暖机工况,由于冷却液温度较低时,混合气燃烧速度较慢,应适当增大点火提前角。随着暖机过程的延续,冷却液温度逐渐升高,点火提前角修正值逐渐减小,如图 4-22 所示。暖机修正值大小与冷却液温度的对应关系随汽油发动机而异,但变化规律基本相同。暖机工况修正的主要控制信号有确认汽油发动机处于暖机工况的节气门位置信号、冷却液温度信号和空气流量信号等。

② 汽油发动机过热修正。当汽油发动机处于怠速工况运行时,如果冷却液温度过高,应适当增大点火提前角,以防止汽油发动机长时间过热。若汽油发动机处于非怠速工况运行时,如果冷却液温度过高,则应适当减小点火提前角,以避免发生爆震。汽油发动机过热修正值的变化规律如图 4-23 所示。汽油发动机过热修正的主要控制信号有 ECU 对怠速或非怠速进行判断的节气门位置信号和冷却液温度信号等。

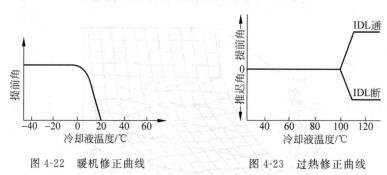

图 4-22　暖机修正曲线　　　　图 4-23　过热修正曲线

③ 空燃比反馈修正。由于混合气的空燃比变化对混合气的燃烧速度有影响,因此 ECU 需要根据氧传感器的空燃比反馈信号,对点火提前角进行修正。ECU 仅在空燃比大于 14.7∶1 的情况下,才进行空燃比反馈修正,且与喷油量修正成负相关。当喷油量逐渐减

少,空燃比从 14.7∶1 逐渐变小时,空燃比反馈修正值由大逐渐减小。在空燃比小于 14.7∶1 时,不进行空燃比反馈修正。空燃比反馈修正如图 4-24 所示。采用这种修正方法,不仅考虑到混合气的燃烧速度,而且也兼顾到提高汽油发动机怠速稳定性。空燃比反馈修正的主要控制信号有氧传感器的空燃比反馈信号、节气门位置信号和冷却液温度信号等。

④ 怠速稳定性修正。汽油发动机在怠速工况运行时,由于汽油发动机的输出扭矩和负荷之间的不平衡,汽油发动机怠速总会在一定转速范围内波动,为了减小怠速转速的波动幅度,电控系统除了在汽油喷射系统、怠速控制系统中采取了相应的控制措施外,还通过对点火提前角的修正来提高汽油发动机的怠速稳定性。

汽油发动机处于怠速工况时,ECU 连续不断地计算汽油发动机的平均转速,当平均转速低于设定目标怠速转速时,ECU 根据平均转速与目标转速差值的大小修正点火提前角。当汽油发动机平均转速高于目标转速时,减小点火提前角,反之则增加,如图 4-25 所示。怠速稳定性修正的主要控制信号有汽油发动机转速信号、节气门位置信号和空调开关量信号等。

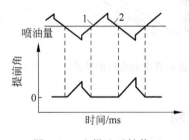

图 4-24 空燃比反馈修正
1—喷油量增量修正;2—喷油量减量修正

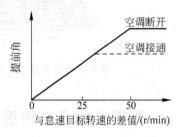

图 4-25 怠速稳定性修正

⑤ 爆震反馈修正。爆震反馈修正见 4.2.6 节。

(4) 最大和最小点火提前角控制。如果最佳点火提前角计算结果(初始点火提前角+基本点火提前角+修正点火提前角)超出一定范围时,汽油发动机将不能正常运转。为了防止出现这种情况,在电控点火系统中预设限值,ECU 把计算得到的最佳点火提前角与预设限值进行比较,如果超出则以预设限值上限作为实际的最佳点火提前角。最大和最小点火提前角的一般限制范围如下:

最大提前角≤50°;

最小提前角为−10°～0°。

2. 闭合角的控制

闭合角控制也称为点火线圈一次绕组通电时间控制。对于电感储能式点火系统,点火次级绕组产生的击穿电压取决于一次绕组断开瞬间流过线圈的电流大小。如果在一次绕组断开瞬间,流过线圈的限流已经达到饱和电流,即按欧姆定律得出的电流值,那么在点火线圈的磁极就能感应出最高击穿电压。由于电感线圈的阻抗作用,在电压不变的条件下,从一次绕组接通开始,流过线圈的电流按指数规律由零开始逐渐增大,需要经过一定的时间后,才能达到饱和电流。为了满足汽油发动机对点火系统在击穿电压和点火能量上的要求,电控点火系统的闭合角控制,以一次绕组通过电流在断开瞬间达到饱和电流为主要目标,这样不仅能满足汽油发动机对点火系统的要求，同时也能避免一次绕组过热及节约电能。

由于闭合角是以曲轴转角来度量的，对于不同的转速，单位曲轴转角所代表的绝对时间各不相同。另外，当电源电压发生变化时，一次绕组达到饱和电流所需的绝对时间也将发生变化，为了达到闭合角控制的主要目标，通过试验把不同的蓄电池电压和不同转速下，使一次绕组流过电流达到饱和所需要的闭合角编制成闭合角数据表（也称为闭合角脉谱图）储存在 ECU 中，如图 4-26 所示。汽油发动机工作时，ECU 根据输入蓄电池电压信号和汽油发动机转速信号，从闭合角数据表中选出相应的闭合角，对一次绕组通电时间进行控制。

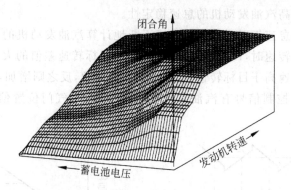

图 4-26　闭合角与汽油发动机转速和蓄电池电压的关系

4.2.6　爆震传感器与爆震反馈控制

爆震是汽油发动机不正常燃烧引起的故障现象，如果汽油发动机发生持续的严重爆震，火花塞电极或活塞就可能因过热而发生熔损，导致汽油发动机损坏，因此在汽油发动机运转过程中不允许发生持续的爆震。另一方面，为了最大限度地发挥汽油发动机的潜能，应使实际最佳点火提前角控制在尽可能接近理想最佳点火提前角，而理想最佳点火提前角实际上是汽油发动机可能发生爆震的临界点。为了使汽油发动机既具有最佳的点火提前角，又不发生爆震，除了必须采用电控点火系统外，还必须对实际最佳点火提前角实行爆震反馈控制，根据汽油发动机是否发生爆震，对实际最佳点火提前角进行实时反馈修正。为此，需要对汽油发动机是否发生爆震进行检测，ECU 根据检测结果做出相应的控制响应。

汽油发动机的爆震检测可以采用的方法有气缸压力检测法、燃烧室噪声检测法和汽油发动机机体振动检测法。气缸压力检测法通过直接测量气缸内压力变化来检测爆震，因此具有高爆震识别精度的最大优点，但由于受到传感器的耐久性、价格及在发动机上的安装等因素的限制，未能投入实际应用。燃烧室噪声检测法是一种非接触式检测方法，它根据汽油发动机爆震时，异常的燃烧噪声来检测爆震，理论上具有可行性，但在实际应用中，如何排除其他噪声的干扰，具有高的灵敏度和检测精度，在技术上仍存在一定的困难。发动机机体振动检测法也是一种非接触式检测方法，检测机体壁面振动的传感器安装在机体上，通过检测机体壁面振动间接获得汽油发动机是否发生爆震的信息。机体振动检测法具有较高的检测精度，传感器安装方便灵活，耐久性也较好，是目前广泛采用的爆震检测方法。

4.2.7 点火系统常见故障诊断与排除

1. 点火正时

点火正时就是让分电器轴的位置与发动机活塞的位置相匹配,使点火系统能有正确的初始点火提前角。发动机实际工作时,真空点火提前调节器和离心点火提前调节器是在此点火提前角的基础上调节点火提前角的。因此,点火正时的准确与否对发动机能否在适当的时间点火影响很大。为了保证发动机气缸中的混合气在正确的时刻被点燃,在安装分电器总成和更换燃油品质时,应进行点火正时。

点火正时均以第一缸为基准,不同的发动机其调整方案略有差异,但基本步骤相似,一般步骤如下:

(1) 找到第一缸压缩终了上止点。可用如下方法找出第一缸压缩终了上止点:

先拆下第一缸的火花塞,用干净的棉纱堵住火花塞螺孔,顺着发动机旋转方向摇转曲轴,当棉纱被冲出时,或摸着感觉气缸内有较大的气体压力时,即为第一缸压缩行程;再慢慢转动曲轴,使飞轮上的第一缸上止点记号与飞轮壳或曲轴皮带轮上的标记对正,然后装回火花塞。

(2) 装入分电器。转动分电器轴或分电器外壳,使分电器上的分火头指向分电器壳体上的标记,或分电器壳体上的标记与缸体上的标记对准,装入分电器,并旋紧固定螺钉。

(3) 将机油泵的驱动轴旋至规定位置。如桑塔纳轿车要求机油泵驱动轴上的扁平部与曲轴方向平齐,切诺基轿车 2.5L 发动机要求机油泵驱动轴上的扁槽定位在时钟 11 点钟稍前位置。

(4) 安装分火头,并转动分电器轴,使分火头指向分电器壳体上的标记或规定方向,或者使信号转子与传感器部分的相对位置符合要求。如桑塔纳轿车要求分火头指向分电器壳体上的第一缸标记,切诺基轿车 2.5L 发动机要求分火头的位置位于 2 点钟方向。

(5) 慢慢装入分电器,分电器完全装入正确位置后,分火头应指向规定位置。如桑塔纳轿车分火头指向分电器壳体上的第一缸标记,切诺基轿车 2.5L 发动机要求分火头的位置位于刚过 3 点钟的位置。将分电器固定螺钉按规定扭矩紧固。

(6) 插好中央高压线,按发动机的点火顺序,插接好分缸高压线。插接时,第一缸的高压线应插接在正对分火头的旁电极坐孔内,然后顺分火头的旋转方向,按点火次序插接好其余各缸的高压线。

(7) 检查点火正时。检查电子点火系的点火正时,包括发动机空转检验和行驶过程检验。

① 发动机空转检验为起动发动机,使水温升到 70~80℃,在发动机怠速运转时突然加速,如发动机转速能迅速增加,并伴有轻微的敲击声随后立即消失,表明点火时间正确;如果在急加速时发动机出现了爆燃(尖锐的金属敲击声),说明点火时间过早,应顺分电器轴旋转方向转动分电器外壳,使点火提前角适当减小;如发动机转速不能随节气门打开而立刻升高,并有发闷之感,排气管出现"突突"声且冒黑烟,则为点火过迟,应逆分电器轴方向转动分电器外壳,适当调大初始点火提前角。

② 行驶过程检验为在平直的路面汽车以 20km/h 行驶时(发动机加热至 70~80℃),挂

直接挡突然加速(将油门踩到底),如果在车速急增时能听到微弱的敲击声,但很快消失,表明点火时间正确;如果急加速时发动机爆燃较为严重(明显的金属敲击声),表示点火过早;如果急加速时虽无爆燃发生,但加速感到沉闷,则说明点火时间过迟,应对其再进行调整,直至适当为止。

此外,还可以用发动机点火提前角检测仪检测其规定转速下的点火提前角,并通过与标准的点火正时参数比较,来判断点火正时正确与否。下面以正时灯校正点火正时为例进行说明。

安装正时灯,把正时灯的红色和黑色导线分别接至蓄电池的正负极,把正时灯的传感器信号接至第一缸火花塞,如果是霓虹灯,则可将其红线接至第一缸火花塞,黑色线接在火花塞高压线上。连接转速表,将转速表的红线接点火线圈负接线柱,黑线接机体(搭铁)。用粉笔或白漆在点火标记上画上细线,并在相应的指标上涂上白色记号。发动发动机,调整发动机转速至规定值(一般为650~750r/min),用正时灯照射正时标记,每次第一缸点火时,正时灯发出的光正好照耀点火正时记号。预涂的白色细线与白色指标刚好对正,说明点火正时;如与指标不能对正,说明点火过早或过迟,应调整分电器的位置,以达到点火正时的要求。

2. 点火系统的试验

1) 点火配角试验

点火配角也称为火花间隔角度。发动机工作时,点火配角应均匀,否则点火时刻就会提前或推迟。对4缸发动机而言,点火信号发生器转子每旋转90°就应跳火一次;对6缸发动机而言,信号转子每旋转60°应跳火一次。否则,说明分电器轴磨损或凸轮轴磨损不均匀等,应进行修理。

试验可在电器万能试验台上进行,试验线路如图4-27所示。

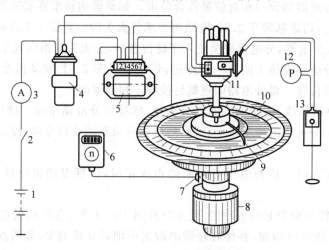

图4-27 分电器试验线路图

1—蓄电池;2—点火开关;3—电流表;4—点火线圈;5—电子控制器;6—转速表;7—转速传感器;8—电动机;9—旋转放电针;10—刻度盘;11—分电器;12—真空表;13—真空泵

点火配角试验具体方法如下:

(1) 将点火线圈上的中央高压线连接到刻度盘旁边的插孔中,旋转放电针,使其与刻度盘之间有 2~3mm 的间隙,放电针搭铁极与蓄电池负极相通。

(2) 起动试验台调速电机,并将分电器转速调至 50~100r/min,观察旋转放电指针与刻度盘之间出现的火花的间隔角度是否均匀。以任意一缸为基准,其余各缸在刻度盘上跳火间隔角度偏差值应不大于±1°。如角度偏差超过标准,通常是分电器轴松旷、弯曲所致。

2) 点火提前角性能试验

点火提前角性能试验的目的是检查离心提前装置和真空提前装置的调节性能。试验还是在电器万能试验台上进行,试验线路与火花间隔角度试验相同,具体方法如下:

(1) 离心提前性能试验

进行离心提前性能试验时,真空提前装置上的真空管必须拆下。先将分电器转速调到最低转速(50~100r/min),然后将刻度盘上的"0"对准某一个火花,再逐渐升高分电器轴转速,同时查看规定转速时的点火提前角是否符合规定标准,如不符合,可通过改变离心弹簧的弹力进行校正。如校正无效,则需更换离心弹簧。

(2) 真空提前性能试验

进行真空提前性能试验时,将分电器转速保持在 1000r/min,使离心提前装置调节的点火提前角保持不变。然后起动真空泵使真空度均匀增大,再使真空度均匀减小,同时查看规定真空度时的点火提前角是否符合规定标准,如不符合,可通过增减真空提前装置接头处的垫圈使弹簧的弹力改变进行校正。

3. 点火系统的故障检测

1) 点火线圈常见故障与检测

点火线圈常见的故障有初级线圈或次级线圈短路、断路、搭铁,绝缘盖破裂漏电而使最高次级电压下降或不产生次级电压。因此,检修点火线圈时,应首先观察点火线圈的绝缘盖有无脏污、破裂,接线柱是否松动、锈蚀。若有脏污、锈蚀可予以清洁后做进一步检查;若绝缘盖有破损则应更换点火线圈。采用万用表的电阻挡测量点火线圈初级线圈、次级线圈的电阻,将测得值与标准值比较,以此来判断点火线圈的初级线圈、次级线圈是否有短路和断路。再用万用表的电阻挡测量点火线圈任意接线柱与外壳之间的电阻,其值应不小于 50MΩ,否则说明点火线圈绝缘不良,应更换点火线圈。点火线圈的性能检测需使用电器试验台,将点火线圈的高压接于一个可调间隙的三针放电器,测定电火花跳过规定间隙时的分电器转速是否达到要求,未达到跳火要求的点火线圈性能不良,应更换点火线圈。

2) 火花塞的常见故障与检测

火花塞长期工作后的故障有火花塞烧蚀,如火花塞绝缘体起皱、破裂以及电极烧蚀、熔化等,使火花塞漏电或击穿电压升高,从而导致发动机缺火或不能工作;火花塞有沉积物(积炭、积油、积灰等),使火花塞漏电或击穿电压升高,从而导致发动机缺火或不能工作;火花塞间隙过大或过小,使点火性能下降。火花塞工作寿命一般为 15 万 km,到时应更换。

火花塞的检修方法如下:首先直观检查。查看火花塞的电极和绝缘体外观,正常工作的火花塞绝缘体裙部呈浅棕色或灰白色。轻微的积炭和电极烧蚀仍属正常现象,清洁、锉平已烧蚀的表面,检查并调整好间隙后可继续使用。其次,检查、调整火花塞电极间隙,用塞尺检查火花塞电极间隙,稍有阻力即为适当,否则用专用工具通过弯曲火花塞旁电极来调整间隙。火花塞各种异常状态、可能的故障原因及故障处理措施见表 4-1。

表 4-1　火花塞常见故障及处理措施

火花塞故障状态	可能的故障原因	故障处理措施
绝缘体呈白色,电极熔化	燃烧室积炭过多、排气不畅、冷却系统不良等引起燃烧室的温度过高,火花塞未拧紧而导致火花塞电极散热困难	更换火花塞,检查并排除引起火花塞电极温度过高的原因
绝缘体顶端起皱,电极烧损	火花塞的热值过低而引起早燃、点火时间过早、冷却系统不良而引起早燃	更换火花塞,并检查冷却系统、点火提前角
绝缘体顶部破裂	因点火时间过早、燃烧室温度过高、混合气过稀而导致发动机爆燃	更换火花塞,检查并排除可能导致发动机爆燃的原因
积炭	火花塞的热值过大、混合气过浓、缸壁间隙过大、空气滤清器堵塞、点火系统性能不良、点火时间过迟等	积炭不严重时,清除积炭后可继续使用;积炭严重的需要更换火花塞。检查并排除容易积炭的原因
积油	气缸壁间隙过大或气门导管处间隙过大而窜机油,曲轴箱通风堵塞或机油过多而窜机油	清除机油后可继续使用,但若积油情况依旧,则需检修发动机
积灰	汽油中含有添加剂	清除积灰,检查并调整电极间隙后可继续使用

3) 电子点火器的常见故障与检修

由于电子点火器的工作受点火信号发生器的控制,因此应首先检修点火信号发生器,排除点火信号发生器对它的影响。电子点火器的常见故障有不能产生点火高压或产生的火花很弱。用万用表检查可能得到如下结果：点火线圈初级电路不通且不点火;点火线圈初级电路因短路而不点火;大功率晶体管无法工作在开关状态（不能饱和导通及完全截止）使点火线圈初级电流减小或断流不彻底,造成火花减弱。对磁感应式点火系统,可用一节 1.5V 的干电池分别正接和反接于电子点火器的信号输入端来模拟点火信号,同时测量点火线圈负极接线柱对地电压,如图 4-28 所示可根据两次测得的电压值来判断其好坏。

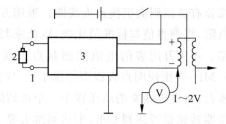

图 4-28　模拟点火信号来检测点火器
1—点火器输入端；2—1.5V 干电池；3—点火器

检测结果有以下几种情况：

(1) 如果两次测得的电压分别为 0（或小于 2V）和 12V 左右,则说明电子点火器性能良好。

(2) 如果两次测得的电压均高（12V 左右）,则说明电子点火器存在不能导通的故障。如果两次测得的电压均低,则说明电子点火器存在不能截止的故障。

(3) 如果两次测得的结果都在 2～12V 之间,则说明电子点火器存在不能饱和导通和完全截止的故障。

4.3 微机控制点火系统传感器的检测

4.3.1 曲轴与凸轮轴位置传感器的检测

常用曲轴与凸轮轴位置传感器为磁感应式和霍尔式两种类型,本节主要介绍磁感应式传感器和霍尔式传感器的检测。

1. 磁感应式传感器的检测

很多曲轴与凸轮轴位置传感器的故障是由于其内部线圈绕组短路、断路或导线的连接问题造成的,它会使点火时刻出现错乱,严重时发动机将无法起动。当检查传感器时,最好按照厂家规定的诊断程序进行,即逐渐排除与其相关部件的问题,以此确认传感器故障。与传感器相关的部件一般是点火器、计算机和导线连接器等。

1) 传感器的电阻检查

拔开传感器的导线连接器,用万用表测量传感器上各端子之间的电阻,其阻值应符合表4-2中的电阻值。电阻过大说明绕组内部有断路,电阻过小说明绕组内部有短路。如不符,则须更换曲轴位置传感器。

表 4-2 曲轴位置传感器的电阻值

端 子	条 件	电阻/Ω
$G_1 - G_0$	冷态	125~200
$G_1 - G_0$	热态	160~235
$G_2 - G_0$	冷态	125~200
$G_2 - G_0$	热态	160~235
$N_e - G_0$	冷态	155~250
$N_e - G_0$	热态	190~290

2) 输出信号检查

拔开传感器的导线连接器,当发动机转动时,应有脉冲信号输出,可用示波器进行检查。如没有脉冲信号输出,则须更换传感器。

3) 传感线圈与信号转子的间隙检查

用非导磁塞尺测量信号转子与传感器线圈凸出部分的空气间隙。其间隙应为0.2~0.4mm,若间隙不符合要求,则须更换总成。

2. 霍尔式传感器的检测

以桑塔纳轿车的霍尔式传感器为例,红黑线是电源线,绿白线是信号线,棕白线是搭铁线。在点火开关接通时,红黑线与棕白线间的电压为11~12V。叶片在空气间隙中时,绿白线与棕白线间的电压为11~12V;叶片不在空气间隙中时,绿白线与棕白线间的电压为0.3~0.4V。若不符合,说明传感器已经损坏。由于不同车型的霍尔式传感器结构和电路的参数有所不同,所以在进行检测时,要掌握所检测车型传感器的标准电路参数,并以此作为检测的依据。

用示波器检测时,负极探针连接到传感器的搭铁线、发动机缸体或蓄电池的负极接线柱上,正极探针连接到传感器通往 ECU 的信号输出线上。起动发动机,在不同转速条件下运行发动机,其输出波形应为方波。

4.3.2 爆震传感器的检测

爆震传感器出现故障后可明显听到发动机的敲击声,特别是在轻负荷下进行加速时。如果爆燃较轻,一般不会引起什么损害,但较长时间的强爆燃会严重影响发动机的寿命。爆震传感器故障出现的敲击声有时会被发动机曲轴噪声和磨损的正时链条(或齿轮)所产生的噪声淹没,因此要注意区别。爆震传感器出现故障后,还可能推迟点火时刻,从而使汽车的燃油经济性、动力性下降,排放污染增大。

发动机出现爆燃不一定是因为爆震传感器损坏引起的,EGR 阀故障、发动机气缸内积炭、点火时刻过于提前、混合气过稀、真空泄漏、发动机过热及燃油辛烷值太低等,同样都会使发动机出现爆燃。

检查时,可拔下爆震传感器的导线连接器,用万用表检查爆震传感器的绝缘电阻,若为零,则须更换爆震传感器;检查爆震传感器输出信号时,拔下传感器的连接器插头,再打开点火开关,起动发动机使之怠速运转,用万用表电压挡检查爆震传感器的脉冲电压输出,也可用示波器观察爆震传感器的输出波形,若没有波形输出,说明传感器已损坏,应更换。

4.4 发动机怠速控制系统

在汽车有效使用期内,发动机老化、气缸积炭、火花塞间隙变化和温度变化等都会导致怠速转速发生改变。当发动机怠速运转时,由于空调压缩机、动力转向助力泵、发电机等负载的变化也会引起怠速转速发生波动。因此,需要对发动机怠速转速进行调整。燃油喷射式发动机都配置有怠速控制系统。

4.4.1 怠速控制系统的组成

怠速控制就是怠速转速的控制。设有旁通空气道的发动机怠速控制系统如图 4-29 所示,主要由各种传感器、控制开关、ECU 和怠速控制阀等组成。在采用直接控制节气门来控制怠速的汽车上,没有设置旁通空气道,由 ECU 控制怠速控制阀(或电动机)直接改变节气门的开度来控制怠速转速。

车速传感器提供车速信号,节气门位置传感器提供节气门开度信号,这两个信号用来判断发动机是否处于怠速状态。发动机怠速时,节气门关闭,节气门位置传感器的开度小于 1.2°或怠速触点闭合。怠速触点闭合时,传感器输出端子 IDL 输出低电平信号。因此,当节气门开度小于 1.2°或 IDL 端子输出低电平信号时,若车速为零,则说明发动机处于怠速状态;若车速不为零,则说明发动机处于减速状态。

冷却液温度信号用于修正怠速转速。在 ECU 内部,存储有不同冷却液温度对应的最

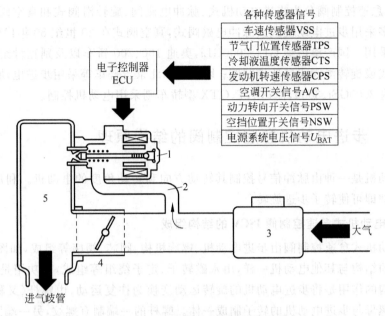

图 4-29 发动机怠速控制系统的组成
1—怠速控制阀 ISC；2—旁通空气道；3—流量传感器；4—节气门；5—稳压箱

佳怠速转速,如图 4-30 所示。在发动机冷机起动后的暖机过程中,ECU 根据发动机冷却液温度信号,通过控制怠速控制阀的开度来控制相应的怠速转速,并随发动机冷却液温度升高逐渐降低怠速转速。当冷却液温度达到正常工作温度时,怠速转速恢复正常。

空调开关、动力转向开关、空挡起动开关信号和电源电压信号等向 ECU 提供发动机负荷变化的状态信息。在 ECU 内部,存储有不同负荷状况下对应的最佳怠速转速。

怠速控制系统的执行器是怠速控制阀(ISCV)。因为各种传感器在电控喷油系统中已介绍过,故本节只介绍怠速控制阀。

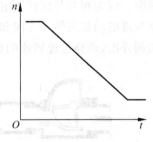

图 4-30 不同温度时的怠速转速

4.4.2 怠速控制阀的功用与类型

1. 怠速控制阀的功用

怠速控制阀的功用是通过调节发动机怠速时的进气量来调节怠速转速。怠速进气量的控制方式有节气门直接控制式和节气门旁通空气道控制式两种。前者是直接操纵节气门来调节进气量,简称节气门直动式;后者是通过控制节气门旁通空气道的开度来调节进气量,简称旁通空气式。桑塔纳 2000GLi、别克世纪型轿车和切诺基吉普车采用旁通空气式;桑塔纳 2000GSi、3000,捷达 AT、GTX 型轿车采用节气门直动式。

2. 怠速控制阀的类型

怠速控制阀安装在发动机节气门体上或节气门附近,各型汽车采用的怠速控制阀各有不同,常用的怠速控制阀分为步进电动机式、脉冲电磁阀、旋转滑阀式和真空阀式4种。中高档轿车大多采用步进电动机式或脉冲电磁阀式,真空阀式在20世纪80年代生产的丰田、日产轿车上采用。国产桑塔纳 GLi、2000GLi,奥迪100、200轿车以及别克世纪型轿车采用脉冲电磁阀式或旋转滑阀式怠速控制阀;切诺基和北京吉普车等采用步进电动机式怠速控制阀;桑塔纳 2000GSi、3000,捷达 AT、GTX 型轿车则采用电动机控制。

4.4.3 步进电动机怠速控制阀的结构原理

步进电动机是一种由脉冲信号控制其转动方向和转动角度的电动机。利用同性相斥、异性相吸原理即可使转子步进旋转。

1. 步进电动机式怠速控制阀 ISCV 的结构组成

步进电动机式怠速控制阀由步进电动机、螺旋机构、阀芯、阀座等组成,如图 4-31 所示。步进电动机的结构与其他电动机一样,由永磁转子、定子绕组等组成,其功用是产生驱动力矩。螺旋机构的作用是将步进电动机的旋转运动变换为往复运动,由螺杆(又称为丝杠)和螺母组成。螺母与步进电动机的转子制成一体。螺杆的一端制有螺纹,另一端固定有阀芯。螺杆与阀体之间为滑动花键连接,只能沿轴向作直线移动,不能作旋转运动。

当步进电动机的转子转动时,螺母将带动螺杆作轴向移动。转子转动一圈,螺杆移动一个螺距。因为阀芯与螺杆固定连接,所以螺杆将带动阀芯开大或关小阀门开度。ECU 通过控制步进电动机的转动方向和转动角度来控制螺杆的移动方向和移动距离,从而达到控制怠速阀开度、调整怠速转速的目的。

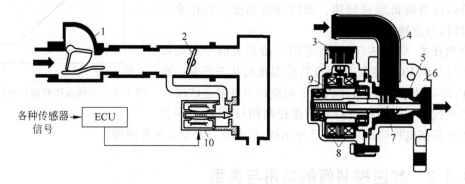

图 4-31 步进电动机式怠速控制阀 ISCV 的结构
1—空气流量传感器;2—节气门;3—线束插座;4—旁通空气道;5—阀芯;
6—阀座;7—螺杆;8—定子绕组;9—永磁转子;10—怠速控制阀

2. 步进电动机的基本结构与步进原理

步进电动机的转子是一个具有 N 极和 S 极的永久磁铁,定子有两组独立的绕组,如图 4-32(a)所示。当从 B_1 到 B 向绕组输入一个电脉冲信号时,绕组产生一个磁场,在磁力同性相斥、异性相吸的原理作用下,使转子 S 极在右、N 极在左位置。

当从 B_1 到 B 输入的脉冲信号消失后,再从 A 到 A_1 向绕组输入另一个脉冲信号时,绕组产生一个磁场,N 极在上、S 极在下,如图 4-32(b)①所示。在同性相斥、异性相吸原理作用下,转子就会沿逆时针方向转动 90°,如图 4-32(b)②所示。

当 A 从 A_1 输入的脉冲信号消失后,再从 B 到 B_1 向绕组输入另一个脉冲信号时,绕组产生磁场,N 极在左、S 极在右,如图 4-32(b)②所示。在同性相斥、异性相吸原理作用下,转子就会沿逆时针方向转动 90°,如图 4-31(b)③所示。

当从 B 从 B_1 输入的脉冲信号消失后,再从 A_1 到 A 向绕组输入另一个脉冲信号时,绕组产生磁场,N 极在下、S 极在上,如图 4-32(b)③所示。在同性相斥、异性相吸原理作用下,转子就会沿逆时针方向转动 90°,如图 4-32(b)④所示。

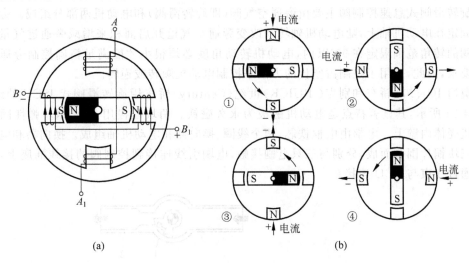

图 4-32 步进电动机基本结构与步进原理
(a) 结构图;(b) 逆时针方向步进转动示意图

当依次按 B_1—B、A—A_1、B—B_1、A_1—A 的顺序向绕组输入 4 个脉冲信号时,如图 4-33(a) 所示,电动机就会沿逆时针方向转动一圈。同理,依次按 B_1—B、A_1—A、B—B_1、A—A_1 的顺序向绕组输入 4 个脉冲信号时,如图 4-33(b)所示,电动机就会沿顺时针方向转动一圈。

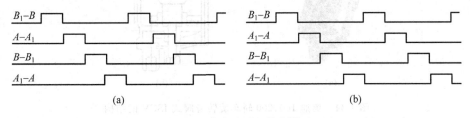

图 4-33 步进电动机控制脉冲
(a) 逆时针转动;(b) 顺时针转动

3. 步进电动机的步进角

每输入一个脉冲信号使电动机转动的角度,称为步进电动机的步进角。常用的步进角有 30°、15°、11.25°、7.5°、3.75°、2.5°、1.8°等。如丰田皇冠 3.0 型轿车 2JZ-GE 发动机采用的永磁式步进电动机,其转子设有 8 对磁极,定子设有 32 个爪极,转子转动一圈前进 32 步,步进角为 11.25°,该步进电动机的工作范围为 0~125 步(大约转动 4 圈)。奥迪 200 轿车步进电动机设有两个线圈,转子每转一圈需要步进 24 步,每步一步约需 4ms,步进角为 15°,该步进电动机的工作范围为 0~128 步(大约转动 5.3 圈)。

步进电机定子爪极越多,步进角越小,转角的控制精度就越高,所需定子绕组的数量和控制脉冲的组数就越多。步进电动机的转速取决于控制脉冲的频率,频率越高,转速越快。

4.4.4 旋转滑阀式怠速控制阀的结构原理

1. 旋转滑阀式怠速控制阀(ISCV)的结构组成

旋转滑阀式怠速控制阀主要由旁通空气阀(即旋转滑阀)和电动机两部分组成。旁通空气阀固定在电动机轴上,随电动机轴转动改变旁通空气道开启面积来增减旁通进气量。由于滑阀的转角范围限定在90°以内,电动机转动角度必须很小才能满足精确控制旁通进气量的要求,因此,采用了控制占空比的方法来控制电动机顺转或逆转。

奥迪100、200轿车和别克(BUICK)世纪(Century)轿车用旋转滑阀式ISCV的结构,如图4-34所示,其显著特点是电动机磁极为永久磁铁。两块磁极用U形钢丝弹性固定在电动机壳体内壁上。电枢由电枢铁芯、两个线圈、换向器和电动机轴组成。换向器和电动机轴由三块铜片围合而成,分别与三只电刷接触,电刷引线连接到控制阀的接线插座上,三线插座通过线束与ECU连接。

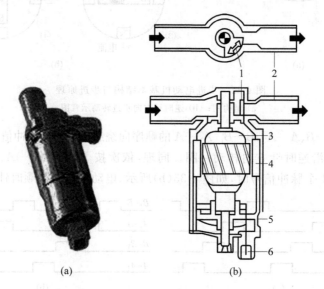

图 4-34 奥迪100、200轿车旋转滑阀式ISCV的结构
(a) 外形;(b) 内部结构
1—滑阀;2—旁通气道;3—电枢;4—永磁磁极;5—壳体;6—插座

2. 旋转滑阀式怠速控制阀的工作原理

发动机与电控单元ECU的连接如图4-35所示。线圈L_1与ECU内部的三极管VT_1连接,脉冲控制信号经过反向器加到VT_1的基极;线圈L_2与ECU内部的三极管VT_2连接,脉冲控制信号直接加到VT_2的基极。

当脉冲信号的高电平到来时,三极管VT_1截止、VT_2导通,线圈L_1断电、L_2通电,电动机将沿顺时针方向转动,电动机轴将带动滑阀沿顺时针方向旋转,使旁通空气道开启面积增大,线圈L_2称为顺转线圈。反之,当脉冲信号的低电平到来时,三极管VT_1导通、VT_2截止,线圈L_1通电、L_2断电,电动机将沿逆时针方向转动,电动机轴将带动滑阀沿逆时针方向旋转,使旁通空气道开启面积减小,线圈 L_1 称为逆转线圈。由此可见,电动机轴和滑阀的旋转方向取决于线圈 L_1 和 L_2 通入电流的大小,即取决于 ECU 发出的怠速控制脉冲占空比的大小。

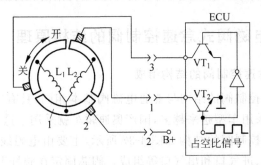

图 4-35　旋转滑阀式 ISCV 的工作电路
1—滑片；2—电刷

当占空比等于 50% 时,线圈 L_1 和 L_2 的平均通电时间相等,产生的电磁力矩相互抵消,电动机轴与滑阀将保持在某一位置不动。

当占空比小于 50% 时,线圈 L_1 的平均通电时间增长,L_2 的平均通电时间缩短,线圈 L_1 产生的电磁力矩将克服 L_2 产生的电磁力矩而带动电动机轴与滑阀沿逆时针方向转动,使旁通空气道开启面积减小,旁通进气量减少,发动机的怠速转速将降低。奥迪 100 型轿车在控制信号的占空比减小到 18% 左右时,旋转滑阀完全关闭。

当占空比大于 50% 时,线圈 L_1 的平均通电时间缩短,L_2 的平均通电时间增长,线圈 L_2 产生的电磁力矩将克服 L_1 产生的电磁力矩而带动电动机轴与滑阀沿顺时针方向转动,使旁通空气道开启面积增大,旁通进气量增多,发动机的怠速转速将升高。奥迪 100 型轿车在占空比增大到 82% 左右时,旋转滑阀完全开启。

旋转滑阀式 ISCV 的结构如图 4-36 所示,其结构与上述旋转滑阀式怠速控制阀大同小异,也是由旁通空气阀(即旋转滑阀)和电动机两部分组成。这种怠速控制阀的显著特点是定子线圈通电电流的大小由控制脉冲信号的占空比决定。转子为永久磁铁,且套装在轴上,在电磁线圈的驱动下,永久磁铁可在轴上自由转动。永久磁铁上刚性地连接着一块旋转滑块,当电磁线圈驱动永久磁铁转动时,滑块将随永久磁铁一同转动,滑块的转角大小和方向就决定了旁通空气通道的开度,从而调节旁通进气量的大小。这种怠速控制阀的工作电压

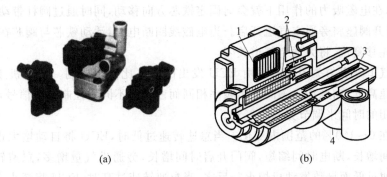

(a)　　　　　　　　　　　(b)

图 4-36　联合汽车电子公司旋转滑阀式 ISCV 的结构
(a) 外形；(b) 内部结构
1—线圈；2—铁轭永久磁铁；3—旋转滑阀；4—调节窗口

为 6～16V，最大空气流量大于 50m³/h，空气泄漏量小于 2.5m³/h，线圈电阻约为 15Ω，定位时间小于 30ms，质量仅为 0.2kg。该阀具有能耗低、结构紧凑、对尘垢污染不敏感等优点。

4.4.5 脉冲电磁阀式怠速控制阀的结构原理

1. 脉冲电磁阀式怠速控制阀的结构组成

脉冲电磁阀式怠速控制阀的结构与普通电磁阀基本相同，具有结构简单、成本低廉、工作可靠等优点。因此，采用车型越来越多，国产奥迪轿车就采用了这种怠速控制阀。

脉冲电磁阀式怠速控制阀的结构如图 4-37 所示，主要由电磁线圈、复位弹簧、阀芯、阀座、固定铁芯、活动铁芯、进气口和出气口等组成。阀芯固定在阀杆上，阀杆一端与固定铁芯连接，另一端设置有复位弹簧。进气口与节气门前端的进气管相通，出气口与节气门后端的进气管相通。

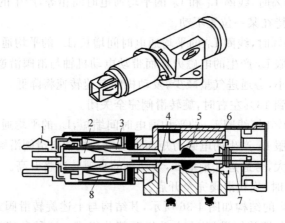

图 4-37 脉冲电磁阀式 ISCV 的结构
1—线速插座；2—活动铁芯；3—固定铁芯；4—阀杆；5—阀芯；6—阀座；7—复位弹簧；8—线圈

2. 脉冲电磁阀式怠速控制阀的控制原理

电磁线圈接通电流时就会产生电磁吸力，当线圈产生的电磁吸力超过复位弹簧的弹力时，活动铁芯在电磁吸力的作用下就会向固定铁芯方向移动，同时通过阀杆带动阀芯向右移动，使阀芯离开阀座将旁通空气道开启。当电磁线圈断电时，活动铁芯与阀芯在复位弹簧弹力的作用下左移复位，将旁通空气道关闭。

旁通空气道开启与关闭的时间由 ECU 发出的占空比信号控制。发动机工作时，ECU 根据怠速转速高低，向脉冲电磁阀发出频率相同而占空比不同的控制脉冲信号，通过改变阀芯开启与关闭的时间来调节旁通进气量。

占空比在 0～100% 的范围内变化。当怠速转速过低时，ECU 将自动增大占空比，电磁线圈通电时间增长，断电时间缩短，阀门开启时间增长，旁通进气量增多，怠速转速将提高，防止怠速转速过低而导致发动机熄火。反之，当怠速转速过高时，ECU 将减小占空比，使电磁线圈通电时间缩短，断电时间增长，阀门开启时间缩短，旁通进气量减少，怠速转速将降低。

4.4.6 怠速转速的控制方法

怠速控制的实质是控制发动机怠速时的进气量(充气量)。怠速时的喷油量则由 ECU 根据预先试验设定的怠速空燃比和实际充气量计算确定。怠速控制主要是发动机负荷变化控制。当发动机怠速负荷增大(如接通空调压缩机或动力转向助力泵)时,ECU 控制怠速控制阀使进气量增大,从而使怠速转速提高,防止发动机运转不稳或熄火;当发动机怠速负荷减小(如断开空调压缩机或动力转向助力泵)时,ECU 控制怠速控制阀使进气量减少,从而使怠速转速降低,以免怠速转速过高。怠速转速的控制方法如图 4-38 所示。

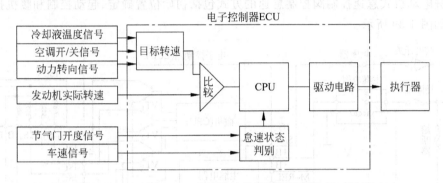

图 4-38 怠速转速的控制方法

发动机 ECU 首先根据怠速触点 IDL 信号和车速信号,判断发动机是否处于怠速状态。当判定为怠速工况时,再根据发动机冷却液温度传感器、空调开关、动力转向开关等信号,从存储器存储的怠速转速数据中查询相应的目标转速 n_g,然后将目标转速与曲轴位置传感器检测的发动机实际转速 n 进行比较。

当发动机负荷增大,需要发动机快怠速运转,目标转速高于实际转速($n_g > n$)时,ECU 将控制怠速控制阀(增大比例电磁阀式怠速控制阀的占空比,或增加步进电动机步进的步数)增大旁通进气量来实现快怠速;反之,当发动机负荷减小,目标转速低于实际转速时,ECU 将控制怠速控制阀减小旁通进气量来调节怠速转速。例如,当接通空调(发动机负荷增大)时,需要发动机快怠速运转(目标转速=快怠速转速),ECU 就使怠速控制阀的阀门开大,增大旁通进气量。当旁通进气量增大时,因为怠速空燃比已由试验确定为一个定值(一般为 12∶1),所以 ECU 将控制喷油器增大喷油量,发动机转速随之增高到快怠速转速运转。

国产汽车电控发动机的怠速转速见表 4-3。当接通空调或动力转向泵时,其快怠速转速为(1000±50)r/min。快怠速时,转速升高 200r/min 左右。同理,当断开空调(发动机负荷减小),需要降低发动机转速,即目标转速低于实际转速($n_g < n$)时,ECU 将使怠速控制阀的阀门关小,减小旁通进气量进行调节。

表 4-3 各型汽车燃油喷射式发动机的怠速转速

车 型	发动机型号	怠速转速/(r/min)	备 注
桑塔纳 2000GLi	AFE	800±50	出厂标准
桑塔纳 2000GSi 桑塔纳 3000	AJR	800±30	出厂标准

续表

车 型	发动机型号	急速转速/(r/min)	备 注
捷达 AT、GTX	AHP	840±40	出厂标准
红旗 CA7220E	CA488-3	850±30	出厂标准
奥迪 200	V6型 2.6L	750±70	出厂标准

4.4.7 步进电动机式怠速控制阀的控制

步进电动机式怠速控制阀控制怠速的方式包括初始位置确定、起动控制和暖机控制,控制电路如图 4-39 所示。

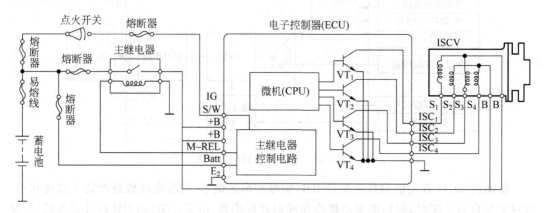

图 4-39 步进电动机怠速控制阀控制电路

当发动机怠速负荷变化时,在怠速转速变化之前,ECU 将按照一定顺序,控制驱动电路中的三极管 VT_1、VT_2、VT_3、VT_4 适时导通,分别接通步进电动机定子绕组,使电动机转子旋转,带动控制阀的阀芯移动,从而调节进气量,使发动机怠速转速达到目标转速。

1. 初始位置确定

为了改善发动机的再次起动性能,在点火开关断开时,ECU 将控制怠速控制阀处于全开状态,为再次起动做好准备。

当 ECU 内部主继电器控制电路接收到点火开关拨到 OFF(断开)位置的信号时,ECU 将利用备用电源输入端(Batt 端子)提供的电压控制主继电器(燃油喷射继电器)线圈继续供电 2s,使步进电动机的控制阀退回到初始位置,以便下次起动时具有较大的进气量。

2. 起动控制

起动发动机时,因为怠速控制阀预先设定在全开位置,所以进气量较大,发动机容易起动。发动机一旦被起动,如果阀门保持在全开位置,怠速转速就会升得过高。因此,在起动时或起动后,当发动机转速达到规定值(该值由冷却液温度确定)时,ECU 就会控制步进电动机步进的步数,使控制阀阀门关小到冷却液温度确定的阀芯位置,使怠速转速稳定。例如,发动机冷却液温度在起动时为 20℃,当转速达到 500r/min 时,ECU 将控制步进电动机从全开位置 A 点(125 步)步进到达 B 点(55 步)位置,如图 4-40(a)所示,使阀门关小,防止转速过高。

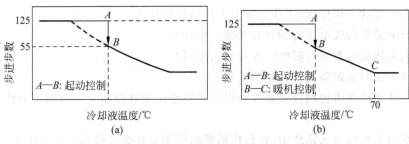

图 4-40 步进电动机式怠速控制阀的起动与暖机控制特性
(a) 步进起动控制特性；(b) 步进暖机控制特性

3. 暖机控制

在发动机起动后的暖机过程中，ECU 将根据冷却液温度传感器信号确定步进电动机步进的位置。随着转速升高和发动机温度升高，控制阀阀门将逐渐关小，步进电动机步进的步数逐渐减少，如图 4-40(b) 所示。当冷却液温度达到 70℃ 时，暖机控制结束，步进电动机及其阀芯位置保持不变。

本章小结

本章介绍了电控汽油发动机对点火系统的基本要求，电控点火系统的主要特点、基本形式和工作原理；点火提前角和闭合角对汽油发动机性能的影响，最佳点火提前角和闭合角控制的方法；爆震检测方法、典型爆震传感器的基本构造和基本工作原理及爆震反馈控制。

汽油发动机对点火系统的三个基本要求是：点火系统必须向火花塞电极提供足够高的击穿电压，火花塞电极间产生的火花必须具有足够的点火能量，在汽油发动机运行的大部分工况应始终具有较佳的点火提前角。

电控点火系统的点火提前角控制分为起动时的点火提前角控制和起动后的点火提前角控制两种方式。

对于闭合角控制，电控点火根据闭合角控制脉谱图，确定不同转速和蓄电池电压下，点火线圈一次绕组通电时间。检测汽油发动机爆震采用爆震传感器。在需要实行爆震反馈控制的运行工况，ECU 首先对爆震传感器的输入信号进行判读，然后根据判读结果修正点火提前角。当汽油发动机发生爆震时，ECU 将减小点火提前角；反之，则增大点火提前角。电控点火系统对爆震的反馈是一个周而复始、连续不断的过程，通过爆震反馈控制，可以使实际点火提前角比较接近理想最佳点火提前角，从而使汽油发动机的动力性、经济性和有害物的排放达到较佳的水平。

思考题

4-1 汽油发动机对点火系统的基本要求是什么？
4-2 火花塞的电极间隙大小对点火性能有何影响？

4-3 点火系的工作原理、工作过程及工作特性是什么？

4-4 影响最高次级电压的因素有哪些？为什么？

4-5 点火线圈的类型有哪些？各有什么不同？

4-6 点火正时的调整及检查方法是什么？

4-7 为什么说微机控制点火系统和爆震控制系统能够提高汽油机的动力性、经济性和排放性能？

4-8 在微机控制点火系统中，各种传感器的作用是什么？检测方式是什么？

4-9 微机控制点火系统高压电分配方式有哪些？

4-10 发动机爆震控制系统怎样控制点火提前角？

第 5 章 进排气控制系统

进排气控制系统包括进气控制系统(进气惯性增压控制系统、废气涡轮增压系统、可变气门正时系统、电子节气门控制系统)、排气控制系统(燃油蒸发排放控制系统、废气再循环控制系统、三元催化转化器与空燃比反馈控制系统、二次空气喷射系统)等。本章对常见的进排气控制系统的功能、结构和原理进行介绍。

5.1 进气控制系统

进气系统对发动机性能的影响主要体现在充气效率,改善发动机高低速充气效率的主要途径就是充分利用进气过程中气流的静态效应和动态效应。所谓静态效应,就是减少进气系统的流动阻力。其主要措施包括扩大进气管直径、增大进气管弯曲部分的曲率半径、使进气管内表面光滑、各缸进气歧管长度一致以及采用多气门机构等。所谓动态效应,主要是指利用进气过程中在进气管内气体流动时所产生的惯性及其压力的脉动效果来改善充气效率的过程。由于发动机使用转速变化范围宽,为了在整个使用转速范围内都能充分地利用进气过程的动态效应,以使发动机性能达到最佳状态,常采用增压技术(进气惯性增压控制、废气涡轮增压控制)、可变气门控制技术等。

5.1.1 进气惯性增压控制系统

进气惯性增压控制系统也称进气谐振增压控制系统,它利用进气气流惯性产生的压力波来提高充气效率。

1. 进气惯性增压的机理

当气体高速流向进气门时,如果进气门突然关闭,进气门附近气体的流动将突然停止运动,由于惯性,后面的气体仍将继续向前运动,于是在进气门附近的气体将受到压缩,压力上升。当气体的惯性效应消减后,先前被压缩的气体开始膨胀,向进气气流相反方向流动,压力下降。膨胀气体的膨胀波传到进气管口时又被反射回来,于是形成了来回振荡的压力波。如果来回振荡的压力脉动波与进气门开闭配合好,使反射的压力波集中到要打开的进气门旁,则在进气门打开时,就会形成对进气进行增压的效果。

一般而言,采用较长的进气管,产生的压力波波长较长,有利于提高汽油发动机中、低转速区的扭矩。采用较短的进气管,产生的压力波波长较短,可以提高汽油发动机高速区域的输出功率。如果在汽油发动机运行过程中，根据汽油发动机的运行工况使进气管长度可改变，则可增大中低转速时的扭矩和提高高速时的输出功率，两者同时得到兼顾。

2. 可变进气管有效长度谐振增压控制系统

图 5-1 所示是目前广泛采用的一种改变进气管有效长度的方法，该方法通过控制变换阀的开或关，来改变进气管有效长度。

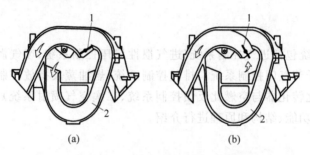

图 5-1 可变进气管有效长度谐振增压控制系统
(a) 低速时的进气线路；(b) 高速时的进气线路
1—变换阀；2—进气管

当汽油发动机在中低转速工况运行时，电控单元 ECU 使变换阀关闭，进气管有效长度变长，空气按图 5-1(a) 所示的路线进入气缸，有利于增大汽油发动机中低转速时的扭矩。当汽油发动机在高速工况运行时，电控单元 ECU 使变换阀打开，进气管有效长度变短，空气按图 5-1(b) 所示的路线进入气缸，可以提高汽油发动机高速运转时的输出功率。

电控可变进气管有效长度谐振增压控制系统根据汽油发动机的转速，适时地改变进气管的有效长度，充分利用进气谐振效应，提高充气效率，使汽油发动机的高速与低速性能达到了最优化。图 5-2 所示为可变进气管有效长度和固定进气管长度汽油发动机，对高、低转速时输出功率和扭矩的比较，从图中可以看到采用可变进气管有效长度的结构，对于增大汽油发动机低速扭矩，提高高速时的输出功率是十分有效的。

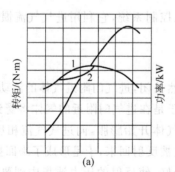 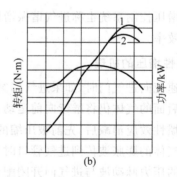

图 5-2 可变进气管有效长度发动机和固定进气管长度发动机输出扭矩和功率比较
(a) 中低速工况输出扭矩比较；(b) 高速工况输出功率比较
1—可变进气管有效长度发动机；2—固定进气管长度发动机

5.1.2 废气涡轮增压系统

发动机输出功率的大小与充入气缸的空气质量有直接关系。在压缩比和发动机排量一定的条件下,提高充入气缸空气的密度是提高发动机功率的有效途径。增压可使进入气缸前的气体预先被压缩,再以高密度送入气缸,由于进气密度增大而使发动机得到更多的新鲜空气,从而以较小的发动机排量获得较大的转矩和输出功率。有研究表明,增压使发动机功率比非增压提高了 40%~60%,甚至更多。

废气涡轮增压和机械增压是提高充入气缸的空气密度常用的两种方法,现代汽车以废气涡轮增压为主,这是因为废气涡轮增压不仅能够充分利用废气能量、提高发动机热效率,同时废气涡轮能使排气背压提高,有利于降低排气噪声,比机械增压具有更多的优点,图 5-3 所示为汽油发动机废气涡轮增压的原理。废气涡轮增压是利用发动机排出的具有一定能量(高温、高压)的废气驱动涡轮增压器中的动力涡轮高速转动,再带动同轴的增压涡轮(一般位于空气流量计与进气门之间的进气管道中)一起转动,对从空气滤清器进入的新鲜空气进行压缩,然后再送入气缸。由此,可以吸入大量的空气,显著提高进气效率,达到提高发动机输出功率和扭矩的目的。由于废气涡轮增压系统中增压器所消耗的能量是由排出的废气提供,并不消耗发动机输出的有效功率,经济性好,所以是一种经济而有效的方法。随着排放标准,特别是降低燃油消耗率、减少 CO_2 排放量标准的提高,为了使车辆在城市道路运行和在高速公路运行时都能具有较低的燃油消耗率、较好的动力性和排放性能,废气涡轮增压系统被大多数汽油发动机所采用,近些年来废气涡轮增压技术在汽油发动机中得到广泛的应用。

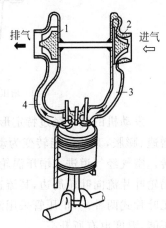

图 5-3 废气涡轮增压原理
1—动力涡轮;2—增压涡轮;3—进气管;4—排气管

1. 结构组成

废气涡轮增压系统如图 5-4 所示,主要由废气涡轮增压器(动力涡轮、增压涡轮)、膜片式控制阀、废气旁通阀、增压压力控制电磁阀(有些无)和冷却器等组成。

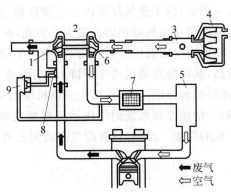

图 5-4 废气涡轮增压系统
1—动力涡轮;2—涡轮增压器;3—空气流量计;4—空气滤清器;5—进气室;
6—增压涡轮;7—中冷器;8—废气旁通阀;9—膜片式放气控制阀

废气涡轮增压器是废气涡轮增压系统最重要的部件,由动力涡轮、增压涡轮及中间体3部分组成,动力涡轮和增压涡轮安装在同一根轴上,如图5-5所示。

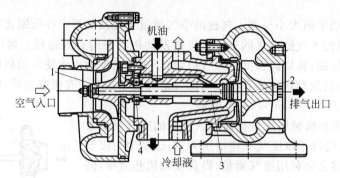

图5-5 涡轮增压器的结构
1—增压涡轮;2—动力涡轮;3—浮动轴承;4—推力轴承

发动机的排气经过特定形状的喷管进入径流式动力涡轮。排气流过喷管时降压、降温、增速、膨胀,其压力能转变为动能,推动动力涡轮旋转,并带动增压器轴和增压涡轮一起旋转。空气经气道进入增压涡轮,离心式增压涡轮旋转时,空气在离心力的作用下,沿着增压涡轮叶片流向叶轮周边,其流速、压力和温度均有较大的提高,然后进入扩压管(有叶片式和无叶片式两种)。扩压管采用渐扩形流道,空气流经扩压管时减速增压,大部分动能转变为压能,温度也有所升高。

涡轮增压器工作时的最高转速可达200 000r/min,因此,它的平衡和润滑非常重要。涡轮增压器一般都采用浮动轴承,它与轴以及轴承座之间都有间隙,形成双层油膜。增压器工作时,轴承在轴与轴承座中转动,来自发动机润滑系统主油道的机油润滑和冷却增压器轴和轴承。在增压器轴上装有油封,用来防止机油窜入增压涡轮或动力涡轮壳内。增压器工作时产生的轴向推力,由设置在增压涡轮一侧的整体式推力轴承承受。

由于汽油机增压器的热负荷大,因此在增压器中间体的动力涡轮侧设置水套,并用水管与发动机冷却系统相连。有些涡轮增压器在中间体内不设置冷却水套,只靠机油及空气对其冷却。

2. 涡轮增压压力的控制

采用涡轮增压技术后,一方面,由于进气歧管内空气密度的增加,被压缩的空气温度随之增高,气缸内过高的空气温度使发动机爆燃倾向增大。为此,在涡轮增压系统中安装有用于冷却进气的中冷器,用以降低进气的温度。另一方面,由于平均有效压力增加,发动机也较容易产生爆燃,热负荷偏高,从而使发动机功率下降,甚至造成零件的损坏。为了保证发动机在不同转速及工况下都得到最佳增压值,以防止发动机爆燃和限制热负荷,对涡轮增压系统增压压力必须进行控制。增压控制系统的作用就是根据发动机的工况变化,通过调节增压压力,进一步优化发动机的性能。目前,设置废气旁通阀是调节增压压力最简单而又十分有效的方法。

1) 机械控制式

早期的废气涡轮增压系统多采用机械控制方式对涡轮增压压力进行控制,如图5-6(a)所示。通过控制废气旁通阀阀门,改变废气通路走向,使废气进入动力涡轮室或者旁路排出,就可以实现增压压力的控制。如果废气旁通阀阀门打开,通过动力涡轮的废气数量和压力就会减小,动力涡轮转速降低,增压涡轮的进气增压压力就会减小。

废气旁通阀由膜片式放气控制阀控制,膜片式放气控制阀中的膜片将控制阀分为左、右两室。左室为空气室,经连通管与增压涡轮出口相通;右室为膜片弹簧室,膜片弹簧作用在膜片上,膜片通过连接杆与废气旁通阀连接。当增压涡轮出口压力,就是增压压力低于限定值时,膜片在膜片弹簧的作用下左移,并带动连动杆将废气旁通阀关闭;当增压压力超过限定值时,增压压力克服膜片弹簧力,推动膜片右移,并带动连动杆将废气旁通阀打开,使部分废气不经过动力涡轮直接排放到大气中,从而达到控制增压压力及动力涡轮转速的目的。

2) 电子控制式

电控废气涡轮增压控制系统的组成如图 5-6(b)所示,整个系统由释压电磁阀1、气动执行器2、旁通阀3及增压器4等组成。系统增压压力的控制是通过旁通阀的开闭实现的。若旁通阀关闭,废气几乎全部流过增压器,增压压力提高。若旁通阀开启,部分废气经旁通通道直接排出,增压压力降低。旁通阀的开启和关闭,由ECU通过对释压电磁阀和气动执行器的控制来实现。受工作温度的限制,系统采用气动式执行器操纵旁通阀,而不直接用电磁阀控制。在正常情况下,ECU输出高电平信号时释压电磁阀动作,切断气动执行器的气室与空气进口的连通,使气室与增压器出口连通,此时气室内的压力与增压压力相等,压力较高,气动式执行器推动弹簧使旁通阀关闭,废气涡轮处于正常工作状况。当增压压力过高时,ECU输出低电平信号,释压电磁阀释放,切断气动执行器的气室与增压器出口的连通,使气室与空气进口连通,于是气室压力降低,弹簧回复力使旁通气阀打开,增压压力下降。

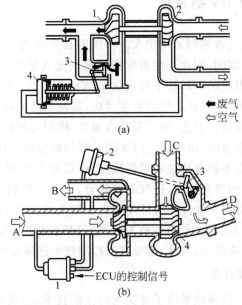

图 5-6 废气涡轮增压压力控制系统
(a) 机械控制式;(b) 电子控制式
A—空气进口;B—增压后的空气;C—废气进;D—废气出;
1—释放电磁阀;2—气动执行器;3—旁通阀;4—增压器

ECU主要是根据进气歧管的压力对增压压力进行控制,在高速大负荷时旁通阀开启(即所谓的放气),其目的是提高低速时转矩,同时避免高速时汽油发动机的机械负荷和热负荷过高。在有些车型中,还增加了爆震反馈控制的功能。当汽油发动机发生爆震时,ECU立即打开旁通阀放气,使增压压力降低。当爆震消失后,再逐渐关闭旁通阀,使之恢复到正常的增压压力。

在实际控制中,为了获得较好的控制效果,基本上都是采用调节点火正时和调节增压压力相结合的方法。因为,如果只是单一地降低增压压力,会引起发动机运行性能降低;另外,由于采用涡轮增压后,发动机排气温度较高,也不适宜单独采用调节点火正时的方法来控制爆燃,否则,由于温度的增高,对高温排气驱动涡轮有不利影响。因此,两种方法并用是首选模式。通常是当ECU根据传感器输入的信号,判断出发动机爆燃时,即刻使点火提前角推迟,同时又平行地降低增压压力。在这两方面调节生效(爆燃消失)时,又将点火提前角调至最佳值,以便能保持发动机的更大转矩。当点火提前角达到最佳值时,再慢慢地增加充气增压压力。有的系统还能按照预先编制好的程序,在急加速时,允许增压压力在短时间内超出限定值,以提高发动机的加速性。

近年来,可变旁通阀开度的闭环增压压力控制系统也开始投入应用。在闭环控制系统中,ECU根据汽油发动机的工况,首先以预置的旁通阀开度的数据控制旁通阀的开度,然后由位置传感器将实际执行结果反馈到ECU,ECU根据偏离情况进行调整。采用增压压力的闭环控制后,可以更精确地控制汽油发动机的扭矩,大大改善了急加速时的转矩滞后现象。

5.1.3 可变气门控制系统

配气相位对发动机充气效率的影响很大。传统的自然吸气式发动机,其配气机构的配气相位和气门升程都是固定的,因此不能兼顾高低速的充气效率特性。也就是当配气相位按低速设定时,只能满足设定的低转速下充气效率达到最佳值。但随着转速的提高进气流动惯性增大,而配气相位不变,因此从气流角度考虑,即使是能实现惯性进气,却由于进气门提早关闭,而使充气效率降低。反之,为了提高高速性,将配气相位按高速设定时,虽然满足高速时的充气效率,但是低速时,由于进气门关闭时可与高速时一样滞后,而此时因转速低、气流没有足够的惯性,所以不能良好地实现惯性充气,反而产生倒流现象,因此充气效率也降低。同时由于进气系统的容积增大,进气流速降低,不利于燃料的气化和混合气的形成,造成燃烧不稳定等现象,直接影响发动机的动力性。随着汽油机的高速化和排放法规的日趋严格,为了兼顾高、低速和大、小负荷各种工况,气门开启相位、气门开启持续角度和气门升程这3个特性参数应相应改变,为此,可变气门控制技术迅速发展起来。

1. 可变气门控制及其特点

在现代汽车发动机中,较多地采用了可变气门控制技术,在发动机运行过程中,气门正时(指气门开始开启和关闭终了的时刻所对应的曲轴转角位置)及气门升程规律并不是始终固定的,而是根据发动机的工作需要可以进行改变。目前,由于各汽车生产厂家对可变气门的控制参数、方式、方法不一,因此名称也不一致。如本田公司称该装置为可变气门电子控制系统,或直接称为可变气门正时与气门升程电子控制系统,用 VTEC 表示。有的汽车发动机,因仅改变气门正时,一般称为可变气门正时控制系统,常用 VVT 表示。近来,有的资料常在其名称前面或后面加注一个英文字母i,如i-VTEC,其中的i(intelligent)表示具有智能的意思。

在传统的汽车发动机运行过程中，气门正时和气门升程都是固定不变的。在设计气门正时时，对某一定型的发动机来说，它仅在某一运转范围内最为有利、发动机的性能较佳，而在其他运转状态下，发动机的性能并没有得到充分发挥。在现代汽车发动机中，当采用可变气门电子控制装置后，根据发动机的工作需要（主要指转速和负荷），可以对气门正时和气门升程适时进行改变，对提高发动机的动力性、降低油耗和排放都有重要影响，其原因是发动机工况不同，对气门正时和气门升程的要求不同，主要表现有以下几个方面：

① 在发动机转速较高时，希望进气门提早开启（增大开启相位角）、推迟关闭（增大关闭延迟角）。一方面它能在进气过程中提供较多的时间，较好地解决高转速时进气时间不足的问题，同时也因高速气体流动惯性得到充分利用，能使新鲜气体继续流入气缸，从而有利于提高充气效率，增大充气量，提高发动机的功率；另一方面由于进排气叠开角增大，特别是在中等负荷时，有更多的废气可以进入进气管，随同新鲜气体一起进入气缸，可提高排气再循环，有利于降低 NO_x 的排放和降低油耗。

② 在发动机转速较低时，如果仍像高转速那样使进气门提早开启、推迟关闭，则会造成进气门开启相位提前角和气门关闭相位推迟角过大，不仅可能使大量废气冲入进气管，还可能将已经吸入气缸的新鲜气体又重新推回到进气管中，必然导致发动机工作粗暴、怠速不稳和发动机起动困难等，因此在转速较低时，希望进气门相对推迟开启、提早关闭。此时，不仅有利于发动机低速时的转矩、降低油耗和改善起动性能，同时由于气门叠开角减小，能减少进气和排气过程中的互相干扰，它不但能提高怠速的稳定性，同时也能减少新鲜混合气窜入排气管的数量，有利于减少 HC 的排放。

③ 气门升程的大小，也希望能够随发动机的转速和负荷而变化。一般是高转速、大负荷时气门升程增大，减少气门节流损失，以利于提高充气效率和燃油经济性；而在低转速、小负荷时，则希望气门升程减小，因为此时不必减少节气门开度便能减小进气量，从而减少进气管泵气损失，同时还有利于增强进气涡流强度、加速燃烧、改善冷起动和降低油耗。

由上可知，现代汽车发动机采用可变气门电子控制后，能根据发动机性能优化的要求，在发动机中低转速与高速运转状态下，适时地改变气门正时和气门升程，有利于更好地发挥汽油发动机的性能。

2. 丰田 VVT-i 智能可变气门正时系统

智能可变气门正时系统（variable valve timing-intelligence，VVT-i）是一种控制进气凸轮轴气门正时的机构，在进气凸轮轴与传动链轮之间具有油压离合装置，让进气门凸轮轴与链轮之间转动的相位差在 40°范围内可以改变，通过调整凸轮轴转角对气门正时进行优化，从而提高发动机在所有转速范围内的动力性、燃油经济性、排放性。

1）VVT-i 的结构组成

VVT-i 智能可变气门正时系统的结构组成如图 5-7 所示，其主要部件是调整凸轮轴转角的 VVT-i 控制器和对传送的机油压力进行控制的凸轮轴正时机油控制阀（与发动机润滑系统共用机油）。

VVT-i 控制器的结构如图 5-8 所示，由一个固定在进气凸轮轴上的叶片、一个与从动正时链轮一体的壳体、一个锁销组成。控制器有气门正时提前室和气门正时滞后室两个液压室。

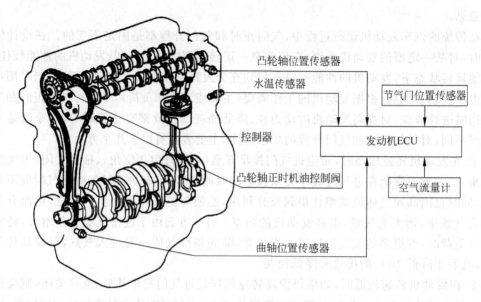

图 5-7 VVT-i 系统的结构组成

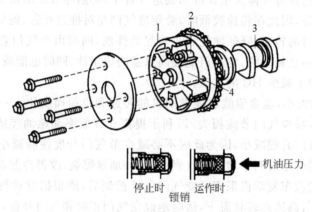

图 5-8 VVT-i 控制器（OCV）的结构
1—壳体；2—锁销；3—进气凸轮轴；4—叶片（固定在进气凸轮轴上）

通过凸轮轴正时机油控制阀的控制，它可在进气凸轮轴上的提前或滞后油路中传送机油压力，使控制器叶片沿圆周方向旋转，连续改变进气门正时，以获得最佳的配气相位。当发动机停止工作时，进气凸轮轴被调整（移动）到最大延迟状态以维持起动性能。在发动机起动后，油压并未立即传到 VVT-i 控制器时，锁销便锁定 VVT-i 控制器的机械部分以防撞击产生噪声。

凸轮轴正时机油控制阀由一个用来转换机油通道的滑阀、一个用来控制移动滑阀的线圈、一个柱塞及一个复位弹簧组成，其结构如图 5-9 所示。工作时，发动机 ECU 接收各传感器传来的信号，经分析、计算后发出控制指令（占空比信号）给凸轮轴正时机油控制阀，凸轮轴正时机油控制阀以此控制滑阀的位置，从而控制机油液压使 VVT-i 控制器处于提前、滞后或保持位置。当发动机停止工作时，凸轮轴正时机油控制阀多处在滞后状态，以确保起动性能。

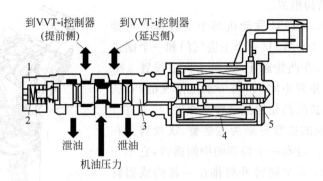

图 5-9 凸轮轴正时机油控制阀
1—套筒；2—弹簧；3—滑阀；4—线圈；5—柱塞

2）VVT-i 的工作原理

如图 5-10 所示，发动机 ECU 根据发动机转速、进气量、节气门位置和冷却液温度计算出一个最优气门正时，向凸轮轴正时机油控制阀发出控制指令，凸轮轴正时机油控制阀根据发动机 ECU 的控制指令选择至 VVT-i 控制器的不同油路以处于提前、滞后或保持 3 个不同的工作状态。此外，发动机 ECU 根据来自凸轮轴位置传感器和曲轴转速与位置传感器的信号检测实际的气门正时（改进后的发动机另外还安装有 VVT 传感器以更精确地检测凸轮轴位置），从而尽可能地进行反馈控制，以获得预定的气门正时。

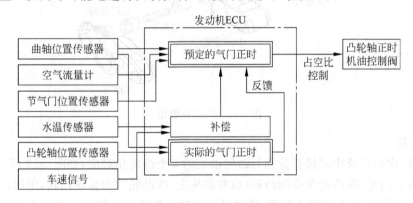

图 5-10 VVT-i 系统控制原理

3. 本田 VTEC 可变气门正时及气门升程电子控制系统

本田公司的可变气门正时及气门升程电子控制系统（variable valve timing and lift electronic control system，VTEC）是世界上第一个能同时控制气门开闭时间及升程两种不同参数的气门控制系统。本田公司在其几乎所有的车型中，都使用了 VTEC 技术。与普通发动机相比，VTEC 发动机所不同的是凸轮与摇臂的数目及控制方法，它有中低速用和高速用两组不同的气门驱动凸轮，由 ECU 根据各传感器的输入信号，通过电磁阀调节摇臂活塞液压系统同时改变进气门的正时与升程，提高发动机的燃烧效率和大负荷、高转速时的功率性能，使发动机在低速时具有较大转矩，而在高速时又能输出较大功率，大大地改善了汽车的动力性和经济性。

1) VTEC 的结构组成

如图 5-11 所示,VTEC 发动机每个气缸都有与普通气门一样动作的 4 个气门(一个主进气门和一个副进气门、两个排气门),在凸轮轴上,为每个气缸设置 3 个承担进气的凸轮(并列中间)和两个承担排气的凸轮。每个进气门均有单独的凸轮通过摇臂来驱动,与主进气门、副进气门所接触的摇臂分别为主摇臂、次摇臂。在主摇臂、次摇臂之间,设有一个特别的中间摇臂,它不与任何气门直接接触。3 个摇臂并列排在一起构成摇臂组,绕同一根摇臂轴转动。

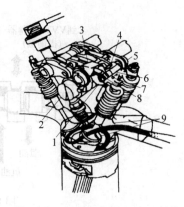

图 5-11 本田发动机 VTEC 系统
1—主摇臂;2—凸轮轴;3—正时板;4—中间摇臂;5—次摇臂;6—同步活塞 B;7—同步活塞 A;8—正时活塞;9—进气门

(1) 摇臂组

气门摇臂组如图 5-12 所示,在主摇臂内有一个油道与摇臂轴油道相通,在主摇臂的腔内有一个正时活塞,在次摇臂的腔内有同步活塞 A 和 B,在正时活塞、同步活塞间有一个正时弹簧,在主摇臂上设有一个正时板。

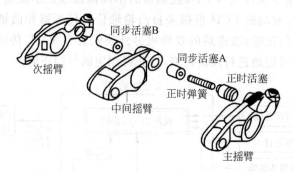

图 5-12 气门摇臂组

(2) 凸轮

主摇臂、次摇臂及中间摇臂分别与凸轮轴上的 3 个凸轮相对应,如图 5-13 所示。3 个凸轮分别称为主凸轮、次凸轮和中间凸轮(也有的将主、次凸轮称为低速凸轮,中间凸轮称为高速凸轮)。3 个凸轮具有不同的型线,使得气门正时与升程也不相同。中间凸轮使气门升程最大,它是按发动机高转速、大负荷最佳输出功率状态要求设计的。主凸轮的升程小于中间凸轮,它是按发动机低速工作时最佳状态要求设计的。次凸轮的升程最小,最高处也只是高于基圆,其作用是在低转速时,驱动次进气门稍微开启,以免喷油器喷出的燃油积聚在气门口外不能进入气缸。中间摇臂一端与中间凸轮接触,接受中间凸轮驱动,中间摇臂另一端不与任何气门直接接触。低转速时,中间摇臂的另一端推动支撑弹簧空行,并依靠它复位;高转速时,中间摇臂的另一端依靠安置在摇臂孔内的专门柱塞与主摇臂、次摇臂联动后,用来驱动主进气门、次进气门的开闭。

(3) 控制系统

如图 5-14 所示,VTEC 的控制系统主要由电子控制单元、VTEC 电磁阀总成和压力开关等组成。其中,VTEC 电磁阀总成(控制电磁阀、液压执行阀)的结构如图 5-15 所示。

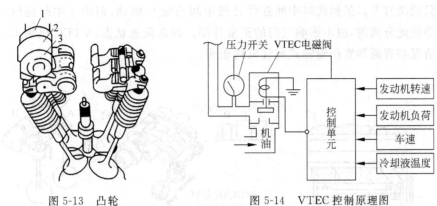

图 5-13 凸轮　　　　　图 5-14 VTEC 控制原理图
1—次凸轮；2—中间凸轮；3—主凸轮

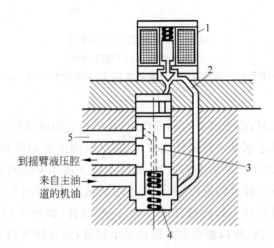

图 5-15 VTEC 电磁阀结构原理图
1—VTEC 控制电磁阀；2—控制油道；3—液压控制活塞；4—回位弹簧；5—回油孔

2）VTEC 的工作原理

工作时，发动机转速、发动机负荷和冷却液温度等信号输入电子控制单元，经电子控制单元分析处理后决定对配气机构是否实行 VTEC 控制，即控制 VTEC 电磁阀打开或关闭，进而控制液压执行阀和气门机构的动作。另外，VTEC 电磁阀开启后，VTEC 压力开关负责检测系统是否正处在工作状态，并反馈一个信号给电子控制单元以监控系统工作。当出现下列情况时系统才会实行 VTEC 控制：发动机转速达 2300～3200r/min 或进入中等负荷以上时、车速高于 10km/h 时、发动机冷却液温度高于 10℃ 时。

（1）低速状态

发动机在低转速时，控制电磁阀没有打开，在弹簧弹力的作用下液压执行活塞在最高位置，机油经活塞中部的孔流回油底壳，如图 5-15 所示。装在主摇臂上的正时板也在弹簧作用下挡住正时液压活塞向右运动，如图 5-16(a) 所示。此时，主摇臂、中间摇臂和次摇臂是彼此分离独立动作的，主凸轮 A 与次凸轮 B 分别驱动主摇臂和次摇臂以控制主进气门、副进气门的开闭，如图 5-16(b) 所示，主进气门升程约为 9mm，由于次凸轮 B 的升程很小，因此副进气门只稍微打开。虽然此时中间摇臂已被中间凸轮C驱动,但由于中间摇臂与主摇臂、次摇臂是彼此分离的,故不影响气门的正常开闭。即在低速状态,VTEC机构不工作,气门的开闭情况与普通顶置凸轮轴式配气机构相同。

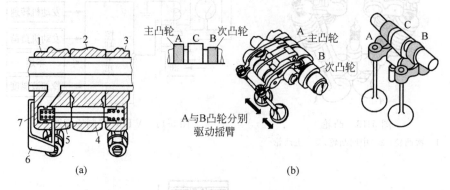

图 5-16 低速状态工作情况
(a) 液压活塞;(b) 凸轮与摇臂
1—主摇臂;2—中间摇臂;3—次摇臂;4—同步活塞B;5—同步活塞A;6—正时板;7—正时活塞

(2) 高速状态

当发动机高速运转时,由于离心力和惯性力,正时板克服弹簧作用力而取消对正时活塞的锁止。当发动机转速达到某一特定转速时,控制电磁阀接收到控制单元的信号而接通油路,一部分机油便流到液压控制活塞的顶部,使活塞向下运动关闭回油路,机油经活塞中部的孔沿摇臂轴流到各气门摇臂的液压腔,流入正时活塞左侧,如图5-17(a)所示。使同步活塞移动,将主摇臂、次摇臂和中间摇臂锁成一体,一起动作,如图5-17(b)所示。此时,由于中间凸轮C较次凸轮B高,所以便由它来驱动整个摇臂,并且使气门开启时间延长,开启的升程增大(约为12mm),从而达到改变气门正时和气门升程的目的。当发动机转速降低至设定值时,摇臂中的同步活塞端的油压也将由控制单元控制而降低,同步活塞将复位弹簧推回原位,3根摇臂又将彼此分离而独立工作。

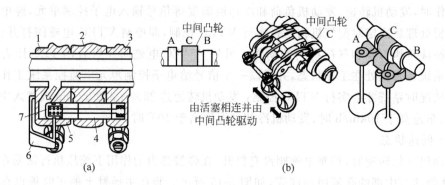

图 5-17 高速状态工作情况
(a) 液压活塞;(b) 凸轮与摇臂
1—主摇臂;2—中间摇臂;3—次摇臂;4—同步活塞B;5—同步活塞A;6—正时板;7—正时活塞

5.1.4 电子节气门控制系统

节气门的作用是控制进入发动机的空气流量,决定发动机的运行工况。电子节气门控制系统 ETCS 是一种柔性控制系统(x-by-wire)。它取消了传统节气门与加速踏板之间采用钢丝绳或杠杆机构的直接机械连接,在电子控制单元的控制下,通过节气门体上的节气门驱动装置驱动节气门,可实现节气门开度的快速精确控制,使发动机在最适当的状态下工作,从而提高了汽车的动力性、安全性、舒适性,降低排放污染。因此,ETCS 被广泛地运用于汽车的急速控制(ISC)、巡航控制(CCS)、驱动防滑控制(ASR)及车辆稳定性控制(VSC)等汽车动力控制系统中,为集中控制和简化结构提供了基础,并逐渐成为标准配置。现在越来越多的汽车采用电子节气门,如奥迪 A6、帕萨特 B5、雷克萨斯 LS400、凯美瑞(CAMRY)等。

1. 结构与原理

1) 结构组成

如图 5-18 所示,ETCS 主要由节气门体、加速踏板、加速踏板位置传感器、节气门位置传感器、节气门驱动装置和电子控制单元(绝大部分与发动机 ECU 集成为一体)等组成。

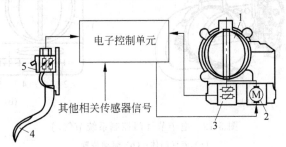

图 5-18 电子节气门控制系统
1—节气门;2—直流电动机;3—节气门位置传感器;4—加速踏板;5—加速踏板位置传感器

加速踏板位置传感器是反映驾驶员操作意愿的外部检测元件,它产生反映加速踏板踏量大小和变化速率的电压信号并输入电子控制单元(ECU),用于检测加速踏板的位置变化情况。节气门位置传感器是节气门开启状态的检测元件,用于将节气门的位置信息反馈给 ECU,该电压信号反映节气门开度大小和变化速率。

电子节气门控制系统通常采用双加速踏板位置传感器和双节气门位置传感器实现双信号输出。冗余设计的这两个传感器具有不同的输出特性,可相互检测。当一个传感器发生故障时能及时被识别,以增加系统的可靠性程度,保证行车安全性。

电子控制单元(ECU)是整个系统的核心,由信息处理模块和电动机驱动电路模块两部分组成。信息处理模块接收来自加速踏板位置传感器及其他相关传感器的电压信号,经过处理后得到节气门的最佳开度,并把相应的电压信号发送到电动机驱动电路模块。电动机驱动电路模块接收来自信息处理模块的信号,控制电动机转动相应的角度,使节气门达到或保持相应的开度。电动机驱动电路应保证电动机能双向转动。

如图 5-19(a)所示,节气门体取消了传统节气门的旁通气道和急速旁通阀,急速空气流量通过节气门的小开度进行控制。节气门驱动装置由执行电动机和机械传动机构组成,如图 5-19(b)所示,其作用是按照 ECU 的指令动作,及时将节气门调整到适当开度。执行电动机一般选用步进电动机或直流电动机,经过两级齿轮减速来调节节气门开度。

早期以使用步进电动机为主,步进电动机精度高、能耗低、位置保持特性较好,但其高速性能较差,不能满足节气门较高的动态响应性能的要求。永磁直流电动机精度高、反应灵敏、便于伺服控制,而且运转力矩大、空载转速低、长期运转时能产生足够大的转矩而不过载损坏。所以,现在比较多地采用永磁直流电动机。工作时,控制单元(ECU)通过调节 PWM 脉宽调制信号的占空比来控制直流电动机的输出转矩,进而调节节气门转角的大小。电动机输出转矩和脉宽调制信号的占空比成正比。当 PWM 信号占空比增加时,电动机的驱动转矩将大于复位弹簧阻力矩,使节气门开度增加;当占空比减小时,电动机驱动转矩小于复位弹簧阻力矩,节气门开度就减小,占空比越小节气门开度就越小。节气门体上的复位弹簧可使节气门回转到一个微小的开度,以保证在系统失去作用后发动机仍有一个较高的转速。这种动态调节在发动机的整个转速及负荷范围内均起作用。在发动机带负荷运转时,ECU 也可以不依靠加速踏板位置传感器而打开或关小气门,如在自动巡航工况下。

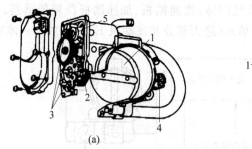 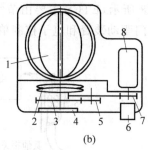

(a) (b)

图 5-19　电子节气门控制系统节气门

(a) 节气门体;(b) 驱动装置

1—节气门;2—复位弹簧;3—减速齿轮;4—节气门位置传感器;

5—小齿轮;6—线束插座;7—驱动齿轮;8—驱动电动机

2) 工作原理

工作时,驾驶员操纵加速踏板,加速踏板位置传感器产生相应的电压信号输入电子控制单元,电子控制单元根据当前的工作模式、踏板移动量和变化率解析驾驶人意图,计算出对发动机转矩的基本需求,得到相应的节气门转角的基本期望值。同时,电子控制单元还获取到发动机转速、自动变速器挡位、空调压缩机负载等其他各种传感器信号和 ASR、CCS 等其他控制系统的控制信号,由此计算出所需的全部转矩,通过对节气门转角基本期望值进行修正,得到节气门的最佳开度参数,并把相应的电压信号发送到驱动电路模块,驱动控制电动机使节气门处于最佳的开度位置。节气门位置传感器随时监测节气门的位置并把节气门的开度信号反馈给电子控制单元,形成闭环反馈控制。

2. 控制策略

1) 发动机转矩控制

进行转矩控制时,首先根据发动机转速、负荷、点火提前角和其他系统的信号等综合测算出实际转矩需求值,然后将实际转矩与理论转矩进行对比,如果两者有偏差,电子节气门控制系统将进行适当的调节,使实际控制转矩值和理论转矩值达到一致。

2) 自适应控制

为保障系统良好运行,电子节气门必须执行初始化程序,目的在于读取节气门的最大开启、关闭、无命令位置和运行时的变化位置,并在 EEPROM 中记下节气门初始化参数,以完成自适应控制记忆,以便在再次工作时能准确控制节气门的实际开度。电子节气门在更换 ECU、断电、清洗或更换节气门总成、计算机远程升级编码等情况下,都需要进行初始化。

3) 工作模式选择控制

电子节气门系统可根据不同行车需要,进行不同工作模式的选择控制,使节气门对加速踏板有不同的响应速度,通常有正常模式、动力模式和经济模式等。如在动力模式下,节气门加快对加速踏板的响应速度,发动机能提供额外的动力;当在附着较差的工况下,则会选择牵引力控制(防滑驱动)模式来控制,此时节气门对加速踏板的响应降低,发动机输出的功率比正常情况下小,使车轮不易打滑。

4) 海拔补偿

在海拔较高的地区,因大气压下降、空气稀薄、氧气含量下降,会导致发动机输出动力严重不足。电子节气门系统会自行按照大气压力和海拔高度的函数关系,对节气门开度进行补偿控制,以保障发动机的输出动力和加速踏板位置保持稳定对应关系。

5) 控制功能扩展

电子节气门系统作为发动机控制的一个功能模块,可通过增、减节气门开度来实现进气流量的调整,除了维持发动机正常运行所进行的控制以外,还可以完成与进气控制有关的巡航控制(CCS)、牵引力控制(驱动防滑 ASR)、车辆稳定控制(VSC)以及换挡缓冲控制等,实现信息共享和节气门开度的综合控制。

5.1.5 进气系统的测试

1. VVT 的检修

当 VVT-i 智能可变气门正时系统发生故障时,会产生 3 个有关故障代码:P1346、P1349 和 P1656。

产生故障代码 P1346 的原因有曲轴转速与位置传感器故障、凸轮轴位置传感器故障、机械系统故障(同步带跳齿、同步带过长)、ECU 故障。产生故障代码 P1349 的原因有气门正时不正常、凸轮轴正时机油控制阀故障、VVT-i 控制器总成故障、ECU 故障。产生故障代码 P1656 的原因有凸轮轴正时机油控制阀电路断路或短路故障、ECU 故障。检修时,凸轮轴正时机油控制阀、VVT-i 控制器(OCV)是检修的重点。

1) 检查凸轮轴正时机油控制阀线圈电阻及工作状况

断开蓄电池负极和凸轮轴正时机油控制阀插头 C2,检测插头端子 1 与端子 2 之间的电阻,20℃时为 6.9~7.9Ω。如不符合技术标准,应更换凸轮轴正时机油控制阀。

如图 5-20 所示,将蓄电池正极接凸轮轴正时机油控制阀插头端子 1,负极接端子 2(此控制阀端子 1 为 12V 电源端、端子 2 由 ECU 通过占空比控制通电时间),控制阀阀门应能自由移动且在所有位置不卡滞。如卡滞,则更换凸轮轴正时机油控制阀。起动发动机,拔下凸轮轴正时机油控制阀插头 C2,发动机转速应正常。将蓄电池电压施加在凸轮轴正时机油控制阀端子间并检查发动机转速,发动机应怠速不稳和失速。若工作不正常,则首先检查凸轮轴正时齿轮,必要时更换凸轮轴正时齿轮。若凸轮轴正时齿轮工作正常,则更换凸轮轴正时机油控制阀。

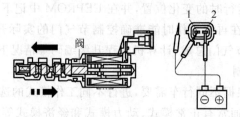

图 5-20 检查凸轮轴正时机油控制阀

2) 检查凸轮轴正时机油控制阀与发动机 ECU 之间的线束

检查发动机 ECU 插接器端子 24 与凸轮轴正时机油控制阀插头 C2 端子 1 之间的电阻、ECU 插接器端子 23 与凸轮轴正时机油控制阀插头 C2 端子 2 之间的电阻,正常电阻值应为 1Ω 或更小。检测发动机 ECU 插接器端子 24 与 21、23 与 21 之间的电阻,正常电阻值应为 1MΩ 或更大。若不正常,则修理或更换配线和插头。

3) 凸轮轴正时机油控制阀波形(ECU 输出信号)检测

关闭点火开关,在发动机 ECU 插接器端子 OCV+ 和 OCV- 之间连接示波器。起动发动机并怠速运转,用示波器检测 OCV+ 与 OCV- 之间的波形,标准波形如图 5-21 所示。如果所测得的波形不正常,则说明 ECU 或凸轮轴正时机油控制阀有故障,应予以更换。

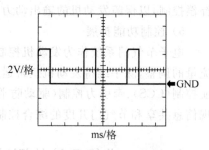

图 5-21 凸轮轴正时机油控制阀波形

4) VVT-i 控制器(OCV)的检修

关闭点火开关,将凸轮轴包上厚布夹紧在台虎钳上,转动控制器壳,锁销应能锁紧正时齿轮和凸轮轴。如图 5-22(a)所示,用尼龙胶带包住凸轮轴颈的两个提前油路和两个滞后油路,用橡胶块塞住两个提前油路和滞后油路中的一个,另一个提前油路和滞后油路内施加约 150kPa 的气压,如图 5-22(b)所示。先给正时滞后油路减压,凸轮轴正时齿轮总成应能向正时提前的反方向平滑转动,且无卡滞现象。再给正时滞后油路增压,给正时提前油路减压(应缓慢减压,以防转动冲击导致锁销损坏),凸轮轴正时齿轮总成应能向正时滞后的反方向平滑转动,且无卡滞现象。

2. VTEC 的检修

如果 VTEC 在发动机低速状态一直工作,发动机会因进气量不足而无力。如果一直在高速状态下工作,发动机的燃油消耗量就会增加。当 VTEC 系统出现故障时,发动机故障指示灯就会点亮,显示出故障代码。

1) VTEC 电磁阀及其电路的检修

目测 VTEC 电磁阀与电子控制单元的连接导线是否有连接不良的现象。关闭点火开关,拆下 VTEC 电磁阀插头,检查 VTEC 电磁阀插头 1 号端子与 2 号端子(或搭铁)之间的

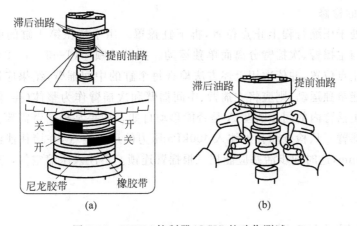

图 5-22 VVT-i 控制器(OCV)的动作测试

电阻,正常值为 14~3Ω,否则说明 VTEC 电磁阀损坏,应予更换。把电磁阀从缸盖上拆下,检查滤清器滤网是否堵塞,若堵塞应进行清洁并更换机油,如图 5-23 所示。分解电磁阀与阀体,用手指推动电磁阀柱塞,应能自由运动,如图 5-24 所示。

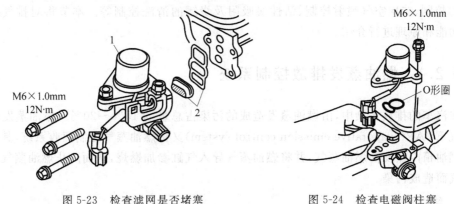

图 5-23 检查滤网是否堵塞　　图 5-24 检查电磁阀柱塞
1—VTEC 电磁阀总成；2—VTEC 电磁阀总成滤清器/密封垫

检查 VTEC 电磁阀插头端子 1 与 ECU 插接器相应端子之间的电阻,以及电磁阀插头端子 2 与搭铁之间的电阻,判断电路是否有断路故障。若导通,则接上 VTEC 电磁阀插头,检查 VTEC 电磁阀插头端子 1 与搭铁之间的电阻,判断电路是否有短路故障。

2) VTEC 压力开关的检修

由于 VTEC 机构的运动是由机油压力推动进行的,所以应检查 VTEC 压力开关及机油压力。当发动机转速超过 3000r/min 时,机油压力最低值为 250kPa。关闭点火开关,拆下 VTEC 压力开关插头,检测两接线端子之间的电阻。在发动机不工作时,电阻应为 0(压力开关应导通),否则说明线路断路。起动发动机,将压力开关的两接线端子分别接蓄电池正、负极,当发动机转速小于 3000r/min 时压力开关应打开(两接线端子之间的电压为 0),当转速大于 3000r/min 时压力开关应关闭(两接线端子之间的电压为 12V)。VTEC 压力开关插头棕/黑线与搭铁之间应导通,蓝/黑线与 ECU 端子之间也应导通。

3)摇臂组的检修

使第1缸处于压缩行程上止点位置,拆下缸盖罩。用手按压第1缸的中间摇臂(进气侧),要求其能与主摇臂、次摇臂分离而单独运动。按做功顺序(1—3—4—2)分别使各缸处于压缩行程上止点位置,并依次用上述方法检查每个缸的中间摇臂,结果应同上。注意,如果中间摇臂不能单独运动,则应将主摇臂、中间摇臂和次摇臂作为整体(摇臂组)拆下,并检查中间摇臂和主摇臂内的同步活塞A是否能移动自如。如果某根摇臂需要更换,则必须整组地更换三根摇臂。从检查油孔处注入400kPa压力的压缩空气,并堵住泄油孔,然后把正时板推高2~3mm,这时同步活塞应能把三根摇臂连锁。不注入压缩空气,三根摇臂又分开独立动作。

5.2 排气控制系统

为了减少汽车使用过程中对大气环境的污染,现代汽车对汽油发动机的污染源采取了多项控制有害物排放及净化的措施,如采用三元催化转换器及空燃比反馈控制、废气再循环(EGR)控制、二次空气喷射控制、活性炭吸附及炭罐的清洗控制等。本节将对排气控制系统的功能和原理进行介绍。

5.2.1 燃油蒸发排放控制系统

在汽车的排放污染中,由燃油蒸发造成的污染占总量的15%~20%。燃油蒸发排放控制系统EVAP(evaporative emission control system)又称燃油蒸气控制回收系统,其功能是收集燃油箱内蒸发的燃油蒸气,并将燃油蒸气导入气缸参加燃烧,从而防止燃油蒸气直接排入大气而造成污染。

1. 结构及原理

燃油蒸发排放控制系统是为防止燃油箱内的燃油蒸气排入大气产生污染而设置的,主要由燃油箱、活性炭罐、活性炭罐电磁阀和发动机控制单元(ECU)等组成。活性炭罐是系统中储存蒸气的部件,如图5-25所示。活性炭罐的下部与大气相通,上部有接头与油箱和进气歧管相连,用于收集和清除燃油蒸气。中间是活性炭颗粒,它具有极强的吸附燃油分子的作用。燃油箱内的燃油蒸气,经油箱管道进入活性炭罐后,蒸气中的燃油分子被吸附在活性炭颗粒表面。

在装有EVAP控制系统的汽车上,加油口盖上只有空气阀,而不设蒸气放出阀。因为要将油箱内的燃油蒸气导入气缸参加燃烧,为了避免破坏发动机正常的混合气成分,影响发动机正常工作,必须对燃油蒸气进入气缸的时机和进入量进行控制。早期的燃油蒸发排放控制系统多利用真空进行控制,而现在多采用ECU进行控制。之所以有这样的变化,是因为在怠速工况下,在控制单元(ECU)的控制下,燃油蒸气不进入气缸,

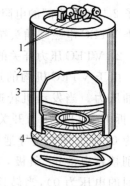

图5-25 活性炭罐
1—通风和净化管接头;2—罐体;3—炭粒;4—滤清器

因为在怠速工况易造成混合气过浓而使发动机熄火,在全负荷工况又会引起混合气过稀而影响发动机的动力性。

如图 5-26 所示,这是一种 ECU 利用真空进行燃油蒸气控制的燃油蒸发排放控制系统。

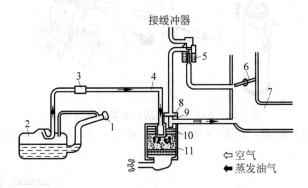

图 5-26 燃油蒸发排放控制系统的组成
1—加油口盖;2—油箱;3—单向阀;4—排气管;5—电磁阀;6—节气门;
7—进气门;8—真空阀;9—真空控制阀;10—定量排放孔;11—活性炭罐

在活性炭罐与油箱之间设有排气管和单向阀,燃油箱内的燃油蒸气超过一定压力时,活性炭罐内的活性炭将燃油蒸气吸附在炭罐内。发动机工作时,活性炭罐内的燃烧蒸气经定量排放孔、吸气管被吸入进气管。活性炭罐的上端设有一个真空控制阀,真空控制阀为一膜片阀,膜片上方为真空室,控制阀用来控制定量排放孔的开或闭。真空控制阀与进气管之间的真空管路中设有受 ECU 控制的电磁阀,用以调节真空控制阀上方真空室的真空度,改变真空控制阀的开度,从而控制吸入进气管的燃油蒸气量。为防止活性炭罐内的燃油蒸气被吸入进气管后使混合气变浓,活性炭管下方设有进气滤芯并与大气相通,使部分清洁空气与活性炭罐内的燃油蒸气一起进入歧管,进入气缸。

桑塔纳 2000GSi AJR 发动机的燃油蒸发排放控制系统(又称燃油蒸气控制回收系统,简称 AKF 系统)的活性炭罐上不设真空控制阀,而是将受 ECU 控制的活性炭罐电磁阀直接装在活性炭罐与进气管之间的吸气管中,如图 5-27 所示。在活性炭罐电磁阀内设有电磁线圈,ECU 根据发动机不同工况,改变输送给电磁线圈脉冲信号的占空比,从而改变活性炭罐电磁阀开度的大小。此外,活性炭罐电磁阀的开度同时还受电磁阀两端压力差 Δp($\Delta p = p_e - p_i$)的影响,如图 5-28 所示。当发动机工作时,电子控制单元 ECU 发出一定占空比的脉冲信号,使活性炭罐电磁阀周期性地开启和关闭(在发动机达到工作温度和一定转速时才打开)。当活性炭罐电磁阀开启时,在发动机进气歧管与环境大气压力之间产生的负压作用下,储存在活性炭罐中的饱和燃油蒸气就会与新鲜空气形成再生气流,经过吸气管吸入燃烧室燃烧,从而避免燃油蒸气排入大气而污染环境。

2. 加强型 EVAP 系统

随着排放法规的日趋严格,目前越来越多的车型装设了加强型 EVAP 系统。该系统不仅能在 ECU 的控制下,将收集的燃油蒸气导入气缸参加燃烧,而且能在保证燃油蒸气不泄漏的前提下维持燃油箱内压力的稳定,同时还能使 ECU 全面监控 EVAP 系统内部的堵塞、泄漏、阀门动作不良等异常情况。

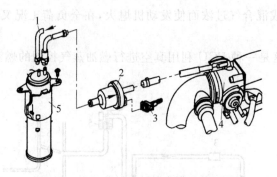

图 5-27　AJR 发动机活性炭罐及其电磁阀

1—油箱通风管；2—活性炭罐电磁阀；3—插头；4—节气门体；5—活性炭罐

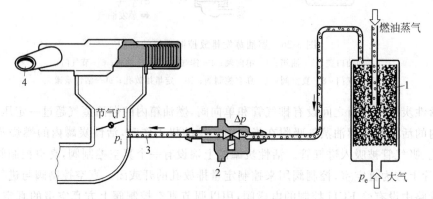

图 5-28　AJR 发动机 AKF 系统工作原理

1—活性炭罐；2—活性炭罐电磁阀；3—吸气管；4—进气口

如图 5-29 所示，加强型 EVAP 系统主要由燃油箱盖（加油口盖）、燃油箱压力传感器、双通阀、活性炭罐、活性炭罐电磁阀、通风电磁阀等部件组成。与非加强型 EVAP 系统相比，增加了燃油箱压力传感器、通风电磁阀。其中，通风电磁阀由 ECU 控制，控制进入活性炭罐新鲜空气的流量，往往与一单向阀配合，保证气体只进不出。燃油箱压力传感器用于检测燃油箱内的压力或真空，当燃油箱压力增加时，燃油箱压力传感器的电压降低，即低电压表示高压力。当燃油箱压力减小时，燃油箱压力传感器的电压升高，即高电压表示低压力。

发动机控制系统除了依据发动机工况信息，通过控制活性炭罐电磁阀的动作来控制 EVAP 系统的燃油蒸气进入气缸参与燃烧外，还要适时监测 EVAP 系统的状态，以判断其是否能达到良好的工作性能。

1) 系统泄漏的监测

ECU 通过燃油压力箱传感器适时监测 EVAP 系统的压力。在进行泄漏监测时，ECU 首先控制通风电磁阀关闭，以密封活性炭罐与大气相通的一侧。然后控制活性炭罐电磁阀开启，以利用进气歧管的真空在 EVAP 系统中产生真空。当 EVAP 系统产生 2kPa 的真空度时，ECU 通过监测 EVAP 系统真空度的变化，确定 EVAP 系统是否存在泄漏，如有泄漏则设置相应的故障代码。

2) 活性炭罐通风管路堵塞的监测

监测活性炭罐通风管路是否堵塞有以下两种方法。

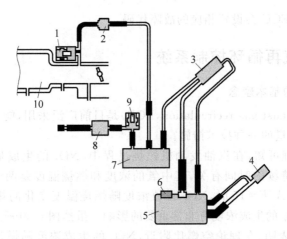

图 5-29 加强型 EVAP 系统的组成

1—活性炭罐电磁阀；2—稳压室；3—双通阀；4—燃油箱盖；5—燃油箱；6—燃油箱压力传感器；7—活性炭罐；8—空气滤清器；9—通风电磁阀；10—进气歧管

(1) ECU 控制活性炭罐电磁阀开启,并控制通风电磁阀也开启,然后通过燃油箱压力传感器监测 EVAP 系统真空度的变化。若 EVAP 系统真空度的上升量超过一定数值,则说明活性炭罐通风管路堵塞,此时 ECU 会设置相应的故障代码。

(2) ECU 控制活性炭罐电磁阀开启,并控制通风电磁阀关闭,由此对 EVAP 系统施加真空,一旦达到一定的真空度,ECU 再控制活性炭罐电磁阀关闭,并控制通风电磁阀开启,然后通过燃油箱压力传感器检测 EVAP 系统真空度的变化。若 EVAP 系统真空度没有在规定时间内降低到接近 0,则说明活性炭罐通风管路堵塞,此时 ECU 会设置相应的故障代码。

3) 活性炭罐电磁阀泄漏的监测

在进行活性炭罐电磁阀泄漏监测时,ECU 控制活性炭罐电磁阀关闭,并控制通风电磁阀也关闭。ECU 通过燃油箱压力传感器监测 EVAP 系统真空度的变化。若 EVAP 系统真空度能上升到一定数值,则说明活性炭罐电磁阀泄漏,此时 ECU 会设置相应的故障代码。

4) 通风气流量的监测

监测通风气流量的方法有以下两种。

(1) 利用前氧传感器进行监测

若活性炭罐内充满了燃油蒸气,则在活性炭罐电磁阀开启时,气缸内的混合气会被加浓。若活性炭罐内没有燃油蒸气,则在活性炭罐电磁阀开启时,气缸内的混合气会被稀释。混合气浓度的变化会被排气管路上的前氧传感器监测到,若在正常活性炭罐电磁阀开启时,前氧传感器监测到了混合气浓度的变化,则说明 EVAP 系统工作正常。若在活性炭罐电磁阀开启时,前氧传感器监测到混合气浓度无变化,则说明燃油蒸气没有进入进气歧管,此时 ECU 将判定 EVAP 系统通风气流量不正常,同时设置相应的故障代码。

(2) 利用进气歧管压力传感器进行监测

ECU 以某一固定的周期将活性炭罐电磁阀打开一点,然后再关闭一点,由此导致进气歧管的压力变化,这个变化由进气歧管压力传感器接收并发送到 ECU。若 ECU 接收到的进气歧管压力随着活性炭罐电磁阀的开闭而呈现相应变化,则说明 EVAP 系统工作正常。若 ECU 接收到的进气歧管压力不随活性炭罐电磁阀的开闭变化,则说明 EVAP 系统通风气流量不正常,同时 ECU 会设置相应的故障代码。

5.2.2 废气再循环控制系统

1. 废气再循环的基本理念

废气再循环(exhaust gas recirculation,EGR)是目前广泛采用,能有效减少汽油发动机氮氧化物(NO_x)生成量的一种技术措施。

由 NO_x 生成机理可知,在汽油发动机燃烧过程中,NO_x 的生成量与混合气中氧的浓度、燃烧温度及高温持续的时间有关,其中氧的浓度和燃烧温度是两个最重要的因素。如图 5-30 所示,给出了 $A/F=15$ 时,NO_x 排放浓度随燃烧温度变化的规律。从图 5-30 可以看出,燃烧温度对 NO_x 的生成浓度有非常重要的影响。虽然图 5-30 所示的曲线是在 $A/F=15$ 时得到的,但实验表明,在理论空燃比附近,NO_x 的生成浓度随燃烧温度变化的规律与图 5-30 所示基本相同。

采用废气再循环方法能有效抑制 NO_x 生成量,是因为废气的主要成分是二氧化碳,虽然二氧化碳其本身不能燃烧,但二氧化碳是一种三原子惰性气体,其具有比二原子惰性气体大的比热值,即在温升 ΔT 相同的情况下,二氧化碳气体需要吸收更多的热量。在新鲜混合气中掺入适当比例的废气后,二氧化碳气体能够吸收较多的燃烧热量,使最高燃烧温度下降,从而减少了燃烧过程的 NO_x 生成量。

废气再循环中引入的废气量必须适当。若引入废气量太少,降低的效果不明显;若引入废气量过多,不仅混合气着火性能变差,汽油发动机输出功率下降,而且还会使汽油发动机排放性能恶化。对于废气再循环过程中引入的废气量,一般用 EGR 率来表示,EGR 率的定义如下:

$$EGR 率 = [EGR 气体流量/(吸入空气量 + EGR 气体流量)] \times 100\%$$

对于大多数汽油发动机,废气再循环的 ECR 率控制在 6%~23% 范围较适宜。另外,虽然适量废气再循环可以有效地降低 NO_x 排放量,但也存在影响混合气着火性能和汽油发动机输出功率的缺点,因此一般在汽油发动机 NO_x 排放量较多的运行工况,才进行废气再循环。而在汽油发动机的起动、暖机、怠速、低转速小负荷、大负荷或高转速及加速等工况,由于废气再循环将明显影响汽油发动机性能,因此在这些运行工况不进行废气再循环。

2. 废气再循环系统的基本工作原理

1) EGR 阀

在 EGR 系统中,EGR 阀是一个关键部件,它可以根据发动机实际工况的变化自动调整参与再循环的废气量。EGR 阀通常安装在废气再循环通道上,废气再循环通道的一端通排气管,另一端连接进气歧管,如图 5-31 所示。

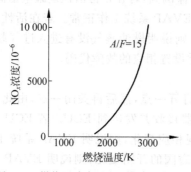

图 5-30 燃烧温度与 NO_x 排放量的关系

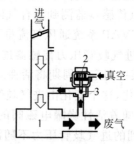

图 5-31 EGR 阀及其安装位置
1—发动机;2—膜片;3—EGR 阀

(1) 真空膜片式 EGR 阀

真空膜片式 EGR 阀的结构及其工作原理如图 5-32 所示。EGR 阀内有一膜片,膜片在膜片弹簧及两侧气压的作用下可上下移动,膜片移动时可带动其下方的锥形阀同时移动,将阀门关闭或打开。进气管真空度经真空传送管传入膜片室。当真空度较小或没有真空度时,在膜片弹簧的作用下,锥形阀将废气再循环通道关闭,如图 5-32(a)所示,不进行废气再循环。当真空度较大时,膜片、膜片推杆和锥形阀一起向上提起,将废气再循环通道打开,如图 5-32(b)所示,部分废气经废气再循环通道进入进气歧管,进行废气再循环。废气再循环通道开启的程度决定于进气歧管真空度的大小,因此当节气门开度和发动机转速变化时,再循环的废气量将会自动地得到调节。

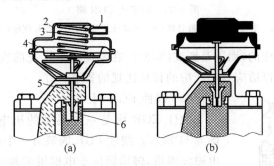

图 5-32 真空膜片式 EGR 阀
(a) 关闭;(b) 打开
1—真空传送管;2—膜片室;3—膜片弹簧;4—膜片;5—膜片推杆;6—锥形阀

对于大多数汽油发动机来说,废气再循环的 EGR 率控制在 6%～23% 范围内较适宜。一般机械式控制系统通过进气压力和排气压力调节 EGR 阀的开度,并由此控制 EGR 率,所以所能控制的 EGR 率较小(5%～15%),即使采用能进行比较复杂控制的机械式控制装置也受到限制,并且控制装置繁多。而电子控制式 EGR 阀,不仅结构简单,而且能对参与再循环的废气量精确地实施较大范围的控制(EGR 率 15%～20%),最大限度地减小废气再循环对汽油发动机性能造成的不利影响,所以现代汽车发动机大部分都采用电子控制 EGR 阀系统。

(2) 数字式 EGR 阀

如图 5-33 所示,一个数字式 EGR 阀内有 3 个由发动机 ECU 直接操纵的动断开关电磁阀,每个电磁阀都有一个可动柱塞,每个柱塞的锥形端与一个限流孔的阀座密封贴合。当给任何一个电磁阀通电时,该电磁阀的柱塞就会升起,使柱塞的锥形端离开限流孔的阀座,废气就会通过限流孔进入进气歧管。每个电磁阀和限流孔具有不同的直径尺寸,ECU 可以驱动 3 个电磁阀中的一个、两个或全部 3 个电磁阀动作,构成 7 种不同的通道截面组合,产生 7 种不同的 EGR 率,这样就可以较精确地控制参与再循环系统的废气量,保证发动机在大部分工况下获得最佳的 NO_x 控制效果。

数字式 EGR 阀能独立地对再循环到发动机进气管的废气量进行准确的控制。与真空膜片式 EGR 阀相比,它不需要真空源,而且系统控制与进气歧管真空度没有关系,在控制的精确度和工作可靠性方面有了很大的改善。但由于数字式 EGR 阀中的电磁线圈控制的可动柱塞只有开与关两种状态,每个可动柱塞所能控制的废气流量变化只有零和最大两种

图 5-33 数字式 EGR 阀

1—外壳；2—电磁阀和安装板总成；3—可动柱塞总成；4—EGR 阀座；5—限流孔

状态,流量的变化是突变的,而不是渐变的,所以在发动机全工况的废气再循环量精确控制方面还是有欠缺的,难以适应日趋严厉的排放法规的要求。

(3) 线性 EGR 阀

线性 EGR 阀是一个典型的机电控制部件,其结构如图 5-34 所示。线性 EGR 阀装有一个由发动机 ECU 驱动的电磁线圈组,锥形阀位于电枢轴的端头,当电磁线圈通电产生电磁力时,电枢轴带动锥形阀上升,废气由排气歧管从打开的阀门流入进气歧管。ECU 利用脉冲宽度调制原理控制 EGR 电磁线圈电路的通、断,可以精确控制电枢轴的移动量,从而控制参与再循环的废气量。

线性 EGR 阀是随着脉宽调制技术(或称占空比控制技术)的日趋成熟而发展起来的。先进的脉宽调制技术使得线性 EGR 阀电枢轴的开启程度完全是线性渐变的,而不是突变的,能适应发动机全工况下 NO_x 排放的控制。ECU 根据各种传感器所传送的发动机运行参数计算出最优的 EGR

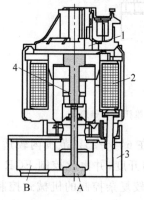

图 5-34 线性 EGR 阀

1—EGR 枢轴位置传感器；2—电磁线圈；3—阀座；4—电枢

阀的最佳开启程度,并通过脉宽调制信号来控制 EGR 线圈,通过电枢轴和阀座的配合量孔变化来实现连续的排气和进气歧管间废气再循环量的控制。特别是线性 EGR 阀中配置的 EGR 枢轴位置传感器,能够将实际电枢轴的移动位置反馈给 ECU,从而实现对废气再循环量的精确闭环控制,在控制精度上有着独特的优势,因而得到了广泛的应用。

2) 废气再循环系统的工作原理

废气再循环系统的构成及工作原理如图 5-35 所示。该系统由废弃再循环阀 1(EGR 阀)、真空电磁阀 3 及其连接管道和软管组成。进行废气再循环时,一部分废气从排气管经过 ERG 阀进入进气管与新鲜空气混合。EGR 阀的开启和关闭由阀体上方真空室的真空度控制,当需要进行废

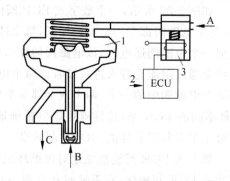

图 5-35 废气再循环系统的构成及工作原理

A—进气歧管真空；B—排气管废气；C—至进气管；
1—EGR 阀；2—传感器输入信号；3—真空电磁阀

气再循环时,在 ECU 控制下,真空电磁阀开启,把节气门下游的真空引入 EGR 阀上的真空室,EGR 阀开启,排气管中的部分废气经过 EGR 阀进入进气管,周而复始地进行再循环。当不需要进行废气再循环时,在 ECU 控制下真空电磁阀关闭,并把节气门上游的进气压力压入 EGR 阀的真空室,EGR 阀在回位弹簧的作用下关闭,废气再循环停止。

在废气再循环的基本概念中曾指出,既要有效地减少的 NO_x 生成量,同时又不能对汽油发动机的其他性能造成较大的不利影响,除了有些工况不能进行废气再循环外,还必须对废气再循环过程的 EGR 率进行控制。事实上,即使在需要进行废气再循环量的工况,固定的 EGR 率也是不适宜的,比较理想的情况是,废气再循环过程中 EGR 率应随汽油发动机运行工况和状态相应变化,这样既能有效减少 NO_x 生成量,又能把废气再循环对汽油发动机性能造成的不利影响减小到最低程度。这种较理想的可变 EGR 率废气再循环技术措施,只有采用电控技术才能实现。

3. 两种电控可变 EGR 率废气再循环系统简介

1) 电控真空阀驱动可变 EGR 率废气再循环系统

电控真空阀驱动可变 EGR 率废气再循环系统如图 5-36 所示,该系统由 EGR 阀 2、EGR 阀升程位置传感器 3 和 ON-OFF 真空电磁阀 4 等组成。EGR 阀升程位置传感器用来检测 EGR 阀开度大小,并将 EGR 阀开度转换为相应的电压信号,输送到 ECU。ON-OFF 电磁阀由两个电磁阀组成,这两个电磁阀中任何一个处于开启状态,另一个必须处于关闭状态,这就是为什么称其为 ON-OFF 电磁阀的原因。在这两个电磁阀中,一个控制 EGR 阀真空室与节气门上游进气管之间的连接通道,若这个电磁阀处于开启状态,则把进气压力引入真空室,将使 EGR 阀关闭。另一个电磁阀控制 EGR 阀真空室与节气门下游进气管之间的连接通道,若这个电磁阀处于开启状态,则把进气歧管的真空引入真空室,将使 EGR 阀开启。当汽油发动机进行废气再循环时,ECU 首先根据汽油发动机转速和负荷,预先确定 EGR 阀的目标升程,然后通过交替改变两个 ON-OFF 电磁阀的工作状态,对 EGR 的升程进行调整,直到位置传感器检测出的 EGR 阀实际升程与目标升程相同为止。

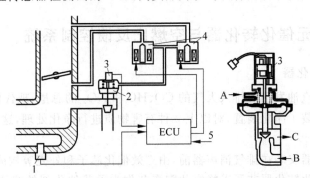

图 5-36 电控真空阀驱动可变 EGR 率废气再循环系统
A—进气歧管真空;B—排气管废气;C—至进气管;
1—水温传感器;2—EGR 阀;3—EGR 阀开度位置传感器;
4—ON-OFF 真空电磁阀;5—其他传感器输入信号

在不进行废气再循环的工况,ECU 使控制 EGR 阀真空室与节气门上游进气管连接通道的电磁阀保持开启状态,由于进气压力的引入,使 EGR 阀完全关闭。

2) 电控比例电磁阀驱动可变 EGR 率废气再循环系统

图 5-37 所示为一个采用比例电磁阀控制 EGR 开度的可变 EGR 率废气再循环系统。当汽油发动机进行废气再循环时,ECU 根据当前运行工况和相关传感器的输入信号确定 EGR 率(EGR 阀的目标升程),先按预先设定的通断比例使比例电磁阀将 EGR 阀打开。然后,ECU 根据位置传感器测量的 EGR 阀实际开度,不断调整比例电磁阀的通断电比例,直到 EGR 阀达到设定的开度为止。采用电磁阀驱动 EGR 阀,不仅提高了 EGR 阀的响应速度(与真空阀驱动的 EGR 阀相比,响应速度提高了 10 倍)和 EGR 率的控制精度,同时也为废气再循环系统的故障诊断提供了方便,目前电磁驱动 EGR 阀的使用已越来越多。电磁驱动 EGR 阀的主要不足是电磁线圈长期在高温下工作,工作环境较差,对电磁线圈的耐高温性能有较高的要求。

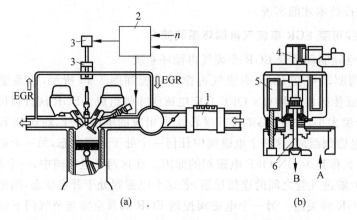

图 5-37 电控比例电磁阀驱动可变 EGR 率废气再循环系统
(a) 废气再循环系统构成简图;(b) EGR 阀总成
A—排气管废气;B—至进气管;1—空气流量计;2—ECU;3—EGR
阀总成;4—EGR 阀升程位置传感器;5—电磁线圈;6—阀门总成

5.2.3 三元催化转化器与空燃比反馈控制系统

1. 三元催化转化器

为了有效减少汽油发动机排入大气的 CO、HC 和 NO_x 的总量,现代轿车汽油发动机在排气系统中普遍安装了净化装置,对以上 3 种有害物质进行净化处理,这种装置称为三元催化转化器。

三元催化转化器安装在排气消声器前,由三效催化芯子和外壳等构成,如图 5-38 所示。

大多数三元催化转化器芯子以蜂窝状陶瓷芯作为承载催化剂的载体,在陶瓷载体上浸渍铂(或钯)和铑的混合物作为催化剂。为了提高芯子抗颠簸性能,芯子外面通常用钢丝包裹。铂(或钯)和铑作为催化剂,它们不仅能使一氧化碳和碳氢化合物氧化变成二氧化碳和水,而且还能促使氮氧化合物与一氧化碳进行化学反应,转变成氮气和二氧化碳。在三元催化转化器的芯子内所进行的化学反应,前者是氧化反应,后者是还原反应。三元催化转化器对 CO、HC 和 NO_x 三种有害物的转换效率与汽油发动机的空燃比有关,只有当汽油发动机的实际空燃比在理论空燃比 $A/F=14.7:1$(过量空气系数 $\alpha=1$)附近时,三元催化转化器

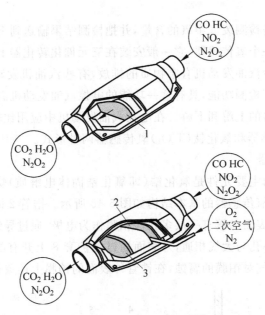

图 5-38　三元催化转化器
1—三效催化芯子；2—单效催化芯子；3—二效催化芯子

对这三种有害物质同时具有最高的转化效率，如图 5-39 所示。

早期的电控燃油喷射发动机中，ECU 根据汽油发动机转速、进气量、进气压力温度等信号确定喷油量，对空燃比实行开环控制，虽然这种控制方法相对于化油器式汽油发动机对空燃比的控制方法有很大提高，但要将空燃比精确控制在 14.7∶1 附近很小的范围内，是非常困难的。为使三元催化转化器始终具有最高的转化效率，现代电控汽油发动机普遍采用氧传感器检测废气中的氧含量，对空燃比实行反馈控制（即 A/F 闭环控制），以提高空燃比控制精度。

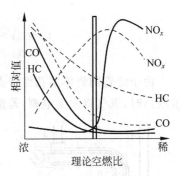

图 5-39　三元催化转化器效率随空燃比的变化

另外，为使三元催化转化器始终具有最高的转化效率和使用寿命，必须使用无铅汽油，且把三元催化转化器的工作温度控制在一定范围内。如果使用有铅汽油，汽油中的铅会使作为催化剂的贵金属铂和钯失去催化效力，造成催化剂"中毒"。三元催化转化器的最低工作温度为 250℃，理想工作温度为 400~800℃。如果温度超过 1000℃，会使催化剂迅速变质，使三元催化转化器变得毫无用处。另外，三元催化转化器大多与排气管制成一体，其内部由陶瓷体和一些贵重金属催化剂组成，催化剂的陶瓷载体耐冲击能力较差，当车辆在路况较差的路面行驶时，极易造成底盘刮碰，导致陶瓷体碎裂。同时，三元催化转化器工作时表面温度很高，突然降温容易形成激冷现象而损坏内部的陶瓷体。因此，三元催化转化器使用过程中要注意避免其出现化学中毒、过热老化、破损等问题。

2. 氧传感器

氧传感器的作用是检测废气中氧的含量,并把检测结果输送到ECU。国产大多数汽油发动机电控系统采用一个氧传感器,它一般安装在三元催化转化器上游,汽油发动机排气总管上。为了进一步减少汽油发动机有害物质的排放,有些汽油机发动机的电控系统增加了三元催化转化净化效率检测功能,具有这一功能的电控汽油发动机需要两个氧传感器,它们分别安装在三元催化器的上游和下游。在电控汽油发动机中应用比较广泛的氧传感器主要有氧化锆(ZrO_2)氧传感器和氧化钛(TiO_2)氧传感器两种形式。

1) 氧化锆氧传感器

氧化锆氧传感器的主要元件是氧化锆(即氧化锆固体电解质)烧结的多孔性管状陶瓷体,也称锆管。氧化锆氧传感器的基本结构如图5-40所示。锆管2固定在安装有螺纹的传感器体中,锆管的内外表面都镀有一层多孔性铂膜作为电极,通过导线将信号引出。锆管内腔通过金属护套上的小孔与大气相通,外表面通过防护套8上开有的槽口与废气管中的废气相接触,为了防止废气对铂膜的腐蚀,在锆管外表面的铂膜上还覆盖一层多孔性陶瓷层。

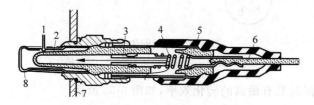

图5-40 氧化锆氧传感器

1—废气;2—锆管;3—电极;4—弹簧;5—线头绝缘支架;
6—导线;7—废气管管壁;8—防护套管

由于锆管陶瓷体多孔性特点,因此内腔大气中的氧气能够渗入到固体电解质内。当温度较高时,氧气将发生电离,若锆管内腔(大气)和锆管外表面(废气)两侧氧的含量不一致,

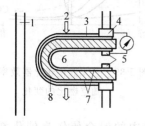

图5-41 氧传感器工作原理

1—排气管壁;2—废气;3—陶瓷防护层;4,5—电极引线点;6—大气;7—铂电极;8—陶瓷体

即存在氧的浓度差时,固体电解质内部的氧离子将从锆管的内腔向锆管的外表面扩散,此时锆管相当于一个微电池,在锆管两侧的铂电极之间产生电压,如图5-41所示。铂电极之间的电压与两侧氧的浓度差有关,当混合气偏稀时,废气中氧的含量较高,锆管内外两侧的浓度差小,两电极之间产生的电压很低,输出电压几乎为零。当混合气偏浓时,废气中氧的含量较低,同时包含较多不完全燃烧的产物(如CO、HC、H_2等),这些不完全燃烧的产物在锆管外表面铂的催化作用下与废气中残余的低浓度氧发生氧化反应(如$2CO+O_2 \longrightarrow 2CO_2$),使废气中残余的氧几乎被完全消耗殆尽,这时锆管的外表面氧的浓度几乎为零,使锆管内外两侧氧的浓度差达到最大,在两电极间产生接近1V的最大输出电压。

氧化锆氧传感器对空燃比在14.7:1附近的变化非常敏感,在混合气由浓到稀或由稀到浓的变化过程中,与混合气浓度对应的输出电压在$A/F=14.7$附近产生阶跃式的高低电压突变,如图 5-42 所示,这种类似于一个氧浓度开关的输出特性,对于单一空燃比目标值控制是十分有利的。汽车发动机运转时,当实际空燃比相对理论空燃比变化时,引起混合气偏浓或偏稀,氧传感器输出与之变化相对应的信号,如图 5-43 所示。在需要实行空燃比反馈控制(即闭环控制)的运行工况,ECU 根据氧传感器的输入信号修正喷油量,把实际空燃比精确地控制在理论空燃比附近。

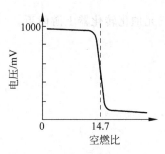

氧化锆氧传感器是一种高温型传感器,正常工作温度为 600~800℃,因此氧传感器一般布置在排气总管上或者布置

图 5-42　氧传感器电压特性

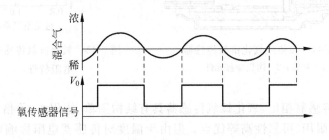

图 5-43　氧传感器输出信号与混合气空燃比的关系

在排气总管出口附近,利用废气的热量加热传感器,使其达到正常工作所需的温度。这种布置方式具有结构简单、控制方便的特点,但是也存在传感器布置的灵活性较差,废气的极端高温可能造成传感器损坏的不足。为此有些电控汽油发动机采用加热式氧化锆氧传感器,这种氧传感器的基本结构和工作原理与普通氧化锆氧传感器基本相同,两者的差异在于加热式氧化锆氧传感器在锆管内增加了一个陶瓷加热元件,如图 5-44 所示。由于加热式氧化锆氧传感器所需的工作温度由陶瓷加热元件保证,这样不仅改善了传感器安装的灵活性,避免了废气极端高温对传感器的损伤,而且也有利于扩大闭环控制的工况范围。加热式氧化锆氧传感器一般布置在三元催化转化器上游,靠近三元催化转化器的适当位置。

2) 氧化钛氧传感器

氧化钛氧传感器由二氧化钛制成,二氧化钛(TiO_2)中氧分子比较活泼,在周围环境氧的浓度(氧的分压)发生变化时,二氧化钛将发生氧化或还原反应,同时材料的电阻值也随之发生变化,所以氧化钛氧传感器也称为电阻型氧传感器。在大气环境条件下,二氧化钛的电阻很大,但当废气中的氧的浓度减小(即混合气稍浓时),二氧化钛中氧分子发生脱离,使晶体出现空穴,材料中的自由电子增加,材料的电阻值迅速减小。反之,若混合气稍稀,由于废气中氧的浓度增大,电阻迅速恢复至原来的值。氧化钛氧传感器的电阻特性如图 5-45 所示。氧化钛氧传感器的工作温度为 300~900℃,在这一温度范围内二氧化钛的电阻对氧的浓度变化非常敏感,同时工作温度的变化对它的电阻也有一定影响。为了提高氧化钛氧传感器的检测精度,一般采用加热方式以保证其工作温度恒定,对于非加热式氧化钛氧传感器则必须采取温度补偿措施。

非加热式氧化钛氧传感器的基本结构如图 5-46 所示。它由检测废气中氧含量的球状多孔性的二氧化钛陶瓷 1、陶瓷绝缘体 2、电极 3、铂线 4 及开有孔槽的金属防护套等组成。非加热型氧化钛氧传感器一般安装在排气总管上或排气总管出口附近,利用废气的高温使传感器在所需的工作温度范围内工作。加热式氧化钛氧传感器布置比较自由,一般安装在三元催化转化器上游附近。

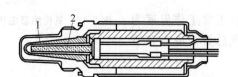

图 5-44　加热式氧化锆氧传感器
1—锆管；2—陶瓷加热元件

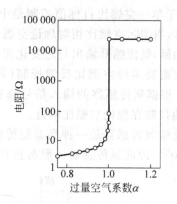

图 5-45　氧化钛氧传感器空燃比-电阻特性

与氧化锆氧传感器相比，氧化钛氧传感器具有结构简单、体积小、价格低廉、抗腐蚀和抗污染能力强、经久耐用、可靠性高等优点。但由于温度对传感器电阻影响较大，需采用内装式加热元件或采取温度补偿措施。

氧化钛氧传感器在空燃比反馈控制系统中的作用与氧化锆氧传感器相同。它们工作原理上的差异主要在于：氧化锆氧传感器将废气中氧的浓度变化直接转换成输出电压的变化，氧化钛氧传感器则将废气中氧的浓度变化转换成传感器电阻的变化，然后送入检测电路。

3. 空燃比反馈控制

为了满足越来越严格的排放法规要求，最有效地利用三元催化转化器对废气的催化净化效能，现代电控汽油发动机在绝大部分运行工况下对空燃比都实行闭环控制。空燃比反馈控制系统的构成原理如图 5-47 所示。在空燃比反馈控制过程中，空燃比、氧传感器输出的电压信号和空燃比反馈控制信号三者之间的变化关系如图 5-48 所示。假设开始时混合气的实际空燃比略小于 14.7，此时氧传感器输出高电平信号，ECU 根据氧传感器的高电平信号，对基本喷油持续时间进行减量修正，实际喷油持续时间缩短，喷油量减少，修正过程按先快后缓方式进行，如图 5-48 所示。由于喷油量持续减少，混合气逐渐变稀，当混合气的实际空燃比略大于 14.7 时，氧传感器的输出信号从高电平阶跃到低电平，ECU 根据氧传感器的低电平信号，对基本喷油持续时间进行增量修正，修正过程仍按先快后缓方式进行。由于喷油量持续增加，混合气又逐渐由稀变浓，一旦空燃比小于 14.7，氧传感器的输出信号将从低电平阶跃到高电平，然后 ECU 将根据氧传感器输入的高电平信号，重复前面的由浓到稀的修正过程……，如此反复循环，最终使混合气的实际空燃比始终维持在理论空燃比附近。从整个修正过程看，当实际混合气偏浓时，由于空燃比偏浓的时间比空燃比偏稀的时间长，故氧传感器输出高电位时间也相对较长，从而使实际空燃比向变稀方向变化，反之则向变浓方向变化。

当电控系统对混合气空燃比实行反馈控制时，实际混合气的浓度基本上在理论空燃比附近变动，但理论空燃比对汽油发动机有些工况并不适宜，如汽油发动机的起动工况、暖机工况等。为了满足汽油发动机起动和暖机等工况对混合气浓度的要求，此时电控系统对空燃比实行开环控制，向汽油发动机提供偏浓的混合气。又如汽油发动机在动力加浓工况或高转速工况时，需要较浓的混合气，此时电控系统也将实行开环控制。电控系统对空燃比实行开环控制的工况有汽油发动机起动工况、冷起动后及暖机工况的前期、动力加浓工况、加速工况等。另外,如果由于汽油发动机原因或氧传感器的原因,造成氧传感器输出电压持续处于低电平(如持续时间超过 10s),或者氧传感器的输出电压持续处于高电平(如持续时间超过 4s),ECU 将自动停止空燃比反馈控制,汽油发动机将在空燃比开环控制状态运行。当氧传感器的温度小于 300℃时,氧传感器不能正常工作,此时电控系统也将实行开环控制。

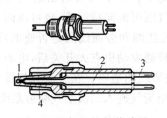

图 5-46 氧化钛氧传感器

1—二氧化钛陶瓷;2—陶瓷绝缘体;
3—电极;4—铂线

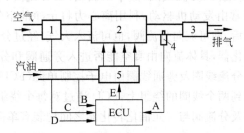

图 5-47 氧传感器反馈控制系统工作原理

A—氧传感器反馈;B—转速;C—空气流量计;D—水温;
E—喷油量控制;1—空气流量计;2—发动机;3—三元催化转化器;4—氧传感器;5—喷油器

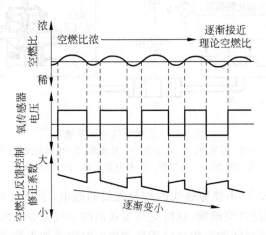

图 5-48 空燃比反馈控制过程

5.2.4 二次空气喷射系统

二次空气喷射系统是将一定量的新鲜空气经空气喷管喷入排气管或三元催化转化器中,使废气中的 CO 和 HC 进一步氧化或燃烧成为 CO_2 和 H_2O,以减少 CO 和 HC 的排放。另一方面,废气中的 CO 和 HC 氧化或燃烧所产生的热量又可以使三元催化转化器升温到工作温度,缩短三元催化转化器进入工作状态的起动时间,改善冷启动阶段的排放状况,随着二次空气喷射量的增大,废气中 HC 和 CO 补氧燃烧的比例不断上升,HC 可减少 20%,CO 则减少 40%(但是 NO_x 会增加约 5%)。二次空气喷射对燃油消耗毫无影响。

为了区别发动机的正常进气,把这种将新鲜空气喷入排气管的过程称为二次空气喷射。二次空气喷射是减少污染物排放的最早使用的方法,在采用三元催化转化器以后,这一方法仍然采用。

二次空气喷射系统按空气供给动力源可分为两种：一种是空气泵系统，即利用空气泵将压缩空气导入排气系统；另一种方法是脉冲空气系统，即利用排气压力将空气导入排气系统。

1. 空气泵系统

图 5-49 所示为电子控制空气泵二次空气喷射系统，它由空气泵、旁通线圈（图中未画出）及旁通阀、分流线圈（图中未画出）及分流阀、空气分配管、空气喷管和单向阀等组成。空气泵通常由发动机驱动，利用离心力将干净的空气泵入系统中。由空气泵送出的空气经过旁通阀后，即可流向分流阀，也可流入大气，经过分流阀的空气既可流向排气管，也可流向三元催化转化器，具体流向由真空能否进入旁通阀和分流阀（分流线圈和旁通线圈是否通电）进行控制。分流线圈及旁通线圈由电子控制单元(ECU)控制，当接通发动机点火开关后，电源电压便施加到两个线圈的绕组上，ECU 通过对每个绕组提供搭铁使线圈通电。在分流阀与排气管之间以及分流阀与三元催化转化器之间均装有单向阀，以防止废气进入二次空气喷射系统。

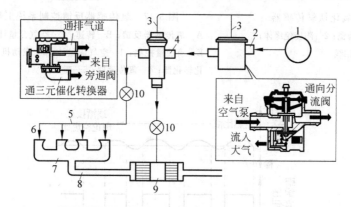

图 5-49　二次空气喷射系统

1—空气泵；2—旁通阀；3—真空管；4—分流阀；5—空气分配管；6—空气喷管；7—排气歧管；8—排气管；9—催化转化器；10—单向阀

当发动机起动后，ECU 不使旁通线圈和分流线圈通电，于是这两个线圈同时把经真空管通向旁通阀和分流阀的真空隔断，这时空气泵送出的空气经旁通阀进入大气，这种状态称为起动工作状态，其持续时间的长短决定于发动机的温度。如果发动机温度很低，起动工作状态将持续较长时间。

发动机在预热期间，ECU 同时使旁通线圈和分流线圈通电。这时进气管真空度分别经旁通线圈和分流线圈传送到旁通阀和分流阀。空气泵送出的空气此时经旁通阀流入分流阀，再由分流阀流入空气分配管，最后由空气喷管喷入排气道。

当发动机在正常的冷却液温度下工作时，ECU 只使旁通线圈通电而不使分流线圈通电，通向分流阀的真空度被分流线圈隔断。这时，空气泵送出的空气经旁通阀进入分流阀，再经分流阀进入催化转化器。

2. 脉冲空气系统

同空气泵系统相比，脉冲空气系统不需动力源注入空气，而是依靠大气压与废气真空脉冲之间的压力差使空气进入排气歧管，如图 5-50 所示，因此减少了成本及功率消耗。

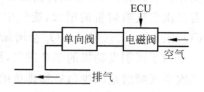

图 5-50　脉冲空气系统的工作原理

图 5-51 所示为丰田轿车所采用的脉冲空气系统的结构组成与工作原理。空气来自空气滤清器,ECU 控制电磁阀的打开及关闭,电磁阀与单向阀相连。排气中压力是正负交替的脉冲压力波。当发动机以较低转速运转时,ECU 控制电磁阀打开,进气歧管真空吸起脉冲空气喷射阀的膜片使阀开启,此时由于排气压力为负,空气由滤清器通过脉冲空气喷射阀进入排气口,与排出的 HC 进一步燃烧,故可降低 HC 的排放量;当排气压力为正时,脉冲空气喷射阀内的单向阀关闭,所以空气不会反向流动而返回进气管。由此可见,脉冲式二次空气喷射系统在发动机转速较低时,降低 HC 排放的效果更好。

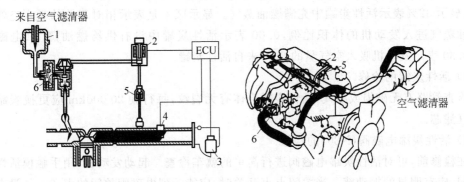

图 5-51 脉冲空气系统的结构组成与工作原理

1—谐振室;2—真空电磁阀;3—空气流量传感器;4—节气门位置传感器;5—单向阀;6—脉冲空气喷射阀

5.2.5 排放控制系统的测试

1. EVAP 系统测试

当活性炭罐下端空气进入口处的过滤器被灰尘和杂质堵塞时,活性炭吸附燃油蒸气可达到饱和状态,若进入气缸,将造成混合气过浓,从而引起发动机热起动困难、无怠速或怠速不稳、排气管冒黑烟等。对于电子控制 EVAP 系统而言,由于从活性炭罐电磁阀进入发动机进气管的供气量没有通过空气流量传感器的计量,所以在管路漏气或活性炭罐电磁阀失效时,会使发动机怠速不稳、加速滞后和大负荷下动力不足。

桑塔纳 2000GSi AJR 发动机活性炭罐电磁阀连接电路如图 5-52 所示。

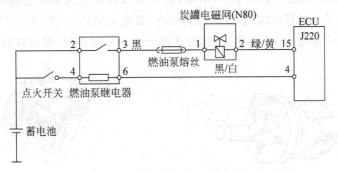

图 5-52 活性炭罐电磁阀连接线路

1) 工作性能检测

连接专用故障诊断仪 V.A.G1551 或 V.A.G1552，在发动机怠速运转、冷却液达到正常温度时，进入 010 显示组读取数据流。

显示区 1 的数据为活性炭罐电磁阀占空比，正常值为 0～99%。占空比为 0 时表示活性炭罐电磁阀完全关闭，当占空比为 99% 时表示电磁阀完全打开。怠速时，发动机仅能接收来自活性炭罐的某一最大燃油量，活性炭罐电磁阀的开度受到限制。在部分负荷、全负荷时其占空比可达到 99%。显示区 2 的数据为 AKF 系统空燃比修正系数，正常值为 0.3～1.2。显示区 3 表示活性炭罐中的燃油蒸气的充满程度，显示-3% 表示活性炭罐中无燃油蒸气，显示 32% 表示活性炭罐中充满燃油蒸气。显示区 4 是表示相对于总的吸入空气量而言燃油蒸气进入发动机的体积比例，0.00 表示活性炭罐中没有供给燃油蒸气（电磁阀闭合），0.30 表示发动机吸入空气量的 30% 来自活性炭罐。

2) 活性炭罐的检修

检查管路有无破损或漏气，活性炭罐壳体有无裂纹，每行驶 20 000km 应更换炭罐底部的进气滤芯。

3) 活性炭罐电磁阀（N80）的检修

在检修前，可对活性炭罐电磁阀进行简单的就车检查。起动发动机，用手触摸活性炭罐电磁阀，应有明显的振动感。当关闭点火开关时，应能听到电磁阀关闭的声音。如没有上述现象，应检查活性炭罐电磁阀及电磁阀线束。

（1）动作的检查。用发光二极管检测灯连接活性炭罐电磁阀插头的两个端子，连接两个专用的故障诊断仪 V.A.G1551 或 V.AG1552 进入"执行元件诊断"功能，按"+"键选择"活性炭罐电磁阀（N80）"，这时检测灯应闪亮。如试灯不亮，则在进行活性炭罐电磁阀测试的同时，检查活性炭罐电磁阀插头端子 2 和 ECU 线束插接器端子 15 间的线路是否断路（电阻为无穷大）。如果检测灯常亮，则在进行活性炭罐电磁阀测试的同时检查活性炭罐电磁阀插头端子 2 和 ECU 线束插接器端子 15 间的线路是否短路（电阻为 0 或很小）。若没有，则更换 ECU。

（2）电阻的检测。关闭点火开关，拔下活性炭罐电磁阀插头，检测电磁阀两端之间的电阻，如图 5-53 所示，标准值为 22～30Ω，如果所测的值不在规定范围内，则应更换新的活性炭罐电磁阀。

（3）供电电压的检测。如图 5-54 所示，打开点火开关让发动机怠速运转，检测活性炭罐电磁阀插头端子 1 与搭铁间的电压，应为 12V（蓄电池电压）。当用发光二极管检测灯（或由一个发光二极管串联 300Ω 电阻）连接插头端子 1 和搭铁点时，检测灯应当闪亮。

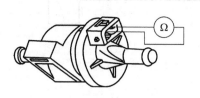

图 5-53 检测活性炭罐电磁阀电阻

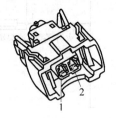

图 5-54 活性炭罐电磁阀插头
1—正极端子；2—搭铁端子

如果检测灯不闪亮,应检查活性炭罐电磁阀插头端子 1 和燃油泵熔断器 S5(10A)之间的线路是否断路。如果线路正常,则检查燃油泵继电器。如果检测灯常亮,应检查活性炭罐电磁阀插头端子 2 与 ECU 线束插接器端子 15 之间的线路有无短路。

(4) 密封性检查。拔下活性炭罐电磁阀的连接软管,将一辅助软管连接到阀的接口上,连接电磁阀插头,连接专用故障诊断仪 V.A.G1551 或 V.A.G1552,进入"执行元件诊断"功能,按"+"键选择"活性炭罐电磁阀"。执行元件诊断过程中,对准电磁阀进气孔吹气,检查电磁阀开、闭是否良好。如果需要,更换新的活性炭罐电磁阀。

2. 三元催化转化器的测试

对三元催化转化器进行检修的主要内容是对其使用性能进行检查。在检查之前,可对三元催化转化器进行初步的外观检查。观察三元催化转化器表面是否有凹陷,如有明显的凹痕和刮擦,说明三元催化转化器的载体可能受到损伤。用橡皮锤或拳头敲击并晃动三元催化转化器,如果听到有物体移动的声音,说明其内部催化剂载体破碎,需要更换三元催化转化器。观察三元催化转化器外壳是否有严重的褪色斑点或略有呈青色和紫色的痕迹,如有则说明三元催化转化器曾处于过热状态,需作进一步的检查。同时要检查三元催化转化器是否有裂纹、各连接是否牢固、各类导管是否有泄漏,如有则应及时加以处理,催化转化器使用性能的检查主要有以下 3 种方法。

(1) 比较三元催化转化器进、出口温度。

由于在三元催化转化器工作时氧化反应会产生大量热,所以可以通过检测三元催化转化器进、出口的温度差来检查三元催化转化器的性能。起动发动机,预热至正常工作温度,将发动机转速维持在 2500r/min 左右。用红外线激光温度计检测三元催化转化器进、出口的温度(距离三元催化转化器 50mm 内),并予以比较。如果三元催化转化器出口的温度比进口的温度高 20%~25%,则三元催化转化器的性能正常;如果三元催化转化器出口的温度达不到上述范围,则三元催化转化器性能不良,应予以更换;如果三元催化转化器出口的温度超过上述范围,则说明尾气中有大量的 CO 和 HC,说明发动机燃油供给系统或点火系统出了问题,需对发动机作进一步检查。

如果汽车上有主、副两个三元催化转化器,则主三元催化转化器(在副三元催化转化器后)出口的温度应比进口的温度高 10%~20%。如果出口温度值低于以上范围,甚至出口处温度比入口处还低些,则三元催化转化器没有正常工作。

值得一提的是,随着汽车技术的不断进步,对发动机燃烧的控制越来越精确,使得催化转化器前后的温差可能变得很小,不易检测到,这时不能简单地判断有故障。正确的方法是拔下某一缸高压线,或拔出冷却液温度传感器插头,进行人工调节较浓的混合气来试验。此时若测出出口处温度比入口处温度高,且三元催化转化器外壳温度比原来高,则可判断三元催化转化器工作正常,否则就有故障。但要注意试验时间不可太长,一般不要让发动机在单缸断火的情况下运转时间超过 15s;另外在两次断火试验中间,应当让发动机正常运转不少于 120s。

因为三元催化转化器过热时易导致烧结损坏,所以检测进、出口温差的同时,要检测三元催化转化器本身的温度是否超过 1000℃,若超过则须检修。一些车辆安装有三元催化转化器过热故障报警器,当此灯闪烁或报警器鸣响时,表明有过热故障。

(2) 检测对比三元催化转化器前后尾气中有害成分的含量。

在正常情况下,尾气在通过三元催化转化器之前,其 CO 的含量为 13.2%~14.2%,在通过三元催化转化器之后,其 CO_2 的含量可能达到 15%。怠速时,在通过三元催化转化器之后,CO 的含量应小于 1%,HC 的含量应小于 200×10^{-6},NO_x 的含量应小于 100×10^{-6}。如果 CO、HC 和 NO_x 的含量都很高,说明三元催化转化器已经失效。

(3) 调取车载自诊断系统的故障代码。

凡配备 OBD-Ⅱ诊断系统的车辆都装有车载排放诊断系统,OBD-Ⅱ加强了对三元催化转化器的监测,当出现故障代码 P0420 时表示三元催化转化器系统工作不符合要求,有故障。另外还有一些故障代码也与三元催化转化器密切相关,如 P030x(x=1,2,3,…) 表示第 x 缸失火;P0300 表示有多个气缸随机出现失火故障;P0172 表示混合气太浓;P0130,P0133,P0135,P0136,P0141,P0150,P0153,P0155 等都表示氧传感器有故障。

本章小结

进气控制系统主要有进气惯性增压控制系统、废气涡轮增压系统、可变气门控制系统、电子节气门控制系统。进气惯性增压系统,主要利用了进气过程的动力效应,提高充气效率,在增大发动机低速扭矩的同时兼顾了高速时的输出功率。废气涡轮增压系统主要为了使小排量的发动机能输出高的功率和扭矩。可变气门控制系统通过配备的控制及执行系统,对发动机凸轮的相位或者气门升程进行调节,从而达到优化发动机配气过程的目的。采用电子节气门控制系统,使节气门开度得到精确控制,不但可以提高燃油经济性,减少排放;同时,系统响应迅速,可获得满意的操控性能;另一方面,可实现怠速控制、巡航控制和车辆稳定控制等的集成,简化了控制系统结构。

排气控制系统主要包括燃油蒸发排放控制系统、废气再循环控制系统、三元催化转化器与空燃比反馈控制系统、二次空气喷射系统。燃油蒸发排放控制系统可实现收集汽油箱的汽油蒸气,并将汽油蒸气导入气缸参加燃烧,从而防止汽油蒸气直接排出造成大气污染。同时,根据发动机工况,控制导入气缸参加燃烧的汽油蒸气量;废气再循环控制可降低氮氧化物的生成量,提高汽车排放性能;三元催化转化器与空燃比反馈控制系统可有效降低汽油发动机有害物的排放;二次空气喷射系统将新鲜空气送入发动机排气管内,从而使排气中的 HC 和 CO 进一步氧化和燃烧,即把导入的空气中的氧在排气管内与排气中的 HC 和 CO 进一步化合形成水蒸气和二氧化碳,从而降低了排气中的 HC 和 CO 的排放量。

习题

5-1 简述进气惯性增压控制系统的工作原理。

5-2 简述废气涡轮增压发动机汽车的特点。

5-3 简述汽车采用电子节气门控制系统的优点。

5-4 氧传感器有哪几种类型?它们各有什么特点?

5-5 简述电控汽油发动机中 ECU 是如何对空燃比进行反馈控制的。

5-6 简述二次空气喷射系统提高汽车发动机排放性能的原理。

第 6 章

照明与信号系统

6.1 照明系统

汽车照明系统是汽车夜间行驶必不可少的照明设备,照明系统的主要作用是为车辆提供夜间的路况照明,直接影响车辆的安全性,尤其是随着经济的发展,车况及路况都有了极大的提高,汽车的道路行驶速度也相应提高,汽车对前照灯的照明质量以及控制技术的要求也越来越严格。

6.1.1 照明系统概述

为了保证汽车行驶安全,现代汽车上都装备了多种照明及信号设备,而且各国对照明及信号设备在法律上都作了不同程度的规定。不同汽车的照明及信号系统是不完全相同的,除了美观、实用外,必须满足两个要求,一个是保证运行安全,另一个是符合交通法规。汽车照明与信号系统的基本组成如下。

1. 外部照明与信号灯

(1) 前照灯。前照灯又称大灯、头灯,装在汽车头部的两侧,其作用是夜间运行时照明道路,有两灯制和四灯制之分,是功率为 40～60W 的白色常亮光源,并有远近光变化。

(2) 小灯。小灯又称驻车灯、示廓灯,其作用是汽车夜间行车或停车时,标示其轮廓或存在。前小灯为白色,后小灯为红色,功率为 5～10W。

(3) 牌照灯。牌照灯安装在汽车尾部的牌照上方,灯光为白色,其作用是夜间照亮汽车牌照,功率为 5～15W。牌照灯受停车灯开关和前照灯开关控制,当其中一个开关接通,牌照灯电路即可接通发亮,指示车辆牌照号码。

(4) 转向信号灯。转向灯的作用是表示汽车的运行方向,左、右转向灯同时闪亮时,表示有紧急情况,灯光为黄色,功率为 20W 以上。

(5) 制动灯。制动灯又称刹车灯,安装于汽车后面,其作用是在汽车制动停车或制动减速行驶时,向后车发出灯光信号,以警告尾随的车辆,防止追尾。灯光为红色,功率为 20W 以上。

(6) 倒车灯。倒车灯的作用有两个,一个是向其他的车辆和行人发出倒车信号,另一个是夜间倒车照明。灯光为白色,功率为 20W。倒车灯受倒车灯开关控制,倒车灯开关一般都安装在变速器上,当挂上倒挡时,倒车灯开关将倒车灯电路接通而发亮。

(7) 雾灯。雾灯安装在车头和车尾,位置比前照灯稍低,一般距离地面约 50cm,照射出的光线倾斜角度较大。雾灯的作用是在雨、雾、雪、沙尘暴以及尘埃弥漫天气导致能见度较低时,照明道路并为其他车辆和行人提供指示信号。因为黄色光有良好的穿透性(黄色光波较长),所以雾灯灯光一般为黄色,功率为 35~55W。

2. 内部照明与信号灯

(1) 仪表灯。仪表灯安装在汽车仪表上,用于夜间照亮仪表,使司机能迅速容易看得清仪表。灯光为白色,功率为 2~8W。

(2) 顶灯。顶灯安装在驾驶室的顶部,其作用是提供驾驶室内部照明,但必须不使司机眩目。灯光为白色,功率为 5~8W。

(3) 指示灯。指示灯用来指示某一系统是否处于工作状态,如远近光指示灯、转向指示灯、雾灯工作指示灯、空调工作指示灯、驻车制动指示灯、收放机工作指示灯,自动变速器挡位指示灯等。灯光为红色,功率为 2W。

(4) 警告灯。警告灯安装在仪表板上,其作用是监测汽车各系统的技术状况,当某一系统出现异常情况时,对应的警告灯亮,提醒驾驶人该系统出现故障,如发动机故障警告灯、机油警告灯、冷却液温度警告灯等。灯光为红色、绿色或黄色,功率为 2W。

3. 光纤照明装置

光纤照明装置是一种远距离传输光线的装置,它以普通车用灯泡为光源,让光线通过光导纤维传到末端发出微光照亮一定范围。在只需要微弱光线且不便安装灯泡的地方如仪表面、烟灰盒、门锁孔等处,往往采用光纤照明。光纤照明装置由光导纤维和照明灯组成,如图 6-1 所示。

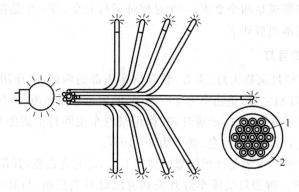

图 6-1 光纤照明装置
1—光导纤维;2—套管

光导纤维由有机玻璃丝制成,其外部包有具有隔光作用的聚合物。当灯泡产生的光线通过光导纤维时,在其内部经过多次反射,曲折前进而传到末端即可达到照明目的。将多根光导纤维组合在一起组成了光缆,光缆外部包有不透明的软管,可以任意弯曲或扭转而不会影响光线的传输。增加光导纤维的数量就可增加光缆输出端的亮度,故在不便甚至无法安装灯泡的地方已得到广泛的应用。

此外,还有工作灯、门灯、踏步灯、行李厢灯、阅读灯、喇叭、蜂鸣器等。

6.1.2 前照灯的结构与控制电路分析

1. 汽车对前照灯的要求

由于前照灯的照明效果直接影响夜间的行车安全,故世界各国都以法律的形式规定了前照灯的照明标准,以确保夜间行车时的交通安全,其基本要求如下:

(1) 汽车前照灯的夜间照明必须保证车前 100m 以内的路面上有明亮而均匀的光照,使驾驶人能够看清车前 100m 以内的路面情况。随着汽车行驶速度的提高,对汽车前照灯照明距离的要求也相应提高,现代高速汽车的照明距离应达到 200m 以上。

(2) 前照灯应具有防眩目的装置,以免夜间两车相会时,使对面汽车驾驶人眩目而发生交通事故。

2. 汽车前照灯的结构

前照灯的光学组件由光源(灯泡)、反射镜和配光镜(散光镜)三部分组成。

1) 灯泡

目前汽车前照灯的灯泡有两种,即充气灯泡和卤钨灯泡,其结构如图 6-2 所示。

(1) 充气灯泡

充气灯泡采用熔点高、发光强的钨丝作灯丝,灯泡内充满氩和氮的混合惰性气体。在灯泡工作时,由于惰性气体受热后膨胀会产生较大的压力,这样可减少钨的蒸发,故能提高灯丝的温度,提高发光效率,从而延长灯泡的使用寿命。但使用一段时间后,仍会有钨蒸发沉积在泡壳上,发生"黑化"现象。

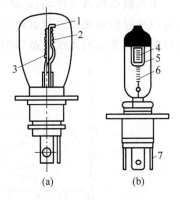

图 6-2 前照灯灯泡的构造
(a) 充气灯泡;(b) 卤钨灯泡
1,5—遮光罩;2,4—近光灯丝;3,6—远光灯丝;7—插片

(2) 卤钨灯泡

所谓卤钨灯泡,就是在充入灯泡的气体中掺入某一卤族元素,如氟、氯、溴、碘等。在灯泡工作时,其内部可形成卤钨再生循环反应:从钨丝上蒸发出来的气态钨与卤族元素反应生成了一种挥发性的卤化钨,它扩散到灯丝附近的高温区后又受热分解,使钨又重新回到灯丝上;被释放出来的卤素继续参与下一次循环反应,如此周而复始地循环下去,从而防止了钨丝的蒸发和灯泡的黑化现象。卤钨灯泡的玻璃由高强度的耐高温的玻璃制成,且灯泡内的充气压力较大,工作温度高,可更有效地抑制钨的蒸发量,延长使用寿命,提高发光效率。在相同功率的情况下,卤钨灯的亮度是充气灯泡的 1.5 倍,使用寿命是充气灯泡的 2~3 倍。

2) 反射镜

反射镜是用薄钢板冲压而成或由玻璃、塑料制成,如图 6-3 所示。反射镜表面镀银、铬、铝等,然后抛光,反射镜的作用是尽可能多地收集灯泡发出的光线,并将这些光线聚合成很强的光束射向远方。反射镜的作用是将灯泡的散射(直射)光反射成平行光束,使光

图 6-3 反射镜

度增强几百倍,甚至上千倍,保证前方150m以上范围内得到足够的照明。

反射镜的表面形状大都是旋转抛物面,位于反射镜焦点上的灯泡所发出的光线,经反射镜后情况如图6-4所示。无反射镜的灯泡,其光束只能照清周围6m左右的距离,而经反射镜反射后的平行光束可照清远方150m以上的距离。经反射镜后,尚有少量的散射光线,其中朝上的完全无用,向侧方和下方的光线则有助于照明5～10m的路面和路缘。

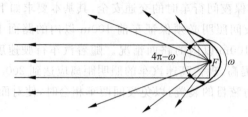

图6-4 反射镜反射光线的情况

3) 配光镜

配光镜也称散光玻璃,是透明玻璃压制而成的棱镜和透镜的组合体,配光镜的作用是将反射镜反射出的光束进行折射,以扩大光线的照射范围,使车前100m的路面有良好而均匀的照明。配光镜的光线分布如图6-5所示。

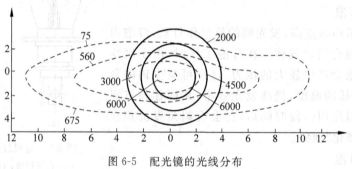

图6-5 配光镜的光线分布
— 无配光镜的光线分布；-- 有配光镜的光线分布

3. 前照灯的防眩目

如果前照灯射出的强光束,突然射入人的眼睛,刺激视网膜,就会因瞳孔来不及收缩,而造成视盲,这种现象叫作眩目。夜间会车时,前照灯发出的强光束会使迎面来的汽车驾驶人眩目,很容易发生交通事故,所以在这方面必须引起足够的重视。为避免前照灯造成的眩目,保证汽车夜间行车安全,目前汽车防眩目措施如下:

1) 采用远、近光束变换

夜间公路行车且对面无来车时,使用远光灯,以增大照明距离,保证行车安全。夜间公路行车会车、夜间市区行车有路灯或尾随其他汽车行驶时,使用近光灯。汽车前照灯一般采用双丝灯泡,远光灯丝位于呈旋转抛物面的反射镜焦点上,功率为45～60W。根据反射原理,远光灯丝的光线经反射镜聚光、反射后,沿光学轴线以平行光束射向远方,照亮前方150m以上的路面,又由于配光镜的合理配光,使远光既能保证足够的照射距离,又有一定的光线覆盖面。近光灯丝位于反射镜焦点的上方或前方,功率为20～50W。根据光学原理,近光灯丝产生的光线经反射镜反射后,光束的大部分将倾斜向下射向车前的路面,所以可避免对方司机眩目。这样夜间行车,当对面无来车时使用远光灯,可照亮车前方 150m 以上的路面。当对面来车时使用近光灯,由于近光灯经反射后的光线大部分射向车前的下方,避免对面驾驶人眩目,如图 6-6 所示。

前照灯灯泡中的远光与近光两根灯丝,由变光开关控制其电路。

2) 采用带遮光罩的双丝灯

上述双丝灯泡中,近光灯丝射向反射镜下部的光线经反射后,将射向斜上方,仍会使对面的驾驶人轻微炫目。为了克服上述缺陷,在近光灯丝的下方装有遮光罩,当使用近光灯时,遮光罩能将近光灯丝射向反射镜下部的光线遮挡住,无法反射,提高防眩目效果,目前在汽车中广泛使用这种双丝灯泡,如图 6-7 所示。

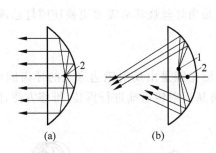

图 6-6 双丝灯泡的远、近光束
(a) 远光灯;(b) 近光灯
1—近光灯丝;2—远光灯丝

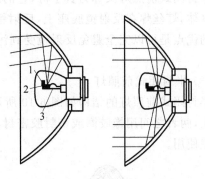

图 6-7 带遮光罩的双丝灯泡
1—近光灯丝;2—遮光罩;3—远光灯丝

3) 采用非对称型光形前照灯

这是一种新型的防眩目前照灯,安装时将遮光罩偏转一定的角度,使其近光的光形分布不对称,将近光灯右侧光线倾斜,升高 15°,如图 6-8(b) 所示。

4) 采用 Z 形光形前照灯

为防止对面来车驾驶人与非机动车人员眩目,可采用 Z 形光形前照灯,它不仅可防止对面驾驶人眩目,也可防止非机动人员眩目,如图 6-8(c) 所示。

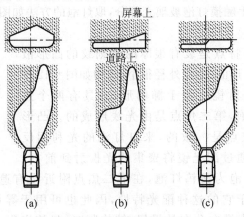

图 6-8 前照灯配光光形
(a) 标准型;(b) 非对称型;(c) Z 形

4. 前照灯的分类及控制

1) 前照灯的分类

按照光学组件结构不同，前照灯分为以下几类。

(1) 可拆式前照灯

可拆式前照灯的配光镜靠反射镜边缘上的齿簧与反射镜组合在一起，并用箍圈与螺钉将它们固定在灯壳上。可拆式前照灯，由于密封性不好，反射镜易受灰尘和湿气的污染而变黑，严重影响照明效果，目前已很少采用。

(2) 全封闭式前照灯

全封闭式前照灯又称为真空灯，它的反射镜和配光镜制成一体，里面装有灯丝，并充以惰性气体，灯丝焊在反射镜底座上，反射镜的镜片为真空镀铝，其结构如图6-9所示。这种结构的优点是可以完全避免反射镜受到污染，但是当灯丝烧坏后需要更换前照灯总成，成本较高。

(3) 半封闭式前照灯

半封闭式前照灯的结构如图6-10所示。其配光镜是由反射镜边缘上的牙齿固定在反射镜上，两者之间用橡胶圈或密封胶密封，灯泡可从反射镜后端进行拆装，维修方便，因此得到普遍使用。

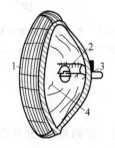
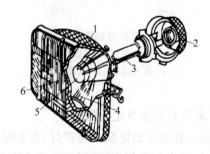

图6-9 全封闭式前照灯结构
1—配光镜；2—灯丝；3—插片；4—反射镜

图6-10 半封闭式前照灯结构
1—灯壳；2—灯泡卡盘；3—灯泡；4—反射镜；5—玻璃球面；6—配光镜

更换灯泡时不能用手触摸灯泡玻璃壳部分，取灯泡的方法如图6-11所示。

(4) 投射式前照灯

投射式前照灯外形特点是装有很厚的无刻纹的凸形散光镜，由于反射镜是椭圆形的，所以外径很小，结构如图6-12所示。投射式前照灯的反射镜近似于椭圆形，它具有两个焦点，第一焦点处放置灯泡，第二焦点是由光线形成的。凸形配光镜的焦点与第二焦点是一致的，来自灯泡的光利用反射镜聚成第二焦点，再通过配光镜将聚集的光投射到前方。

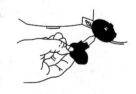

图6-11 更换半封闭式前照灯灯泡时的正确操作

投射式前照灯采用的灯泡为卤钨灯泡，在第二焦点附近设有遮光板，可遮挡上半部形成明暗分明的配光，由于它的这种配光特性，因此也可用于雾灯。投射式前照灯的反射镜采用扁长断面，光束横向分布效果好，结构紧凑，经济实用。

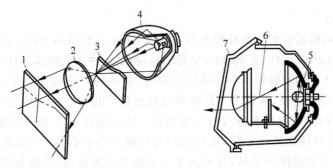

图 6-12 投射式前照灯的构造
1—屏幕；2—凸形配光镜；3—遮光镜；4—椭圆反射镜；5—第一焦点；6—第二焦点；7—总成

(5) 高亮度弧光灯

高亮度弧光灯的结构如图 6-13 所示。这种灯的灯泡里没有灯丝，取而代之的是装在石英管内的两个电极，管内充有氙及微量金属（或金属卤化物）。在电极上加入 10～20kV 的电压后，气体开始电离而导电，由气体原子激发到电极间少量的汞蒸气弧光放电，最后转入卤化物弧光灯工作。采用多种气体是为了加快起动。

高亮度弧光灯由弧光灯组件、电子控制器和升压器三大部分组成，其灯泡的光色和荧光灯相似，亮度是卤钨灯泡的 2.5 倍，使用寿命是卤钨灯泡的 5 倍，灯泡的功率为 35W，可节能 40%。

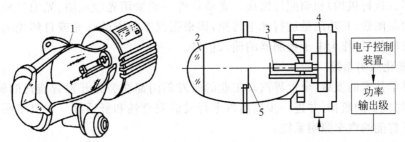

图 6-13 高亮度弧光灯的结构
1—总成；2—透镜；3—弧光灯；4—引弧及稳弧部件；5—遮光灯

(6) 氙气大灯（氙灯）

氙气大灯是一种含有氙气的新型大灯，它的全称是 HID(high intensity discharge lamp)气体放电灯，它利用配套电子镇流器，将汽车电池 12V 电压瞬间提升到 23kV 以上的触发电压，将氙气大灯中的氙气电离形成电弧放电并使之稳定发光，提供稳定的汽车大灯照明。

卤素灯与普通灯泡一样有灯丝，而氙灯则没有灯丝，这是氙灯与传统灯具最重要的区别。氙灯是利用两电极之间放电器产生的电弧来发光的，如同电焊中产生的电弧的亮光。高压脉冲电加在完全密闭的微型石英灯泡（管）内的金属电极之间，激励灯泡内的物质（氙气、少量的水银蒸气、金属卤化物）在电弧中电离产生光亮。这种光亮的色温与太阳光相似，但含较多的绿色与蓝色成分，因此呈现蓝白色光。这种蓝白色光大幅提高了道路标志和指示牌的亮度。氙灯发射的光通量是卤素灯的 2 倍以上，同时电能转化为光能的效率也比卤素灯提高 70% 以上，所以氙灯具有比较高的能量密度和光照强度，而运行电流仅为卤素灯的一半。目前氙气大灯在中高档汽车上得到普遍应用。

(7) LED 大灯

LED 大灯指的就是前大灯所有的光源均采用 LED，这是目前应用广泛且性能最好的汽车前大灯。LED(light emitting diode)，发光二极管，是一种固态的半导体器件，它可以直接把电转化为光。LED 的心脏是一个半导体的晶片，晶片的一端附在一个支架上，一端是负极，另一端连接电源的正极，使整个晶片被环氧树脂封装起来。半导体晶片由两部分组成。一部分是 P 型半导体，在它里面空穴占主导地位；另一部分是 N 型半导体，在这边主要是电子。但这两种半导体连接起来时，它们之间就形成一个 PN 结。当电流通过导线作用于这个晶片时，电子就会被推向 P 区，在 P 区里电子跟空穴复合，然后就会以光子的形式发出能量，这就是 LED 发光的原理。而光的波长也就是光的颜色，是由形成 PN 结的材料决定的。LED 的内在特征决定了它是代替传统的光源的最理想的光源，它具有体积小、耗能少、使用寿命长、高亮度与低热量、环保、坚固耐用的优点，所以 LED 大灯在未来汽车上的应用将进一步发展，会逐渐从中高档车向中低档车普及。

2) 前照灯电子控制简介

前照灯是汽车夜间行驶的主要照明灯。为了提高汽车夜间行驶的速度，确保行车安全，许多新型车辆都采用电子控制装置，对汽车前照灯进行控制。常见的电子控制装置有前照灯会车自动变光器、前照灯昏暗自动发光器、前照灯自然光强自动减弱器、前照灯关闭自动延时器、前照灯照射角度调整装置、灯光断线报警装置等。

无论哪种汽车灯光电子控制系统，其基本结构大致相同，常由光敏器件、电子控制电路、电磁继电器、(执行机构)和前照灯组成。光敏器件一般采用光敏电阻、光敏二极管、光敏三极管或光敏晶闸管，其功用是进行光电转换，即根据汽车前方的灯光或自然光的强弱，将光信号转换成电信号，作为电子控制器的输入信号。

3) 智能化照明系统

随着科学技术的发展，全世界汽车工业的研发部门都在努力开发智能化的辅助驾驶系统，以减轻驾驶员的负担，并进一步提高汽车行驶的安全性和舒适度。在汽车照明方面，人们也在开发智能的汽车照明系统。

传统的前照明系统是由远光灯、近光灯、前小灯和前雾灯组合而成的。在实际的行驶中，传统的前照灯系统存在诸多问题。例如，现有近光灯在近距离上的照明效果很不好，特别是在交通状况比较复杂的市区，经常会有很多司机在晚上将近光灯、远光灯和前雾灯都打开。车辆在转弯的时候也存在暗区，严重影响了司机对弯道上障碍的判断。车辆在雨天行驶的时候，地面积水反射前照灯的光线，产生反射眩光等。

欧洲汽车照明研究机构曾经对此做过专项调查，结果显示，司机们最希望改善的是阴雨天积水路面的照明，排在第二位的是乡村公路的照明，接下来依次是弯道照明、高速公路照明和市区照明。上述专项问题的存在，就使得研制一种具有多种照明功能的前照灯成为必要，并且这些功能的切换，出于安全上的考虑，必须是自动实现的。所以欧洲和日本相继研制了这种自适应汽车行驶状态的前照灯系统 AFS(自适应前照灯系统)。

AFS 是自适应前照灯系统 adaptive front lighting system 的缩写，指能自动改变两种以上光形以适应车辆行驶条件变化的前照灯系统。是目前国际上车灯照明领域最新的技术之一，同时也是一个和行车安全息息相关的主动安全系统。

(1) AFS 系统的类型。

① 主动转向大灯式。汽车大灯的内灯可以左右旋转 8°～15°，照亮弯道死角。

② 侧向辅助灯式。在灯具里有一个固定的灯泡照向弯道，转弯时自动点亮。

③ 雾灯辅助式。利用左右雾灯进行转弯时的照明，转向时对应弯内侧雾灯亮起，照亮弯道死角。

(2) AFS 系统的功用。

① 阴雨天气的照明。阴雨天气时，地面上的积水会将行驶车辆打在地面上的光线反射至对面会车司机的眼中，使其眩目，进而可能造成交通事故。AFS 前照灯发出特殊光形，减弱地面上对可能产生会车眩光的区域的光强。

② 乡村道路的照明。在环境照明不好的乡村道路上高速行驶的车辆，需要的是照得远、照得宽的光形。同时 AFS 也不能产生使对面会车司机眩目的光线。

③ 转弯道路的照明。传统前照灯的光线方向因为和车辆行驶方向保持着一致，所以不可避免地存在照明的暗区。一旦在弯道上存在障碍物，极易因为司机对其准备不足引发交通事故。AFS 系统车辆在进入弯道时，产生旋转的光线，给弯道以足够的照明。

④ 高速公路照明。车辆在高速公路上行驶，因为具有极高的车速，所以需要前照灯比乡村道路照得更远、照得更宽。而传统的前照灯却存在着高速公路上照明不足的问题，AFS 采用了更为宽广的光线解决了这一问题。

⑤ 城市道路的照明。城市中道路复杂、狭窄，传统前照灯近光的光形比较狭长，所以不能满足城市道路照明的需要。AFS 在考虑到车辆市区行驶速度受到限制的情况下，可产生比较宽阔的光形，有效地避免了与岔路中突然出现的行人、车辆可能发生的交通事故。

5．灯光开关

照明系统的大部分电路是由灯光开关来控制的，最常用的灯光开关一般有关闭(Off)挡、小灯(驻车 Park)挡和前照灯(大灯 Head)挡三个挡位。

现代汽车的灯光开关有旋钮式和拨杆式两种。灯光开关可以安装在仪表盘上，也可安装在转向柱上，它将汽车近光灯、远光灯、转向、小灯的开关制成一体，如图 6-14 所示。灯光开关的电路原理如图 6-15 所示。灯光开关在关闭(Off)挡时，关断所有的灯泡电路。在小灯(Park)挡时通过接线柱 3，接通小灯、尾灯、牌照灯和仪表灯。在前照灯(Head)挡时，通过接线柱 2，接通前照灯电路，小灯(Park)挡电路继续接通。仪表灯的亮度调节旋钮是由一个变阻器组成的，可单独安装在仪表板上，也可安装在灯光开关上。在灯光开关上有两个相线接线柱 1 和 5，分别给前照灯和小灯电路供电，防止当一个电路出现断路故障时全车灯光没电。

(a)

图 6-14 灯光开关的安装位置

(a) 车灯开关安装在仪表板上(大众速腾)；(b) 车灯开关安装在转向柱上(丰田卡罗拉)

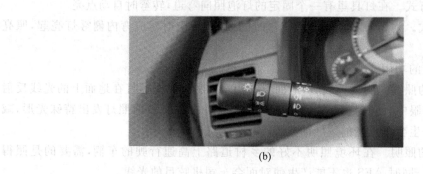

(b)

图 6-14(续)

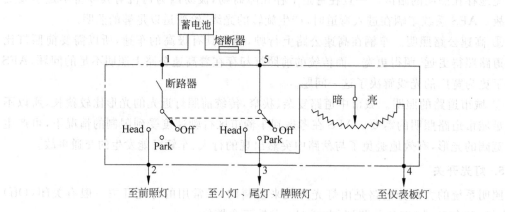

图 6-15　灯光开关的电路原理

6. 前照灯的调整

前照灯在使用过程中,光轴方向偏斜(或更换新前照灯总成)时,应进行调整。调整部位一般分外侧调整式和内侧调整式两种,如图 6-16 所示。

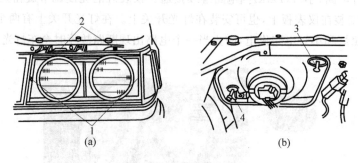

图 6-16　前照灯的调整部位
(a) 内侧调整式;(b) 外侧调整式
1,3—左右调整螺钉;2,4—上下调整螺钉

7. 常见前照灯电路分析

1) 桑塔纳汽车照明系统电路

桑塔纳汽车照明系统电路如图 6-17 所示。分析该全车电路,可以看出该全车电路的特点是用电设备(照明与信号灯)全部通过公共负极搭铁,所以分析每个系统时,采取从负极找正极的方法分析电路电流的流向以及电路的控制关系。

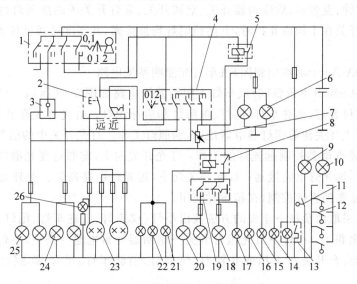

图 6-17 桑塔纳轿车照明系统电路

1—点火开关;2—变光和超车灯开关;3—点火开关;4—车灯开关;5—中间继电器;6—牌照灯;7—调光器;8—雾灯继电器;9—行李厢灯;10—前顶灯;11—行李厢灯开关;12—前顶灯门控开关;13—点烟器照明灯;14—雾灯开关照明灯;15—后风窗除霜器开关照明灯;16—空调开关照明灯;17—雾灯指示灯;18—后雾灯;19—前、后雾灯开关;20—前雾灯;21—仪表灯;22—时钟照明灯;23—前照灯;24—右前后示廊灯;25—左前后示廓灯;26—远光指示灯

桑塔纳汽车的前照灯 23 直接由车灯开关 4 控制,车灯开关 4 在Ⅱ挡时,通过变光开关进行远光和近光变换控制。此外,远光灯还可由超车灯开关直接控制,在超车时使用。前照灯电路分两路分析,一路为:前照灯 23→熔断器→变光和超车灯开关 2→车灯开关 4→点火开关 1→蓄电池→搭铁,要使前照灯有电流流过,首先点火开关 1 必须在Ⅰ挡或Ⅱ挡位置,其次车灯开关 4 必须在Ⅱ挡位置,通过变挡开关 2 可以控制前照灯的远、近光灯丝接通;另一路为:前照灯 23→熔断器→变光开关与超车灯开关→蓄电池→搭铁,当夜间会车或驾驶员需要超车时,通过超车灯开关可以直接接通或断开远光灯,与近光灯是否接通无关。

雾灯继电器 8 由车灯开关 4 的Ⅰ挡控制。雾灯开关 19 的电源来自中间继电器 5 控制的大功率相线。雾灯开关的Ⅰ挡接通前雾灯 20 的电路,Ⅱ挡同时接通前、后雾灯的电路。雾灯电路为:前雾灯 20 或后雾灯 18→前、后雾灯开关 19→雾灯继电器 8→中间继电器 5→蓄电池→搭铁,要使雾灯亮,必须保证中间继电器与雾灯继电器接通,通过雾灯开关可以选择前雾灯亮,还是前后雾灯都亮。中间继电器线圈回路分析也采用负极→正极的方法:中间继电器线圈→点火开关 1→蓄电池→搭铁,也就是说要使中间继电器带电,点火开关 1 必须在Ⅰ挡或Ⅱ挡位置;同理,可分析雾灯继电器电路:雾灯继电器线圈→车灯开关 4→蓄电池→搭铁,要使雾灯继电器带电,车灯开关 4 也必须在Ⅰ挡或Ⅱ挡位置。也就是说桑塔纳汽车的雾灯不但受雾灯开关 19 的控制,同时还受点火开关 1 和车灯开关 4 的控制。

牌照灯 6 由车灯开关 4 控制,在车灯开关Ⅰ挡或Ⅱ挡时都接通,牌照灯电路为:牌照灯 6→熔断器→车灯开关 4→蓄电池→搭铁。

前顶灯 10 和行李厢灯 9 由门控开关控制,当行李厢或车门打开时,其门控开关就会接通行李厢灯和顶灯电路。

仪表板、时钟、点烟器、后除霜器开关、空调开关、雾灯开关等的照明灯也均由车灯开关控制。当车灯开关在Ⅰ挡或Ⅱ挡时,上述照明灯均被接通,其亮度可通过仪表板上的调光器 7 进行调节。

2) HONDA Accord(本田雅阁)汽车灯光照明系统电路

HONDA Accord(本田雅阁)汽车灯光照明系统电路如图 6-18 所示。灯光组合开关在Ⅰ挡时,可控制仪表灯、前驻车灯、尾灯、牌照灯和后标识灯。灯光开关在Ⅱ挡时,上述灯继续亮的同时,灯光开关使前照灯继电器接通,前照灯工作。灯光开关中的前照灯变光开关可通过前照灯变光继电器控制远光灯的工作:灯光开关向上,前照灯变光继电器的磁化线圈通电,触点闭合,远光灯电路接通;灯光开关向下,远光灯电路断开。此外远光灯还可通过灯光开关中的超车挡直接控制,在超车时使用。

小灯电路,采取由负极→正极的方法找出小灯(仪表灯、前驻车灯、尾灯、牌照灯和后标识灯)回路,其电路为:小灯→灯光组合开关→熔断器→蓄电池→搭铁,小灯只由灯光组合开关控制,灯光组合开关在Ⅰ挡或Ⅱ挡时,仪表灯、前驻车灯、尾灯、牌照灯和后标识灯都会亮。

大灯电路分为近光灯电路和远光灯电路分别来分析,近光灯同样采取负极→正极电路分析方法,电路为:左、右近光灯丝→熔断器→前照灯继电器→熔断器→蓄电池→搭铁,要使近光灯亮,前照灯继电器须带电。由于前照灯继电器线圈电路离正极较近,所以采取由正极→负极的分析方法,前照灯继电器电路:蓄电池→熔断器→前照灯继电器线圈→灯光组合开关→搭铁,要使回路接通,灯光开关需在Ⅱ挡位置,此时不管变光开关的工作状况,近光灯亮。远光灯电路采用正极→负极的分析方法,电路回路为:蓄电池→熔断器→前照灯继电器→熔断器→左、右远光灯丝→前照灯变光继电器→搭铁,远光灯亮,需前照灯继电器和前照灯变光继电器都接通。前照灯变光继电器闭合条件前面已分析,前照灯变光继电器电路为:蓄电池→熔断器→前照灯变光继电器线圈→灯光组合开关→大灯变光开光→搭铁,故前照灯变光继电器带电的条件是大灯变光开关在高挡(远光挡),即灯光组合开关的灯光开关需在Ⅱ挡位置且大灯变光开关要在高挡(远光挡),远光灯才亮。

3) 丰田卡罗拉汽车照明电路

(1) 丰田卡罗拉汽车小灯电路。如图 6-19 所示,丰田卡罗拉汽车小灯的工作原理如下:

当车灯开关置于小灯(Tail)挡时,车灯开关内的端子 B1 与 T1 接通,小灯继电器磁化线圈通过车灯开关端子 B1、T1 而搭铁,继电器触点闭合,此时,车辆的示宽灯、牌照灯、仪表灯及开关指示灯等均亮。

(2) 丰田卡罗拉汽车前照灯电路。如图 6-20 所示,丰田卡罗拉汽车前照灯的工作原理如下:

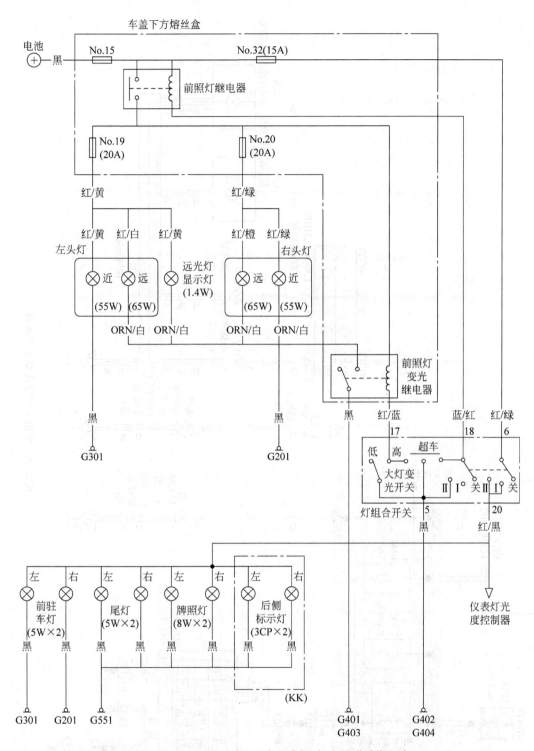

图 6-18　HONDA Accord(本田雅阁)灯光照明系统电路

当车灯开关(E60)置于前照灯(Head)挡时,若变光开关在近光(Low)挡,变光开关(Dimmer Switch)内的端子 HL 与 H 接通,通过车灯开关中 Head 挡位的 H 与 E 端子使前

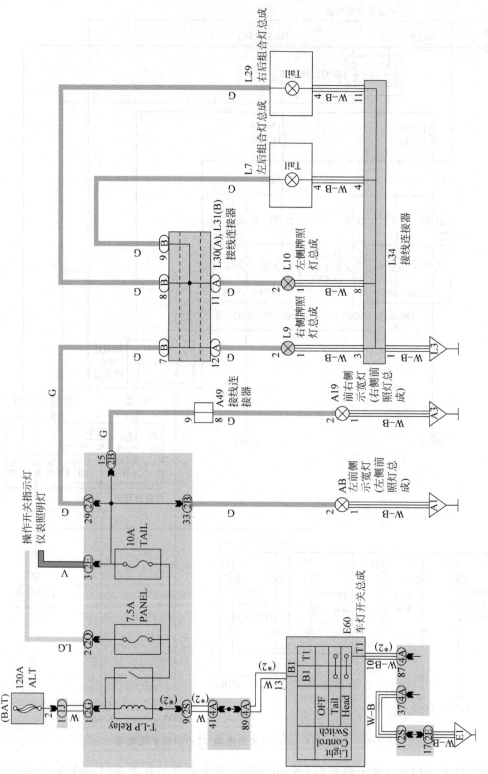

图 6-19 丰田卡罗拉汽车小灯电路

第 6 章 照明与信号系统

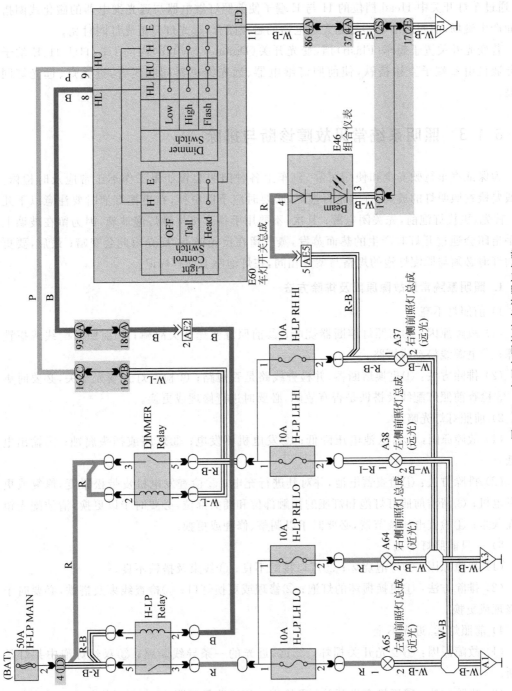

图 6-20 丰田卡罗拉汽车前照灯电路

照灯继电器磁化线圈搭铁而产生磁场,前照灯继电器的触点闭合,近光灯亮。

若变光开关置于远光(High)挡,变光开关(Dimmer Switch)内的 HL、HU 与 H 端子接通,通过车灯开关中 Head 挡位的 H 与 E 端子使前照灯继电器与远光继电器的磁化线圈搭铁而产生磁场,前照灯继电器与远光继电器的触点闭合,远光灯与近光灯同时亮。

若变光开关置于超车(Flash)挡,变光开关(Dimmer Switch)内的 HL、HU、H、E 端子相导通且由 E 端子直接搭铁,使前照灯继电器、远光继电器同时闭合,近光灯、远光灯同时亮。

6.1.3 照明系统常见故障诊断与排除

为保证汽车行驶安全和使用可靠,汽车上各种照明装置如果工作不正常应及时检修。一般要检查照明灯的玻璃、灯泡是否损坏,必要时应予以更换,在更换灯泡时要注意以下几点:首先,更换灯泡前,先关闭电源;其次,不要用手指直接接触灯泡玻璃,因为留在玻璃上的手指印会通过开灯时产生的热而蒸发,蒸气留在反光镜上,反光因此会变暗;最后,要更换的灯泡必须与原配灯泡的规格与型号相同,在灯泡座上均有标记。

1. 照明系统常见故障原因及排除方法

1) 前照灯不亮

(1) 故障原因:①前照灯熔断器烧断;②前照灯变光开关故障;③前照灯配线或搭铁故障;④电源线松动或短路。

(2) 排除方法:①更换熔断器,并检查线路是否短路;②检查灯光变光开关,必要时更换;③检查前照灯配线及搭铁是否有故障,必要时进行修理或更换。

2) 前照灯灯光暗淡

(1) 故障原因:①蓄电池电压降低;②发电机不发电;③灯座或插头腐蚀;④输出电压低。

(2) 排除方法:①检查蓄电池,并对其进行充电;②检查发电机皮带松紧度,修复或更换发电机;③清洁前照灯灯泡和灯座的接触部位和插头部位,必要时予以更换,清洁配光镜表面灰尘;④检查电压调节器,必要时予以调整、修理或更换。

3) 一只前照灯不亮

(1) 故障原因:①灯泡烧坏;②灯口接触不良;③线束及搭铁不良。

(2) 排除方法:①更换损坏的灯泡;②修理或更换灯口;③检查线束及搭铁,必要时予以修理或更换。

4) 前照灯远、近光不全

(1) 故障原因:①变光开关损坏;②远、近光的一条导线断路;③双丝灯泡中某丝烧断。

(2) 排除方法:①更换变光开关;②检查大灯线路是否断路,必要时修复或更换;③更换灯泡。

照明系统的常见故障现象是灯不亮。丰田卡罗拉汽车前照灯典型故障现象及可能的故障部位见表6-1,小灯典型故障现象及可能的故障部位见表6-2。

表 6-1　丰田卡罗拉汽车前照灯典型故障现象及可能的故障部位

现　象	可能的故障现象
一侧近光前照灯没有亮起	H-LP LH LO 熔断器或 H-LP RH LO 熔断器
	灯泡
	线束或插接器
	灯控 ECU（HID 前照灯）
左右两侧近光前照灯均没有亮起	H-LP MAIN 熔断器
	前照灯继电器
	前照灯变光开关总成
	线束或插接器
一侧远光前照灯没有亮起	H-LP LH HI 熔断器或 H-LP RH HI 熔断器
	灯泡
	线束或插接器
左右两侧远光前照灯均没有亮起（近光前照灯正常）	前照灯变光继电器
	前照灯变光开关总成
	线束或插接器
"远光闪光"前照灯没有亮起（会车灯功能）	前照灯变光开关总成
近光前照灯或远光前照灯不熄灭	前照灯变光开关总成
	线束或插接器

表 6-2　丰田卡罗拉汽车小灯典型故障现象及可能的故障部位

现　象	可能的故障部位
前驻车灯没有亮起	灯泡
	线束或插接器
后尾灯没有亮起	灯泡
	线束或插接器
牌照灯没有亮起	灯泡
	线束或插接器
所有灯均不亮	TAIL 熔断器
	灯光开关总成
	线束或插接器

照明系统出现故障后，就要根据电路的控制关系，由简单到复杂，针对电路中的熔断器、继电器、线束、灯泡及车灯开关等进行检查或测试，根据测试结果便可确定故障部位，更换有故障的零件即可排除故障。在实际排故中要根据不同的故障现象采取不同的诊断方法。

2. 前照灯电路的检测

如果只有一侧的一个近光灯或远光灯泡没有亮起，检查此灯泡和与其连接的熔断器或线束。卤素灯泡和保险的检测可用万用表的欧姆挡来检查，如果测得灯泡灯丝或保险电阻为无穷大则说明灯泡断路，保险电阻正常情况下始终小于 1Ω。如果左、右两侧的近光灯和远光灯都没有亮起，则故障存在于车灯开关或继电器。熔断器与继电器的车上位置如图 6-21 所示。继电器作为接通蓄电池到用电设备之间的开关，如果出现问题，则会导致对应的用电设备(包括灯泡)不工作,继电器一般利用通电检测,来模拟继电器工作与不工作两种状态,继电器线圈两个接线柱不通电,其起到开关作用的两个接线柱电阻无穷大,如给继电器线圈两个接线柱通12V电,此时会听到继电器传出的撞击声音,测量起开关作用的两个接线柱的电阻为0,常用与继电器平行的一对表示线圈接线柱,垂直的表示开关接线柱。继电器的端子如图6-22所示,继电器的检测标准见表6-3。车灯开关的端子如图6-23所示。开关检测使用万用表欧姆挡,将开关打到相应挡位,根据阻值是否为正常时阻值,判断开关是否故障。车灯开关的检测标准见表6-4。

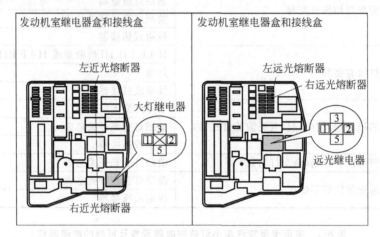

图6-21 熔断器与继电器的车上位置

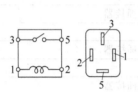

图6-22 继电器的端子

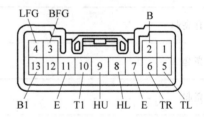

图6-23 车灯开关的端子

表6-3 继电器的检测标准

检测仪连接	条 件	规定状态	实测结果
3—5	在端子1和2之间未施加电压	10kΩ 或更大	
3—5	在端子1和2之间施加电压	小于1Ω	

表6-4 车灯开关的检测标准

检测仪连接	开关状态	规定状态	实测结果
10(T1)—13(B1)	OFF	10kΩ 或更大	
10(T1)—13(B1)	Tail	<1Ω	
10(T1)—13(B1) 11(E)—13(B1)	Head	<1Ω	
9(HU)—11(E)	High Flash	<1Ω	

续表

检测仪连接	开关状态	规定状态	实测结果
8(HL)—11(E)	Low	<1Ω	
9(HU)—11(E)	High	<1Ω	
8(HL)—11(E)	High 或 High Flash	10kΩ 或更大（变光开关置于 High 位置时，近光前照灯熄灭）	
		小于 1Ω（变光开关置于 High 位置时，近光前照灯和远光前照灯同时亮起）	

3. 小灯电路的检测

单个灯泡不亮，故障在灯泡或与之相关的线束。若多个灯泡不亮，应检测熔断器。若所有小灯（包括仪表照明灯与开关指示灯）都不亮，应检查小灯继电器或车灯开关。

6.2 信号系统

转向信号灯的作用是指示车辆的行驶方向，直接影响车辆行驶的安全性。尤其是在目前的道路条件下，由于车辆的增多而导致大部分路段都通行不畅。正确使用转向信号灯可以有效地减少道路交通事故。

6.2.1 转向信号系统

1. 汽车转向信号灯

汽车转向信号灯主要用来指示车辆行驶方向，其灯光信号采用闪烁的方式，用来指示车辆左转或右转，以引起其他车辆和行人的注意，提高行车的安全性。我国交通法规对转向信号灯的使用有明确的规定，并且还规定汽车在行驶中如遇危险情况可使用前、后、左、右 4 个转向灯同时闪烁，作为危险警告信号，请求其他车辆避让。转向信号灯电路系统由转向和警告两部分电路组成（一般都是共用一个闪光器），用转向开关和危险警告开关分别进行控制。

2. 闪光器

在转向信号系统或危险报警信号系统中，控制信号灯和指示灯闪烁发光的装置，称为闪光继电器，简称闪光器。

闪光器按结构不同可分为翼片式、电热式、电容式、水银式、电子式等几种类型。国产汽车目前使用较多的有电热式和电子式两种。电热式闪光器又称为热丝式闪光器，具有结构简单、成本低廉的优点，仍有部分载货汽车采用。由于电热式闪光器闪光频率不稳定，使用寿命短，因此载货汽车和小轿车目前普遍采用闪光频率稳定、使用寿命较长的电子式闪光器。

1）翼片式闪光器

翼片式闪光器是利用电流的热效应，使热胀条通电时热胀，断电时冷缩，通过翼片产生变形动作来控制触点的开、闭。翼片式闪光器的结构如图 6-24 所示，热胀条 1 由绕在其上的电热丝 2 通电后产生的热量加热。

接通转向灯开关 8 时，转向信号灯的电路为：蓄电池正极→接线柱 B→电热丝 2→接线柱 L→转向灯开关 8→转向信号灯 9→搭铁→蓄电池负极。由于电热丝的电阻较大，电路中的电流较小，故转向信号灯是暗的。电热丝通电产生的热量使热胀条受热伸长，翼片便在自身弹力的作用下伸直而使动合触点闭合，这时转向信号灯电路为：蓄电池正极→接线柱 B→翼片 6→触点 4、5→接线柱 L→转向灯开关 8→转向信号灯 9→搭铁→蓄电池负极。电热丝被触点短路，电流增大，转向信号灯变亮。同时，由于电热丝被短路，热胀条逐渐冷却收缩，拉紧翼片，使触点再次打开，灯变暗。如此周而复始，使转向信号灯闪烁。

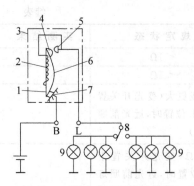

图 6-24 翼片式闪光器的结构
1—热胀条；2—电热丝；3—闪光器；4—动触点；5—静触点；6—翼片；7—支架；8—转向灯开关；9—转向信号灯及转向指示灯

2）电热丝式闪光器

镍铬合金丝制成的电热丝的显著特点是线性膨胀系数较大。当电热丝通过电流时，就会受热伸长；当电热丝电流切断时，就会冷却收缩。电热式闪光器就是利用镍铬合金丝热胀冷缩这一原理来工作的。

电热丝式闪光器主要由电磁铁、触点、电热丝及附加电阻等组成，如图 6-25 所示。在胶木底板上固定有工字形铁芯，其上绕有线圈 2，线圈的一端与固定触点 3 相连，另一端与接线柱 8 相连。镍铬丝 5 具有较大的线膨胀系数，其一端与活动触点相连，另一端固定在调节片 14 的玻璃球上。不工作时，由于电热丝的拉力使触点处于打开状态。转向开关闭合时，电流方向为：蓄电池正极→活动触点 4→镍铬丝 5→附加电阻丝 6→转向信号灯和指示灯→搭铁→蓄电池负极，构成回路。镍铬丝通电受热膨胀而伸长，使触点闭合，镍铬丝 5 和附加电阻丝 6 短路，电流方向为：蓄电池正极→活动触点 4→固定触点 3→线圈 2→转向信号灯

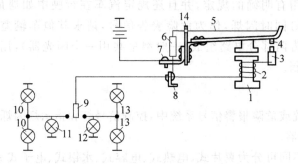

图 6-25 电热式闪光器的工作原理
1—铁芯；2—线圈；3—固定触点；4—活动触点；5—镍铬丝；6—附加电阻丝；7,8—接线柱；9—转向开关；10—左（前、后）转向灯；11—左转向指示灯；12—右转向指示灯；13—右（前、后）转向灯；14—调节片

和指示灯→搭铁→蓄电池负极,线圈2的电流较大,产生电磁吸力将活动触点和固定触点紧紧吸闭,与此同时,线圈电流流过转向信号灯和指示灯使其发光明亮。短路后镍铬丝冷却收缩,使触点又重新打开。如此反复循环,直到转向开关复位。当电阻串入电路时,电流很小,转向信号灯发出较弱的光;当电阻被短路后,电流增大,转向信号灯亮度增强。从而通过转向信号灯亮度强弱变化来表示汽车的行驶方向。

转向信号灯的闪光频率为(1.5 ± 0.5)Hz(GB 7258—2017)。转向信号灯的闪光频率可以通过调节片14改变镍铬丝的拉力及触点间隙来进行调整。

3) 电子闪光器

电子式闪光器工作稳定,适用电压范围大,使用寿命长,带继电器时发出有节奏的声响,可作为闪光器的音响信号,目前广泛应用。电子闪光器分为晶体管式(分立元件式)和集成电路式两类,集成电路式又根据有无触点分为有触点集成电路式闪光器和无触点集成电路式闪光器。

(1) 分立元件式电子闪光器

电子式闪光器是根据电容器充放电原理来工作的。图6-26所示是一种由分立元件与继电器组成的较为简单的电子闪光器,主要由三极管VT组成的开关电路和一只继电器J组成。

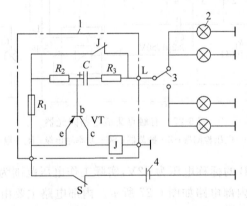

图6-26 有触点电子式闪光器的工作原理
1—电子式闪光器;2—转向信号灯;3—转向灯开关;4—蓄电池

在汽车行驶过程中需要转向时,接通转向灯开关3时,电流由蓄电池正极→点火开关→电阻R_1→闪光器动断触点→转向灯开关3→转向信号灯及指示灯→搭铁→蓄电池负极。此时常闭触点J闭合,由于R_1的电阻较小,电路电流较大,故转向灯亮。当电流流过R_1时,在R_1上产生电压降,晶体管VT的发射结由于正向偏置而导通,继电器线圈有集电极电流通过,使动断触点张开,转向灯迅速变暗。

三极管VT导通并且触点断开后的同时,其基极电流向电容C充电,充电电流从蓄电池正极→点火开关→R_1→R_2→C→R_3→转向灯开关3→转向信号灯及指示灯→搭铁→蓄电池负极。由于充电电流很小,故转向灯仍较暗。随着电容器充电的进行,积累的电荷越来越多,晶体管VT的基极电位逐渐提高,当晶体管VT发射结两端电压小于晶体管VT导通所需的正向偏置电压时,晶体管VT截止,通过继电器线圈的电流截止,触点闭合,转向灯又重新变亮。

触点闭合后,电容 C 通过 R_2、R_3 及继电器的触点放电,随着电容 C 放电的进行,晶体管 VT 的基极电位不断下降,当达到晶体管 VT 导通所需要的正向偏置电压时,晶体管 VT 导通,继电器线圈又有电流通过,触点打开,转向灯再次变暗。

随着电容 C 的充电、放电,晶体管 VT 不断地导通、截止,周而复始,使转向灯闪烁。

(2) 有触点集成电路式闪光器

上海桑塔纳轿车用德国西门子公司制造的电子式闪光器的电路原理如图 6-27 所示,其核心器件是一块低功耗、高精度的汽车电子闪光器专用集成电路 U243B。

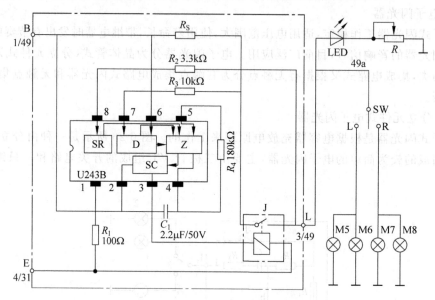

图 6-27 有触点集成电路闪光器

SR—输入检测器;D—电压检测器;Z—振荡器;SC—功率输出级;R_S—取样电阻;J—继电器

专用集成电路 U243B 的标称电压为 12V,实际工作电压范围为 9~18V,采用双列 8 脚直插塑料封装,其引脚及内部电路如图 6-27 所示。内部电路主要由输入检测器 SR、电压检测器 D、振荡器 Z 及功率输出级 SC 共 4 部分组成。

输入检测器用来检测转向信号灯开关是否接通。振荡器由一个电压比较器和外接电阻 R_4 及电容器 C_1 构成。内部电路给比较器的一端提供了一个参考电压(其值高低由电压检测器控制),比较器的另一端则由外接电阻 R_4 及电容器 C_1 提供一个变化的电压,从而使电路产生振动。

振荡器工作时,输出级便控制继电器线圈的电路,使继电器触点循环断开与闭合,从而使转向信号灯和转向指示灯(发光二极管)以 80 次/min 的频率闪烁发光。

如果一只转向信号灯烧坏,则流过取样电阻 R_S 的电流减小,其电压降降低,经电压检测器识别后,控制振荡器中电压比较器的参考电压,从而改变振荡频率(即闪光),此时转向指示灯的闪光频率将加快一倍,提醒驾驶员及时检修更换灯泡。

(3) 无触点集成电路闪光器

无触点集成电路闪光器是将功率输出级的触点式继电器改换成无触点大功率晶体管,同样可以实现对转向灯的开关作用。图 6-28 所示为带有蜂鸣器的无触点集成电路闪光器。

它在原闪光器的基础上增加了蜂鸣器功能,便构成声光并用的转向信号装置,以引起人们对汽车转弯安全性的高度重视。电路中的晶体三极管 VT_1 是作为转向灯 M1 和 M2 的开关装置。而三极管 VT_2 则直接控制着蜂鸣器 Y 的发声。当汽车转弯时,只要扳动一下转向开关 K,不仅转向灯发生正常频率的闪光,蜂鸣器也将发出同频率而有节奏的声响,其频率可由电位器进行调节。

3. 危险报警信号电路

危险报警信号电路一般由左转向灯、右转向灯、闪光器、危险报警开关等组成,当危险警告开关闭合时,左、右转向灯同时闪烁。如图 6-29 所示,当危险警告开关闭合时,危险警告信号电路为:蓄电池正极→危险警告开关 3→闪光器 2→危险报警开关 3→左、右转向信号灯及指示灯→搭铁,这样左、右转向灯及仪表盘上的转向指示灯同时闪烁。

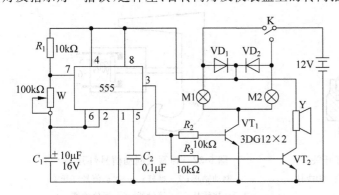

图 6-28 无触点集成电路闪光器的工作原理

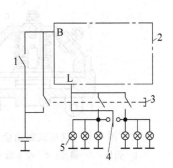

图 6-29 危险报警信号电路
1—点火开关;2—闪光器;3—危险报警开关;4—转向灯开关;5—转向信号灯及转向指示灯

6.2.2 制动信号系统

制动信号灯安装在汽车的尾部,当汽车制动时,红色信号灯亮,给尾随其后的车辆发出制动信号,以避免造成追尾事故。目前在一些发达国家,还规定了汽车必须安装高位制动信号灯,它装在后窗中心线、靠近窗底部附近。当前后两辆车靠得太近时,后面汽车驾驶人也能从高位制动信号灯的工作情况判断前面汽车的行驶状况。安装高位制动信号灯对于防止发生追尾事故有相当好的效果。

1. 制动信号灯开关

制动信号灯由制动信号灯开关控制,常见的制动信号灯开关有以下几种。

1) 液压式制动信号灯开关

图 6-30 所示为液压式制动信号灯开关,用于采用液压制动系统的汽车,装在液压制动主缸的前端或制动管

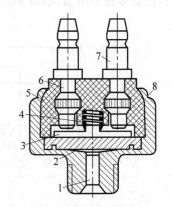

图 6-30 液压式制动信号灯开关
1—制动液;2—膜片;3—接触桥;4—弹簧;5—胶木底座;6,7—接线柱;8—壳体

路中。当踩下制动踏板时,由于制动系统的压力增大,薄膜片2向上拱曲,接触桥3同时接通接线柱6和接线柱7,使制动信号灯通电发亮。松开制动踏板时,制动系统压力降低,接触桥3在回位弹簧4的作用下复位,制动信号灯电路被切断。

2) 气压式制动信号灯开关

图6-31所示为气压式制动信号灯开关,用于采用气压制动系统的汽车,通常被安装在制动系统的气压管路中。制动时,制动压缩空气推动橡胶膜片上拱,使触点闭合,接通制动灯电路。

3) 弹簧式制动信号灯开关

弹簧式制动信号灯开关是一种较为常用的制动开关,装在制动踏板的后面,如图6-32所示。当踏下制动踏板时,开关闭合,制动灯亮。

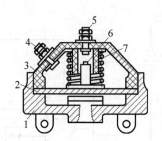

图6-31 气压式制动信号灯开关
1—壳体;2—膜片;3—胶木盖;4,5—接线柱;
6—触点;7—弹簧

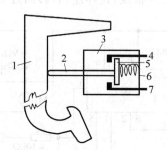

图6-32 弹簧式制动信号灯开关
1—制动踏板;2—推杆;3—制动信号灯开关;
4,7—接线柱;5—接触桥;6—回位弹簧

2. 制动信号灯电路

制动信号灯电路一般不受点火开关控制,直接由电源、熔断器到制动信号灯开关。制动信号灯电路根据尾灯的组合形式有以下几种情况。

1) 采用三灯泡的组合式尾灯

在这种组合式尾灯中,采用单丝灯泡,每个灯泡只有一个功能。随着功能的增加,尾灯灯泡的数量还要增加,如图6-33所示。

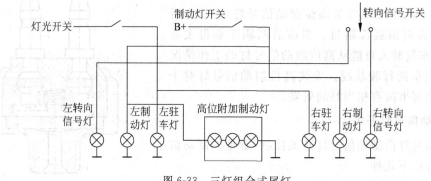

图6-33 三灯组合式尾灯

2) 采用双丝灯泡的尾灯

在双丝灯泡中,大功率的灯丝既用于制动信号,也用于转向信号。图6-34所示为美国

福特汽车公司所采用的双丝灯泡的尾灯电路。

当转向灯开关3不工作时,转向灯开关内的所有电刷都处于中间位置,踏下制动踏板,制动信号灯开关2闭合,电流经制动信号灯开关2进入转向灯开关3,经转向灯开关内的两个电刷A、D分别到后面两个尾灯的大功率灯丝4、7上,这时两个尾灯内的大功率灯丝的功能都是制动信号。当打转向灯时,例如转向灯开关3在左转向挡,这时所有电刷都打到左侧,如图6-35所示,电流经闪光器1进入转向灯开关3,经转向灯开关内的两个电刷B、C分别到达左前转向信号灯和左侧尾灯(大功率灯丝7),这时左侧尾灯大功率灯丝7的功能是转向信号。如果在打左转向的同时踩下制动踏板,这时只有右侧尾灯内的大功率灯丝4起制动信号作用,电流经制动信号灯开关2到转向灯开关3,经转向开关内的电刷D到右侧尾灯内的灯丝4,灯丝4起制动信号的作用。

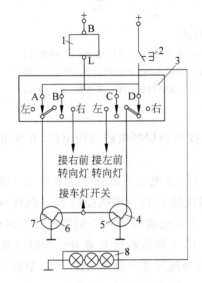 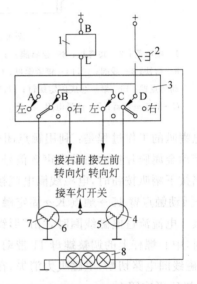

图 6-34 双丝灯泡的尾灯电路
1—闪光器;2—制动信号灯开关;3—转向灯开关;
4—右后转向及右制动灯丝;5—右后驻车灯丝;
6—左后驻车灯丝;7—左后转向及左制动灯丝;
8—高位附加制动灯

图 6-35 打转向信号时踏制动踏板的尾灯电路
1—闪光器;2—制动信号灯开关;3—转向灯开关;
4—右后转向及右制动灯丝;5—右后驻车灯丝;
6—左后驻车灯丝;7—左后转向及左制动灯丝;
8—高位附加制动灯

6.2.3 电喇叭系统

电喇叭是利用电磁转换原理使金属膜片产生振动而发出声音信号的装置。汽车用喇叭分为电喇叭和气喇叭两种,现代汽车普遍采用电喇叭。电喇叭又分为筒形电喇叭、盆形电喇叭和电子式(无触点)电喇叭3种。

1. 筒形电喇叭的结构原理

筒形电喇叭又称为螺旋形电喇叭,结构如图6-36所示,主要由喇叭筒、金属膜片、"山"形铁芯、电磁线圈、触点K等组成。

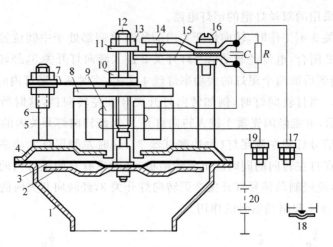

图 6-36 电喇叭的结构

1—喇叭筒；2—共鸣板；3—金属膜片；4—底板；5—"山"形铁芯；6—连接螺栓；7—弹簧片；
8—衔铁；9—线圈；10,13—锁紧螺母；11—调整螺母；12—中心螺杆；14—固定触点臂；15—活
动触点臂；16—触点总成固定螺钉；17,19—接线端子；18—喇叭按钮；20—蓄电池；K—触点；
C—消弧电容器；R—消弧电阻

电喇叭的工作过程是：利用触点闭合与断开来接通与切断电磁线圈电路，并使电磁铁机构带动金属膜片振动而发出声音信号。

当按下喇叭按钮时，电磁线圈电流接通，其电路为：蓄电池正极→接线端子 19→电磁线圈 9→活动触点臂 15→触点 K→固定触点臂 14→接线端子 17→喇叭按钮 18→搭铁→蓄电池负极。电流流过电磁线圈时，"山"形铁芯被磁化，产生电磁吸力吸引衔铁 8 向下移动，与此同时，中心螺杆上的调整螺母 11 带动活动触点臂 15 下移使触点 K 断开。当触点 K 断开时，电磁线圈电路切断，电磁吸力消失，在弹簧片 7 和金属膜片 3 的弹力作用下，衔铁上移复位，触点 K 再次闭合。

当触点 K 再次闭合时，电磁线圈电路再次接通，山形铁芯又被磁化并吸引衔铁 8 向下移动使触点 K 再次断开。只要按下喇叭按钮不放松，触点和电磁线圈就会重复上述工作过程使衔铁上下循环移动，并带动金属膜片 3 振动而发出一定频率(300~450Hz)和音调的声波，经喇叭筒发出声音信号。共鸣板 2 与膜片 3 刚性连接，其功用是在膜片振动时发出伴音，使声音更加悦耳。消弧电容器 C 和消弧电阻 R 与喇叭触点并联连接，其作用都是减小触点火花。有的喇叭只采用一只电阻或只采用一只电容器。

当松开喇叭按钮时，线圈电流切断，电磁吸力消失，衔铁停止振动，喇叭停止发音。

2. 盆形电喇叭的结构原理

筒形电喇叭体积和质量较大，一般装备载货汽车。盆形电喇叭体积和质量较小，小轿车普遍采用，桑塔纳系列轿车就采用了盆形电喇叭。

盆形电喇叭也是利用电磁转换原理使金属膜片产生振动而发出声音信号的。盆形电喇叭的结构如图 6-37 所示，主要由电磁铁机构、触点总成和金属膜片组成。电磁线圈 2 绕在固定铁芯 1 上，固定铁芯中空，导杆可在固定铁芯的中心孔中移动并保持轴心同心。活动铁芯 6 下缘与固定触点臂保持接触，活动铁芯向下移动时，固定触点臂将随之移动，触点 7 就

会由闭合状态转变为断开状态。盆形电喇叭的显著特点是没有扬声筒,而是将活动铁芯6、膜片4和共鸣板5固装在中心轴上,并随膜片一同振动。

当喇叭按钮按下时,电磁线圈电路接通,电流由电源正极→线圈2→触点7→按钮9,搭铁回到电源负极。流过线圈的电流在铁芯中产生电磁吸力将活动铁芯向下吸引,活动铁芯向下移动使触点7断开,线圈电流切断,电磁吸力消失,活动铁芯复位。

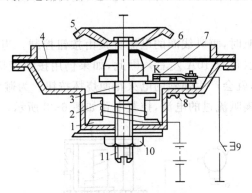

图 6-37　盆形电喇叭的结构

1—固定铁芯；2—线圈；3—导杆；4—膜片；5—共鸣板；6—活动铁芯；7—触点 K；
8—音量调整螺钉；9—喇叭按钮；10—锁紧螺母；11—音调调整螺钉

当活动铁芯复位时,触点又重新闭合,线圈电流又重新接通,又会产生电磁吸力吸引活动铁芯向下移动。当按钮按下时,触点不断断开与闭合,线圈电流循环切断与接通,活动铁芯不断上下移动,带动膜片振动产生一定频率的声波,并激励与膜片一体的共鸣板产生共鸣,从而发出比基本频率强得多且分布又比较集中的谐音。当松开喇叭按钮时,线圈电流切断,电磁吸力消失,铁芯停止振动,喇叭停止发音。为了减小触点火花,防止触点严重烧蚀,在触点两端还并联有一只电容器。

3. 喇叭音量与音调的调整

1) 喇叭音量的调整

电喇叭音量的大小由电磁线圈电流的大小决定。电流越大则音量越大,电流越小则音量越小。盆形电喇叭音量的调整方法是：如图 6-37 所示,转动调整螺钉8,改变触点接触压力进行调整。当触点压力增加时,触点闭合时间相对延长,流过线圈的电流增大,音量相应增大；反之,音量减小。

筒形电喇叭音量的调整方法是：如图 6-36 所示,拧松锁紧螺母13,然后拧动调整螺母11,即可改变触点接触压力。当压力增加时,触点闭合时间相对延长,流过线圈的电流增大,音量相应增大。

2) 喇叭音调的调整

喇叭音调的高低由活动铁芯或衔铁的振动频率决定。减小活动铁芯或衔铁与固定铁芯间的气隙,可以提高喇叭的音调；增大活动铁芯或衔铁与固定铁芯的气隙,可以降低喇叭的音调。

盆形电喇叭音调的调整方法：如图 6-37 所示,转动调整螺钉11,调整活动铁芯与固定铁芯之间的气隙。减小气隙时喇叭音调升高,增大气隙时音调降低。

筒形电喇叭音调的调整方法是：如图 6-36 所示，拧松固定螺母 10，再拧松连接螺栓 6 上的固定螺母，然后转动衔铁，即可减小或增大衔铁与"山"形固定铁芯的气隙。调整时应注意衔铁要平正，不能歪斜，使其周围的气隙均匀，否则喇叭工作时就会发生碰撞而产生杂音。

喇叭音调和音量的调整是相互影响的，因此应反复调整，直至声音悦耳为止。

4. 喇叭继电器

汽车装备一只电喇叭时，喇叭线圈的电流直接由按钮控制。当装备两只或三只电喇叭时，由于喇叭总电流较大（每只 10A 左右），因此，如果仍用按钮直接控制喇叭电流，那么在喇叭按钮接通或松开时，就会产生强烈的电火花而烧坏按钮。为避免喇叭按钮烧蚀，采用了喇叭继电器来控制多个喇叭流过的电流，控制电路如图 6-38 所示。

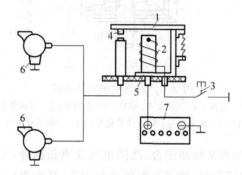

图 6-38 喇叭继电器
1—触点臂；2—线圈；3—喇叭按钮；4—触点；5—支架；6—喇叭；7—蓄电池

当按下喇叭按钮时，喇叭继电器线圈电流流过按钮，其电路为：蓄电池正极→继电器线圈→喇叭按钮→搭铁→蓄电池负极。线圈电流使继电器铁芯磁化，产生电磁吸力将触点臂向下吸引使触点闭合，从而接通喇叭电路。由于继电器线圈电阻较大，因此流过线圈和按钮的电流较小，从而避免喇叭按钮烧蚀。流过喇叭的较大电流则通过继电器触点，其电路为：蓄电池正极→继电器支架→触点臂→触点→喇叭→搭铁→蓄电池负极。

当松开喇叭按钮时，继电器线圈电流切断，电磁吸力消失，继电器触点断开，喇叭电路切断而停止发音。

6.2.4 倒车信号系统

汽车倒车时，为了警告车后的行人和引起后面车辆驾驶人注意，除了在汽车尾部装有倒车灯外，有些汽车上还装有蜂鸣器或语音报警器。倒车蜂鸣器或语音倒车报警器及倒车灯的电源电路均受安装在变速器盖上的倒车灯开关控制。当变速器换挡拨杆拨入"倒挡"位置使倒车灯开关闭合时，倒车蜂鸣器或语音倒车报警器及倒车灯才能接通电源工作。

1. 倒车灯开关

倒车灯开关结构如图 6-39 所示。倒车灯开关一般安装在变速器上，钢球 8 平时被倒挡叉轴顶起，而当变速杆拨至倒车挡时，倒挡叉轴上的凹槽对准钢球，钢球被松开，在弹簧 4 的作用下触点 5 闭合，将倒车信号电路接通。

2. 倒车蜂鸣器

倒车蜂鸣器是一种间歇发声的音响装置。倒车蜂鸣器型号不同,其控制电路不尽相同,但工作原理大同小异。图 6-40 所示为一种简单的倒车信号灯电路。

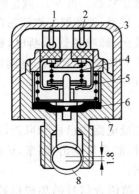

图 6-39 倒车灯开关的结构
1,2—接线柱;3—外壳;4—弹簧;5—触点;6—膜片;7—底座;8—钢球

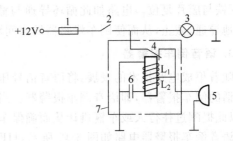

图 6-40 倒车信号灯电路
1—熔断器;2—倒车灯开关;3—倒车信号灯;4—触点;5—蜂鸣器;6—电容器;7—继电器

倒车时,安装在变速器上的倒车灯开关闭合,倒车信号灯亮。同时,电流经继电器 7 中的动断触点 4 到蜂鸣器 5,使倒车蜂鸣器发出响声。此时,线圈 L_1 和 L_2 中均有电流通过,流经线圈 L_2 的电流同时向电容器 6 充电,由于流入线圈 L_1 和 L_2 的电流大小相等、方向相反,产生的磁通互相抵消,故触点 4 继续闭合。随着电容器 6 两端的电压逐渐升高,线圈 L_2 中的电流逐渐减小,当线圈 L_1 中磁通大于线圈 L_2 的磁通一定值时,磁吸力大于弹簧拉力,触点 4 打开,蜂鸣器停止发声。

图 6-41 所示为解放 CA1090 型汽车用倒车蜂鸣器的控制电路,其发音部分是一只功率较小的电喇叭,控制电路是一个由无稳态电路和反相器组成的开关电路。

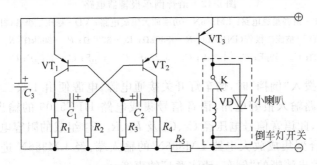

图 6-41 解放 CA1090 型汽车用倒车蜂鸣器电路
R_1—1.5kΩ;R_2,R_3—10kΩ;R_4—15kΩ;R_5—100kΩ;VT_1,VT_2—3A31A;VT_3—3AX31B;VD—2CP13;C_1,C_2,C_3—33mF

三极管 VT_1、VT_2 组成一个无稳态电路,又称为多谐振荡器,因为 VT_1 和 VT_2 之间采用电容器耦合,所以三极管 VT_1 与 VT_2 只有两个暂时的稳定状态,或三极管 VT_1 导通、VT_2 截止,或三极管 VT_1 截止、VT_2 导通,这两个状态周期地自动翻转。

三极管 VT_3 在电路中起开关作用,VT_3 与三极管 VT_2 直接耦合,三极管 VT_2 的发射极电流就是三极管 VT_3 的基极电流。当三极管 VT_2 导通时,三极管 VT_3 具有足够大的基极电流而饱和导通。电流便从电源正极经三极管 VT_3、蜂鸣器（小喇叭）的常闭触点 K、线圈流向电源负极。蜂鸣器线圈通电后，其铁芯磁化吸动衔铁并带动膜片产生变形而发出声音。与此同时，电阻 R_2 上的电压向电容器 C_1 充电，使三极管 VT_2 基极电位逐渐升高。当 VT_2 基极电位升高到一定值时，三极管 VT_2 与 VT_3 将由导通变为截止状态。当 VT_2 截止时，其集电极电位降低，电源将通过三极管 VT_1 向电容 C_2 充电，使 VT_1 导通，振荡器工作状态自动翻转。

当三极管 VT_2 截止时，三极管 VT_3 无基极电流而截止，蜂鸣器线圈断电，铁芯磁力消失，衔铁与膜片复位。电路如此循环导通与截止，三极管 VT_3 按照无稳态电路的翻转频率不断地导通、截止，从而使倒车蜂鸣器发出间歇性的鸣叫声音。

3. 语音倒车报警器

随着集成电路技术的发展，将语音信号压缩存储在集成电路中已成为可能，从而出现了会说话的倒车报警器，即语音倒车报警器。当汽车倒车时，能重复发出"倒车，请注意！"的声音，以此提醒过往行人或车辆避让从而确保车辆安全倒车。

语音倒车报警器电路如图 6-42 所示，HFC5209 是存储语音信号的集成电路，LM386N 是功放集成电路，稳压管 VD 用于稳定 HFC5209 的工作电压。为了防止电源电压接反，在电源的输入端使用了 4 只整流二极管组成的桥式整流电路，这样无论 12V 电源怎样接入，均可保证整个电路正常工作。

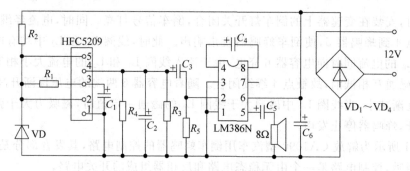

图 6-42 语音倒车报警器电路

HFC5209—语音集成电路；LM386N—功率放大集成电路；VD—稳压二极管（2DW52）；
VD$_1$～VD$_4$—整流二极管（IN4001）；R_1—330kΩ；R_2—330kΩ；R_3—200kΩ；R_4—10kΩ；
R_5—10kΩ；C_1—50pF；C_2—4.7μF；C_3—0.22μF；C_4—10μF；C_5—100μF；C_6—100μF

当汽车换挡杆拨入"倒挡"时，倒车灯开关接通电源，电源便由 4 只二极管（VD$_1$～VD$_4$）组成的桥式整流电路输入报警电路，语音信号集成电路 HFC5209 的输出端便输出一定幅度的语音信号电压，此语音信号电压经 C_2、C_3 及 R_3、R_4、R_5 组成的阻容电路后将杂音消除，改善音质，同时耦合到集成放大电路 LM386N 的输入端，经 LM386N 进行功率放大后，再由喇叭输出，即可发出清晰的"倒车，请注意！"的声音。

语音倒车报警器具有体积小、成本低、声音清晰的优点，因此特别适合于车身较长、倒车视野不便观察的大客车和载货汽车使用。

6.2.5 指示灯系统

现代汽车为了保证行车安全，提高车辆的可靠性，在汽车仪表板上安装了许多警告灯，如机油压力警告灯、冷却液温度警告灯、燃油不足警告灯、制动液不足警告灯、制动系统故障警告灯等。

警告灯由报警开关控制,当被监测的系统或总成工作不正常时,对应的报警开关闭合,使该系统的警告灯亮,以提醒驾驶人注意,从而采取相应的措施,确保行车安全。

警告灯通常安装在仪表上,灯泡功率一般为1~4W,在灯泡前设有滤光片,使警告灯发出红光或黄光,滤光片上通常有标准图形符号。

现代汽车多数采用发光二极管作为警告灯光源,其优点是结构简单、使用寿命长、耗电少、易于识别等。

1. 常见汽车警告灯

1) 机油压力警告灯

机油压力警告灯监测润滑系统的工作情况,当润滑系统机油压力低于允许值时,警告灯亮,以引起驾驶人注意。

(1) 弹簧管式机油压力报警开关

如图 6-43 所示,机油压力警告灯电路由安装在发动机主油道的弹簧管形报警开关和安装在仪表板上的红色警告灯组成。警告灯开关内有一个管形弹簧,管形弹簧的一端与主油道相通,另一端有一对触点,固定触点经连接片与接线柱相接,活动触点经外壳搭铁。

当机油压力低于标准值时,管形弹簧向内弯曲,触点闭合,警告灯亮。当机油压力正常时,管形弹簧产生的弹性形变增大,使触点分开,警告灯熄灭。

(2) 膜片式机油压力报警开关

图 6-44 所示为膜片机油压力报警开关控制电路。当机油压力正常时,机油压力推动膜片向上拱曲,推杆将触点打开,警告灯熄灭。当机油压力低于标准值时,膜片在弹簧压力作用下向下移动,从而使触点闭合,警告灯亮,警告驾驶人机油压力不足。

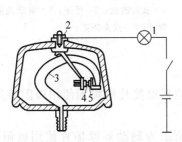 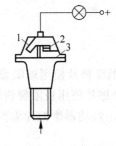

图 6-43　弹簧管形机油压力报警开关控制电路　　图 6-44　膜片式机油压力报警开关控制电路
1—报警灯；2—报警灯开关接线柱；3—管形弹簧；　　　1—弹簧片；2—触点；3—膜片
4—固定触点；5—活动触点

2) 冷却液温度警告灯

在汽车上除了装有冷却液温度表外,还装有冷却液温度警告灯。当冷却液温度过高超过标准时,红色警告灯亮。

图 6-45 所示为冷却液温度警告灯控制电路,其警报开关为双金属片式温度开关。当冷却液温度在正常范围时,双金属片几乎不变形,触点分开,警告灯不亮。当冷却液温度超过标准值时,双金属片由

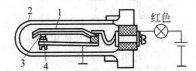

图 6-45　冷却液温度警告灯控制电路
1—双金属片；2—壳体；3—动触点；4—静触点

于温度升高而弯曲变形，使触点闭合，警告灯亮。

3) 燃油不足警告灯

在汽车上除了装有燃油表外，还装有燃油不足警告灯，当燃油少于规定值时，警告灯亮，以提醒驾驶人加油。

图6-46所示为热敏电阻式燃油警告灯控制电路，其警报开关为热敏电阻式，装在油箱内。当油箱内燃油量多时，负温度系数热敏电阻浸在汽油中，温度低，电阻值大，因此电路中几乎没有电流，警告灯暗。当燃油减少到规定值以下时，热敏电阻元件从汽油中露出，此时热敏电阻温度升高，电阻值减小，电路中电流增大，警告灯亮。

4) 制动液不足警告灯

图6-47所示为制动液不足警告灯控制电路，当制动液充足时，浮子的位置较高，此时永久磁铁高于舌簧开关的位置，舌簧开关处于断开状态，警告灯不亮。当浮子随着制动液而下降到规定高度时，永久磁铁便接近了舌簧开关，使舌簧开关触点闭合，警告灯电路导通，警告灯亮。

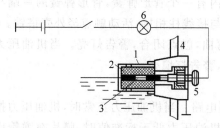

图6-46　热敏电阻式燃油不足警告灯控制电路

1—外壳；2—防爆金属网；3—热敏电阻；4—油箱外壳；5—接线柱；6—报警灯

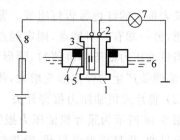

图6-47　制动液不足警告灯控制电路

1—舌簧开关外壳；2—接线柱；3—舌簧开关；4—永久磁铁；5—浮子；6—制动液面；7—报警灯；8—点火开关

5) 制动器摩擦片使用极限警告灯

制动器摩擦片使用极限警告灯的作用是当制动器摩擦片磨损到使用极限厚度时，发出警报信号，表示制动器摩擦片需要更换。

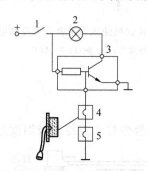

图6-48　制动器摩擦片使用极限报警灯控制电路

1—点火开关；2—警告灯；3—电子控制器；4,5—前制动器摩擦片

图6-48所示为制动器摩擦片使用极限警告灯控制电路。将一段导线埋在摩擦片内部，该导线与组合仪表中的电子控制器相连，当摩擦片没有到使用极限时，电子控制器中的晶体管基极电位为低电位，晶体管截止，警告灯不亮。当摩擦片到使用极限时，埋设在摩擦片中的导线被磨断，电子控制器中的晶体管基极电位为高电位，晶体管导通，警告灯亮。

6) 制动灯电路故障警告灯

由于制动灯对于行车安全极为重要，而驾驶人在开车过程中很难发现制动灯有故障，因此在一些车辆中，常常要设置制动灯电路故障警告灯。

图 6-49 所示为美国 GM 公司采用的制动灯电路故障警告灯控制电路。在正常情况下,踩下制动踏板,制动灯开关接通,电流经左、右两电磁线圈到制动信号灯,此时两线圈所产生的磁场相互抵消,舌簧开关的触点继续处于常开状态,警告灯不亮。当左、右两个制动信号灯中有一个灯泡坏了,或者电路有断路时,则有故障一侧的电磁线圈将不产生磁场,而另一侧的电磁线圈产生磁场,舌簧开关中的触点将闭合,警告灯亮,提醒驾驶人制动灯电路有故障。

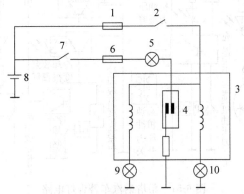

图 6-49　美国 GM 公司采用的制动灯电路故障警告灯控制电路
1—熔断器；2—制动开关；3—制动检测器；4—舌簧开关；5—制动报警灯；
6—熔断器；7—点火开关；8—蓄电池；9—制动灯(左)；10—制动灯(右)

7) 制动系统故障警告灯

图 6-50 所示为制动系统故障警告灯控制电路。其原理是在双管路制动总泵的两个管路之间并联一个差动阀,当两管路制动正常时,差动阀柱塞处于中间位置,报警开关的触发杆处于柱塞凹槽内,警告灯不亮。当制动系统任何一侧管路压力降低时,差动阀柱塞将受液压强迫移动,差动阀移动时,报警开关的触发杆被顶起,报警开关触点闭合,警告灯亮。

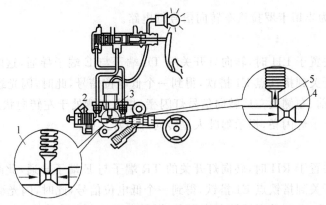

图 6-50　制动系统故障报警灯控制电路
1—差动阀；2—前制动管路；3—后制动管路；4—差动阀柱塞；5—开关触发杆

2. 常见汽车警告灯电路

图 6-51 所示为桑塔纳汽车警告灯电路。

油压警告灯由气缸盖上的低压油压开关(在气缸盖上)、机油滤清器支架上的高压油开关及仪表内的电子控制器控制。接通点火开关 ON 挡,充电指示灯亮,油压警告灯亮但蜂鸣器不响。发动机起动后,充电指示灯和油压警告灯熄灭。若怠速时油压小于 0.03MP,低压油压开关工作,油压警告灯亮,表示油压过低。若转速升高到 2000r/min,油压小于 0.18MPa,高压油压开关工作,警告灯亮且蜂鸣器响,表示高速时油压过低。

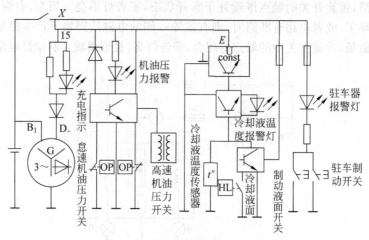

图 6-51 桑塔纳汽车警告灯电路

冷却液温度警告灯由冷却液温度传感器和冷却液不足报警开关控制。接通点火开关 ON 挡,冷却液温度警告灯闪烁 5s 后自动熄灭。发动机工作时,当膨胀水箱冷却液不足或冷却液温度高于 115℃,冷却液温度警告灯闪烁。

制动器警告灯由驻车制动开关和制动液液面开关控制,拉起驻车制动拉杆,警告灯亮。制动液不足时,警告灯亮。

6.2.6 信号系统常见故障诊断与排除

图 6-52 所示为丰田卡罗拉汽车转向信号灯电路。

1. 左转向

当转向灯开关置于 LH 时,转向灯开关的 TL 端子与 E 端子导通,这时,闪光继电器端子 5 通过转向灯开关到搭铁点 E1 搭铁,得到一个低电位信号,此时,闪光继电器通过端子 3 输出电压,使得左前、左侧及左后转向信号灯闪亮,指示车辆处于左转向状态。同时,组合仪表上左转向信号指示灯闪亮,提示驾驶人左转向灯正常工作。

2. 右转向

当转向灯开关置于 RH 时,转向灯开关的 TR 端子与 E 端子导通,此时,闪光继电器端子 6 通过转向灯开关到搭铁点 E1 搭铁,得到一个低电位信号,此时,闪光继电器通过端子 2 输出电压,使得右前、右侧及右后转向灯闪亮,指示车辆处于右转向状态。同时,组合仪表板上右转信号指示灯闪亮,提示驾驶人右转向灯正常工作。

3. 危险警告

当按下危险警告开关时,闪光继电器端子 8 通过搭铁点 E1 搭铁,得到一个低电位信号,此时,闪光继电器通过端子 2、3 同时输出电压,使得左、右两个方向的转向信号灯同时闪亮,指示车辆处于危险状态。同时,组合仪表板上左、右转向信号指示灯同时闪亮,指示驾驶人危险警告灯正常工作。

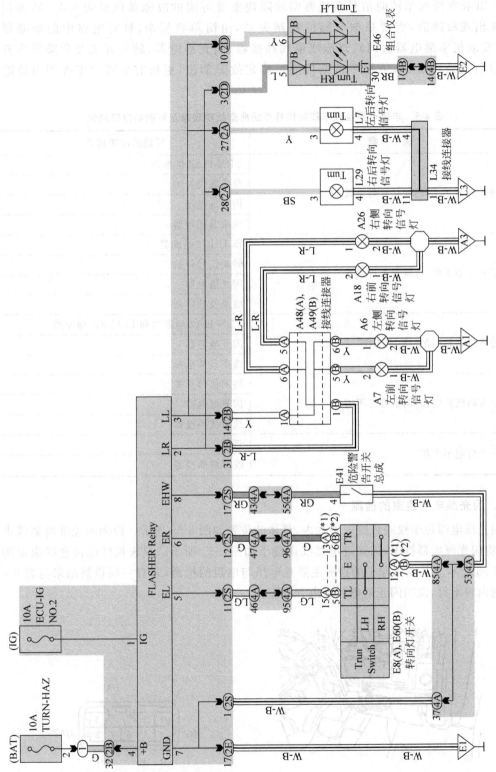

图 6-52 丰田卡罗拉汽车转向信号灯电路

丰田卡罗拉汽车转向信号系统典型故障现象及可能的故障部位见表6-5。转向信号系统出现故障后,就要根据电路的控制关系,由简单到复杂,针对电路中的熔断器(位于发动机室继电器盒内)、灯泡线束和插接器、闪光继电器、转向开关及危险警告开关等进行检查或测试,依据测试结果便可确定故障部位,更换有故障的零件即可排除故障。

表6-5 丰田卡罗拉汽车转向信号系统典型故障现象及可能的故障部位

现　象	可能的故障现象
危险警告灯不工作(转向信号灯正常)	TRN-HAZ 熔断器
	危险警告开关
	闪光继电器
	线束及插接器
转向信号灯不工作(危险警告灯正常)	ECU-IG2 熔断器
	转向信号开关
	闪光继电器
	线束及插接器
危险警告灯和转向信号灯不工作	TRN-HAZ 熔断器和 ECU-IG2 熔断器
	闪光继电器
	线束或插接器
向某个方向转向时,转向信号灯不工作	转向信号开关
	闪光继电器
	线束或插接器
只有一个灯泡不工作	灯泡
	线束或插接器

4. 闪光继电器线束的检测

闪光继电器位于仪表板继电器盒内,具体的位置如图6-53所示。检测闪光继电器线束时,先将闪光继电器拆下,闪光继电器线束端子如图6-54所示。仪表板继电器盒线束说明如图6-55所示。其线束端子的检测主要是电压与电阻的检测,若有一项检测结果与表6-6中所列内容不符,说明闪光继电器线束有故障。

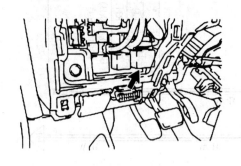

图6-53 闪光继电器的位置

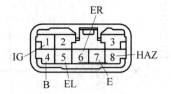

图6-54 闪光继电器线束端子

第6章 照明与信号系统

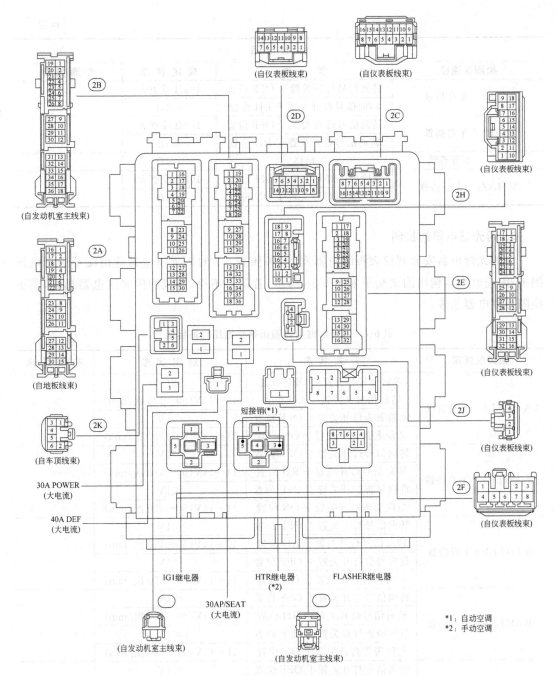

图 6-55 仪表板继电器盒线束说明

表 6-6 闪光继电器线束端子检测

检测仪连接	条件	规定状态	实测结果
4(B)—车身搭铁	始终	11~14V	
1(IG)—车身搭铁	点火开关置于 OFF 位置	低于1V	
	点火开关置于 ON(IG) 位置	11~14V	

续表

检测仪连接	标准电阻		实测结果
	条件	规定状态	
5(EL)—车身搭铁	转向信号灯开关置于 OFF 位置	10kΩ 或更大	
	转向信号灯开关置于 LH 位置	<1Ω	
6(ER)—车身搭铁	转向信号灯开关置于 OFF 位置	10kΩ 或更大	
	转向信号灯开关置于 RH 位置	<1Ω	
7(E)—车身搭铁	始终	<1Ω	
8(HAZ)—车身搭铁	危险警告灯开关置于 OFF 位置	10kΩ 或更大	
	危险警告灯开关置于 ON 位置	<1Ω	

5. 闪光继电器的检测

将闪光继电器安装到仪表板继电器盒上，参照表 6-7 对闪光继电器输出端子进行电压测试，闪光继电器输出测试端子如图 6-56 所示，若结果不符，则说明闪光继电器损坏，需更换闪光继电器总成。

表 6-7 闪光器继电器输出端子电压检测标准

检测仪连接	开关状态	规定状态	实测结果
2A-27(LL)—车身搭铁	转向信号开关置于 OFF 位置	<1V	
	转向信号灯开关置于 LH 位置	11～14V(60～120 次/min)	
	危险警告灯开关置于 OFF 位置	<1V	
	危险警告灯开关置于 ON 位置	11～14V(60～120 次/min)	
2A-28(LR)—车身搭铁	转向信号灯开关置于 OFF 位置	<1V	
	转向信号灯开关置于 RH 位置	11～14V(60～120 次/min)	
	危险警告灯开关置于 OFF 位置	<1V	
	危险警告灯开关置于 ON 位置	11～14V(60～120 次/min)	
2B-14(LL)—车身搭铁	转向信号灯开关置于 OFF 位置	<1V	
	转向信号灯开关置于 LH 位置	11～14V(60～120 次/min)	
	危险警告灯开关置于 OFF 位置	<1V	
	危险警告灯开关置于 ON 位置	11～14V(60～120 次/min)	
2B-31(LR)—车身搭铁	转向信号灯开关置于 OFF 位置	<1V	
	转向信号灯开关置于 RH 位置	11～14V(60～120 次/min)	
	危险警告灯开关置于 OFF 位置	<1V	
	危险警告灯开关置于 ON 位置	11～14V(60～120 次/min)	
2D-10(LL)—车身搭铁	转向信号灯开关置于 OFF 位置	<1V	
	转向信号灯开关置于 LH 位置	11～14V(60～120 次/min)	
	危险警告灯开关置于 OFF 位置	<1V	
	危险警告灯开关置于 ON 位置	11～14V(60～120 次/min)	
2D-3(LR)—车身搭铁	转向信号灯开关置于 OFF 位置	<1V	
	转向信号灯开关置于 RH 位置	11～14V(60～120 次/min)	
	危险警告灯开关置于 OFF 位置	<1V	
	危险警告灯开关置于 ON 位置	11～14V(60～120 次/min)	

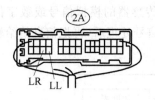 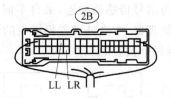 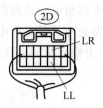

图 6-56　闪光继电器输出测试端子

6. 转向灯开关的检测

转向灯开关位于车灯开关总成内，车灯开关端子如图 6-57 所示，转向灯开关的检测标准见表 6-8。若检测结果不符，则说明转向灯开关故障，需更换车灯开关总成。

表 6-8　转向灯开关的检测标准

检测仪连接	开关状态	规定状态	实测结果
6(TR)—7(E)	OFF	10kΩ 或更大	
5(TL)—7(E)			
6(TR)—7(E)	RH	<1Ω	
5(TL)—7(E)	LH	<1Ω	

7. 危险警告开关的检测

危险警告开关的端子如图 6-58 所示，危险警告开关的检测标准见表 6-9。若检测结果不符，则说明危险警告开关有故障，需更换危险警告开关总成。

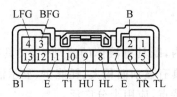

图 6-57　车灯开关端子　　图 6-58　危险警告开关的端子

表 6-9　危险警告开关的检测标准

检测仪连接	开关状态	规定状态	实测结果
1~4	ON	<1Ω	
	OFF	10kΩ 或更大	

6.3　现代仪表显示系统

电子仪表板以数字和光条图形式，配以国际标准（ISO）符号，用来监测汽车和发动机各系统的工作情况。

1. 电子仪表的控制系统

电子仪表的控制系统原理如图 6-59 所示。控制单元内部由接口电路、中央处理器及显示驱动电路组成。控制单元与信号传感器相连,来自不同传感器的模拟信号或数字信号经接口电路处理后传送给中央处理器,中央处理器将接收的信号处理后,再把信息传给输出驱动电路,由输出驱动电路控制每个仪表的工作。

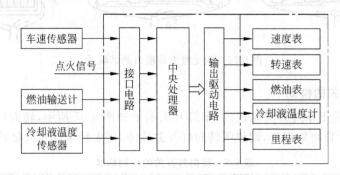

图 6-59 电子仪表的控制系统的工作原理

2. 电子仪表显示器的结构原理

电子仪表显示系统一般有 3 种显示方法:数字显示(包括曲线图显示)、模拟显示和指示灯亮暗显示。车速表和转速表常用数字显示和曲线图显示;燃油表可用数字显示,也可用模拟显示。为更准确地显示信息,控制单元对数字显示信号每秒修正 2 次,对曲线图显示信号每秒钟修正 16 次,对驾驶人信息中心显示的各种信号每秒钟修正 1 次。

电子显示器在驾驶员信息系统中担负着重要的角色,直接影响和制约驾驶员信息系统的应用与发展。目前,汽车上使用的显示器有液晶显示器(LCD)、荧光显示器(VFD)、发光二极管(LED)以及阴极射线管显示器(CRT)等。

1) 液晶显示器(LCD)

液晶是一种有机化合物,在一定温度范围内,既具有液体的流动性,又具有晶体的某些光学特性。液晶显示器是一种被动显示装置,具有显示面积大、耗能少、显示清晰、通过滤光镜可显示不同颜色、在阳光直射下不受影响等特点,应用十分广泛。

液晶显示与发光二极管、真空荧光显示的主要区别是发光二极管和真空荧光显示是在电源的作用下自己能发光,而液晶显示本身不能发光,只能起到吸收、反射或透光的作用,因此液晶显示器需要日光或某种人造光线作为外光源。

液晶显示本身没有色彩,只是靠液晶元件后面的有色透光片形成色彩,透光片通常采用荧光液着色,当光线通过时能形成所需要的色彩。液晶显示利用偏振光的特性成像,正常的光线包括多平面振动的波,如果让光通过有特殊性能的偏振滤波物体,则只有与滤波器轴同一平面的振动电波能够通过,其余大部分波受阻不能通过。

液晶显示器的结构如图 6-60 所示,液晶显示器显示板的结构如图 6-61 所示。前玻璃板的内表面涂有几层金属,用于显示符号笔画的形状,玻璃板背面也涂有金属。

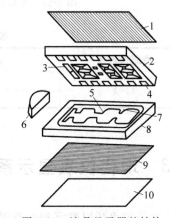

图 6-60 液晶显示器的结构
1—前偏振片;2—前玻璃板;3—笔画电极;4—接线端;5—背板;6—前端密封件;7—密封面;8—玻璃背板;9—后偏振片;10—反光镜

金属层均为导电透明的材料,兼作电极。玻璃板中间夹着长杆状分子组成的液晶,厚度为 $10\mu m$,四周密封。两块玻璃板的外侧为两块偏振滤波片,它们的轴成 $90°$,上面装有电源接头和通往每个笔画的接头。当低频电压作用于笔画段上时,它受激而成为受光体或透光体。

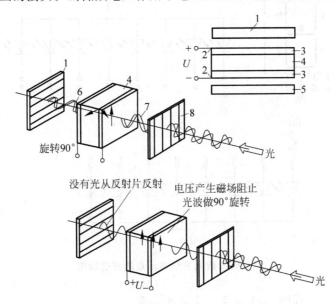

图 6-61 液晶显示器显示板的结构
1—水平偏振片;2—透明导体;3—玻璃基片;4—液晶;5—偏振片;6—反射光;
7—旋转 $90°$ 后的反射光;8—垂直偏振片

2)发光二极管(LED)

发光二极管是一种固态发光器件,体积小,结构简单,使用寿命可超过 5 万 h,因此应用广泛。

发光二极管的外形及内部结构如图 6-62 所示,它由特殊半导体材料构成一个 PN 结,当 PN 结的空穴从 P 区流向 N 区和电子从 N 区流向 P 区时,放出能量,发出一定波长的光。发光二极管的外加电压较低,但放出的光相当亮。

由于发光二极管的正向电阻很小,因此使用时必须串联电阻器,以限制其电流。当以 $1.5\sim2V$ 的正向电压加到发光二极管的两端时,二极管导通。二极管的光线辐射形状取决于管壳的材料,若管壳是透明的,二极管的光辐射角度很小;当管壳半透明时,光线散射,其辐射角度较大。由于管壳起到透镜的作用,因此可利用它来改变发光形式和发光颜色,以适应不同的用途。单个 PN 结用环氧树脂封装成半导体发光二极管,多个 PN 结可按特点、段式或矩阵式封装成半导体数码管(见图 6-63)或点阵显示器(见图 6-64)。

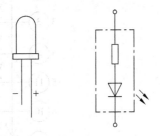

图 6-62 发光二极管的外形及内部结构

由 8 个发光二极管可以组成一位七段数码管来表示一位数字和小数点。图 6-63(b)中的发光二极管的正极连接在一起,接到正电源上,称为共阳极数码管。按照显示需要,只要把对应的发光二极管的负极通过限流电阻接到负电源上,就能显示相应的数字。例如要显示数字 4 时,只要将 b、c、f、g 接到负电源上,相应的发光二极管发光,就会显示出数字 4。

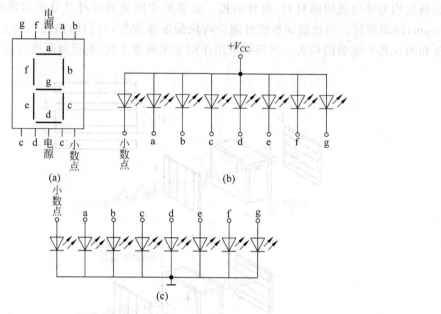

图 6-63 数码管结构示意图和引脚图

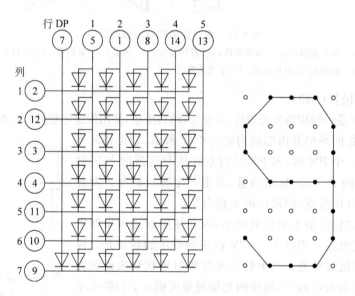

图 6-64 发光二极管构成的点阵显示器

图 6-63(c)中的数码管是将发光二极管的负极连接在一起接地,称为共阴极数码管,显示原理与共阳极数码管类似。

图 6-64 所示为 LED 的点阵显示方式,给行、列的引脚加上特定的信号就能显示相应的数字、字母或简单图形。

发光二极管的发光强度取决于通过发光二极管的电流的大小。红色光的波长范围为 700~900nm,对应颜色从粉红到栗色。如在砷化镓中掺入杂质,还可使发光二极管发出黄光、绿光。常用的有红色、橙色、黄色和绿色发光二极管。

当以反向电压加到发光二极管上时,发光二极管截止,不发光。发光二极管能在极短时间(0.5ms)内通断。发光二极管还常用作汽车仪表上的警告指示灯。

发光二极管的缺点是：当亮度较强时,需要相当大的驱动电流,功率消耗较大；亮度较低时,在阳光的直射下很难辨认；难以实现大显示器显示。

3. 汽车电子仪表

随着汽车制造技术的进步,现代汽车应用微处理器控制的电子仪表越来越普遍。电子仪表是从各种传感器接收信号,并将信号处理后通过显示器显示数据,使驾驶员了解车辆的速度、发动机转速、燃油量、冷却液温度等信息。汽车电子仪表大体组成包括各种传感器、微处理器、A/D转换器、集成电路以及显示器等。大多数电子仪表都具有自检程序,可对车辆进行故障自诊断。

1) 车速表

图6-65所示为美国GM公司采用的电子仪表的工作原理。车速传感器为磁脉冲式车速传感器,当转子旋转时,信号线圈便产生微弱的交变电压,交变电压信号送至发动机控制模块ECM(即发动机ECU)与车身控制模块BCM(即车身ECU)。交变电压信号经发动机控制模块ECM先被放大,然后被整形为数字信号,再经车身控制模块BCM的中央处理器进行计算,由输出接口的驱动电路将信号提供给电子仪表的车速显示器,数字仪表板IPC的车速显示器开始显示车速。

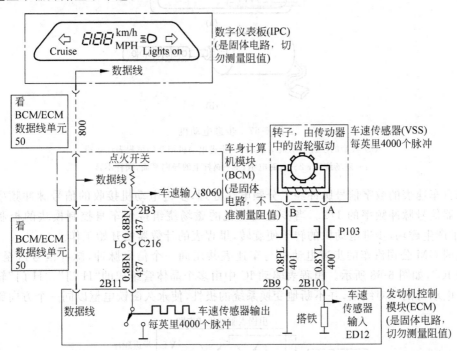

图6-65 数字式车速表的工作原理

每次将点火开关置于ACC或RUN挡,车身控制模块便对数字仪表板IPC自检一次,每次自检大约3s,自检顺序是：

(1) 所有显示字段都发亮,如图6-66(a)所示。

(2) 所有显示字段都熄灭。

(3) 显示0km/h,如图6-66(b)所示。

图 6-66 数字式车速表自检过程
(a) 自检第一阶段；(b) 自检结束

2）里程表

和数字式车速表配合使用的里程表有步进电动机式和 IC（集成电路）芯片式两种。

（1）步进电动机

机电式里程表所使用的步进电动机如图 6-67 所示。步进电动机的电枢内部有一个永久磁铁，定子部分由两个或四个磁场绕组组成。车身控制模块的电压脉冲信号加至步进电动机的磁场绕组，电枢便步进到规定的步数。当车身控制模块将同样的电压脉冲信号以相反的方向加至步进电动机的磁场绕组时，电动机便以相反的方向步进相同的步数。

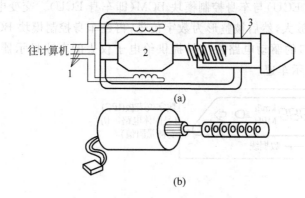

图 6-67 步进电动机
(a) 典型的步进电动机结构；(b) 步进电动机控制的里程表计数器
1—磁场绕组；2—永磁电枢；3—阀杆上的导向平面，阀杆不转

来自车速表的数字信号脉冲经二分频电路处理，步进电动机接收的信号脉冲频率是车速传感器信号脉冲频率的 1/2。当步进电动机的磁场绕组接到车身控制模块的控制信号后，定子产生磁场，步进电动机的转子便旋转，里程表的计数器便开始工作。

美国 GM 公司汽车的步进电动机与车速表共用同一个信号脉冲，脉冲信号送至"里程表驱动 IC"，如图 6-68 所示。里程表驱动 IC 中由多个晶体管组成的"H 门"，"H 门"轮流激励步进电动机的一对线圈，并不断地变换系统的极性，使永久磁铁电枢以同一个方向旋转。

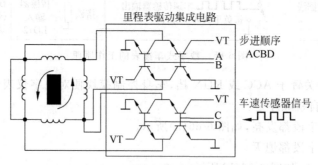

图 6-68 里程表的驱动集成电路

(2) IC 芯片

IC 芯片式里程表采用一片非易失 RAM 芯片,非易失 RAM 芯片接收来自车速表或车身控制模块的行驶里程信息,车身控制模块每 0.5s 刷新一次里程表显示值。

许多组合仪表板能同时显示短程行驶里程数和累计里程数,驾驶人必须做出选择。如图 6-69 所示,当驾驶人按下"行驶里程复零"按钮时,送给车身控制模块一个搭铁信号,车身控制模块便清除存储器里的行程里程表读数而恢复显示为零,开始计数短程行驶里程,这时,行驶里程表继续存储累计行程里程数。

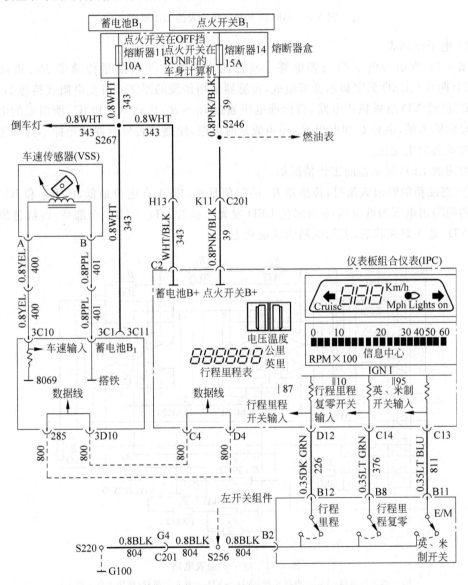

图 6-69 "行程里程"与"行程里程复零"按钮

3) 转速表

图 6-70 所示为 GM 汽车数字转速表的工作原理,转速信号取自"直接点火系统"(DIS)模块传至发动机控制模块(EMC)的点火信号。此信号沿串行数据口,从发动机控制模块

(ECM)传输到车身控制模块(BCM)。组合仪表板(IPC)用此基准信号计算出发动机转速并显示计算结果。

图 6-70　GM 汽车数字转速表的工作原理

4) 电子燃油表

图 6-71 所示为电子燃油表电路。该燃油表电路主要由油量传感器 R_P、集成电路 LM324(两块)、LED 数字显示器等组成,传感器采用传统的浮筒式可变电阻式传感器,电阻 R_{15} 和二极管 VD 组成稳压电路,将标准电压通过 $R_8 \sim R_{13}$ 传到 IC_1 和 IC_2 所组成的电压比较器反向输入端,电容 C 和电阻 R_{16} 还组成延时电路,使燃油表显示器的光标不随油箱中的燃油波动而发生变化。

燃油表 LED 显示器的工作情况如下:

① 当油箱的燃油满箱时,传感器 R_P 的阻值最小,则 A 点电位最低,即 IC_1 和 IC_2 电压比较器的输出电压为低电压,6 只绿色 LED 发光二极管 $VD_2 \sim VD_7$ 全部亮,而红色发光二极管 VD_1 处于熄灭状态,表示油箱为满油状态。

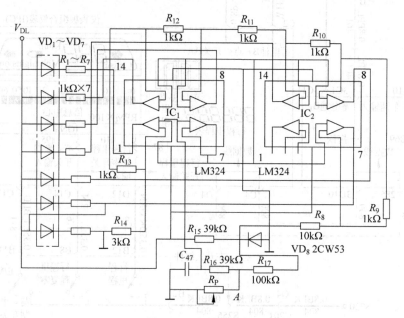

图 6-71　电子燃油表电路

R_P—燃油传感器;V_{DL}—电源正极;$VD_1 \sim VD_7$—发光二极管(顺序为自下而上)

② 随着油箱燃油量的逐渐减少,显示器中的发光二极管 VD_7、VD_6…依次熄灭。油量越少,绿色 LED 发光二极管亮的个数减少。

③ 当油箱无油时,R_P 的阻值最大,则 A 点电位最高,集成块 IC_2 第 5 脚电位高于第

6 脚的基准电位,6 只绿色 LED 发光二极管全部熄灭,红色发光二极管 VD_1 自动亮,提醒驾驶员加油。

本章小结

照明系统主要是指前照灯(大灯)、小灯、开关照明灯、仪表灯及牌照灯等。前照灯分为远光灯和近光灯。照明系统由车灯开关控制,车灯开关置于小灯挡时,小灯、开关照明灯、仪表灯及牌照灯亮起。当车灯开关置于前照灯挡时,前照灯亮起,同时小灯正常工作,此时通过变光开关控制前照灯的远光或近光。前照灯功率较大,有些车型的前照灯电路由继电器控制。

信号系统主要有转向信号灯、制动信号灯、倒车灯、电喇叭。转向信号电路与危险警告信号(双闪)电路共用一个闪光器。

汽车仪表与警告灯用来检测发动机与汽车的工作状态。目前常用的警告灯有机油压力警告灯、冷却液温度警告灯、燃油不足警告灯、制动液不足警告灯、制动摩擦片使用极限警告灯等。

照明与信号系统常见故障是照明信号灯不亮或工作不正常,通过分析照明信号系统电路,根据故障现象分析故障原因,由简到繁、由易到难对故障进行排除。

习题

6-1　简述前照灯电路的组成及工作过程。
6-2　简述转向信号灯的工作过程。
6-3　简述危险警告信号(双闪)的工作过程。
6-4　简述燃油不足警告灯的工作过程。
6-5　简述制动液不足警告灯的工作过程。
6-6　简述制动器摩擦片使用极限警告灯的工作过程。

第 7 章 舒适与安全系统

随着人类物质生活水平的提高,人们对汽车的舒适性与安全性的要求也越来越高。汽车的舒适与安全系统是指为驾乘人员提供舒适性控制、保障行驶安全的装置,具体包括风窗刮水清洗设备、电动车窗、中控门锁、安全气囊、胎压监测系统、智能空调等。

7.1 舒适系统

7.1.1 电动刮水器

1. 功用

为了提高汽车在雨天和雪天行驶时的能见度,保证在各种使用条件下挡风玻璃表面干净、清洁,许多汽车都安装有电动挡风玻璃刮水器,它具有一个或两个以上的橡皮刷,由驱动装置带动往复摆动,以除去玻璃上的水、雪和灰尘等。

2. 电动刮水器的基本结构

电动刮水器主要由电动机、减速机构、自动复位机构、刮水器开关、传动机构及刮片等组成,机械传动关系如图 7-1 所示。

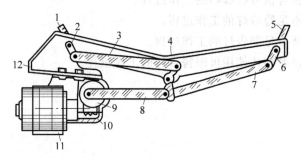

图 7-1 电动刮水器

1,5—刮片架;2,4,6—摆杆;3,7,8—连杆;9—减速蜗轮;10—蜗杆;11—电动机;12—底板

减速机构采用蜗轮蜗杆,它和自动复位机构、电动机组装在一起,使结构紧凑。

刮水器的电动机为微型直流电动机,由磁场、电枢、电刷等组成,其工作电压为 12V 或 24V。按磁场结构分,电动机有绕线式(励磁式)和永磁式两种。永磁式电动刮水器具有体积小、重量轻、结构简单等特点,被广泛应用在汽车上。永磁式电动机、减速机构和自动复位机构如图 7-2 所示。

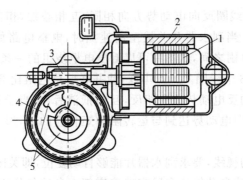

图 7-2 永磁式电动刮水器
1—电枢；2—永久磁铁；3—蜗杆；4—蜗轮；5—自动复位滑片

刮水器的变速原理是利用直流电动机的变速原理实现的，由直流电动机电压平衡方程式可得转速公式为

$$n = \frac{U - I_a R_a}{KZ\varphi} \quad (\text{r/min})$$

式中，U 为电动机端电压，V；I_a 为电枢绕组中的电流，A；R_a 为电枢绕组的电阻，Ω；K 为常数；Z 为正、负电刷间串联的电枢绕组数；φ 为磁极磁通，Wb。

永磁式电动机的磁场由铁氧体永久磁铁产生，磁场的强弱不能改变，为了改变工作速度可采用三刷式电动机，利用三个电刷改变正负电刷之间串联的电枢线圈个数实现变速。因为直流电动机旋转时，在电枢绕组内同时产生反电动势，其方向与电枢电流的方向相反，当电枢转速上升时，反电动势也相应上升，电枢电流产生的电磁力矩与运转阻力矩平衡时，电枢转速趋于稳定。由于运转阻力矩一定时，电枢稳定运转所需要的电枢电流一定，对应的电枢绕组反向电动势高低就一定。而电枢绕组反向电动势与转速和正负电刷之间串联的电枢线圈个数的乘积成正比，电枢绕组反向电动势高低一定时，转速与正负电刷之间串联的电枢线圈个数成反比。正负电刷之间串联的电枢线圈个数越多，转速越低；反之，正负电刷之间串联的电枢线圈个数越少，转速越高。所以，利用三个电刷改变正负电刷之间串联的电枢线圈个数可以实现变速，变速原理如图 7-3 所示。

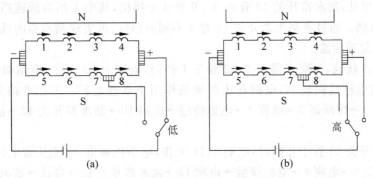

图 7-3 三刷电动机变速原理
(a) 电源电压加在"＋"与"－"电刷之间；(b) 电源电压加在"－"电刷与偏置电刷之间

当刮水器开关拨至低速挡时，电枢电路如图 7-3(a)所示，电源电压加在"＋"与"－"电刷之间，使其内部形成两条对称的并联支路，一条由线圈 4、3、2、1 串联组成，另一条由线圈 8、

7、6、5串联组成。由于各线圈反向电动势方向相同,互相叠加,相当于4对线圈串联,电动机以较低转速稳定旋转。当刮水器开关拨至高速挡时,电枢电路如图7-3(b)所示,电源电压加在"一"电刷与偏置电刷之间,从图中可以看出电枢绕组的一条支路由5个线圈8、4、3、2、1串联,另一条支路由3个线圈7、6、5串联,使并联后总电阻比低速时减小,总功率增大;线圈8与线圈4、3、2、1的反电动势方向相反,互相抵消后,相当于只有3对线圈串联,因而只有转速升高,才能使反向电动势达到与运转阻力矩相应的值,形成新的平衡,故此时转速较高。

为了不影响驾驶员的视线,要求刮水器片能够自动复位,即关闭刮水器开关时不论刮水片在什么位置,都使刮水片自动停止在风窗玻璃底部。自动复位机构的组成和电路连接如图7-4所示,它由装在减速机构端盖上的自动复位触片6、7和嵌在减速蜗轮上的自动复位滑片8、9组成,滑片8与壳体绝缘,而滑片9则直接搭铁;触片6、7靠自身弹力保持与自动复位滑片8、9接触。能与滑片9接触的自动复位触片7,叫作自动复位触点,它与刮水器开关连接,在开关置于断开位置(0挡)时与电动机低速电刷10接通;能与滑片8接触的自动复位触片6,叫作自动复位电源触点,它始终与电源电刷4接通。减速蜗轮运转时,两弹片触点与两组滑片处于时通时断状态。

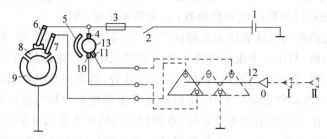

图7-4 永磁式双速刮水器控制电路
1—蓄电池;2—电源开关;3—熔断器;4,10,11—电刷;5—永久磁铁;
6,7—自动复位触片;8,9—自动复位滑片;12—刮水器开关;13—电枢

3. 电动刮水器的工作原理

由图7-4可见,刮水器开关12有0、Ⅰ、Ⅱ共3个挡位,其中Ⅰ挡为低速挡、Ⅱ挡为高速挡,0挡为复位挡。通过将刮水器开关12置于不同的挡位,可实现刮水器的低速运转、高速运转及停机复位等功能。

电源开关2接通,当刮水器开关12置于Ⅰ挡时,电刷4、10工作,电动机通电,因电刷4、10间串联的电枢线圈较多,电枢在永久磁场作用下低速运转。工作电路为:蓄电池正极→电源开关2→熔断器3→电刷4→电枢绕组→电刷10→刮水器开关12→搭铁→蓄电池负极。

当刮水器开关12置于Ⅱ挡时,电刷4、11工作,电动机通电,电流从蓄电池正极→电源开关2→熔断器3→电刷4→电枢绕组→电刷11→刮水器开关12→搭铁→蓄电池负极,形成回路。此时由于电刷4、11间串联的电枢线圈减少,电枢在永久磁场作用下高速运转。

当刮水器开关12置于0挡时,如果刮水片没有停到规定的位置,此时触片7与滑片9接触,维持刮水器电动机电路接通,以低速运行,此时电流从蓄电池正极→电源开关2→熔断器3→电刷4→电枢绕组→电刷10→刮水器开关12→触片7→滑片9→搭铁→蓄电池负极,形成回路。当刮水片摆到规定位置后,触片7与滑片9脱开,切断电动机的搭铁线,电动机断电当作发电机减速运行,为了使其尽快停止,通过滑片8将触片6、7短接,使电枢通过滑片8和触片6、7构成回路形成电流,产生制动作用,使刮水片停到适当位置,电路为:电枢绕组"+"→电刷4→触片6→滑片8→触片7→刮水器开关12→电刷10→电枢绕组"-"。

4. 间歇式电动刮水器

汽车在毛毛细雨或雾天、小雪天气中行驶时,风窗玻璃表面形成的是不连续水滴,如按上述刮水器速度进行刮拭,则风窗玻璃上的微量水分和灰尘就会形成一个发黏的表面,不仅不能将风窗玻璃刮拭干净,反而会使玻璃模糊不清,留下污斑,影响驾驶员的视线。为此,现代汽车上一般都增设了电子间歇刮水系统。在碰到上面提及行驶条件时,只需将刮水开关拨至间歇工作挡位,刮水器便在间歇继电器的控制下,按一定周期自动停止和刮拭,即每刮水一次停止2~12s,从而使风窗洁净,使驾驶员获得良好的视野。间歇继电器有机械式和电子式两大类,原理各不相同。

图7-5所示是采用机械式间歇继电器控制的刮水器电路,刮水器开关有0、Ⅰ、Ⅱ、Ⅲ共4个挡位,其中0挡为停止挡、Ⅰ挡为间歇挡、Ⅱ挡为低速挡、Ⅲ挡为高速挡。间歇继电器由时间继电器、一对常开触点A和一对常闭触点B组成。

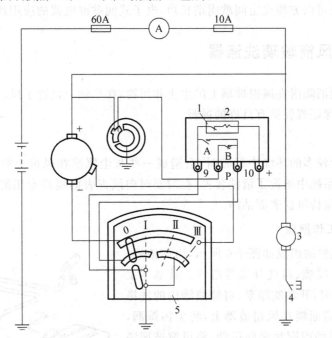

图7-5 采用机械式间歇继电器控制的刮水器电路
1—时间继电器;2—间歇继电器;3—喷水电动机;4—喷水开关;5—刮水器开关

间歇工作原理如下:

当刮水器开关拨至Ⅰ挡时,刮水器间歇继电器中的时间继电器通电,电路为:蓄电池正极→60A熔断器→电流表→10A熔断器→间歇继电器"+"接线柱→时间继电器线圈、触点→间歇继电器"9"接线柱→刮水器开关内部触点→搭铁→蓄电池负极,时间继电器线圈产生吸力,将常开触点A闭合,常闭触点B打开,此时电动机通过间歇继电器构成回路,电路为：蓄电池正极→60A熔断器→电流表→10A熔断器→刮水电动机电刷"＋"→电枢绕组→电刷"－"→刮水器开关内部触点→间歇继电器接线柱10→常开触点A→刮水器开关→搭铁→蓄电池负极。电动机低速运转，带动刮水片工作。

间歇继电器中的时间继电器线圈经过一段时间自动断电，在弹簧的作用下，常开触点A打开，常闭触点B闭合。如果此时自动复位触点处于自动复位机构的搭铁铜片上，电动机不因继电器线圈断电而停止工作，此时电路为：蓄电池正极→60A熔断器→电流表→10A熔断器→刮水电动机电刷"＋"→电枢绕组→电刷"－"→刮水器开关内部触点→间歇继电器接线柱10→常闭触点B→间歇继电器接线柱P→自动复位机构搭铁片→搭铁→蓄电池负极。当电动机转到图示所在位置时，间歇继电器接线柱P的搭铁电路断开，刮水电动机电路被切断，停止工作。但由于机械惯性，电动机瞬间还会转动，因而电动机以发电机运行而产生制动，迫使电动机立即停止转动，使刮水片正好处于玻璃下方。

间歇继电器经几秒钟间歇后又重新接通，刮水电动机又开始工作。如此反复循环，构成了刮水电动机的间歇工作。当刮水器拨至Ⅱ、Ⅲ挡时，电动机的转速直接由刮水开关控制，刮水开关内部Ⅰ挡的触点与搭铁断开。只有将刮水开关拨至0、Ⅰ挡时，自动复位机构才起作用。

由于驾驶员可以方便设定间歇周期长短，电子式间歇继电器的应用越来越广。

7.1.2 风窗玻璃洗涤器

为了更好地消除附在风窗玻璃上的尘土和污物，在车辆上设置了风窗玻璃洗涤器，与刮水器配合工作，保证驾驶员有良好的视野。

1. 功用

汽车在灰尘较多的环境中行驶时，会造成一些灰尘飘落在风窗上影响驾驶员的视线。为此，汽车刮水系统中增设了清洗装置，在需要时向风窗表面喷洒专用清洗液或水，在刮水片配合工作下，保持风窗表面洁净。

2. 组成与工作原理

风窗清洗装置的组成如图7-6所示，由储液罐、清洗泵、输液管、喷嘴、清洗开关等组成。其基本工作原理是：工作时，开动洗涤泵，将储液罐内的洗涤液通过软管、喷嘴而喷在风窗玻璃上，将尘污湿润，然后通过刮水器的雨刷片来回运动，将风窗玻璃洗刷干净。

储液罐由塑料制成，其内储有水、酒精或洗涤剂等配制的清洗液。有些储液罐上装有液面传感器，用以监视清洗液的容量。

清洗泵一般由永磁直流电动机和离心叶片泵组装成为一体，喷射压力可达70～88kPa。

清洗泵一般直接安装在储液罐上，但也有安装

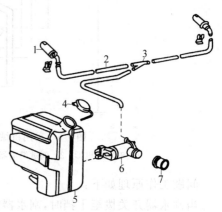

图7-6 风窗清洗装置
1—喷嘴；2—输液管；3—三通接头；4—箱盖；5—储液罐；6—清洗泵；7—衬垫

在管路内的。在离心泵的进口处设置有滤清器。

喷嘴安装在风窗玻璃下面。喷嘴的方向可以调整,使水喷射在风窗玻璃的适当位置。喷嘴直径一般为 0.8~1mm。喷嘴的安装有两种形式:一种是在前围板总成的左右两面各安装一个喷嘴,各自冲洗规定区域;另一种是将喷嘴安装在刮水器臂内,当刮水器臂作弧形刮水运动时,喷嘴即刻向挡风玻璃上喷射清洗液。

清洗泵连续工作一般不超过 1min,对刮水和洗涤分别控制的汽车,应开动洗涤泵后接通刮水器,喷水停止后,雨刮器应继续刮动 3~5 次,经过这样的配合,可以达到良好的清洁效果。

风窗清洗装置电路比较简单,一般和电动刮水器共用一个熔断丝,有的车型将清洗开关单独设置安装,有的则和刮水器开关组合在一起。当清洗开关接通时,清洗电动机带动液压泵转动,将清洗液加压,通过输液管和喷嘴喷洒到挡风玻璃表面。有的车型在清洗开关接通时自动使刮水器低速运行,以改善清洗效果。

有些高档汽车还配有前照灯自动清洗装置,平时隐藏在保险杠里,使用时喷头自动伸出并向前照灯喷出强劲的清洗液,如图 7-7 所示,以确保前照灯光线良好,驾驶人视野清晰。

7.1.3 风窗除霜装置

1. 功用

在较冷的季节,有雨、雪或雾的天气,空气中的水分会在冷的风窗玻璃上凝结成细小的水滴甚至结冰,从而影响驾驶员的视线。为了防止水蒸气在风窗玻璃上凝结,设置了风窗除霜装置,需要时可以对风窗玻璃进行加热。轿车的后风窗玻璃一般利用电阻丝组成的电栅加热除霜,即电热式除霜。

2. 组成与工作原理

后窗玻璃除霜装置的构造如图 7-8 所示。后窗玻璃除霜装置一般是在玻璃成型过程中,将一组平行的含银陶瓷细电阻丝烧结在玻璃表面上。在玻璃两侧有汇流条,各焊有一个接线柱,一个用以供电,另一个作为搭铁接线柱。这种除霜器的工作电流较大,因此电路中除设有开关外,有的还设有一个定时继电器。这种继电器在通电 10min 后即能自动断电,如霜还没有除净,驾驶员可再次接通开关,但在这之后每次只能通电 5min。这种后窗除霜装置耗电量为 50~100W,在乘用车上广泛应用。

图 7-7 前照灯自动清洗装置

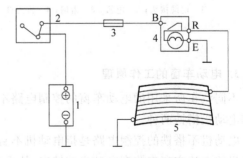

图 7-8 后窗除霜装置
1—蓄电池;2—点火开关;3—熔断器;4—除霜器开关及指示灯;5—除霜器(电热丝)

除霜器的电阻随温度的变化而变化,具有正温度系数。温度低时,阻值减小,电流增大;温度高时,阻值增大,电流减小。因此,除霜器自身具有一定的调节功能。

7.1.4 电动车窗和天窗

1. 电动车窗的作用

为了方便驾乘人员,减轻劳动强度,许多轿车采用了电动车窗,又称自动车窗,利用电动机驱动玻璃升降器(又称换向器)实现车窗玻璃的升降。

2. 电动车窗的组成

电动车窗主要由车窗升降器、电动机、开关等组成。有些汽车上的电动车窗由电动机直接作用于升降器,而有些则是通过驱动机构作用于升降器,从而把电动机的转动转换成车窗的上下移动。

车窗升降器有两种形式。一种用齿扇来实现换向作用,如图7-9所示。齿扇上连有螺旋弹簧。当车窗玻璃上升时,弹簧伸展,放出能量,以减轻电机负荷;当车窗玻璃下降时,弹簧压缩,吸收能量,从而使车窗玻璃无论是上升还是下降,电机的负荷基本相同。另一种换向器使用柔性齿条和小齿轮,车窗玻璃连在齿条的一端,电机带动轴端小齿轮转动,使齿条移动,以带动车窗玻璃升降,其结构如图7-10所示。

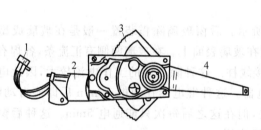
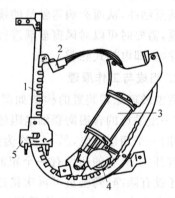

图7-9 电动车窗齿扇式升降器
1—电缆接头;2—电机;3—齿扇;4—推力杆

图7-10 电动车窗齿条式升降器
1—齿条;2—电线接头;3—电动机;
4—小齿轮;5—定位架

3. 电动车窗的工作原理

不同汽车所采用的电动车窗的控制电路不同,按电动机是否直接搭铁分为电动机不搭铁和电动机搭铁两种。

电动机不搭铁的控制电路是指电动机不直接搭铁,电动机的搭铁受开关控制,通过改变电动机的电流方向来改变电动机的转向,从而实现车窗的升降。电动机不搭铁的控制电路如图7-11所示。

电动机搭铁的控制电路是指电动机一端直接搭铁,而电动机有两组磁场绕组,两组磁场绕组产生的磁场使电动机转向相反,通过接通不同的磁场绕组,使电动机的转向不同,实现

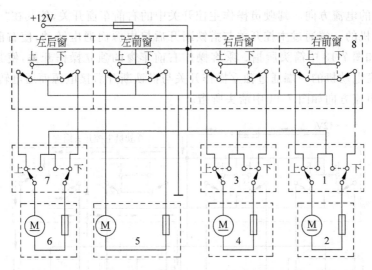

图 7-11 电动机不搭铁的电动车窗控制电路

1—右前车窗开关；2—右前车窗电机；3—右后车窗开关；4—右后车窗电机；5—左前车窗电机；
6—左后车窗电机；7—左后车窗开关；8—驾驶员主控开关组件

车窗的升降。电动机搭铁的控制电路如图 7-12 所示。

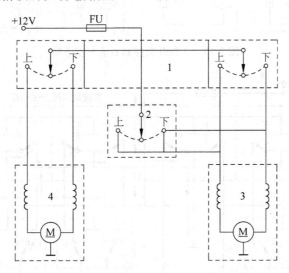

图 7-12 电动机搭铁的电动车窗控制电路

1—驾驶员主控开关组件；2—右前车窗开关；3—右前车窗电机；4—左前车窗电机

可见，电动车窗控制电路中，一般都设有驾驶员集中控制的主控开关和每一个车窗的独立操作开关，每个车窗的操作开关可由乘客自己操作。但是，有些汽车的主控开关备有安全开关，可以切断其他各车窗的电源，使每个车窗的操作开关不起作用，这个开关只能由驾驶员一人操作。

电动机不搭铁的控制方式，因为开关既控制电动机的电源线，又控制电动机的搭铁线，所以开关结构和线路比较复杂。但是电动机结构简单，应用比较广泛。

图 7-13 和图 7-14 是以电动机不搭铁电动车窗系统为例，驾驶员和乘客分别操作使右

前车窗下降时的电流方向。驾驶员操作主控开关中的右前车窗开关,使其在"下"的位置时,右前车窗电动机的一端通过主控开关与搭铁断开后接电源而通电转动,使右前车窗向下运动,电流方向如图 7-13 中箭头所指。乘客操作右前车窗的独立操作开关,使其在"下"的位置时,右前车窗电动机的一端通过独立操作开关与搭铁断开后接电源而通电转动,使右前车窗向下运动,电流方向如图 7-14 中箭头所指。

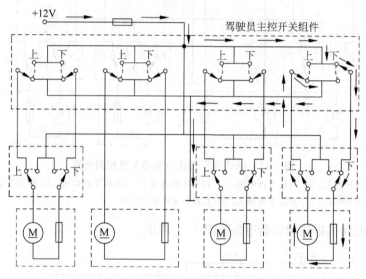

图 7-13 主控开关控制右前车窗下降

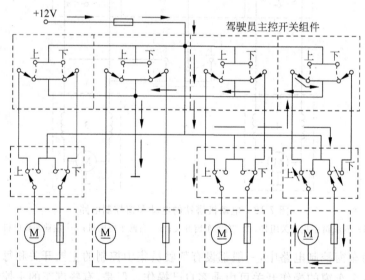

图 7-14 独立操作开关控制右前车窗下降

图 7-15 所示为具有自动控制(也称为点动控制)功能的电动车窗控制电路。所谓自动控制是指按下自动按钮(点动即可),松开手后车窗玻璃会一直上升至最高或下降至最低。自动控制过程如下:

当按钮按下到 UP 侧时,电动机与电源的连接电路接通,电动机按 UP 箭头方向通过电流,车窗玻璃上升,同时电阻 R 上的电压降作为比较器 1 的一个输入信号。由于参考电压 V_{Ref1} 对应于电动机锁止时的电压,如果电动机没有锁止,则 R 上的电压降小于参考电压 V_{Ref1},比较器 1 输出为负电位,小于参考电压 V_{Ref2}(设定的正电位),使比较器 2 输出正电压,晶体管导通,自动按钮内的电磁线圈通过较大电流产生磁力,克服弹簧弹力维持按钮的接通状态。当车窗玻璃上升到终点位置,电动机锁止,R 上的电压降升高,高于参考电压 V_{Ref1} 后,比较器 1 输出为正电位,给电容器 C 充电,当 C 两端电压高于参考电压 V_{Ref2} 时,比较器 2 输出负电压,晶体管截止,自动按钮内的电磁线圈断电,弹簧弹力使按钮回复到中立位置,电动机与电源的连接电路断开,停止转动。

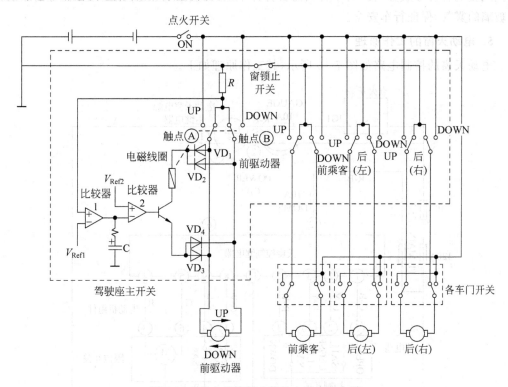

图 7-15 有点动控制功能的电动车窗电路

车窗玻璃自动下降的工作情况与上述情况类似,只是将按钮按下到 DOWN 侧,电动机按 DOWN 箭头方向通过电流而已。

在车窗玻璃自动升降过程中,若想中途停止,只要向反方向扳动按钮再立刻松开,使电动机和电磁线圈同时断电即可。

在玻璃自动升降过程中,只要由于某种原因(如外界阻力)使电动机电流增大超过一定值,自动按钮都会使电动机停止运转,玻璃停止升降,防夹手功能就是这样实现的。

4. 汽车天窗的分类和作用

汽车天窗按驱动方式的不同可分为手动式和电动式,按开启方向不同可分为内藏式、外倾式和敞篷式等。

汽车天窗的作用主要有:

(1) 通风换气。换气是汽车加装天窗的最主要目的。天窗是利用负压换气的原理,依靠汽车在行驶时气流在车顶快速流动形成负压,将车内污浊的空气抽出,由于不是直接进风,而是将污浊的空气抽出,以及新鲜空气从进气口补充的方式进行通风换气,车内气流极其柔和,没有风直接刮在身上的不适感觉,也不会有尘土卷入。

(2)节能。在炎热的夏天,只需打开天窗,利用车辆行驶过程中车顶形成的负压抽出燥热的空气就可达到快速换气降温的目的,使用这种方法比使用汽车空调降温的速度快2~3倍,而且还节约汽油。

(3)除雾。用天窗除雾是一种快捷除雾的方法。特别是在夏秋两季,雨水多,湿度大,前挡风玻璃容易形成雾气。驾车者只需要打开车顶天窗至后翘通风位置,可轻易消除前挡风玻璃的雾气,保证行车安全。

5. 电动天窗的工作原理

电动天窗的控制电路如图7-16所示,其工作原理如下。

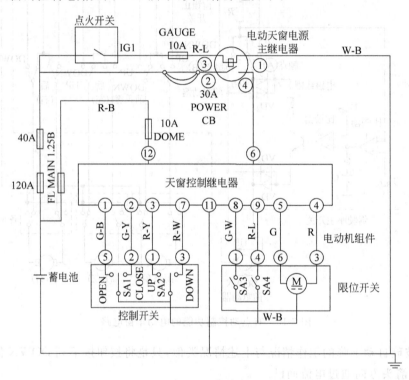

图7-16 电动天窗的控制电路

1)电源电路

电动天窗控制继电器的⑫端子供电来自蓄电池正极,经过FL MAIM 1.25B易熔线、DOME 10A熔断器后接通,这是一组常通供电电路。

当将点火开关转至ON位置(IG1)时,就形成了如下的电流通路:

蓄电池正极→120A熔断器→40A熔断器→点火开关闭合的IG1触点→GAUGE 10A熔断器→电动天窗主继电器线圈→接地→蓄电池负极。

此时电动天窗主继电器线圈通电吸合,其常开开关触点闭合,从而又形成了如下的电流通路:

蓄电池正极→120A 熔断器→40A 熔断器→POWER CB 30A 熔断器→电动天窗电源主继电器②与④端子阀闭合的触点→天窗控制继电器⑥端子,使天窗的直流供电形成回路,只要进一步操作相应开关,就可对天窗进行调节。

2) 天窗打开过程

如果按下天窗控制开关 SA1 至 OPEN 侧,等效于将天窗控制继电器①端子接地,这时天窗控制继电器⑥端子与⑤端子、④端子与⑪端子接通,于是形成了如下的电流通路:

蓄电池正极→120A 熔断器→40A 熔断器→POWER CB 30A 熔断器→电动天窗电源主继电器②与④端子闭合的触点→天窗控制继电器⑥与⑤端子间接通的电路→电动机组件⑥端子→天窗电动机 M→电动机组件③端子→天窗控制继电器④端子和⑪端子间接通的电路→接地→蓄电池负极。

此时电动天窗电动机 M 中有从左到右流过的电流。电动机 M 起动正向运转,从而使天窗打开。

3) 天窗关闭过程

如果按下天窗控制开关 SA1 至 CLOSE 侧,等效于将天窗控制继电器的②端子接地,这时天窗继电器的⑥端子与④端子、⑤端子与⑪端子接通,由此就形成了如下电流通路:

蓄电池正极→120A 熔断器→40A 熔断器→POWER CB 30A 熔断器→电动天窗电源主继电器②与④端子闭合的触点→天窗控制继电器⑥端子与④端子间接通的电路→电动机组件③端子→天窗电动机 M→电动机组件⑥端子→天窗控制继电器⑤端子与⑪端子间接通的电路→接地→蓄电池负极。

此时电动天窗电动机 M 中有从右到左的电流流过,电动机 M 起动反向运转,从而使天窗向关闭的方向滑移。

当天窗滑移 200mm 左右,但不到全关位置时,限位开关 SA3 由 ON 转为 OFF,使天窗控制继电器⑧端子与地间断开,随即天窗停止滑移。

7.1.5 电动座椅

1. 电动座椅的作用

为了使驾驶员和乘客更加舒适和便利,许多汽车安装了电动座椅(又称自动座椅),即用电动机实现位置调整的座椅。它可以满足驾驶员多种姿势情况下的操作和安全要求,当然也包括对乘客的舒适性和安全性的要求。这里介绍电动座椅控制装置的组成和工作原理。

2. 电动座椅控制装置的组成

电动座椅控制装置由座椅开关、电动机、传动和执行机构、控制电路等组成。

3. 电动座椅的工作原理

1) 基本原理

电动座椅最普通的形式是使用 3 个电机实现座椅 6 个不同方向的位置调整:上、下、前、后、前倾、后倾。3 个电机分别是前高度调整电机、后高度调整电机与前后移动电机,它们分别控制座椅的前部高度、后部高度以及座椅前后位置,基本控制电路如图 7-17 所示。

座椅开关通过控制电动机搭铁和电源电路,使 3 个电动机按所需的方向旋转。

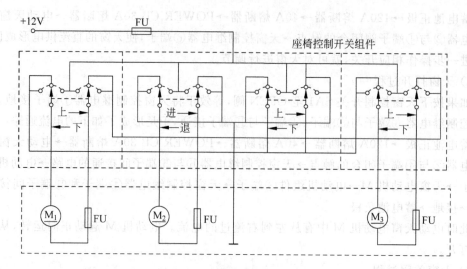

图 7-17 电动座椅的电路原理

M_1—前高度电动机;M_2—前进后退电动机;M_3—后高度电动机;FU—熔断器

当座椅控制开关置于"上"或"下"的位置时,前与后高度调整电动机同时旋转;当开关位于"前倾"或"后倾"位置时,只有一个高度电动机旋转;如果座椅控制开关位于"前移"或"后退"的位置,前进后退电动机旋转。

图 7-18 所示是自动座椅控制开关在使座椅前方上升时的电流方向示意图。控制座椅的后方上升和下降的操作方法与控制座椅的前方上升和下降的方法相同。

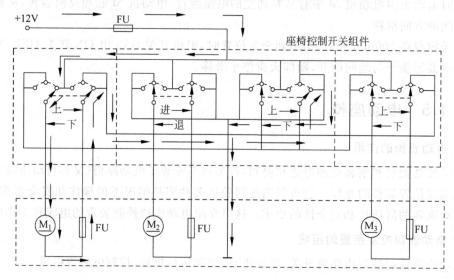

图 7-18 电动座椅前方上升时的电流方向

2) 有存储功能的控制原理

有些电动座椅控制系统具有存储功能,通过每个座椅的位置传感器来反映座椅位置,座椅位置固定后,驾驶员按下存储器相应的按钮,存储器就保存位置传感器的信息,作为自动调整的依据。需要时,只要按相应的存储按钮,就能自动调整座椅到对应的位置。图 7-19 所示为装有 4 个电动机和单独存储器的电动座椅系统。

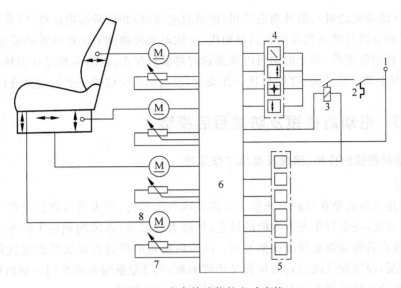

图 7-19 有存储功能的电动座椅

1—接蓄电池；2—热过载保护；3—主继电器；4—手动调整开关；5—存储器操作开关；
6—控制单元；7—位置传感器；8—电动机

有的汽车在驾驶座椅旁安装的独立乘客座椅也具有上述相似的控制系统，一般有 4 个移动方向，不像驾驶座椅那样有 6 个移动方向。这 4 个移动方向通常是前进、后退、座椅的前方上升与下降，通过两个电动机就可以实现调整。

图 7-20 所示为带存储功能的 6 电动机电动座椅控制电路，电动座位电动机不仅包括后

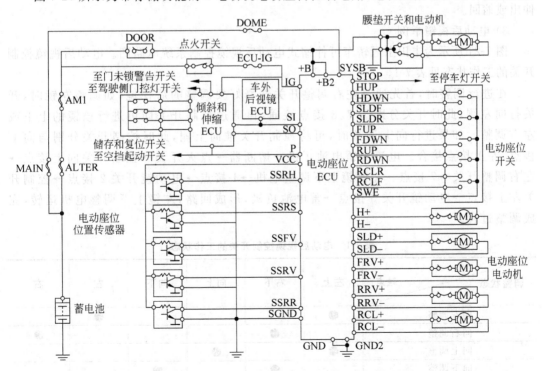

图 7-20 带存储功能的装有 6 个电动机的电动座椅控制电路

移动电动机(滑动电动机)、前升高电动机(前垂直电动机)和后升高电动机(后垂直电动机)，而且增加了调节椅背倾斜角度的倾斜电动机、头枕电动机和调节椅垫位置的腰垫电动机，进一步改善椅背的舒适性，每个电动机内部都设有热保护触头，以防电机过载损坏；由电动座位 ECU 根据电动座位开关、存储和复位开关，以及电动座位位置传感器信息进行控制。

7.1.6 电动后视镜及防眩目后视镜

1. 电动后视镜的作用、组成及基本工作原理

1) 作用

后视镜是驾驶员坐在驾驶室座位上直接获取汽车后方、侧方等外部信息的工具。为了驾驶员操作方便，防止行车安全事故的发生，保障人身安全，各国均规定了汽车上必须安装后视镜，且所有后视镜都必须能调整方向。由于后视镜的位置直接关系到驾驶员能否观察到车后的情况，而驾驶员调整它的位置又比较困难，尤其是前排乘客车门一侧的后视镜。因此，现代汽车的后视镜都改为电动的，由电气控制系统来操纵。

2) 组成及基本工作原理

电动后视镜由调整开关、电动机、传动和执行机构等组成。电动后视镜的背后装有两套电动机和驱动器，可操纵反射镜上下及左右转动。通常上下方向的转动用一个电动机控制，左右方向的转动用另一个电动机控制。通过改变电动机的电流方向，即可完成后视镜的上下及左右调整。

有的电动后视镜还带有伸缩功能，由伸缩开关控制伸缩电动机工作，使整个后视镜回转伸出或缩回。

3) 电动后视镜举例

图 7-21 所示为丰田皇冠轿车可伸缩式电动后视镜控制系统电路图。电动后视镜控制开关的工作状态见表 7-1。

在进行调整时，首先通过左右调整开关选择好要调整的后视镜，如调整左镜时，开关打向左侧，此时开关分别与 7、8 接点接通，再通过控制开关即可进行该镜的上下或左右调整。如果进行向上调整时，可将控制开关推向上侧，此时控制开关分别与向上接点、左上接点接合。电流由蓄电池正极→熔断器→点火开关→控制开关向上接点→左右调整开关→7 接点→左侧镜上下调整电机→1 接点→电动镜开关 2 接点→控制开关左上接点→电动镜开关 3 接点→蓄电池负极，形成回路，左镜上下调整电机运转，完成调整过程。

表 7-1 电动后视镜控制开关的工作状态

调整状态	触点	左上	右下	向上	向下	左	右
向左调整		●				●	
向右调整			●				●
向上调整				●			
向下调整					●		

●表示开关与该触点接通。

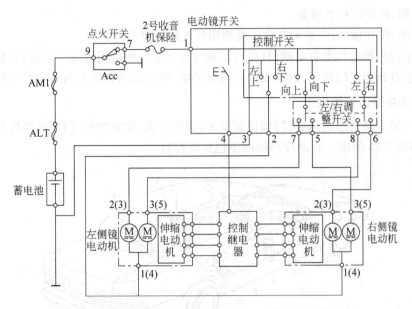

图 7-21　丰田皇冠轿车可伸缩式电动后视镜控制系统电路

电动后视镜的伸缩是通过电动镜开关上的伸缩开关控制的，该开关控制继电器动作，使左右两镜伸缩电动机工作，来完成伸缩功能。

2．防眩目后视镜

防眩目后视镜如图 7-22 所示，一般安装在车厢内，由一面特殊镜子、两个光敏二极管及电子控制器组成。

在普通反射平面镜的镜面上敷设一层液晶导电层，利用液晶通电改变透光率（变色）的原理，就可以降低反射率，实现防眩目的目的。

两个光敏二极管分别设置在后视镜的前面及背面，分别接收汽车前面及后面射来的光线。当车后面跟随车辆的大灯照射在车内后视镜上时，此时后面的光强于前面的光，此反差被两个光敏二极管感知并向

图 7-22　防眩目后视镜效果（左侧无防眩目功能）

电子控制器输出一个电信号到后视镜导电层上，使后视镜镜面电化层颜色变深，此时再强的光照射在车内后视镜上也不会反射到驾驶者眼睛上，不会晃眼。

7.1.7　汽车中控门锁

中控门锁是指利用控制单元（ECU）对汽车锁门、开门进行控制和完成一些其他功能的系统。驾驶人可以锁住或打开所有车门，乘客还可以利用各车门的机械式弹簧锁来锁住或打开车门。

1．汽车中控门锁的主要功能

① 根据汽车的状态等控制车门，同时打开门锁或锁定。

② 控制、打开后行李厢盖。

③ 控制、打开顶灯、中控台各操作键照明灯及门锁照明灯。

有的中控门锁还具有自动锁门（当行车速度超过某一限值而驾驶人忘记锁门时,则中控门锁系统会自动把车门锁紧,以策安全）、防盗锁定、防止钥匙锁入车内和遥控门锁等功能。

2. 汽车中控门锁的组成

中控门锁主要由门锁总成、门锁控制开关、钥匙开关、控制单元、门锁电动机和位置开关等组成,如图7-23所示。有遥控功能的还包括遥控器。

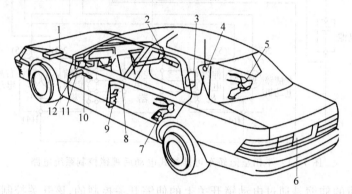

图 7-23 中控门锁的组成

1—2号接线盒；2—右前门锁控制开关；3—右前门锁电机及位置开关；4—右前门锁钥匙开关；5—右后门锁电机和位置开关；6—行李厢门锁；7—左后门锁电机及位置开关；8—左前车门钥匙开关；9—左前门锁电机及开关；10—左前门锁控制开关；11—1号接线盒；12—门锁ECU及门锁继电器

3. 基本原理

控制单元根据钥匙开关、门锁控制开关的位置及车速传感器的信号发出锁门或开锁指令,通过电动机或电磁铁实现锁门或开锁。

若驾驶人未从点火开关中拔出钥匙便锁车门,则控制单元根据钥匙开关提供的信号自动实现开锁,使所有车门门锁打开。

最简单的中控门锁遥控器就是一个发射器,它以电磁波的形式发出开锁、锁门等指令。汽车天线接收到遥控器电波后,输送信号到控制单元,控制单元首先确定执行器,再做出指令,通过执行器实现相应操作。

7.1.8 舒适系统常见故障诊断与排除

1. 电动刮水器常见故障诊断与排除

刮水器常见故障有：刮水器各挡位都不工作、个别挡位不工作、不能自动复位。

1）各挡位都不工作

① 故障现象：接通点火开关后,刮水器开关置各挡位,刮水器均不工作。

② 主要原因：熔断器断路,刮水电动机或开关有故障,机械传动部分锈蚀或与电动机脱开,连接线路断路或插接件松脱。

③ 诊断与排除：首先检查熔断器有无断路,线路有无松脱；检查刮水器电动机及开关

的电源线和搭铁线是否连接良好;检查开关各个接线柱在相应挡位能否正常接通;最后检查电动机和机械连接情况。

2) 个别挡位不工作

① 故障现象:接通点火开关后,刮水器个别挡位(低速、高速或间歇挡)不工作。

② 主要原因:刮水电动机或开关有故障,间歇继电器有故障,连接线路断路或插接件松脱。

③ 诊断与排除:如果刮水器是高速挡或低速挡不工作,首先检查刮水器电动机及开关对应故障挡位的线路是否正常,然后检查开关接线柱在相应挡位能否正常接通,最后检查电动机是否个别电刷接触不良;如果刮水器在间歇挡不工作,应顺序检查间歇开关(或刮水器开关的间歇挡)、线路和间歇继电器。

3) 不能自动复位

① 故障现象:刮水器开关断开或在间歇挡工作时,刮水器不能自动停止在设定的停放位置。

② 主要原因:刮水电动机自动复位机构损坏,刮水器开关损坏,刮水臂调整不当,线路连接错误。

③ 诊断与排除:首先检查刮水臂的安装及刮水器开关线路连接是否正确,再检查刮水器开关在相应挡位的接线柱能否正常接通,最后检查电动机自动复位机构触点能否正常闭合和接触良好。

2. 风窗玻璃洗涤器常见故障诊断与排除

风窗清洗装置常见故障是:喷嘴不工作。

① 主要故障原因:清洗电动机或开关损坏,线路断路,清洗液液面过低或连接管脱落,喷嘴堵塞。

② 诊断步骤:如果所有喷嘴都不工作,先检查清洗液液面和连接管是否正常,然后检查清洗电机搭铁线和电源线有无断路、松脱,最后检查开关和电机是否正常;如果个别喷嘴不工作,一般是喷嘴堵塞所致。

有些轿车还有前照灯清洗装置,原理和常见故障及诊断方法与风窗清洗装置相同。

3. 风窗除霜装置常见故障诊断与排除

风窗除霜装置常见故障是:不工作。

① 主要故障原因:熔断器或控制线路断路,电热丝或开关损坏。

② 诊断步骤:首先检查熔断器是否正常,然后将开关接通后检查电热丝火线端电压是否正常,如果电压为零,应检查开关和电源线路;否则检查电热丝是否断路。若电热丝断路,可用润滑脂清理电热丝端部,并用蜡和硅脱膜剂清理电热丝断头,再用专用修理剂进行修补,将断点处连接起来,保持适当时间后即可使用。

4. 电动车窗常见故障诊断与排除

电动车窗常见故障有:所有车窗玻璃均不能升降、某车窗玻璃不能升降或只能一个方向运动等。

1) 所有车窗玻璃均不能升降

① 主要故障原因:熔断器断路,连接导线断路,有关继电器、开关损坏,电动机损坏,搭

铁点锈蚀、松动。

② 诊断步骤：首先检查熔断器是否断路。若熔断器良好，则应将点火开关接通，检查有关继电器和开关火线接线柱上的电压是否正常。电压为零，应检查电源线路；电压正常，则应检查搭铁线是否良好。搭铁不良时，应清洁、紧固搭铁线；若搭铁良好，应对继电器、开关和电动机进行检测。

2）某车窗玻璃不能升降或只能一个方向运动

① 主要故障原因：该车窗按键开关损坏，该车窗电动机损坏，连接导线断路，安全开关故障。

② 诊断步骤：如果车窗玻璃不能升降，首先检查安全开关是否工作，该车窗的按键开关工作是否正常，再通电检查该车窗的电动机正反转是否运转稳定。若有故障，应检修或更换新件；若正常，则应检修连接导线。如果车窗只能一个方向运动，一般是按键开关故障或部分线路断路或接错所致，可以先检查线路连接是否正常，再检修开关。

5. 电动座椅常见故障诊断与排除

电动座椅常见故障有：完全不动作或某个方向不能工作。

① 电动座椅完全不动作的主要原因有：熔断器断路，线路断路，座椅开关有故障等。可以首先检查熔断器是否断路。若熔断器良好，则应检查线路连接是否正常，最后检查开关。对于有存储功能的电动座椅系统，还应检查电动座椅 ECU 的电源电路和搭铁线是否正常，若开关、线路等都正常，应检查控制单元。

② 电动座椅某个方向不能工作的主要原因是：该方向对应的电动机损坏、开关损坏、连接导线断路。可以先检查线路是否正常，再检查开关和电动机。

6. 电动后视镜故障诊断与排除

电动后视镜的常见故障有：电动后视镜调节全部失灵和电动后视镜部分功能不正常。

故障主要原因有：保险装置及线路断路、开关及电动机有故障等。

如果电动后视镜调节都不工作，往往是由于保险装置或电源线路、搭铁线路断路引起，也可能是控制开关有故障。可以先检查保险装置是否正常，然后检查控制装置开关线头有无脱落、松动，电源线路或搭铁线路是否正常，最后检修控制开关。

如果电动后视镜部分功能不正常，通常是由于个别电动机及控制开关对应部分有故障、对应线路断路或接触不良。可以先检查线路连接情况，再检查开关和电动机。

7. 汽车中控门锁常见故障诊断与排除

中控门锁常见故障有：所有门锁均不工作，某个门锁不能工作。

全部门锁均不工作的主要原因有：熔断器断路，继电器故障，门控开关触点烧蚀，搭铁点锈蚀或松动，连接线路断路等。可以首先检查熔断器是否断路；若熔断器良好，则应将门控开关接通，检查电机接线柱上的电压是否正常。电压为零，应检查继电器和电源线路；电压正常，则应检查搭铁线是否良好。搭铁不良时，应清洁、紧固搭铁线；若搭铁良好，应对开关和电动机进行检测。

某个门锁不能工作的主要原因是：该门锁电动机损坏或对应开关、连接导线断路。可以先检查线路是否正常，再检查开关和电动机。

7.2 安全气囊

7.2.1 安全气囊概述

安全气囊(supplemental restraint system,SRS),也称辅助乘员保护系统。当汽车遭受一定碰撞力量以后,气囊系统就会引发某种类似微量炸药爆炸的化学反应,隐藏在车内的安全气囊就在瞬间充气弹出,在乘员的身体与车内零部件碰撞之前能及时到位,在人体接触到安全气囊时,安全气囊通过气囊表面的气孔开始排气,从而起到缓冲作用,减轻身体所受冲击力,最终达到减轻乘员伤害的效果。

汽车安全气囊系统是辅助安全系统,如果没有安全带,安全气囊的安全效果将要大打折扣。据调查,单独使用安全气囊可使事故死亡率降低18%左右,单独使用安全带可使事故死亡率下降42%左右,而当安全气囊与安全带配合使用时可使事故死亡率降低47%左右。由此可见,只有二者相互配合才能最大可能地降低事故的死亡率,安全气囊系统必然作为安全带的辅助系统出现。

7.2.2 安全气囊的组成

安全气囊系统主要由控制装置、气体发生器和气袋组成,如图7-24所示。

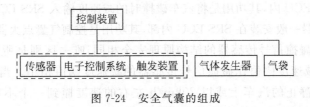

图7-24 安全气囊的组成

其工作过程为:在发生碰撞事故时,传感器感受到汽车碰撞程度,电子系统接收并处理传感器的信号,当经计算分析后达到触发阈值,即认为有必要打开气袋时,于是触发装置立即发出点火信号触发气体发生器,气体发生器收到信号后,就会引发某种类似小剂量炸药爆炸的化学反应,隐藏在车内的安全气囊就在瞬间充气弹出,在乘员的身体与车内设备碰撞之前起到缓冲作用,减轻身体所受冲击力,当人体与气袋接触时,利用气囊本身的阻尼作用或气袋背面的排气孔排气节流作用来吸收乘员惯性力产生的动能,达到保护乘员的作用,如图7-25所示。

控制装置包括传感器、电子控制系统以及触发装置,是安全气囊系统的核心,其功能是控制气囊系统的点火、气囊系统的故障诊断以及判定座位是否有乘员及乘员的类型等。

1. 传感器

传感器用来检测汽车发生碰撞事故的严重程度,它将感测到的信号传给电子控制系统,电子控制系统通过对传感器信号的计算和分析来决定是否要启动安全气囊。如果汽车碰撞足够强烈,达到了启动条件,电控系统就给触发装置发送触发信号。触发装置接到信号后便

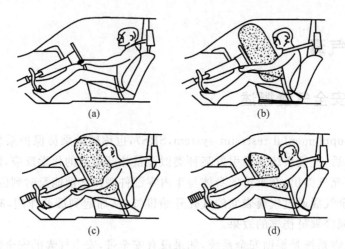

图 7-25　安全气囊系统的工作过程

点爆气体发生器,使安全气囊进入工作状态。通常从传感器检测到碰撞至触发器工作只能在几毫秒内完成。

传感器分为碰撞传感器、中央传感器与安全传感器(又称碰撞防护传感器、防护传感器或保险传感器)3类。

碰撞传感器相当于一只控制开关,其工作状态取决于汽车碰撞时减速度的大小。其安装位置因车而异,一般在车身的前部和中部,例如车身两侧的翼子板内侧、前照灯支架下面以及发动机散热器支架两侧等部位。随着碰撞传感器制造技术的发展,有些汽车将触发碰撞传感器安装在气囊系统ECU内,其功用是将汽车碰撞时的减速度输入SRS ECU,用以判定是否发生碰撞。安全传感器一般安装在SRS ECU内部,其功用是控制气囊点火器电源电路。

安全传感器和碰撞信号传感器的结构原理完全相同,唯一区别是所设的减速度阈值不同,安全传感器的减速度阈值比碰撞信号传感器的减速度阈值稍小。当汽车以40km/h左右的速度撞到一辆静止的汽车上或以20km/h左右的速度撞到一个不可变形的障碍物上时,减速度就会达到碰撞信号传感器设定的阈值,传感器就会动作。

碰撞传感器按结构可分为机电结合式、水银开关式和电子式3种。

1) 机电结合式碰撞传感器

(1) 滚球式碰撞传感器

滚球式碰撞传感器又称偏压磁铁式传感器,如图7-26(a)所示,两个触点分别与传感器引线端子连接。滚球用来检测减速度大小,在导缸内可移动或滚动。

当传感器处于静止状态或正常行驶时,在永久磁铁磁力作用下,钢球被吸向磁铁,离开触点使开关断开,如图7-26(b)所示。当车辆遭受碰撞而且减速度达到设定阈值时,钢球产生的惯性力将大于磁铁吸力而从磁铁上释放,沿导缸向触点运动,接合触点,闭合开关,如图7-26(c)所示。

当传感器用作碰撞信号传感器时,固定触点接通则将碰撞信号输入SRS ECU;当传感器用作碰撞防护传感器时,则将点火器电源电路接通。

(2) 偏心锤式碰撞传感器

这种传感器一般安装在保险杠与挡泥板之间,用来感知低速碰撞的信号。传感器安装

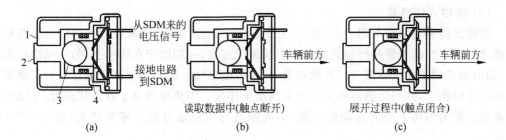

图 7-26 滚球式碰撞传感器的工作原理

1—永久磁铁；2—非磁性腔；3—圆(球)；4—非磁性套

在一个密封的防振保护盒内,如图 7-27 所示。

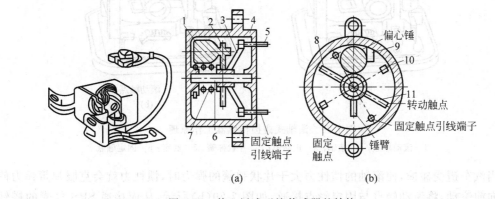

图 7-27 偏心锤式碰撞传感器的结构

1—偏心锤；2—锤臂；3—转动触点臂；4—壳体；5—固定触点引线端子；6—传感器轴；
7—复位弹簧；8—转动触点；9—挡块；10—固定触点；11—转动触点臂

偏心锤式碰撞传感器的工作原理如图 7-28 所示,当传感器处于静止状态时,在复位弹簧的弹力作用下,偏心锤与挡块保持接触,转子总成处于静止状态,转动触点与固定触点处于断开状态,如图 7-28(a)所示。

当汽车遭受碰撞使偏心锤的惯性力矩大于复位弹簧的弹力力矩时,惯性力矩就会克服弹簧力矩使转子总成转动,从而带动转动触点臂转动,使转动触点与固定触点接触,如图 7-28(b) 所示,接通 SRS 气囊的搭铁回路。

图 7-28 偏心锤式碰撞传感器的工作原理

(a) 静止状态；(b) 碰撞状态

1—旋转触点；2—固定触点；3—止动器；4—偏心重块；5—游丝加力；6—偏心转子

（3）滚轴式传感器

滚轴式传感器结构如图7-29所示,主要由止动销、滚轴、滚动触点、固定触点、底座和片状弹簧组成。片状弹簧与传感器的一个引线端子连接,一端固定在底座上,另一端绕在滚轴上,滚动触点固定在滚轴部分的片状弹簧上,并可随滚轴一起转动。固定触点与片状弹簧绝缘固定在底座上,并与传感器的另一个引线端子连接。当传感器处于静止状态时,滚轴在片状弹簧的弹力作用下滚向止动销一侧,滚动触点与固定触点处于断开状态,如图7-29(a)所示。

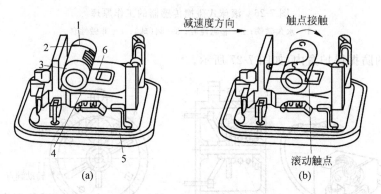

图7-29 滚轴式碰撞传感器工作原理
1—滚动触点；2—滚轴；3—止动销；4—片状弹簧；5—底座；6—固定触点

当汽车遭受碰撞,使滚轴的惯性力大于片状弹簧的弹力时,惯性力就会克服弹簧弹力使滚轴向前滚动,将滚动触点与固定触点接通,如图7-29(b)所示,从而接通SRS气囊的搭铁回路。

2）水银开关式碰撞传感器

水银开关式碰撞传感器利用水银导电良好的特性制成。一般用作安全传感器,用来防止系统在非碰撞状况时引起气囊的误动作,通常安装在中央控制器内,结构如图7-30所示。

当汽车发生碰撞时,减速度将使水银产生惯性力。惯性力在水银运动方向上的分力会将水银抛向传感器电极,使两个电极接通,从而接通气囊点火器电路的电源。

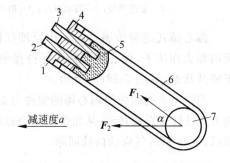

图7-30 水银开关式碰撞传感器的结构
1—密封螺塞；2—电极（接点火器）；3—电极（接电源）；4—密封圈；5—水银动态位置；6—壳体；7—水银

3）电子式传感器（中央安全气囊传感器）

电子式传感器又称中央安全气囊传感器,是一个半导体压力传感器,其结构如图7-31所示,其悬臂架压在半导体应变片的两端。当汽车发生碰撞时,半导体应变片在悬臂减速惯性力的作用下发生弯曲应变,受压后的电阻发生变化,电阻的变化引起动态应变仪输出电压发生变化。

中央传感器装在中央控制器内,用来感知高速碰撞的信息,并将其输送到CPU,引爆气囊传爆管,使气囊打开。同时前方另有一个传感器也引爆了预紧器的传爆管,即安全带预紧器和气囊同时起作用。有的前方传感器有两对动、静触头,在低速碰撞时,第一对触头闭合

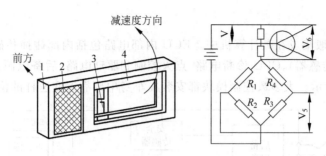

图 7-31 中央安全气囊传感器
1—传感器架；2—动态应变仪；3—半导体应片；4—悬臂架

引爆安全带预紧器，在高速碰撞时第二对触头接通，安全带预紧器及气囊同时动作。中央安全气囊传感器的作用是增加可靠性。

2. 气囊组件

气囊组件由气囊、点火器和气体发生器组成，驾驶员席与乘员席气囊组件一般都用同一个 SRS ECU 控制。驾驶员席气囊组件安装在转向盘的中央，前排乘员席气囊组件安装在副驾驶员座椅下前方的仪表台下。气囊组件结构如图 7-32 所示。

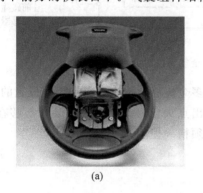
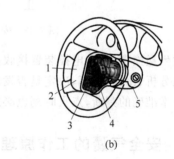

图 7-32 气囊组件
(a) 外形；(b) 结构
1—饰盖丝印；2—气囊饰盖；3—SRS 气囊；4—气体发生器；5—点火器引线

气体发生器的功用是在点火器引爆点火剂时，产生气体向气囊充气，使气囊胀开。安全气囊系统要求气体发生器能够在较短的时间（30ms 左右）内产生大量的气体充满气囊，产生的气体必须对人体无害，且不能温度太高，同时要求气体发生器有很高的可靠性和稳定性。

点火器外包铝箔，安装在气体发生器内部中央位置。其功用是在前碰撞传感器和防护传感器将气囊电路接通时，引爆点火剂，产生热量使气体发生剂分解。

气袋是气囊系统的重要组成部分，在发生碰撞时其会通过充气形成柔软的气垫，从而起到缓冲吸能作用。气袋由尼龙丝制成，完全充气后，驾驶员侧气袋约 65L，乘员侧气囊为 120～150L。气袋的后面有排气孔，这些孔在人的身体压向气囊时，可以使气囊均匀而缓慢地泄气，有效地保证在碰撞大约 110ms 后，吸收驾驶员与气囊碰撞的动能，使人体不致受到伤害。

3. SRS ECU

SRS ECU 一般集成在微计算机中。ECU 内部电路包括内部碰撞传感器（包括中央气囊传感器和安全传感器）、CPU 诊断电路、点火控制和驱动电路、后备电源、记忆电路和安全电路，如图 7-33 所示。大多数控制模块都安装在车身中部靠近变速杆的位置。

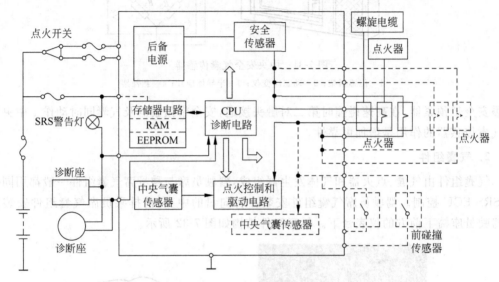

图 7-33 安全气囊控制单元

当汽车发生碰撞事故时，电控装置接收多个传感器传来的车身不同位置的减速信号，经过反复不断地分析、比较、计算，决定是否发出点火信号。要求控制装置能够在复杂的碰撞情况下作出非常准确的判断，点火时刻也必须精确控制。

7.2.3 安全气囊的工作原理

汽车遭受正面碰撞或侧面碰撞时，安全气囊系统的工作原理完全相同。以下以正面碰撞为例，说明安全气囊系统控制原理，如图 7-34 所示。

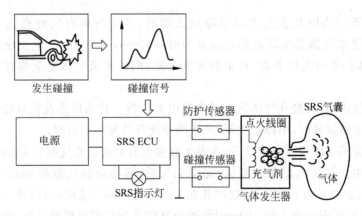

图 7-34 安全气囊控制原理

当汽车遭受前方一定角度范围内的碰撞时,安装在汽车前部和 SRS ECU 内部的碰撞传感器都会检测到汽车突然减速的信号,并将信号输入 SRS ECU,以便判断是否发生碰撞。当汽车遭受碰撞且减速度达到设定值时,SRS ECU 发出控制指令将气囊组件中的点火器(电雷管)电路接通,电雷管引爆使点火剂受热爆炸(即电热丝通电发热引爆炸药)。点火剂引爆时,迅速产生大量热量,使气体发生剂(叠氮化钠固体药片)受热分解并释放出大量氮气充入气囊,气囊便冲开气囊组件上的装饰盖板,使驾驶员和乘员面部和胸部压靠在充满气体的气囊上,在人体与车内构件之间铺垫一个气垫,将人体与车内构件之间的碰撞变为弹性碰撞,通过气囊产生变形和排气节流来吸收人体碰撞产生的动能,从而达到保护人体的目的。

7.2.4 安全气囊系统的检修

1. 检修注意事项

① 安装与维修工作只能由专业人员来完成;

② 为了防止气囊的意外引爆,在对气囊系统进行任何操作时,均应摘下蓄电池的负极导线,等 30s 以后方可进行操作;

③ 不要使安全气囊系统部件受到 85℃ 以上的高温;

④ 安全气囊主件及控制单元应避免受到磕碰和振动;

⑤ 检测时不可使用检测灯、电压表和欧姆表,以免造成气囊误爆;

⑥ 不得擅自改动安全气囊系统的线路和元件;

⑦ 气囊装置从车上拆下时,缓冲垫必须始终朝上放置;

⑧ 若在事故中气囊被引爆,为安全起见,所有元件都需要更新;

⑨ 气囊装置不允许打开或修理,只允许更换新的元件;

⑩ 安全气囊不能沾油脂及清洁剂等;

⑪ 气囊装置有更换日期,即使不撞车,到期后也须更换。

2. 检修方法

安全气囊系统的故障报警灯和故障代码是最重要的故障信息来源和故障诊断依据。安全气囊系统的故障诊断方法如图 7-35 所示。

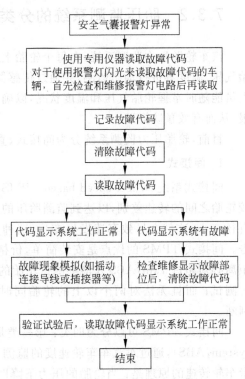

图 7-35 安全气囊系统故障诊断方法

7.3 胎压监测系统

7.3.1 胎压监测系统概述

轮胎是汽车的重要部件，它的性能对汽车的动力性、制动性、行驶稳定性、平顺性和燃油经济性等都有直接影响。汽车在高速行驶中，轮胎故障，尤其是轮胎压力异常，是导致交通事故频发的重要原因。如何防止爆胎已成为安全驾驶的一个重要课题。据国家橡胶轮胎质量监督组的专家分析，保持标准的车胎气压行驶和及时发现车胎漏气是防止爆胎的关键。而汽车胎压监视系统毫无疑问将是理想的工具。

汽车轮胎压力监测系统（tire pressure monitoring system，TPMS）主要用于在汽车行驶过程中实时监测轮胎内的压力和温度，对因轮胎漏气而导致的气压异常进行报警，以保障行驶安全。TPMS属于事前主动型安保范畴，不同于事后被动型安保的安全气囊和防抱死制动系统（ABS），一旦轮胎出现故障的征兆，驾驶员就能根据警示采取相应的措施，避免事故的发生。TPMS不仅能保障驾驶员的安全，还能减少因轮胎气压异常而产生的燃油消耗，避免车辆部件与轮胎不正常的磨损，从而延长轮胎的使用寿命。汽车轮胎压力监测系统发展至今，已与汽车安全气囊、ABS成为汽车的三大安全系统，并被大众所重视。

7.3.2 胎压监测系统的分类

汽车轮胎压力监测系统，在每个轮胎上安装高灵敏度的传感器，在行车状态下对汽车轮胎气压、温度等进行动态监测，并通过传感器、智能单片机以无线方式发射到接收器，让驾驶人员能随时掌握轮胎气压和温度状况，以确保汽车行驶中的安全，在出现危险状况时给予警报，从而有效预防爆胎。

目前，轮胎压力监测系统分为间接式、直接式和复合式3种类型。

1. 间接式

间接式系统（wheel-speed based TPMS，WSB）是通过汽车ABS系统的轮速传感器来比较轮胎之间的转速差别，以达到监测胎压的目的。当轮胎压力降低时，车辆的重量会使轮胎直径变小，这就会导致车速发生变化，这种变化即可用于触发警报系统来向驾驶员发出警告。间接式TPMS的优点是安装简单，价格便宜。其缺点是汽车须在直道上行驶，且行驶距离必须超过1km，ABS才能够测试轮胎的气压情况，如果汽车进入转弯，ABS就不能够进行测试；而且无法对两个以上的轮胎同时缺气的状况和速度超过100km/h的情况进行判断。

间接式TPMS可以分为四类：第一类是借用现有的自动防抱死系统（antilock braking system，ABS），通过对汽车车轮速度的监测来实现轮胎压力异常时的报警。轮速传感器测量车轮转速的原理是：当轮胎的压力下降时，滚动半径就会减小，从而导致车轮转速增大。由于轮速传感器在现在的大多数汽车上都已经安装，要达到监测轮胎气压的目的只需升级软件系统即可。第二类是建立轮胎、路面模型来采集车身振动信号，然后对所得振动信号进行处理后,找出规律,发现异常,从而检测出胎压异常。第三类是通过定义轮胎压力、温度及车辆速度为输入信号,以速度补偿和压力补偿信号为输出信号建立一个模糊逻辑控制器,研究并分析输入信号与输出信号之间的关系,从而达到实现胎压和胎温监控的目的。第四类是通过加速度传感器采集车辆前后轴加速度,建立其前后轴加速度的虚拟传递函数,通过计算函数幅度值监测出胎压异常。

2. 直接式

PSB 系统(pressure-sensor based TPMS,PSB)利用安装在每一个轮胎里的压力传感器来直接测量轮胎的气压,利用无线发射器将压力信息从轮胎内部发送到中央接收器模块上,然后对各轮胎气压数据进行显示。当轮胎气压太低或漏气时,系统会自动报警。直接式系统可以提供更高级的功能,随时测定每个轮胎内部的实际瞬压,很容易确定故障轮胎。

根据检测模块是否供电的工作方式,直接式汽车轮胎压力监测系统可分为主动直接式轮胎压力监测系统和被动直接式轮胎压力监测系统。

主动式 TPMS 测量轮胎的气压是通过安装在轮胎内的压力传感器来实现,传感器测量的压力数据通过无线发射器发射到驾驶室内监控模块并显示,驾驶者可以随时了解各个轮胎的气压状况。当轮胎气压出现异常时,系统就会自动报警以提示驾驶员注意。主动式TPMS 系统主要由轮胎内的发射模块、驾驶室内的接收模块和显示部分组成。主动直接式TPMS 系统轮胎模块需要电池供电,能耗大,存在电池使用寿命的问题,但是它的可靠性高,适用于各类型的轮胎。

被动式 TPMS 也叫无电池 TPMS,由中央收发器和安装在轮胎中的转发器构成。中央收发器既接收信号也发射信号,转发器接收来自中央收发器的信号,同时使用这个信号的能量来发射一个反馈信号到中央收发器上。被动式 TPMS 系统不用电池供电,它需要将转发器整合至轮胎中,产品正逐步进入市场。

3. 复合式

复合式 TPMS 兼有上述两个系统的优点,它在两个互相成对角的轮胎内装备直接传感器,并装备一个四轮间接系统。与全部使用直接式系统相比,这种复合式系统可以降低成本,克服间接式系统不能检测出多个轮胎同时出现气压过低的缺点。但是,它仍然不能像直接式系统那样提供所有 4 个轮胎内实际压力的实时数据。

7.3.3 胎压监测系统的组成与工作原理

1. 直接式轮胎压力监测系统的关键技术

1) 可靠性

TPMS 是一种行车安全预警系统,所以系统的可靠性应该为系统设计时首要考虑的问题。而在设计中,首先涉及的是元器件的选型,特别是用于轮胎监测模块的元器件,元器件都要非常的稳定,能适应胎内温度极高、温度极低、高压、低压、振动大等一系列恶劣环境;其次,无线通信中信号的发射和接收必须可靠。这主要包括系统的电子抗干扰能力、汽车高速行驶时中央模块接收胎内监测模块信号的能力、信号免碰撞的能力和系统避免误报警的能力。为达到通信可靠性,除了要对硬件和软件作抗干扰处理,还须通过设计良好的天线提高通信的稳定性和可靠性。

2) 电源

目前 TPMS 的胎内监测模块主要还是采用纽扣电池这一供电方式。然而纽扣电池的容量有限,因而现在有两个发展方向:一是实现胎内监测模块的低功耗,增大电池容量,延长电池使用寿命;另一个是无源化方向。对于实现低功耗,现阶段主要通过选用低耗能的芯片、性能高的电池、唤醒技术和一些算法来实现。实现低功耗的研究发展过程中,先考虑到车辆不是一直在公路上行驶的,所以并不需要让胎内监测系统一直处于打开的状态,尽量使系统大多数时间处于断电或者睡眠状态来节省能耗,以达到延长电池寿命的目的。以往所设计的 TPMS,通过在电池处串联一个加速度开关来实现监测轮胎的静止和运动状态,从而控制胎内监测模块电源的开关。汽车行驶时,当加速度大于加速度开关的动作门限时,加速度开关闭合,电源接通,TPMS 才开始工作,让系统在停车时处于断电状态,以达到低功耗的目的。这种方法虽然可以极大地降低功耗,但是当汽车处于低速且加速度变化较大时,轮胎监测模块会频繁启动,给系统带来不稳定的因素。现在的通用方法是让系统大部分时间进入睡眠状态以实现低功耗,其唤醒方式主要有定时唤醒和低频唤醒两种。

3) 轮胎监测模块的定位

汽车轮胎压力监测系统中的轮胎定位是指中央控制模块对所接收到的信号进行识别,判断和分析所接收到的信号是否为本汽车的胎内监测模块所发出的信号,同时确定为哪个轮胎发出的信号。汽车在行驶一段时间以后,可能有些因素,例如调换新的轮胎,或者因为汽车4个轮胎所受到的载荷不同导致4个轮胎的磨损程度不同,从而导致轮胎需要置换,而轮胎的置换导致安装在轮胎上的监测模块也随之换位,从而导致以前的一一对应关系被打破,这就要求重新对轮胎监测模块进行位置定位。另外,当更换新的监测模块时,也需要进行模块的位置定位。因此,定位功能是直接式 TPMS 必须具备的功能,目前国内外主要有界面输入式、定编码形式、低频唤醒式、天线接收近发射场式和外置编码存储器式等技术实现监测模块的定位。

4) 胎内监测模块的安装

由于 TPMS 胎内监视模块安装在轮胎内部,为了保证安装后 TPMS 系统能够稳定、可靠地工作,同时又不影响轮胎的正常使用,胎内监视模块的安装方式同样非常重要。现在通用的有气门嘴内置、安装在轮毂上以及气门嘴外置这3种安装方式。当然,无论采用的是哪一种安装方式,设计中轮胎监测模块质量轻、强度高、体积小、抗振能力强是前提。气门嘴内置和安装在轮毂上都是内置式安装,适用于无内胎的轮胎,便于装卸。安装在轮毂上的安装方式要求轮胎监测模块安装牢固,因为汽车行驶时振动非常剧烈,轮胎监测模块可能因剧烈振动而产生移位。气门嘴内置式安装方式是将监测模块安装于胎内的气门嘴附近,将传感器与气阀相结合,利用气阀伸出的一部分作为无线数据发送的天线。

2. 典型汽车轮胎压力监测系统的工作原理

图 7-36 所示是奥迪 A6 新一代直接式 TPMS 系统的结构,主要由轮胎压力传感器、发射器、天线和控制单元组成。其中轮胎压力监控系统控制单元 J502 连接在 CAN 总线上,G431~G434 共 4 个发射器分别安装在 4 个轮胎的内部,用于检测轮胎的压力和温度数据,通过无线电波发射给显示仪,后部轮胎压力监控系统天线 R96 位于车顶上的车内灯和滑动

车顶模块之间,发射器和天线通过 LIN 总线与控制单元相连,每个车轮还有一个轮胎压力传感器 G222~G226。

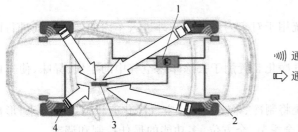

图 7-36　轮胎压力监控系统的结构

1—轮胎压力监控控制单元 J502；2—轮胎压力监控发射器 G431~G434；
3—轮胎压力监控天线 R96；4—轮胎压力传感器 G222~G226

系统的工作流程图如图 7-37 所示。当驾驶员打开主驾驶室车门时,系统就开始初始化过程,然后控制单元 J502 给轮胎压力监控发射器 G431~G434 和天线 R96 各分配一个 LIN 地址。初始化完成后,发射器发射出无线电信号,由于这种无线电信号的作用半径很小,所以它们只会分别被相应的轮胎压力传感器所接收,传感器被这个无线电信号激活,然后就会发射回测量到的当前压力和温度值,这些测量值由天线接收后再经 LIN 总线传送到控制单元。

轮胎压力传感器上装有离心力传感器,该传感器可以识别出车轮是否在转动,只要是车在停着,就不再进行任何通信联系了。

车辆起步时,传感器在约 2min 后开始与车轮位置进行匹配。当车速超过约 20km/h 时,每个传感器会自动发射当前的测量值,而不需等待来自各自发射器的信号。

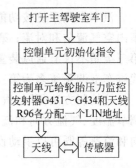

图 7-37　TPMS 工作原理流程图

发射出的无线电信号中包含有传感器的 ID,这样控制单元就可识别出是哪个传感器发出的信息及其位置。正常情况下,发射器每隔约 30s 就发射一次信号。如果传感器发现压力变化较快（>0.2bar/min,1bar=1×10^5Pa）,那么传感器会自动切换到快速发送模式,这时每隔 1s 就发送一次当前测量值。

7.4　汽车空调系统

汽车空调系统的作用是根据驾车人员的需要,调节汽车车厢内空气的温度、相对湿度、清洁度、气流速度及方向等,使汽车车厢内的空气处于比较理想的状态,保障驾乘环境舒适。

7.4.1　汽车空调系统的组成及分类

1. 汽车空调系统的基本组成

现代汽车全功能空调系统由制冷系统、供暖系统、通风系统、空气净化装置及控制系统等几部分组成。

(1) 通风系统。通风系统用于将车外的新鲜空气引进车内，达到通风、换气的目的。

(2) 采暖系统。采暖系统用于对车内空气或车外进入车内的新鲜空气进行加热、除湿，使车内温暖舒适。

(3) 制冷系统。制冷系统用于对车内空气或车外进入车内的新鲜空气进行降温、除湿，使车内凉爽舒适。

(4) 空气净化装置。空气净化装置用于去除车内空气中的尘埃、异味，使车内空气变得清洁，目前只用于高级轿车。

(5) 控制系统。控制系统将制冷、采暖、通风、空气净化有机地组合起来，形成冷暖适宜的气流，并能对车内环境进行全季节、全方位、多功能的最佳控制和调节。

将上述装置全部或部分组合在一起，按照一定的布置形式安装在汽车上，便组成了汽车空调系统；在一般的客、货车上，通常只安装制冷系统和采暖系统；在一些高级轿车和高级大、中型客车上，还安装加湿装置、空气净化装置以及强制通风装置。

2. 汽车空调系统的分类

汽车空调系统按功能不同分为三类：一类仅有通风装置，对车内进行强制性换气，保证车内空气清洁和对流；第二类是除了通风装置外还有采暖装置，用于提高车内空气的温度；第三类是不仅有通风装置、采暖装置，还有制冷系统，用于降低车内空气的温度与湿度。现代汽车空调系统多为第三类。

按控制方法不同，汽车空调系统分为两类：手动空调和自动空调。手动空调是指车内调节温度、气流方向和流速等完全依靠手动设定调节；自动空调是指车内调节温度、气流方向和流速等既可以手动设定调节，也可以根据车辆运行情况和车内外环境自动调节。

7.4.2 汽车空调系统的结构和工作原理

1. 汽车空调通风系统

汽车空调通风系统的主要功能是换气，即打开通风口，利用汽车迎面空气动压通风或利用空调系统中的鼓风机进行强制通风换气。

由于车厢空间狭小，车内空气由于乘员呼出的二氧化碳、水蒸气、烟气等而受到污染，需经过通风换气来净化，同时调节车内的温度和湿度。另外，通风对于防止车窗玻璃起雾也很有益处。

通风方法有自然通风（动压通风）和强制通风两种。

1) 自然通风（动压通风）方式

自然通风（动压通风）不需要什么设备，只需在汽车的有关部位开设通风口和通风窗，用阀门的启闭来控制进风。该方式是利用汽车行驶时车外空气对汽车产生的风压，通过进风口和排风口实现通风换气。

进风口与排风口的位置如图 7-38 所示，要根据汽车行驶时作用于车身表面上的风压分布状况和车身结构来确定。一般车身大部分是负压区，仅前面风窗玻璃及前围上部等少部分为正压区。在设置时要求进风口必须装在正压区，排风口必须装在负压区，以便充分利用汽车行驶所产生的动压而引入大量的新鲜空气。

进风口应尽可能远离地面，以防止吸入地面附近的污染空气和灰尘。进入车内的空气

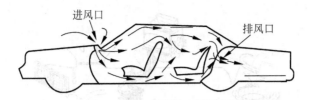

图 7-38 进风口与排风口的位置

流速最佳范围是 1.5~2.0m/s。排风口的压力系数随着不同的安装位置而改变,要尽可能加大排风口的有效断面积,以提高排风效果。另外,还必须注意防止尘埃、噪声以及雨水、洗车水的侵入。

自然通风方式不消耗动力,但空气在车内流过形成车辆行驶阻力。

2) 强制通风方式

采用自然通风方式进行换气时,车辆在静止和低速行驶时,通风量过小,故一些车辆采用强制通风方式。强制通风是在汽车的某一部位安装鼓风机,用机械方法将环境空气引入车内,经处理后送至车内循环。调节鼓风机转速大小,可以实现风量控制。强制通风系统的工作原理如图 7-39 所示。

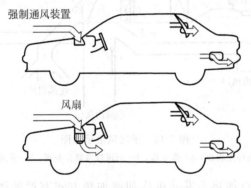

图 7-39 强制通风系统的工作原理

在汽车行驶时,强制通风经常与自然通风一起配合使用。轿车均采用自然通风与强制通风相结合的方式,其通风系统与采暖系统、制冷系统等结合在一起而形成完整的空调系统,导入的外气既可经调节也可不经调节而进入车内。

2. 汽车空调采暖系统

采暖系统是一种将空气送入热交换器(又称为加热器),同时吸入某种热源的热量,以提高车内空气温度的装置。

根据供热热源的不同,采暖装置可分为非独立式和独立式两种。

1) 非独立式采暖装置

非独立式采暖装置(又称发动机采热式),以发动机工作时的冷却液或废气为热源,通过一个热交换器和电动机组成的暖风机,加热流经暖风机的空气,使车厢内的温度上升。利用发动机废气作为热源加热快,但是废气温度高、有毒,安全风险大,很少采用。以发动机冷却液为热源的非独立采暖装置的组成如图 7-40 所示。采暖风道如图 7-41 所示。

为了克服非独立式采暖装置供热能力的不足,改善发动机冷却液温度低时的采暖效果,

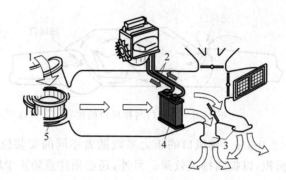

图 7-40 非独立采暖装置组成原理

1—进风口；2—发动机冷却液；3—出风口；4—采暖换热器；5—鼓风机

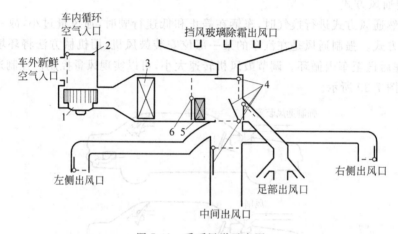

图 7-41 采暖风道示意图

1—鼓风机；2—车内外循环控制板；3—蒸发器；4—出风口选择控制板；5—采暖换热器；6—混流控制板

可以对发动机冷却液进行加热。发动机冷却液加热方式有燃油燃烧加热、电热塞加热和 PTC 加热等。燃油燃烧加热和电热塞加热的采暖装置组成分别如图 7-42 和图 7-43 所示。

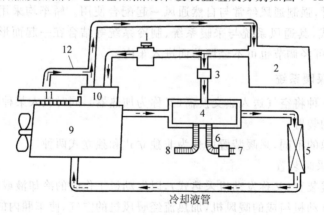

图 7-42 燃油燃烧加热采暖装置示意图

1—燃油滤清器；2—燃油箱；3—油泵；4—燃烧室；5—采暖换热器；6—消声器；
7—排气管；8—进气管；9—发动机；10—喷油泵；11—燃油轨；12—回油管

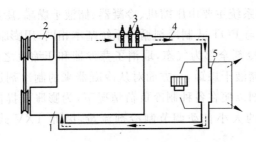

图 7-43　电热塞加热采暖装置示意图

1—发动机；2—交流发电机；3—电热塞；4—发动机冷却液；5—采暖换热器

2) 独立热源式采暖系统

独立热源式采暖系统是专门利用汽油、煤油、柴油等作为燃料，使其在燃烧装置中燃烧产生热量，利用空气与燃烧装置进行热交换，使空气升温。

这种采暖系统的优点是不受汽车使用情况的影响，而且采暖迅速；缺点是需要复杂的燃烧装置、送风装置，还要消耗燃料。

独立热源式采暖系统一般用在大、中型客车上，或用在严寒地区只靠冷却液热量还不足以采暖的轿车上。

3. 汽车空调制冷系统

制冷系统用来降低车厢内空气的温度，它是利用制冷剂由液态转化为气态需要吸收热量和由气态转化为液态对外放出热量的原理工作的。车用空调制冷系统由制冷剂循环系统和电控系统组成。

制冷剂循环系统多采用以 R134a（早期采用氟利昂 R12）为制冷剂的蒸气压缩式封闭循环系统，分节流孔管（fixed orifice tube，FOT）式和膨胀阀（thermostatic expansion valve，TXV）式两种。

FOT 式制冷剂循环系统主要由压缩机、冷凝器、集液器、节流孔管、蒸发器和管路等组成，如图 7-44 所示。

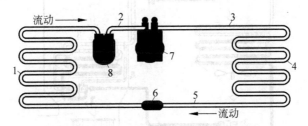

图 7-44　FOT 式制冷剂循环系统示意图

1—蒸发器；2—吸气管路；3—排气管路；4—冷凝器；5—液体管路；6—节流孔管；7—压缩机；8—集液器

压缩机将气态制冷剂加压升温后送入冷凝器；制冷剂通过冷凝器将热量散发到大气中，逐渐降温液化；液化后的制冷剂经过节流孔管节流进入蒸发器，由于蒸发器内压力低，制冷剂迅速汽化并通过蒸发器吸收车内空气的热量，使车内降温；从蒸发器出来的制冷剂经过集液器进行气液分离，使气态制冷剂进入压缩机重复上述过程，液态制冷剂留在集液器，避免危害压缩机。由于节流孔管尺寸固定，制冷剂流量无法调节。

TXV式制冷剂循环系统主要由压缩机、冷凝器、储液干燥罐、膨胀阀、蒸发器等组成,如图7-45所示。制冷原理与FOT式制冷剂循环系统基本相同,用膨胀阀取代了节流孔管,可以保证蒸发器出来的制冷剂全部为气态,取消了蒸发器和压缩机之间的集液器;而在冷凝器和膨胀阀之间增设了储液干燥罐,一方面对从冷凝器来的制冷剂进行过滤、去除水分,另一方面储存适量的制冷剂以便在各种制冷负荷情况下,为膨胀阀提供液态制冷剂。由于膨胀阀能够根据制冷负荷的大小自动调节制冷剂流量,因此TXV式制冷剂循环系统应用更多。

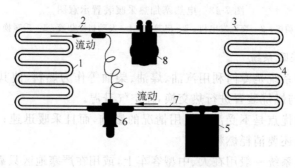

图7-45　TXV式制冷剂循环系统示意图

1—蒸发器；2—吸气管路；3—排气管路；4—冷凝器；5—储液干燥器；6—膨胀阀；7—液体管路；8—压缩机

压缩机的作用是提高气态制冷剂的压力和温度,维持制冷剂在系统中循环,便于气态制冷剂在冷凝器中凝结成液态,对外放出热量；膨胀阀或节流孔管的作用是通过节流作用降低液态制冷剂的压力,便于液态制冷剂在蒸发器中蒸发成气态,吸收热量；蒸发器则通过液态制冷剂的蒸发吸收车厢内气体的热量；冷凝器通过气态制冷剂凝结将制冷系统的热量放出到车厢外的空气中。制冷剂循环过程和状态变化情况如图7-46所示。

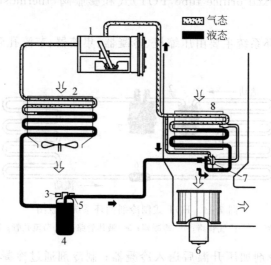

图7-46　制冷剂循环和状态变化

1—压缩机；2—冷凝器；3—高压阀；4—储液干燥罐；5—低压开关；6—鼓风机；7—膨胀阀；8—蒸发器

压缩机1由发动机经皮带轮和电磁离合器带动旋转,吸入蒸发器8中的低温低压(约5℃、0.15MPa)制冷剂蒸气,将其压缩成为高温高压(70～80℃、1.3～2MPa)的气体,然后经高压管路送入冷凝器 2；进入冷凝器的高温高压制冷剂气体与环境空气进行热交换,释放热量,当温度下降至 50℃ 左右时,便冷凝为液态；冷凝为液态的高温高压制冷剂进入储液干燥罐 4,去除水分和杂质,再经高压液管送至膨胀阀 7；因为膨胀阀有节流作用,所以高温高压的液态制冷剂流经膨胀阀后,变为低温低压的雾状喷入蒸发器,在蒸发器中吸收周围空气的热量而蒸发、汽化,使周围空气温度降低；由于吸热,制冷剂气体到达蒸发器出口时温度降至 5℃ 左右；如果压缩机不停地运转,吸热汽化的制冷剂又被压缩机吸入。上述过程将连续不断地循环,蒸发器周围将始终保持较低的温度。鼓风机 6 将空气吹过蒸发器表面,空气被冷却变为凉气送进车厢,使车厢内空气变得凉爽；同时,当车厢内空气湿度较高时,空气经过温度低的蒸发器表面时,其中的水分会在蒸发器表面凝结成液体流到车外,从而使车厢内空气中的水分减少,湿度降低。为了加强冷凝器散热,一般设有冷凝器散热风扇(或由发动机冷却液风扇承担)。

乘用车用 TXV 式制冷剂循环系统布置如图 7-47 所示。

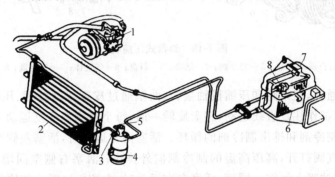

图 7-47　制冷剂循环系统布置

1—压缩机；2—冷凝器；3—低压开关；4—储液干燥罐；5—高压阀；6—蒸发器；7—热控开关；8—膨胀阀

由于通风装置、采暖装置结构比较简单,而制冷系统比较复杂,是空调系统的主要部分,因此习惯上将制冷系统称为空调系统。

7.4.3　汽车空调制冷系统总成

1. 压缩机

作为汽车空调制冷系统的核心部件,压缩机(compressor)具有两个重要功能：压缩机吸气时相当于一个真空泵,使系统内部产生低压,吸入蒸发器中低温、低压的气态制冷剂；然后,在压缩过程中将气态制冷剂压缩成高温、高压状态并输入冷凝器,维持制冷剂在制冷系统管路中循环流动。

压缩机是蒸气压缩制冷系统中低压和高压、低温和高温的转换装置,其正常工作是实现热交换的必要条件。

汽车空调采用的压缩机有多种类型,按结构不同分为斜盘式压缩机、摇板式压缩机、叶片式压缩机、曲柄连杆式压缩机和涡旋式压缩机等；按排量是否可调分为定排量压缩机和变排量压缩机,变排量压缩机可根据空调系统的制冷负荷自动改变排量,使空调系统运行更加经济。

1) 斜盘式压缩机

斜盘式压缩机也称斜板式压缩机，是一种轴向往复活塞式压缩机。目前，斜盘式压缩机是汽车空调中使用最为广泛的一种压缩机。

斜盘式压缩机的结构如图 7-48 所示，在气缸体中圆周布置多个气缸，每个气缸都有进气阀和排气阀，中部安装双向活塞，可以旋转的斜盘驱动活塞。电磁离合器控制皮带轮和压缩机轴之间的接合和分离。

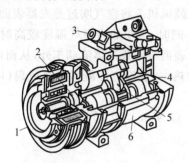 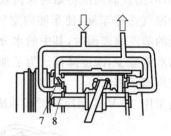

图 7-48　斜盘式压缩机
1—电磁离合器；2—轴；3—安全阀；4—活塞；5—斜盘；6—气缸体；7—排气阀；8—进气阀

电磁离合器通电，皮带轮和压缩机轴接合，曲轴通过皮带传动装置、压缩机轴驱动斜盘转动，使所有活塞都作往复直线运动，斜盘旋转一周，每个活塞都往复运动一次，每个气缸分别完成一次吸入制冷剂和排出制冷剂的循环。活塞向左运动时，活塞左侧空间减小，制冷剂被压缩、升温，排气阀打开，高压高温的制冷剂向外排出；活塞右侧空间增大，压力减小，进气阀打开，制冷剂被吸入气缸。同理，活塞向右运动时，左侧气缸吸入制冷剂，右侧气缸排出高压高温的制冷剂。

2) 摇板式压缩机

摇板式压缩机的结构如图 7-49 所示，其结构、原理与斜盘式压缩机类似，只是将双向活塞变为单向活塞，倾斜角度固定的斜盘变为倾斜角度可变的摇板，从而可以改变活塞的行程，实现压缩机的排量改变。

压缩机轴旋转时，通过牵引盘、导向销钉带动摇板转动使活塞作往复直线运动。它是根据制冷负荷大小调节排量的。制冷负荷减小时，压缩机低压腔压力降低使波纹管膨胀打开控制阀，高压腔的制冷剂便会通过控制阀进入摇板腔，使摇板腔压力增大，摇板倾斜角度减小，减小活塞行程和压缩机排量。

3) 叶片式压缩机

叶片式压缩机的结构如图 7-50 所示，在作为转子的叶轮上安装若干叶片，叶轮叶片和机体、端盖形成几个密闭的空间，端盖上设有进气孔、排气孔。为了防止制冷剂从高压管路回流到压缩机，还设有排气阀。

叶轮旋转时，叶片和机体、端盖形成各个密闭空间的容积不断变化。容积增大时空间会和进气孔连通，吸入制冷剂；容积减小时空间会和排气孔连通，压力升高后打开排气阀排出制冷剂。

4) 曲柄连杆式压缩机

曲柄连杆式压缩机的结构如图 7-51 所示，包括轴、连杆、活塞、进气阀、排气阀、阀体等。

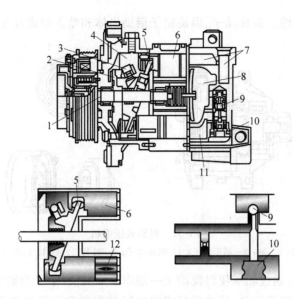

图7-49 摇板式压缩机

1—轴；2—牵引盘；3—导向销钉；4—摇板腔；5—摇板；6—活塞；
7,11—低压腔；8—高压腔；9—控制阀；10—波纹管；12—活塞行程

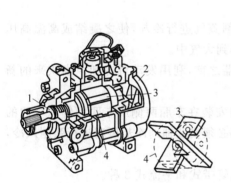

图7-50 叶片式压缩机

1—轴；2—端盖；3—叶片；4—叶轮

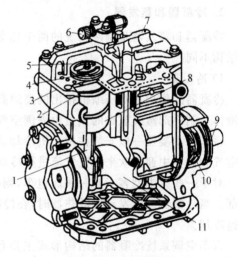

图7-51 曲柄连杆式压缩机

1—连杆；2—进气阀；3—阀体；4—排气阀；5—限位片；
6—进气检修阀；7—排气检修阀；8—活塞；9—密封盘；
10—油阀；11—轴

轴旋转时，通过曲柄连杆带动活塞往复运动，吸入和排出制冷剂。活塞下行时进气阀打开，制冷剂进入气缸；活塞上行时，压缩制冷剂，排气阀打开后制冷剂排出。

5）涡旋式压缩机

涡旋式压缩机的结构如图7-52所示，关键部件是涡旋动子和涡旋定子。涡旋定子安装在机体上，涡旋动子一端通过轴承偏心安装在轴上。排气口位于涡旋定子的中心部位，进气

口位于涡旋定子的边缘。涡旋动子、涡旋定子借助机体和端盖形成月牙形密闭空间。

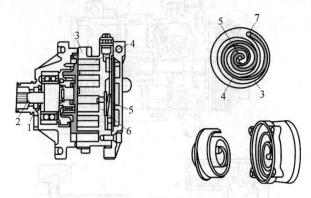

图 7-52　涡旋式压缩机
1—密封圈；2—轴；3—涡旋定子；4—涡旋动子；5—排气口；6—排气阀；7—吸气口

压缩机轴旋转时，通过轴承使涡旋动子一端作圆周运动（半径为轴承与轴的偏心距），使涡旋动子相对于涡旋定子运动，使月牙形密闭空间的容积和位置都在发生变化。和外部进气口相通时月牙形密闭空间的容积最大，吸入制冷剂；和中部排气口相通时月牙形密闭空间的容积最小，压缩排出制冷剂。

2. 冷凝器和蒸发器

冷凝器和蒸发器是制冷系统的两个热交换器，都由管路和传热片组成，但安装位置和具体结构不同。

1) 冷凝器

冷凝器的作用是对压缩机排出的高温高压制冷剂蒸气进行冷却，使之凝结成高温高压的液体。制冷剂蒸气放出的热量由周围空气带走，排到大气中。

轿车的冷凝器一般安装在发动机冷却系统散热器之前，利用发动机冷却风扇吹来的新鲜空气和行驶中迎面吹来的空气流进行冷却。

对于一些大中型客车和一些面包车，则把冷凝器安装在车厢两侧或车厢后侧和车厢的顶部。当冷凝器远离发动机散热器时，在冷凝器旁都必须安装辅助冷却风扇进行强制风冷，加速冷却。

汽车空调系统冷凝器的结构形式主要有管片式、管带式和平流式3种。

(1) 管片式冷凝器

管片式冷凝器由铜质或铝质圆管套上散热片组成，其结构如图 7-53 所示。片与管组装后，经膨胀和收缩处理，使散热片与散热管紧密接触，以保证热传递的顺畅，并与其他附件组合成为冷凝器总成。这种冷凝器结构比较简单，加工方便，但散热效果较差。管片式冷凝器一般用在大中型客车的制冷装置上。

(2) 管带式冷凝器

管带式冷凝器是由多孔扁管与蛇形散热带（波纹散热片）焊接而成，其结构如图 7-54 所示。管带式冷凝器的传热效率比管片式冷凝器可提高 15%～20%，但它的制造工艺复杂，焊接难度大，且材料要求高，一般用在小型汽车的制冷装置上。

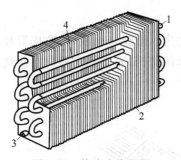
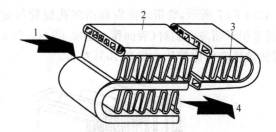

图 7-53 管片式冷凝器
1—进口；2—散热片；3—出口；
4—制冷剂散热管

图 7-54 管带式冷凝器
1—气态制冷剂；2—异形扁管；3—波纹散热片；
4—液态制冷剂

（3）平流式冷凝器

平流式冷凝器的外观结构如图 7-55 所示。

平流式冷凝器制冷剂由管接头进入圆柱形集管，然后分流进入铝制内肋扁管，平行地流到对面的集管，最后通过跨接管回到管接头座。扁管之间嵌有散热翅片。这种冷凝器具有制冷剂侧的压力小、传热系数高、质量小、结构紧凑和制冷剂充注量少等特点。平流式冷凝器适合与采用 R134a 为制冷剂的制冷系统配套使用。

与管带式冷凝器相比，在制冷剂相同的情况下，平流式冷凝器的制冷剂侧压力降只是管带式的 20%，而换热性能提高约 75%。

2）蒸发器

蒸发器（evaporator）是汽车空调制冷系统中的另一个热交换器，其作用与冷凝器相反，是将经过节流降压后的液态制冷剂在蒸发器内沸腾汽化，吸收蒸发器表面周围空气的热量而使之降温，通过风机再将冷风吹到车室内，达到降温的目的。

汽车空调蒸发器有管片式、管带式和层叠式 3 种结构类型。

（1）管片式蒸发器

管片式蒸发器由铜质或铝质圆管套上铝翅片组成，经胀管工艺使铝翅片与圆管紧密相接触，如图 7-56 所示。管片式蒸发器结构较简单、加工方便，但其换热效率较差。

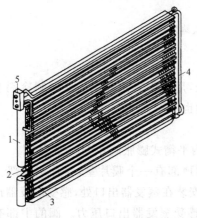
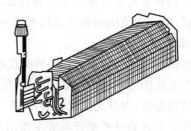

图 7-55 平流式冷凝器
1—圆柱形集管；2—铝制内肋扁管；3—波形
散热翅片；4—跨接管；5—管接头

图 7-56 管片式蒸发器

(2) 管带式蒸发器

如图 7-57 所示,管带式蒸发器由多孔扁管与蛇形散热铝带焊接而成,工艺比管片式复杂,需采用双面复合铝材(表面覆一层 0.02~0.09mm 厚的焊药)及多孔扁管材料。这种蒸发器换热效率可比管片式提高 10% 左右。

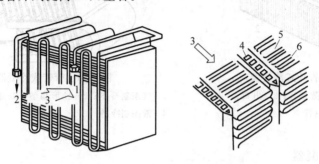

图 7-57 管带式蒸发器

1—进口;2—出口;3—空气;4—管子;5—翅片;6—散热口

(3) 层叠式蒸发器

如图 7-58 所示,层叠式蒸发器由两片冲成复杂形状的铝板叠在一起组成制冷剂通道,每两片通道之间夹有蛇形散热铝带。这种蒸发器也需要双面复合铝材,且焊接要求高,因此加工难度最大,但其换热效率最高,结构也最紧凑。采用新型制冷剂 R134a 的汽车空调多采用层叠式蒸发器。

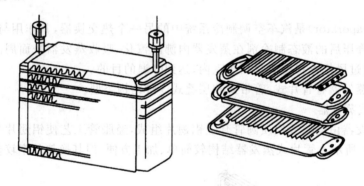

图 7-58 层叠式蒸发器

3. 膨胀阀和节流孔管

膨胀阀和节流孔管都是安装在蒸发器入口处,用来将高温高压的液态制冷剂节流后喷入蒸发器,但二者适用的循环系统类型不同,结构也不同。

1) 膨胀阀

膨胀阀有 3 种结构形式:外平衡式膨胀阀、内平衡式膨胀阀和 H 形膨胀阀。

外平衡式膨胀阀的结构如图 7-59 所示,阀的顶部有一个膜片室,膜片室端部一侧通过毛细管接感温包,内部充满气态制冷剂。感温包安装在蒸发器出口处,感受蒸发器出口处温度。膜片室下方通过平衡管与蒸发器出口相通,感受蒸发器出口压力。阀的中部有一个针阀,控制制冷剂的流量,针阀开度大小由膜片位置决定。

膨胀阀可以根据制冷负荷大小、压缩机转速高低等自动调节制冷剂流量,确保在各种工

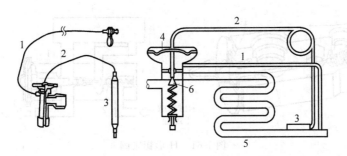

图 7-59 外平衡式膨胀阀
1—平衡管；2—毛细管；3—感温包；4—膜片；5—蒸发器；6—针阀

况下蒸发器出口处制冷剂全部为气态。膨胀阀针阀弹簧刚度和初始位置确定后，膜片位置就取决于膜片室两侧的压力差。蒸发器出口温度升高或蒸发器出口压力降低，膜片室两侧的压力差就增大，针阀开度增大，制冷剂流量增大，制冷能力就增强。制冷负荷减小时，蒸发器出口温度低，感温包内部压力减小，膜片室上方压力减小（或者压缩机转速变化使蒸发器出口压力增大，膜片室下方压力增大），针阀开度减小，制冷剂流量减小。制冷负荷（或压缩机转速）和制冷剂流量适应时，针阀开度稳定，维持一定的制冷强度。当蒸发器出口压力超过一定值时，膨胀阀关闭。

内平衡式膨胀阀的结构如图 7-60 所示，其结构与外平衡式膨胀阀基本相同，只是省掉了平衡管，膜片室下方直接与蒸发器入口相通，感受蒸发器内部压力。其工作原理和工作过程与外平衡式膨胀阀相同。

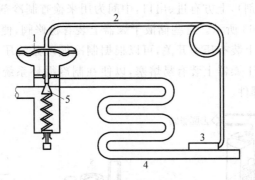

图 7-60 内平衡式膨胀阀
1—膜片；2—毛细管；3—感温包；4—蒸发器；5—针阀

H 形膨胀阀的结构如图 7-61 所示，通过直接连接蒸发器出口和入口，增加了热敏杆来感受蒸发器出口温度，热敏杆传热控制膜片室内气体的压力，进而控制针阀开度调节制冷剂流量，使其适应制冷负荷和压缩机转速等的变化。由于 H 形膨胀阀省掉了感温包及毛细管，结构简单，工作可靠，应用越来越广。

2) 节流孔管

节流孔管与膨胀阀的作用基本相同，其结构如图 7-62 所示，安装在冷凝器与蒸发器之间。由于节流孔管的节流孔径固定，没有调节制冷剂流量的功能，但是没有运动件，结构简单、工作可靠，在许多车型上获得应用。

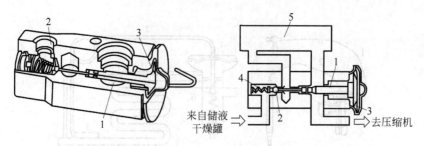

图 7-61　H 形膨胀阀

1—热敏杆；2—针阀；3—膜片；4—弹簧；5—蒸发器

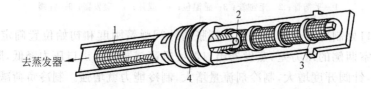

图 7-62　节流孔管

1—制冷剂雾化滤网；2—节流孔；3—制冷剂杂质滤网；4—密封圈

4. 储液干燥器和集液器

储液干燥器（receiver drier）用于膨胀阀式制冷循环系统，串联在冷凝器与膨胀阀之间的管路上，使从冷凝器中出来的高压制冷剂液体经过滤、干燥后流向膨胀阀。在制冷系统中，它起到储液、干燥和过滤液态制冷剂的作用。储液干燥器内有滤网和干燥剂（R134a 制冷剂使用沸石作为干燥剂），上方有进、出口，中间为用来检查制冷剂是否充足的视液镜。储液干燥器的结构如图 7-63 所示。有些储液干燥器上装有检修阀，便于安装压力表和加注制冷剂。有些储液干燥器上装有压力开关，可以根据制冷循环系统压力控制压缩机或冷凝器风扇运转。还有些储液干燥器上装有易熔塞，以便在制冷循环系统压力、温度过高时，放出制冷剂，保护系统重要部件。

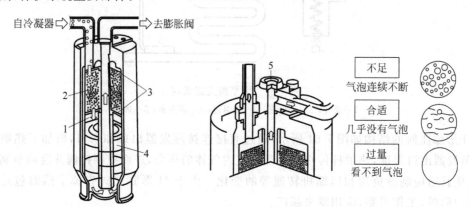

图 7-63　储液干燥器

1—气态制冷剂；2—干燥剂；3—滤网；4—液态制冷剂；5—视液镜

集液器用于节流孔管式制冷循环系统，安装在蒸发器出口与压缩机之间，对蒸发器来的制冷剂进行气液分离，使液态制冷剂沉积在底部，保证只有上方的气态制冷剂输送到压缩机。集液器的结构如图 7-64 所示。

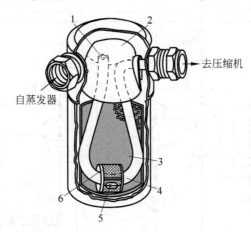

图 7-64 集液器
1—气态制冷剂入口；2—盖；3—干燥剂；4—制冷剂输出管；5—制冷剂孔；6—滤网

7.4.4 空调电控系统

1. 空调电控系统的作用

为了充分发挥空调循环部分的性能，保证空调系统可靠运行，空调系统增设了电控系统，实现温度调节、气流速度（简称风速）调节、空气循环方式调节、出风口调节和冷凝器风扇转速控制。

2. 空调电控系统的组成

按调节方式不同，空调系统有手动和自动之分，对应的电控系统组成也不相同。

手动空调的调节通过控制面板上的拨杆、旋钮或相应按键实现，如图 7-65 所示。电控系统主要包括各种控制开关、执行装置和传感器。控制开关包括空调制冷开关、温控开关、鼓风机开关、空气循环方式开关等，执行装置包括空调电磁离合器、鼓风机、新鲜空气电磁阀、冷却风扇继电器等，传感器包括冷却风扇温控开关、环境温控开关、高压开关、低压开关等。图 7-66 所示为手动空调电控系统组成和电路实例。

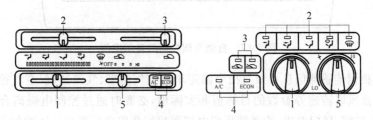

图 7-65 空调控制面板
1—温度选择；2—出风口位置选择；3—空气循环方式选择；4—A/C 开关；5—风速选择

自动空调电控系统除了包括控制开关、执行装置和传感器外，还增加了控制单元和显示器，显示器可以显示鼓风机转速、出风口位置、运行模式、车外温度等信息，如图 7-67 所示。

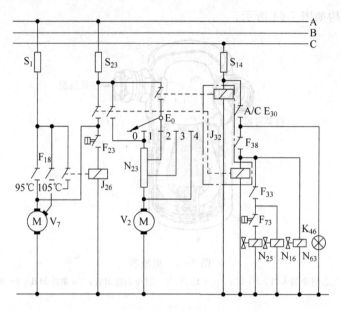

图 7-66 手动空调电控系统组成和电路

S_1—冷却风扇熔断器；S_{14}—空调熔断器；S_{23}—鼓风机熔断器；K_{48}—空调指示灯；
J_{32}—空调继电器；J_{26}—冷却风扇继电器；E_{30}—空调制冷开关；E_0—鼓风机开关；
F_{73}—低压开关；F_{23}—高压开关；F_{18}—冷却风扇电机温控开关；F_{33}—温控开关；
F_{38}—环境温控开关；V_7—冷却风扇电机；V_2—鼓风机；N_{25}—空调电磁离合器；
N_{16}—怠速电磁阀；N_{63}—新鲜空气电磁阀；N_{23}—调速电阻

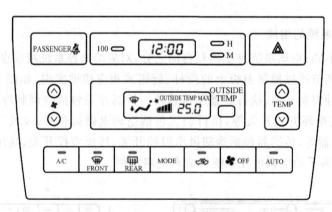

图 7-67 自动空调控制和显示实例

控制单元根据传感器信息及乘员指令确定车内空气温度、气流速度、空气循环方式、出风口位置和冷凝器风扇转速等参数的目标值和实际值，必要时通过控制电磁离合器、鼓风机电压、空气循环电磁阀、风门电机、冷凝器风扇电机等执行装置进行调节。还增加了模式开关，供驾驶员选择不同的空调运行模式。图 7-68 所示为自动空调送风系统及有关传感器电路。

3. 控制原理

电控系统具体组成和形式有差异，但控制原理基本相同，下面以图 7-66 所示空调系统为例，介绍空调电控系统的工作原理。

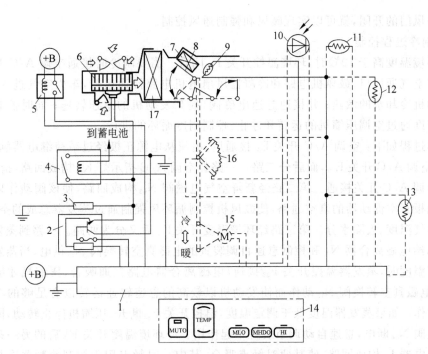

图 7-68 空调送风系统及有关传感器电路

1—空调 ECU；2—功率管；3—鼓风机电阻；4—超高继电器；5—采暖继电器；6—鼓风机；
7—采暖换热器；8—冷暖风门；9—冷却液温度传感器；10—日照传感器；11—室温传感器；
12—车外温度传感器；13—蒸发器出口温度传感器；14—控制仪表板；15—伺服电动机；
16—位置传感器；17—蒸发器

电磁离合器 N_{25} 用来控制空调压缩机和驱动皮带轮之间的连接，只有电磁离合器通电时，皮带轮才带动压缩机运转。电磁离合器由空调制冷开关（A/C 开关）E_{30}、温控开关 F_{33}、环境温控开关 F_{38}、低压开关 F_{73} 等串联控制。

鼓风机 V_2 用来增强气流速度。为了调控速度，该机由单掷五位开关 E_0 控制，与鼓风机串联的分挡电阻 N_{23} 使其有 4 种不同转速。鼓风机开关 E_0 电源来自 A 路电源，经过熔断器 S_{23}，并受空调继电器 J_{23} 控制。开关位于 1 挡时，N_{23} 的全部电阻都串入鼓风机电路，鼓风机转速最低；4 挡时，未串联电阻、鼓风机转速最高。为了便于散热，电阻器 N_{23} 位于鼓风机风箱内。

空调制冷开关 E_{30} 位于仪表板操作面板上，控制制冷系统的工作。

温控开关 F_{33} 位于蒸发器冷风进口，可以进行人工设定。一般在低于 0℃ 时 F_{33} 断开，高于 2℃ 时 F_{33} 接通，防止蒸发器结霜，保证制冷系统正常工作。

低压开关 F_{73} 和高压开关 F_{23} 位于干燥过滤器上，为了保证压缩机及制冷系统正常工作而设置。

许多车辆还在电磁离合器的电路（或控制电路）中串联一个常闭的高压开关，当系统压力超过规定值时，高压开关断开，切断电路、保护压缩机。

1）暖风和通风控制

点火开关接通、减荷继电器工作后，C 路电源接通。如果只接通鼓风机开关（或当环境温度低于 10℃ 时接通空调开关），由于新鲜空气电磁阀 N_{63} 断开，新鲜空气可以进入车厢，通过控制各风门的开闭,就可以实现暖风和强制通风控制。

2) 制冷过程控制

当环境温度高于 10℃ 时,环境温控开关 F_{38} 闭合。需要制冷时接通空调 A/C 开关 E_{30},关闭新鲜空气通风口,鼓风机电路和冷凝器风扇电机电路接通运转,车内空气进入内循环,加强发动机冷却水的散热;并接通怠速电磁阀,提高发动机的怠速转速;同时控制系统根据设定温度通过空调压缩机的运转和停止,控制制冷循环的进行。

具体过程如下:空调 A/C 开关 E_{30} 接通后,电流从电源正极经过减荷继电器触点、熔断器 S_{14} 到空调 A/C 开关 E_{30},而后分三路。一路经空调 A/C 指示灯 K_{48} 构成回路,指示灯 K_{48} 亮表示空调 A/C 开关接通。第二路经新鲜空气电磁阀 N_{63} 构成回路,使该阀动作以接通新鲜空气翻板真空促动器的真空通路,使鼓风机控制循环风强制通过蒸发器总成的空气通道,以降低空气温度、去除水分。第三路经环境温度开关 F_{38} 后又分为两路。一路到蒸发器温控开关 F_{33},给电磁离合器 N_{25} 和控制怠速自调装置的电磁真空转换阀 N_{16} 供电,当蒸发器温度高于调定温度时,蒸发器温控开关 F_{33} 接通,电磁离合器电路接通吸合,压缩机才能运转制冷,同时电磁真空转换阀 N_{16} 动作而使发动机以较高的怠速转速运转以有足够的功率驱动压缩机工作;如果蒸发器温度低于调定温度,温控开关 F_{33} 断开,压缩机停止转动,同时电磁真空转换阀 N_{16} 断电,怠速自动调节装置不起作用。经环境温度开关 F_{38} 后的另一条电路是经空调继电器 J_{32} 构成回路,使其两对触点吸合,其中一对触点用于控制冷凝器冷却风扇电动机及其继电器 J_{26},高压开关 F_{23} 和继电器 J_{26} 串联,当制冷系统高压侧压力低于 1.5MPa 时,高压开关 F_{23} 触点断开,冷却风扇低速运转,当制冷系统高压侧压力高于 1.5MPa 时,高压开关 F_{23} 触点接通,继电器 J_{26} 通电,触点闭合,冷却风扇高速运转以加强冷凝效果;另一对触点用于控制鼓风电机 V_2,该触点在接通空调 A/C 开关 E_{30} 时立即闭合,这时即使没有接通鼓风机电路,鼓风机 V_2 也将从该触点获得电流而低速旋转,以免接通空调 A/C 开关后忘记接通鼓风机电路使蒸发器表面不能获得强制通风而造成结冰现象。因此,在接通空调 A/C 开关 E_{30} 之前应先接通鼓风机开关 E_0。

低压开关 F_{73} 串联在蒸发器温控开关 F_{33} 和电磁离合器 N_{25} 之间,当制冷系统严重缺乏制冷剂而使系统压力低于设定值时,F_{73} 的触点断开,避免压缩机空转。

环境温度开关 F_{38} 的作用是在环境温度低于设定值(如 10℃)时,切断压缩机电磁离合器的电路。

自动空调系统的基本工作原理是,空调 ECU 根据设定的温度信号以及车内温度传感器(一般安放在能感受到车内平均温度的地方)、日照传感器(放在仪表板前能感受到太阳辐射的地方)、车外温度传感器(一般放在新风进口等能感受车外气温的地方)、发动机冷却液温度传感器、蒸发器出口温度传感器发出的各种信号,通过运算、对比、判断,确定调节冷暖风门开度、鼓风机转速、空气循环方式、采暖换热器水阀开关、压缩机状态和需要执行的操作,从而实现对车内温度、风速和空气循环方式的自动控制。

图 7-68 中采暖继电器用来控制鼓风机,只要空调开关接通,该继电器就工作,使鼓风机运转。鼓风机的转速由空调器控制 ECU 根据人为设定和各传感器的信号通过功率管、鼓风机电阻和超高继电器进行调整。如果选择 LO 挡位,则功率管截止,超高继电器不工作,鼓风机电阻与鼓风机串联,鼓风机电流最小、转速最低;如果选择 HI 挡位,超高继电器工作,将鼓风机电阻和功率管短路,鼓风机电流最大、转速最高;如果选择 MED 挡位,则超高

继电器不工作,功率管处于放大状态,鼓风机电阻与鼓风机串联,空调器系统 ECU 根据各传感器的信号通过功率管的放大状态,实现对鼓风机转速的连续控制。

7.4.5 汽车空调系统常见故障诊断与排除

空调系统常见故障有:风量不足或无风、系统不制冷、制冷效果差、系统噪声太大等,可以用万用表、压力表检测。

1. 空调系统风量不足或无风

1)故障现象

接通点火开关,将鼓风机开关置所有挡位或某一挡位时,出风口不出风或出风量过小。

2)故障原因

① 熔断器断路;

② 鼓风机开关继电器接触不良或损坏;

③ 鼓风机损坏或分挡电阻断路;

④ 连接线路断路或接触不良;

⑤ 通风管道不畅或风门不能打开等。

3)故障诊断与排除

如果鼓风机开关置于任何挡位,出风口均不出风时,应首先检查熔断器是否断路,若熔断器断路,应核对熔断器的容量是否符合要求,检查线路及鼓风机电机电枢绕组是否搭铁,查明原因并修复或更换。若熔断器良好,则应检查鼓风机开关电源线上的电压。电压为零时,应检查空调继电器的线圈是否断路、触点能否闭合及连接线路是否断路;电压正常时,应检查鼓风机开关是否损坏,鼓风机搭铁是否良好。上述检查均正常,则应检修鼓风机电动机。

如果鼓风机电动机仅在某一挡位不能转动时,应检查鼓风机开关该挡位的触点是否导通,该挡至分挡电阻间的连接导线及分挡电阻是否断路,并视情予以修复。

如果鼓风机开关置于任何挡位时,鼓风机电动机转动缓慢,各出风口风量均较少,一般是鼓风机电动机损坏或鼓风机开关及连接导线接触不良。应检查连接导线各插接件是否松动,鼓风机电动机搭铁是否良好,鼓风机开关各接触点接触是否良好。最后对鼓风机电动机进行检修。

如果鼓风机电动机运转正常,但个别出风口无风或风量过小,应检查该风口出风管道中有无异物堵塞,风门是否打开,各连接管道是否密封,并视情予以修复。

2. 系统不制冷

1)故障现象

接通制冷开关 A/C 与鼓风机开关 5min 后,出风口无冷风吹出。

2)故障原因

① 电磁离合器线圈或线路断路;

② 压缩机损坏;

③ 控制线路中温控开关、低压开关等损坏;

④ 系统内制冷剂泄漏；
⑤ 储液干燥器或膨胀阀堵塞。

3) 故障诊断与排除

起动发动机正常运转，接通制冷开关，检查电磁离合器能否吸合。

若电磁离合器吸合，而压缩机不转，应检查离合器线圈的电阻值。若电阻小于规定值，说明线圈匝间短路，应更换线圈；若电阻符合规定值，说明压缩机内部卡死，应检修或更换压缩机；如果压缩机运转正常，则应检查储液干燥器或膨胀阀是否堵塞。

若电磁离合器不吸合，应检查低压开关处电源线上的电压。若电压为零，则分别检查温控开关及线路连接是否正常；若电压正常，可短接低压开关。此时，若电磁离合器仍不吸合，应检查电磁离合器线圈或连接线路是否断路；电磁离合器若能吸合，应检查系统内制冷剂是否适量，测试压缩机工作是否正常。

3. 制冷效果差

1) 故障现象

接通制冷开关 A/C 和鼓风机开关 5min 后，出风口有冷风，但温度偏高而无凉爽感，车箱内温度下降缓慢。

2) 故障原因

① 系统内制冷剂量不足；
② 储液干燥器、膨胀阀滤网、蒸发器等不畅或堵塞；
③ 膨胀阀感温包失效；
④ 冷凝器或蒸发器表面过分脏污，影响热交换；
⑤ 压缩机皮带、离合器打滑或压缩机内部工作不良；
⑥ 鼓风机开关接触电阻过大或鼓风机功率不足。

3) 故障诊断与排除

检查压缩机皮带是否损坏、打滑，皮带损坏应予更换，皮带过松时应予以调整。

起动发动机后，接通制冷开关，若听到刺耳的金属摩擦声，一般是电磁离合器打滑，应检修电磁离合器。如无明显异常响声，用手触摸系统管路和各部件，根据温度进行判断。

正常情况下，高压端管路温度为 55~65℃，手感热而不烫手；低压端管路为低温状态，其部件及连接管路有水露。

如果高压端有烫手感觉，应检查冷凝器表面是否清洁，冷却风扇转动是否缓慢，风扇护罩是否损坏，如果无异常，则可能是制冷剂过多。

如果高压端手感热度不够，则可能是制冷剂量不足或压缩机工作不良。

如果在储液干燥器上出现霜冻或水露，则说明干燥器破碎堵住制冷剂流通进口管道，此时应检修。

膨胀阀工作正常时，其进口连接处是热的，但出口连接处是凉的且有水露。若膨胀阀出口处有霜冻现象，说明膨胀阀的阀口可能被堵塞，须马上处理。低压管手感冰凉、有水露，但不应有霜冻。若出现霜冻，则可能是膨胀阀的感温包内传感液体漏光，需更换新件。

经上述直观检查，若不能准确判断故障所在，可借助歧管压力表总成检测系统高、低压侧的压力值，作为判断故障的依据，见表 7-2。

表 7-2 空调系统压力对应故障原因及解决方法

压力表读数/(×10kPa)		故障原因	解决方法
低压侧	高压侧		
10	80	系统内缺少制冷剂	检漏、抽空、补充制冷剂
30～50	200～350	系统内制冷剂过量,冷凝器散热不良	放卸制冷剂,检查冷凝器
0～69	300	储液干燥罐堵塞	更换储液干燥罐
15～30	200	储液干燥罐饱和	更换储液干燥罐
0	130	膨胀阀只闭不开	更换膨胀阀
45	230	膨胀阀只开不闭	更换膨胀阀

4. 系统噪声太大

1) 故障现象

空调系统工作时,发出异常的响声或出现明显的振动。

2) 故障原因

① 压缩机皮带松紧度调整不当;

② 电磁离合器间隙调整不当或摩擦片不平,沾有油污;

③ 压缩机皮带轮或张紧轮轴承损坏;

④ 压缩机内部部件磨损严重,配合松旷;

⑤ 制冷剂过量引起高压管震动,压缩机发出敲击声;

⑥ 鼓风机有故障。

3) 故障诊断与排除

如果无论制冷系统是否工作,系统都有噪声,一般是鼓风机有故障或压缩机固定螺栓松动或皮带轮、张紧轮轴承损坏。首先检查鼓风机工作是否正常,然后检查、紧固压缩机固定螺栓,最后检修皮带轮轴承和鼓风机电动机。

若接通制冷开关响声出现,可先检查压缩机皮带是否松弛,并视情况予以调整或更换。若皮带工作正常,可直观检查制冷系统制冷剂量是否合适。

上述检查正常,应检查电磁线圈安装是否正常、皮带轮是否倾斜;若无异常,应检修或更换电磁离合器和压缩机。

对于自动空调系统,有故障自诊断功能时,应首先按规定的方法进行自诊断,参考故障代码进行检修,故障排除后消除故障代码。

本章小结

汽车舒适与安全系统可分为舒适系统、安全气囊、胎压检测系统、汽车空调系统。舒适系统主要由电动刮水器、风窗玻璃洗涤器、风窗除霜装置、电动车窗和天窗、电动座椅、电动后视镜及防眩目后视镜、汽车中控门锁等子系统组成,主要从各子系统功用、结构组成、工作原理以及舒适系统常见故障诊断与排除等方面对舒适系统进行了详细介绍,同时结合各子系统的发展,还介绍了各子系统较先进的一些技术应用,例如高档汽车配备的前照灯自动清洗装置,具有储存功能的电动座椅控制系统等。

安全气囊(supplemental restraint system,SRS),也称辅助乘员保护系统,配合安全带的使用可以最大可能地降低事故的死亡率,安全气囊系统主要包括传感器、气囊组件以及 SRS ECU 等部分。

汽车轮胎压力监测系统(tire pressure monitoring system,TPMS),主要用于在汽车行驶过程中,实时监测轮胎内的压力和温度,对因轮胎漏气而导致的气压异常进行报警,以保障行驶安全。目前,轮胎压力监测系统分为直接式、间接式和混合式三种类型。

现代汽车全功能空调系统由制冷系统、供暖系统、通风系统、空气净化装置及控制系统等几部分组成,根据驾车人员的需要,调节汽车车厢内空气的温度、相对湿度、清洁度、气流速度及方向等,使汽车车厢内的空气处于比较理想的状态,保障驾乘环境舒适。有些高档车型的空调系统还具有自动调节功能。

习题

7-1 电动刮水器一般设有几个挡位,分别在什么情况下使用?
7-2 简述三刷式雨刷电动机的变速原理。
7-3 电动刮水器、电动座椅、中控门锁其控制电路有什么共同之处和各自的特点是什么?
7-4 简述安全气囊的工作原理。
7-5 简述汽车轮胎压力监测系统的工作原理。
7-6 汽车空调制冷系统是怎样工作的?
7-7 试分析空调压缩机进气阀与排气阀的硬度有什么不同?为什么?
7-8 感温包的作用是什么?说出其作用原理。
7-9 汽车空调系统控制电路具有哪些控制功能?
7-10 现代汽车空调控制系统还有哪些不完善的地方?还需要哪些改进?试提出自己的建议。

第 8 章 汽车电控自动变速技术

变速器是在汽车传动系中用以改变转速比和传动转矩比的装置。传统的手动变速器虽能满足汽车行驶动力性和经济性的基本要求,但存在以下不足:换挡操作劳动强度大,且容易引起驾驶员的紧张、疲劳及注意力分散而增加汽车行驶的不安全因素;在换挡时,传动系和发动机都不可避免地承受换挡所引起的冲击力,对发动机和传动系统的使用寿命都会带来一定的影响;换挡操作所带来的行车不稳还影响了乘坐的舒适性。为解决手动变速器的不足,汽车设计师们研制了各种各样的汽车自动变速器,以适应汽车行驶安全、舒适及节能的要求。

汽车电控自动变速技术的全称是汽车变速器电子控制自动变速技术,又称为电子控制液力机械自动变速技术。

8.1 电控自动变速系统概述

要实现汽车行驶中的自动换挡过程,自动变速系统至少应由 3 个部分组成:汽车在起步和换挡时切断或接合发动机与传动系统动力传递的离合装置;根据汽车行驶条件和阻力变化,改变速比的变速机构;实现自动换挡操作的控制系统。

8.1.1 自动变速系统的分类

目前自动变速系统主要有两种类型,一种是自动离合器加手动换挡变速器的组合形式,另一种是具有自动变速功能的液力变矩器加换挡用离合器再加辅助手动变速器组合形式。半自动变速器是自动变速器发展过程中的一个过渡形式。自动变速系统分类方法很多,以自动变速器的控制方式进行分类如下。

1. 电子控制的机械式自动变速系统

电子控制的机械式自动变速系统简称 AMT,该变速器是在普通手动变速器的基础上,通过加装微电脑控制和执行系统,取代了原来由驾驶员完成的离合器、变速器选挡、换挡等操作,实现自动换挡。它既能实现自动变速,又保留了手动变速器传动效率高、成本低、结构简单、易加工制造的特点。

由于 AMT 是在原手动有级齿轮变速器和干式摩擦离合器构成的有级机械变速器 MT 基础上开发的,所以它要求有一套能取代手动换挡机构的控制执行机构,这套机构可以由电力的、电液的或气动的元件组成,目前汽车上常用电子控制和电液控制两种形式。因此,AMT 的基本组成可以分为硬件系统和软件系统两大部分(图 8-1)。其中,硬件系统主要包括传感器、电子控制单元、变速控制执行机构和控制对象等。而软件系统是 AMT 控制系统的基础,由实现控制策略的软件模块组成,它按照一定的顺序处理各种信号。

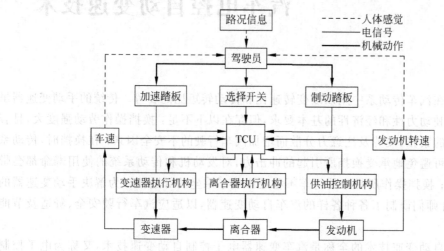

图 8-1　AMT 系统的组成及基本原理图

2. 液压控制式自动变速系统

液压控制式自动变速系统的全称是全液压机械传动式自动变速系统(或自动变速器),简称液压自动变速系统,在电路图中常用"A/T"表示。

液压控制式自动变速系统由液力变矩器、带有液压控制换挡执行元件(离合器和制动器)的齿轮变速器(普遍采用行星齿轮变速器)以及液压控制阀(手控阀、换挡阀、反映节气门开度的节气门阀、反映车速的调速阀)等组成,如图 8-2 所示。

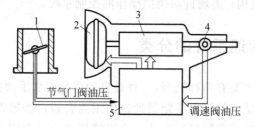

图 8-2　液压控制式自动变速系统
1—节气门阀;2—液力变矩器;3—行星齿轮机构;4—调速阀;5—液压控制系统

3. 电子控制式自动变速系统

电子控制式自动变速系统简称 ECT。如图 8-3 所示,它由液力变矩器、带有液压控制换挡执行元件(离合器和制动器)的齿轮变速器(普遍采用行星齿轮变速器)、液压控制阀(手控阀、换挡阀等)和电子控制系统(传感器和控制开关、ECT ECU 和电磁阀)等组成。

目前,汽车装备的电子控制式自动变速系统主要有电子控制逐级变速系统(ECT)、电子控制无级变速系统(CVT)和电子控制-自动一体变速系统(ECT)3 种类型。

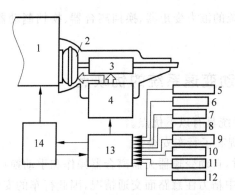

图 8-3 电子控制式自动变速系统
1—发动机；2—液力变矩器；3—行星齿轮变速器；4—阀板；5—节气门位置传感器；6—车速传感器；7—水温传感器；8—ATF油温度传感器；9—发动机转速传感器；10—挡位开关；11—模式开关；12—制动灯开关；13—变速器 ECU；14—发动机 ECU

8.1.2 电控自动变速系统的基本组成部分及功用

1. 齿轮变速系统

齿轮变速系统由液力变矩器、换挡执行机构和齿轮变速机构组成。

液力变矩器安装在发动机飞轮一端，其主要功用是将发动机输出的动力传递给齿轮变速机构的输入轴。除此之外，液力变矩器还能实现无级变速，且具有一定的减速增扭作用。

换挡执行机构包括换挡离合器和换挡制动器，其功用是改变齿轮变速机构的传动比，从而获得不同的挡位。

齿轮变速机构又称为齿轮变速器，其功用是实现由起步至最高车速范围内传动比的变化。

2. 液压控制系统

液压控制系统起传递、控制、操纵、冷却和润滑等作用，主要由液压泵、阀板总成（内含许多控制阀）、液压油散热器以及液压管路等组成。液压泵通常安装在液力变矩器之后，由飞轮通过液力变矩器壳直接驱动，为液力变矩器、液压控制系统及换挡执行机构的工作提供一定压力的液压油。阀板总成通常安装在齿轮变速器下方的油底壳内。液压油散热器大都与自动变速器分开而自成一体，也有与自动变速器合二为一的，主要用于散发自动变速器工作过程中产生的热量。

3. 电子控制系统

电子控制系统是自动变速器的核心，是由传感器和各种控制开关、电子控制自动变速控制单元（ECT ECU）和执行器组成。其主要功能是控制自动换挡和动力传递。

传感器包括节气门位置传感器（TPS）、车速传感器（VSS）、冷却液温度传感器（CTS）等。控制开关包括换挡规律选择开关（或驱动模式选择开关）、超速行驶 O/D 开关、空挡起动开关、制动灯开关等。执行器包括换挡电磁阀和锁止电磁阀。除此之外，液压控制系统的换挡阀和锁止阀,变速系统的液力变矩器、换挡离合器、换挡制动器以及齿轮变速机构都是电子控制系统的执行元件。

8.1.3 电控自动变速系统的优缺点

电子控制自动变速系统具有以下优点。

(1) 驾驶操作简化,提高了行车安全性。

在汽车起步和运行时,自动变速器无需离合器操作和手动换挡操作,减少了驾驶操作的劳动强度,可使驾驶员集中精力注意路面交通情况,因此行车的安全性得以提高。

(2) 提高了汽车的整体性能。

自动变速系统在换挡过程中不会中断动力传递,液力变矩器可使驱动轮上的牵引力逐渐增大,发动机可维持在相对稳定的转速运转。因此,既能保证汽车平稳起步和加速,提高乘坐舒适性;也能自动适应行驶阻力的变化,提高汽车的通过性;还能在一定车速范围内实现逐级变速或无级变速,使发动机的功率得到充分利用,提高汽车的平均速度和发动机的动力性。

(3) 延长了发动机和传动系统的使用寿命。

由于自动变速器和自动换挡过程中无动力中断,换挡平稳,减小了发动机和传动系统零件的动载荷;此外,液力变矩器这个"弹性元件"可以吸收动力传递过程中的冲击和动载荷。因此,采用自动变速器的汽车发动机和传动系统零件的寿命比采用机械式变速器的要长。

(4) 高速行驶时节约燃油和减少污染。

装备自动变速器的汽车一般都设有"经济型"和"动力型"行驶模式供选择使用。当汽车在高速公路或高等级路面上行驶时,可以选择"经济型"行驶模式并使用超速挡行驶,使发动机经常处于经济、低排放工况运行,从而能够节约燃油和降低污染。

自动变速器的主要缺点是其液力传动效率较低,因此液力自动变速器的油耗要高于机械变速器,但由于自动变速器可以使换挡适时,换挡过程中发动机仍可以在理想的状态下稳定运转,因此在需要频繁换挡的市区行驶时,自动变速器汽车就比较省油一些,尤其现代汽车自动变速器采用电子控制换挡,可按照最佳油耗规律控制自动换挡,加之采用了超速挡和变矩器锁止控制,使电控自动变速器汽车的油耗有了明显的下降。自动变速器的最大缺点是结构较为复杂,成本较高,对维修技术水平要求高。

8.2 齿轮变速系统的结构原理

自动变速器的齿轮变速器系统由液力变矩器、齿轮变速机构和换挡执行机构三部分组成。在装备电控自动变速系统的汽车上,发动机输出的动力是由液力变矩器和齿轮变速机构传递给驱动轮的。

8.2.1 液力变矩器

在装有液力自动变速器的汽车上,由于发动机和变速箱之间没有离合器,它们之间的连接是靠液力变矩器来实现的,液力变矩器的作用是传递发动机的转速与扭矩,并且使发动机和自动变速箱之间实现非刚性连接,以方便液力自动变速器自动换挡。

1. 液力变矩器的组成

液力变矩器通常由泵轮、涡轮和导轮3个元件组成,如图8-4所示。液力变矩器总成封在变矩器壳体中,内部充满 ATF 油。液力变矩器壳体通过螺栓与发动机曲轴后端的飞轮连接,与发动机曲轴一起旋转。泵轮位于液力变矩器的后部,与变矩器壳体连在一起。涡轮位于泵轮前面,通过带花键的从动轴向后面的机械变速器输出动力。导轮位于泵轮与涡轮之间,通过单向离合器支承在固定套管上,使得导轮只能单向旋转(顺时针旋转)。泵轮、涡轮和导轮上都带有叶片,液力变矩器装配好后形成环形内腔,其间充满 ATF 油,如图8-5所示。

图 8-4 液力变矩器结构示意图
1—泵轮;2—导轮;3—涡轮;4—锁止离合器;5—变矩器外壳

2. 液力变矩器的控制原理

液力变矩器的机构原理在《汽车构造》中已有介绍,本书仅介绍锁止式液力变矩器的控制原理。

由于液力变矩器的传动效率较低,为了充分利用发动机的功率,降低油耗,在现代自动变速器的液力变矩器中设置了一个锁止离合器,用于在车速较高时,将变矩器动力输入段与输出段锁定,使之成为一个纯机械传动装置。如图8-6所示,锁止离合器4连接涡轮5,当液压油作用在锁止离合器背部时,锁止离合器4将连接变矩器壳体3,从而将涡轮5与泵轮6锁止为一体而同步转动。

汽车低速行驶时速比比较小,变矩器处于变矩工况工作。调速阀调节的油压较低(见图8-6(a)),油路 A 上油压较低,锁止信号阀在弹簧弹力的作用下保持在上方位置,锁止信号阀柱塞壁面将通往锁止继动阀主油路切断,从而使锁

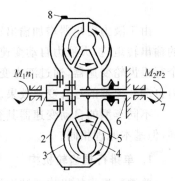

图 8-5 液力变矩器组成示意图
1—发动机曲轴;2—变矩器壳体;3—涡轮;4—泵轮;5—导轮;6—导轮固定套管;7—从动轴;8—起动齿圈

止继动阀在上方弹簧弹力及主油路的油压的作用下保持在下方位置,让变矩器中锁止离合器压盘左侧的油腔与来自变矩器压力调节阀的进油 C 道相通,此时锁止离合器处于分离状态。此时动力传递路线为:发动机→曲轴上的驱动盘→泵轮→涡轮→涡轮毂→变矩器输出轴(即变速器输入轴)。

当汽车以高速挡行驶时,速比增大到一定值(见图 8-6(b))时,变矩器转换为液力耦合器工况。此时调速阀调节的油压会升高到一定数值,锁止信号阀在油路 A 油压的作用下被推至下方位置,来自高速挡油路 B 的主油路压力进入锁止继动阀下端,锁止继动阀在下方主油路油压的作用下上升,从而锁止离合器左侧的油腔与卸油口 E 相通,锁止离合器前移,将涡轮与变矩器壳体锁止,发动机动力经锁止离合器直接传至涡轮输出。此时动力传递路线为:发动机→变矩器壳体→锁止离合器→涡轮毂→变矩器输出轴(即变速器输入轴)。

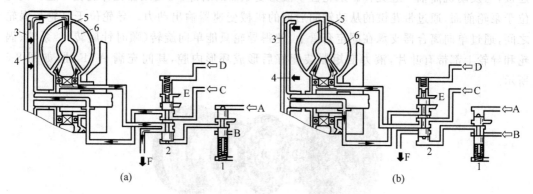

图 8-6　锁止液力变矩器的控制原理
(a) 分离状态;(b) 接合状态

1—锁止信号阀;2—锁止继动阀;3—变矩器壳体;4—锁止离合器;5—涡轮;6—泵轮;A—调速阀油路;B—超速挡油路;C—变矩器阀油路;D—主油路;E—泄压油路;F—流至油底壳

8.2.2　行星齿轮变速机构

由于液力变矩器增加输出转矩远远不能满足汽车的行驶需求,为了进一步增大变速器的输出转矩,扩大液力自动变速器的变速范围,通常自动变速器在液力变矩器的后端安装一个行星齿轮变速器,通过液力变矩器的无级变速与行星齿轮变速器的有级变速结合,实现液力自动变速器的综合变速效果。

不同车型的自动变速器其行星齿轮机构各部分的结构类型、布置形式、数量等往往不同,但基本原理相同。

1. 单排行星齿轮机构

单排行星齿轮机构的结构如图 8-7 所示,其主要由位于轴中心处的太阳轮、与太阳轮啮合的行星齿轮、支承行星齿轮的行星架以及内齿圈等组成。行星齿轮既能绕其自身的轴(行星架)自转,又能绕太阳轮公转。工作中可将太阳轮、行星架、内齿圈三者中的任一构件与主动轴相连作为输入件,第二构件与从动轴相连作为输出件,第三构件被强制固定(简称制动),就能实现动力传递。

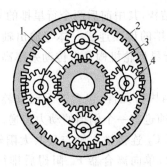 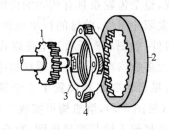

图 8-7 单排行星齿轮机构的结构
1—太阳轮；2—齿圈；3—行星齿轮架；4—行星齿轮

根据机械基础知识，单排行星齿轮机构的运动规律可以用以下方程式表示：

$$n_1 + \alpha n_2 - (1+\alpha)n_3 = 0 \tag{8-1}$$

式中，n_1、n_2、n_3 为太阳轮、齿圈、行星架的转速；z_1、z_2 为太阳轮、齿圈的齿数；α 为齿圈与太阳轮的齿数比。

由上式可以看出，单排行星齿轮机构具有两个自由度，在太阳轮、齿圈和行星架三个基本构件中，任选两个分别作为主动件和从动件，而使另一元件固定不动（即使该元件转速为0），或使其运动受一定的约束，则行星齿轮机构只有一个自由度，整个单排行星齿轮变速器系统以一定的传动比传递动力。单排行星齿轮机构传动类型见表 8-1。

表 8-1 单排行星齿轮机构传动类型

固定件	主动件	从动件	旋转方向	传动比
齿圈	太阳轮	行星架	与主动件相同	$(z_1+z_2)/z_1$
	行星架	太阳轮		$z_1/(z_1+z_2)$
太阳轮	齿圈	行星架	与主动件相同	$(z_1+z_2)/z_2$
	行星架	齿圈		$z_2/(z_1+z_2)$
行星架	太阳轮	齿圈	与主动件相反	$-z_2/z_1$
	齿圈	太阳轮		$-z_1/z_2$

单排行星齿轮机构除上述传动情况外，当 $n_1=n_2=n_3$ 时，即三元件中的任何两个元件连成一体旋转，则第三元件转速必与二者转速相等，即行星排按直接挡传动，传动比为 1。当无任一元件固定又无任两个元件连成一体时，所有元件都不受约束，可以自由转动，则行星齿轮机构失去传动作用，此种状态相当于空挡。

2. 双排行星齿轮机构

由于受结构的限制，单排行星齿轮的传动比范围有限，不能满足汽车行驶的实际需要，因此汽车自动变速器的行星齿轮变速机构通常采用双排或三排行星齿轮。

双排行星齿轮组成的形式有多种，在电子控制自动变速器中常见的是辛普森式和拉威娜式。辛普森式和拉威娜式行星齿轮机构配以相应的换挡执行元件后，都可形成 3 前进挡或 4 前进挡的齿轮变速器。

1）辛普森式双排行星齿轮变速器

辛普森式行星齿轮机构采用双行星齿轮排，其结构特点是由两个齿轮参数完全相同的行星齿轮排组成,整个齿轮系具有相同的齿圈结构,其中前后两个行星排的太阳轮连成一个整体,称为公共太阳轮组件,前排的行星架和后排的齿圈连成一体与输出轴连接,称为前行星架和后齿圈组件,如图 8-8 所示。辛普森式行星齿轮机构具有传动效率高、换挡平稳等优点,目前应用在大多数汽车自动变速器结构中。

辛普森式行星齿轮变速器设置了 5 个换挡执行元件,包含 2 个制动器、2 个离合器和 1 个单向离合器(见图 8-9),该机构可实现三个前进挡一个倒挡的动力传递。其中换挡执行元件离合器 C_1 连接输入轴与前排齿圈,离合器 C_2 连接输入轴与公共太阳轮组,制动器 B_1 制动公共太阳轮组,制动器 B_2 制动后排行星架,单向离合器 F_w 阻碍后排行星架逆时针转动,其各挡位具体传动原理见表 8-2。

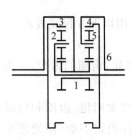

图 8-8 辛普森式行星齿轮机构的结构

1—公共太阳轮组件;2—前排行星齿轮; 3—前排齿圈;4—前行星架和后齿圈组件;5—后排行星齿轮;6—后排行星架

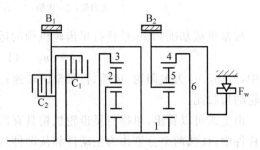

图 8-9 辛普森式行星齿轮机构布置简图

1—公共太阳轮组件;2—前排行星齿轮;3—前排齿圈;4—前行星架和后齿圈组件;5—后排行星齿轮;6—后排行星架

表 8-2 辛普森式行星齿轮机构控制原理

挡位	C_1	C_2	B_1	B_2	F_w
D_1	○				○
D_2	○		○		
D_3	○	○			
R		○		○	

2) 拉维娜式双排行星齿轮变速器

拉维娜式行星齿轮变速器具有结构紧凑、传递转矩较大的特点,目前常应用在发动机前置前轮驱动的自动变速器汽车上。拉维娜式双排行星齿轮机构(见图 8-10)主要由大太阳轮 6、小太阳轮 1、长行星齿轮 4、短行星齿轮 3、行星齿轮架 2 和齿圈 5 组成。其中,大太阳轮 6 和长行星齿轮 4、行星齿轮架 2 和齿圈 5 组成一个单行星排,小太阳轮 1、短行星齿轮 3、长行星齿轮 4、行星齿轮架 2 和齿圈 5 组成一个双行星齿轮排,两个行星齿轮排共用一个行星齿轮架和一个齿圈。

拉维娜式行星齿轮变速器可以通过 2 个制动器、3 个离合器和 1 个单向离合器实现 4 个前进挡 1 个倒挡的动力传递(见图 8-11),其中离合器 C_1 连接输入轴与小太阳轮,离合器 C_2 连接输入轴与大太阳轮,离合器 C_3 连接输入轴与行星架,制动器 B_2 制动大太阳轮,制动器 B_1 制动行星架,单向离合器 F_w 阻碍行星架逆时针转动,其各挡位具体传动原理见表 8-3。

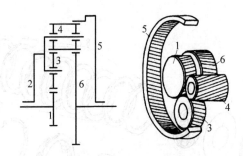

图 8-10　拉维娜式行星齿轮机构的结构

1—小太阳轮；2—行星齿轮架；3—短行星齿轮；4—长行星齿轮；5—齿圈；6—大太阳轮

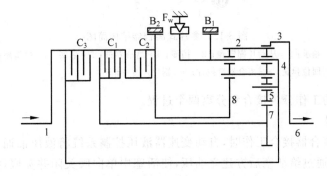

图 8-11　拉维娜式行星齿轮机构布置简图

1—输入轴；2—长行星齿轮；3—齿圈；4—行星架；5—短行星齿轮；6—输出轴；7—小太阳轮；8—大太阳轮

表 8-3　拉维娜式行星齿轮机构控制原理

挡位	C_1	C_2	C_3	B_1	B_2	F_w
D_1	○					○
D_2	○				○	
D_3	○	○				
D_4			○		○	
R		○		○		

8.2.3　换挡执行机构

换挡执行机构主要由换挡离合器、换挡制动器及单向离合器等组成，主要用于对行星齿轮构件实施不同的连接或制动，以实现不同的传动组合。

1. 换挡离合器

换挡离合器主要功用是实现连接作用和连锁作用。连接作用是将行星齿轮机构中某一组件与输入部分连接。连锁作用是将行星齿轮机构中任意两个组件连锁为一个整体，使三个组件具有相同的转速，这时行星齿轮机构作为一个刚性整体，实现直接传动。

自动变速器中采用的多片式离合器的主要组成部分包括离合器鼓、离合器活塞、回位弹簧、钢片、摩擦片和离合器壳，其结构如图 8-12 所示。

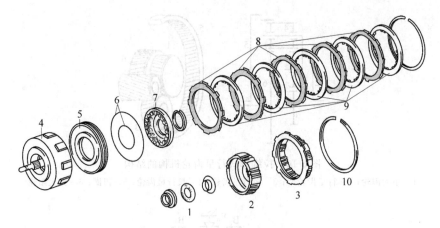

图 8-12 多片式离合器结构简图

1—轴承；2—从动片固定盘；3—挡圈；4—离合器鼓；5—活塞；6—弹簧座；
7—回位弹簧；8—离合器摩擦片；9—钢片；10—卡环

换挡离合器的工作分为接合和分离两个过程。

（1）接合过程

当需要某一离合器接合工作时，自动变速器液压控制系统将液压油通过离合器鼓进油道送到活塞后方，通过给活塞后方建立油压，使活塞中单向阀关闭并克服回位弹簧弹力，推动活塞移动将离合器钢片与摩擦片压紧产生摩擦力，实现动力传递。离合器接合过程要求平稳柔和。

（2）分离过程

当离合器分离时，缸体内主要油压由原油道泄出，同时单向阀打开帮助泄出残余油压，活塞在回位弹簧的作用下迅速回位，离合器钢片与摩擦片分离，离合器动力传递中断。离合器分离过程要求迅速彻底。

2. 换挡制动器

换挡制动器的作用是将行星齿轮机构中某一组件与变速器壳体相连，使该组件受约束而固定。换挡制动器通常有两种形式，一种是多片式制动器，另一种是带式制动器。

多片式制动器结构与工作原理与多片式离合器完全相同，只是制动器从动片的外圆花键齿与变速器外壳连接，而变速器壳体是固定的。制动器的作用是刹住制动器连接的转动部件，使其不能转动。

带式制动器主要由制动带、制动鼓、液压缸、活塞、顶杆、回位弹簧和调整机构组成，结构如图 8-13 所示。对于带式制动器，制动鼓通常是离合器外壳，当加压的变速器油从活塞右端进入时，作用在活塞上的油压克服回位弹簧的弹力及活塞左端的残余油压，活塞被推向左端，通过顶杆使制动带抱死制动鼓（即离合器外壳），对离合器连接的运动件实施制动；当需要解除制动时，加压的变速器油从活塞左端进入，而活

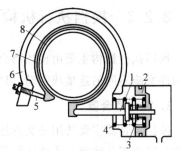

图 8-13 带式制动器的结构

1—顶杆；2—活塞；3—回位弹簧；4—液压缸；5—调整螺钉；6—变速器壳体；7—制动带；8—制动鼓

塞右端泄压,活塞在回位弹簧的作用下迅速右移,制动带释放,对制动鼓制动解除。

3. 单向离合器

行星齿轮变速器中单向离合器的作用是连接或制动,由于单向离合器是以自身的单向锁止功能来实现连接和制动的,无需控制机构对其进行控制,因此,单向离合器的使用可以使自动变速器换挡控制系统得以简化。齿轮变速换挡执行机构通常采用滚柱式和楔块式单向离合器。

1) 滚柱式单向离合器

滚柱式单向离合器的结构如图 8-14 所示,外圈 1 的内表面上开有若干偏心的弧形空间与内圈 2 外表面形成若干个楔形空间,滚柱 3 位于楔形空间内,被碟形弹簧 4 压向较窄一端。当外圈相对于内圈逆时针运动时(见图 8-14(a)),滚柱在摩擦力作用下压缩弹簧被推向楔形空间宽的一端而处于自由状态,外圈和内圈相对转动。若外圈相对于内圈顺时针转动,则情况相反(见图 8-14(b)),滚柱在碟形弹簧压力和摩擦力作用下被推向楔形空间的窄端,于是内、外圈被滚柱楔紧锁止,不能相对转动。

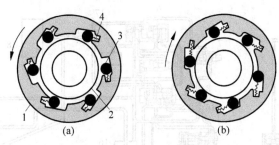

图 8-14 滚柱式单向离合器的结构
(a)自由状态;(b)锁止状态
1—外圈;2—内圈;3—滚柱;4—碟形弹簧

2) 楔块式单向离合器

楔块式单向离合器的结构如图 8-15 所示,楔块两个方向的尺寸 A、C 与环形槽的宽度 B 之间的关系是 $A>B>C$(见图 8-15(c))。当外圈相对于内圈逆时针运动时,楔块以小端尺寸 C 介于内外圈之间,内、外圈之间可实现自由转动(见图 8-15(a));而作顺时针运动时,则由于楔块大端尺寸大于环形槽的宽度,则楔块将内、外圈锁止为一体,一同转动(见图 8-15(b))。

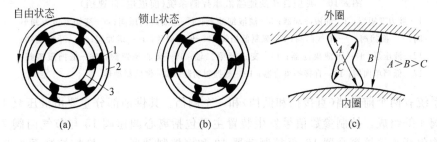

图 8-15 楔块式单向离合器的结构
(a)自由状态;(b)锁止状态;(c)楔块尺寸结构
1—楔块;2—外圈;3—内圈

8.3 液压控制系统的结构原理

液力自动变速器换挡离合器的接合与分离、制动器的制动与释放最终由液压控制系统来执行,除此之外,液压控制系统还应具有液力变矩器的锁止、油压补偿、运动零部件的润滑及工作介质的冷却等功能。

8.3.1 液压控制系统的组成及基本原理

自动变速器液压控制系统的组成因车型不同而异,但其组成与原理基本相似。如图 8-16 所示为典型轿车自动变速器液压控制系统的基本结构,它由液力变矩器、双排行星齿轮及自动换挡系统等组成。

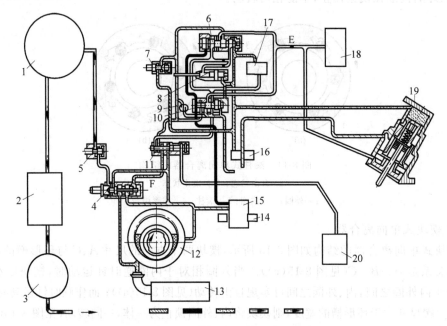

图 8-16 典型自动变速器液压控制系统(前进位、低速挡)

1—液力变矩器;2—油液冷却器;3—油液细滤器;4—主油路调压阀;5—变矩器压力调节阀;6—换挡阀;7—节气门阀;8—强制低挡阀;9—低挡阀片;10—缓冲阀;11—手控制阀;12—液压泵;13—油液集滤器;14—变速器第二轴;15—离心调速阀;16—抵挡限流阀;17—低挡单向阀;18—直接挡离合器;19—低挡制动器;20—倒挡制动器

该系统有两个前进挡(直接挡和低挡)和一个倒挡。其供油部分主要由液压泵 12、主油路调压阀 4 等组成。控制参数信号发生装置主要包括离心调速阀 15 与节气门阀 7。换挡执行机构包括直接挡离合器 18、低挡制动器 19 和倒挡制动器 20。换挡控制系统由手控制阀 11、换挡阀 6 及用于改善换挡品质的缓冲阀 10 等组成。

其基本工作原理如下:液压泵经集滤器将变速器油从油底壳中吸入,加压后进入主油路调压阀 4,同时通往离心调速阀 15 和手控制阀 11 的油压也被调定。由主油路调压阀输出的一条油路经变矩器压力调节阀5降压后,进入液力变矩器1。液力变矩器中的热油则从管路引至油液冷却器2、油液细滤器3,在完成行星齿轮、轴承的润滑任务后回到油底壳。另一条通往控制系统其他装置及行星齿轮变速器各执行元件的油路,则由手动阀根据所要求的工况来决定。

8.3.2 自动变速器供油系统

供油系统的作用是向变速器各部分提供具有一定油压、足够流量、合适温度的油液。自动变速器供油系统主要由液力泵、压力调节装置、辅助装置及各分支供油系统等组成。

1. 液压泵

液压泵除了要向液力变矩器提供冷却循环所需的压力油外,同时还是液压控制系统和换挡执行机构的液压源。液压泵一般由变矩器壳后端的轴套驱动,只要发动机运转,油泵就工作。

液压泵的泵油量应满足如下要求:
(1) 提供换挡执行元件(离合器和制动器)和变矩器锁止离合器工作所需的液压;
(2) 提供变矩器内液压油冷却所需的循环液压油;
(3) 提供行星齿轮机构润滑所需的液压油;
(4) 补充各处油封泄漏的液压油。

自动变速器所采用的液压泵主要有齿轮泵、摆线转子泵和叶片泵3种。由于自动变速器的液压系统属于低压系统,其工作油压通常不超过2MPa,所以应用最广泛的是齿轮泵。图8-17(a)所示为内啮合齿轮泵的结构及工作原理。月牙形隔板将内齿轮与外齿轮的轮齿之间空出的容积分隔成两个部分,在齿轮旋转时齿轮的轮齿由啮合到分离的那一部分,其容积由小变大,称为吸油腔;齿轮由分离进入啮合的那一部分,其容积由大变小,称为压油腔。由于内、外齿轮的齿顶和月牙形隔板的配合是很紧密的,所以吸油腔和压油腔是互相密封的。当发动机运转时,变矩器壳体后端的轴套带动小齿轮和内齿轮一起朝图8-17(b)中顺时针方向运转,此时在吸油腔内,由于外齿轮和内齿轮不断退出啮合,容积不断增加,以致形成局部真空,将油盘中的油液从进油口吸入,且随着齿轮的旋转,齿间的油液被带到压油腔;在压油腔,由于小齿轮和内齿轮不断进入啮合,容积不断减少,将油液从出油口排出。如此循环,油液源源不断地输往液压系统。

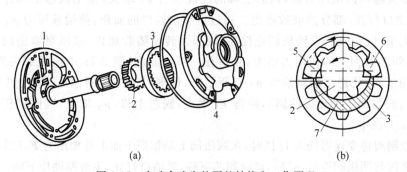

图8-17 内啮合式齿轮泵的结构和工作原理
(a) 结构;(b) 工作原理
1—液压泵盖;2—主动齿轮;3—从动齿轮;4—液压泵壳体;5—进油腔;6—出油腔;7—月牙形隔板

液压泵的理论泵油量等于油泵的排量与油泵转速的乘积。内啮合齿轮泵的排量取决于齿轮的齿数、模数及齿宽。液压泵的实际泵油量会小于理论泵油量,因为液压泵的各间隙处有一定的泄漏,其泄漏量与间隙的大小和输出压力有关。间隙越大,压力越高,漏量就越大。

内啮合齿轮泵是自动变速器中应用最为广泛的一种液压泵,它具有结构紧凑、尺寸小、质量小、自吸能力强、流量波动小、噪声低等特点。各种丰田汽车的自动变速器一般都采用这种液压泵。

2. 油压调节装置

自动变速器的供油系统中必须设置油压调节装置。一方面是因为油泵的泵油量是变化的;另一方面是因为自动变速器中各部分对油压的要求各不相同,因此,要求供油系统提供给各部分的油压和流量应是可以调节的。自动变速器供油系统的油压调节装置由主油路调压阀、副调压阀、单向阀和安全阀等组成。

1) 主油路调压阀

主油路调压阀的作用是根据发动机转速和节气门开度自动调节整个液压控制系统的油压,保证各系统的油压稳定,并控制油压在一定的范围内。

主油路调压阀结构如图 8-18 所示,主要由阀芯 4、柱塞套筒 3 和调压弹簧 5 组成。该调压阀为阶梯式滑阀,它可接受多路油压的变化,满足各种工况需求。

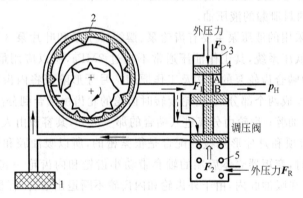

图 8-18 主油路调压阀结构图
1—滤网;2—液压泵;3—柱塞套筒;4—阀芯;5—调压弹簧

当液压泵输出的油压升高,阀芯上部的油液压力 F_1 增大,推动阀芯下移并压缩调压弹簧 5,出油口打开,部分油液被推出。通过调节出油口的面积,使油液压力 p_H 调到规定值。若加大节气门开度,发动机转速提高,液压泵转速随着加快,液压泵输出的油压也升高,作用在阀芯 B 面上的作用力增大,开始有一部分油液(图 8-18 中虚线箭头所示)经泄油口流出调压阀,使得主油路油压 p_H 有所下降,但同时节气门阀油压升高(图 8-18 中未画出节气门阀与调压阀连接油路),使得 F_2 增大,阀芯上移,p_H 增大,因此调压阀保证了主油路的压力稳定。

当手控制阀将变速器挂入 D 挡时,在调压阀上端相当于加上外加压力 F_D(图 8-18 中未画出手控制阀与调压阀连接油路),此时阀芯下移,泄油口打开,主油路油压下降。在手控制阀将变速器挂入 R 挡时,在调压阀的下端相当于施加了压力 F_R,使得 F_2 增大,阀芯上移,出油口关小,主油路油压升高,从而满足倒挡时所需要的油压回路压力。

2) 副调压阀和安全阀

副调压阀的作用是根据汽车行驶速度和节气门开度的变化，自动调节变矩器的油压、各部件的润滑油压和冷却装置的冷却油压。副调压阀也由阀体、阀芯和弹簧组成。当发动机转速低或油门关闭时，副调压阀在弹簧的作用下，把通向油液冷却装置的油道切断。当发动机转速升高和变矩器油压升高时，把油路开放。发动机停止转动时，副调压阀用一个单向控制阀把变矩器的油路关闭，使油液不能外流，以免影响转矩输出。

安全阀实际上就是一个溢流阀，也是一个调压阀，由弹簧和钢球组成，并联在油泵的进、出油口上，以控制油泵压力。当油泵压力高时，顶开钢球，油经油道流回出油口，保护油泵。

单向阀实际上是一个旁通阀，是油液冷却装置的保护器，与冷却装置并联。当流到冷却装置的油液温度过高、压力过大时，阀体打开，起旁通作用，以免高温、高压的油液损坏冷却装置。

3. 辅助装置

自动变速器供油系统中除了液压泵及各种流量控制阀外，还包括油箱、滤清器等许多辅助装置。

自动变速器的油箱有总体式和分离式两大类。总体式油箱是把变速器的油底壳作为油箱使用；分离式油箱则为独立装置，由管道与变速器连通，布置上比较自由。

在正常油温条件下工作时，油箱液面应保持正确的高度。油面过低，则油泵在吸油时可能吸入空气。空气的可压缩性会导致其难以正常工作，并且换挡过程中出现打滑和接合延迟现象，使得变速器构件发热和加速磨损。反之油面过高，则将因齿轮等搅拌而形成泡沫层，同样也会产生过热和打滑现象，加速油液的氧化。此外，油箱还应有与大气相通的通气孔，以保证油箱正常的气压。

自动变速器由于液压系统零件的高精密度及工作性能的高灵敏度，使其对油液的清洁程度要求极高。长期使用后，油液变质、零件磨损颗粒因摩擦而剥落、密封件磨损脱落、空气中尘埃颗粒以及其他污物都可能使油液污染，从而导致各种故障发生，因此在供油系统中，通常设有集滤器和细滤器，可以对油液进行严格过滤。

集滤器通常装在油泵吸油管端，用以防止大颗粒或纤维杂质进入供油系统，滤清材料一般采用 0.08~0.10mm 的金属网或毛织物。细滤器通常设置在回油管或油泵的输出管道上，它的作用是滤去油液中各种微小颗粒(大于 0.04mm)，提高油液的清洁度，避免颗粒杂物进入液压控制系统。

8.3.3 自动变速器的操纵机构

操纵机构的作用是在驾驶员和控制系统的指令下操纵变矩器及换挡执行元件工作，使挡位在一定状态间自动转换。

车辆在行驶过程中，随着节气门(加速踏板)开度及车速等参数的变化，到一定程度时液压操纵系统就会使油泵向换挡时需要动作的离合器或制动器伺服油缸供油，从而实现自动换挡。其中节气门开度信号由节气门阀获得，车速信号参数由调速阀获得，而液压操纵系统主油路工作油压则通过主油路调压阀获得，将这类阀门称为控制参数信号转换阀。

液力式自动变速器挡位的转换通过改变工作液的流向、回路的通断、阻止逆流等来实现,其组成包括手控制阀、换挡阀和强制降挡阀等,将这类阀门称为换挡控制阀。

1. 控制参数信号阀

1) 节气门阀

节气门阀的作用是获得与节气门开度成正比的输出油压信号,并将其信号输送给换挡阀,实现自动换挡。根据节气门阀开度信号输入方式不同,常见的节气门阀有机械式和真空式两种。

机械式节气门阀是通过与节气门连接的机械结构改变阀体中柱塞的位移实现油压大小的调节控制,其结构如图 8-19 所示。机械式节气门阀主要由节气门拉索 1、节气门阀凸轮 2、柱塞 3、回位弹簧 4 组成。图 8-19 中,a 口与变速器液压控制系统中主油道相通,b 口为出油口,与换挡阀油道相通。

凸轮通过钢丝拉索与加速踏板实现机械力连接,当节气门变化时,在钢丝拉索的拉力下,凸轮实现转动,通过偏心凸轮施加在弹簧上的预紧力不同,推动柱塞移动,通过柱塞壁面对主油道开度的调节实现节气门开度信号的输出。当节气门开度减小时,节气门阀凸轮在拉索的带动下顺时针旋转,推动柱塞向右移动,逐步关闭主油道进油口,减小并降低流向换挡阀油道的油压;反之,当节气门开度增大时,节气门阀凸轮在拉索的带动下逆时针旋转,主油道进油口开度增大,流向换挡阀的油压升高。

真空式节气门阀是利用发动机进气总管的真空(负压)使控制阀中的真空节流阀工作,调节流向换挡阀的油压,其结构如图 8-20 所示。真空式节气门阀主要由真空膜片室 1、膜片回位弹簧 2、膜片 3、推杆 4、柱塞 5 及节气门阀体组成。图中,A 口连通主油道,B 口连通换挡阀油道,C 口为泄油口,D 口连接节气门下方的进气歧管。

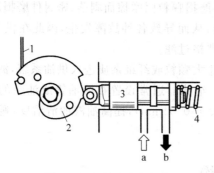

图 8-19 机械式节气门阀
1—节气门拉索;2—节气门阀凸轮;
3—柱塞;4—回位弹簧

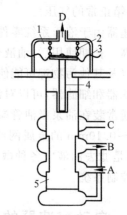

图 8-20 真空式节气门阀
1—真空膜片室;2—回位弹簧;
3—膜片;4—推杆;5—柱塞

当发动机节气门开度发生变化时,真空膜片室气压发生变动,依靠气压压力推动膜片带动推杆及柱塞移动,通过柱塞壁面位移改变主油道入口 A 及泄油口 C 的开度,调节流向换挡阀油道 B 的油压,实现信号输出。当节气门开度减小时,发动机负荷较低,节气门下方进气歧管气压较低,由于真空膜片室气压较低,在回位弹簧张力下膜片带动推杆及柱塞上移,柱塞壁面减小主油道入口 A 的开度,增大泄油口 C 的开度,流入换挡阀油道 B 的油压降低;

反之，当节气门开度增大时，真空膜片室气压升高，在气压压力下推动膜片、推杆及柱塞下移，柱塞壁面增大主油道入口 A 的开度，减小泄油口 C 的开度，流入换挡阀油道 B 的油压升高。

2）调速阀

调速阀安装在自动变速器的输出轴上，其作用是产生与车速成正比的油压，与节气门阀产生的油压共同作用在换挡阀上，实现变速器的自动换挡。调速器基本工作原理是利用变速器输出轴转速变化产生的离心力与调速器壳体里面的回位弹簧预紧力相互平衡，获得与变速器输出转速成正比的油压信号。

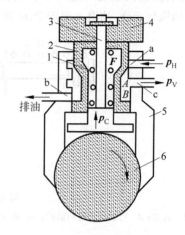

图 8-21 双级式调速阀
1—回位弹簧；2—调速阀滑阀；3—调速器轴；
4—重块；5—调速阀壳体；6—变速器输出轴

目前自动变速器使用较多的是双级式调速阀，其结构如图 8-21 所示，主要包含回位弹簧 1、调速器滑阀 2、调速器轴 3、重块 4 和调速器壳体 5 等。a 孔与主油道相通，输入油压为 p_H，b 孔为卸油口，c 孔与换挡阀相通，输出油压为 p_V。

当汽车低速行驶时，随着变速器输出轴转速增加，离心力 p_C 使重块和调速器滑阀一起向上移动，滑阀壁面逐步打开主油路进油口，关闭泄油口，流入换挡阀的油压 p_V 逐步升高；反之，当车速降低时，离心力 p_C 降低，在回位弹簧的弹力下重块和调速阀滑阀一起回落，滑阀壁面逐步打开泄油口，关闭主油路进油口，流入换挡阀的油压 p_V 逐步降低。

当汽车车速升高一定数值后，在离心力作用下，调速阀轴移动到被调速阀壳体 5 卡住的位置时，重块的离心力被调速阀壳体承受，此时调速器滑阀向上移动仅靠自身的离心力，调速阀输出的油压 p_V 随变速器输出轴转速的升高缓慢增大，这样可以防止在高速区频繁换挡，使车速稳定。由上可知，调速阀输出油压 p_V 与变速器输出转速关系分为两级，即用两个重块产生的离心力不同，使输出油压 p_V 有一个转折点，提高汽车在高低速时的换挡性能。

2. 换挡控制阀

液控自动变速器的自动换挡控制系统由若干个换挡控制阀组成，它们是自动换挡操纵系统中的核心构件。它们接收来自车速、节气门及变速杆位置传来的信号，并按预定的换挡规律选择挡位，选择换挡时刻，同时发出相应的换挡油压指令，使换挡执行机构（换挡离合器和制动器）动作而实现换挡。

1）手控制阀

手控制阀在自动变速器液压控制系统里相当于油路总开关，由驾驶室内的换挡手柄控制。手控阀根据自动变速器操纵手柄的位置，即自动变速器处于不同挡位状态，手控制阀将主油路的液压油分配给不同的工作油道。例如，变速器操纵手柄位于停车挡 P，空挡 N，倒挡 R，前进挡 D，前进闭锁挡位 S、L 或 2、1 挡（此时变速器只能在较低的几个挡位变换或只能在某一低挡位行驶）时，手控制阀也随之移至相应的位置，使进入手动阀的主油路与不同的控制油路接通，或直接将主油路压力油送入不同的控制油路，并让不参加工作的控制油路与泄油孔接通。

根据手控制阀阀芯的密封圆柱面的数量不同可分为两柱式手控制阀和三柱式手控制阀。三柱式手控制阀(见图8-22)在阀芯1上有3个密封的圆柱面,油道2通向2和L挡的换挡执行元件,油道3通向D挡的换挡执行元件,油道4通向主油路油道,油道5通向R挡的换挡执行元件,油道6通向P、R和L挡的换挡执行元件。其各挡位油路控制原理见表8-4。

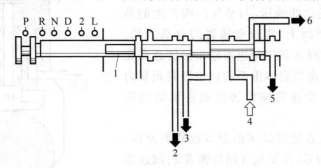

图8-22 手控制阀油路的结构

1—阀芯;2—通前进挡低挡油路;3—通前进挡油路;4—主油路;5—通倒挡油路;6—通前进挡低挡锁止油路

表8-4 三柱式手控制阀各挡位油路控制原理

换挡手柄位置	自动换挡范围	与主油道连通的油道
P	驻车	
R	倒车	5、6
N	空挡	
D	1~4挡自动换挡	3
2	1~2挡自动换挡	2、3
L	只能在1挡行驶	2、3、6

2) 换挡阀

换挡阀是自动变速器液压控制系统的核心部件,其主要功用是按照换挡规律的要求,随着控制参数(节气门开度和车速)的变化,选择换挡时刻,发出换挡信号并操作换挡执行机构(换挡离合器和换挡制动器)的分离与接合,实现换挡操作。

自动变速器的换挡阀的数量取决于自动变速器的挡位数,如一个四挡变速器需要用3个换挡阀,即1-2挡换挡阀、2-3挡换挡阀、3-4挡换挡阀。换挡阀在节气门阀油压和调速阀油压的作用下,控制换挡阀柱塞的位置,调节各挡位换挡执行器油路与主油路和泄压油路的通断,实现两个挡位间的自动换挡,多个换挡阀的组合,可实现多个挡位间的自动互换。

以1-2挡换挡阀为例,其结构与工作原理如图8-23所示,其中 p_Z 为节气门阀油压,p_V 为调速阀油压,p_H 为主油道油压,F 为弹簧预紧力,B油道通1挡换挡执行元件油路,C油道通2挡换挡执行元件油路。

当变速器位于低位挡时(见图8-23(a)),此时节气门阀油压 p_Z 和弹簧预紧力 F 的合力与调速阀油压 p_V 处于平衡状态,主油道油压 p_H 通过B口通向1挡换挡执行元件,而2挡换挡执行元件油路C与泄压油道相通,即2挡执行元件处于非工作状态,此时挡位为1挡。

当驾驶员开始加速行驶(见图8-23(b)),随着节气门开度增大,节气门阀油压 p_Z 升高,致使节气门阀油压 p_Z 和弹簧预紧力 F 的合力大于调速阀油压 p_V,在油压的作用下推动柱塞向右移动,致使主油道油压 p_H 通过C口通向2挡换挡执行元件,而1挡换挡执行元件油

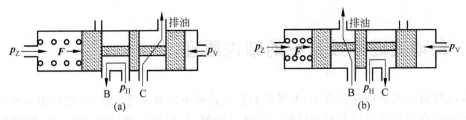

图 8-23 换挡阀工作原理
(a) 低速挡位置；(b) 高速挡位置

路 B 与泄压油道相通，即 1 挡执行元件处于非工作状态，2 挡执行元件处于工作状态，此时变速器由 1 挡升入 2 挡。

3）强制降挡阀

强制降挡阀由节气门控制，如图 8-24 所示。在汽车上坡中把加速踏板几乎踩到底时，降挡柱塞移动的距离较大，使来自降挡压力调节阀的油路开通。因此降挡压力作用于 1-2 挡换挡阀及 2-3 挡换挡阀，即由 3 挡减到 2 挡或由 2 挡减至 1 挡。随着车速的提高，来自速控阀的压力也相应提高，当此压力足够大时，汽车自动换入高挡行驶。当加速踏板抬起，降挡柱塞回位，降挡压力调节阀油路关断，此时调速压力仍较高，使汽车可继续向高挡换挡。

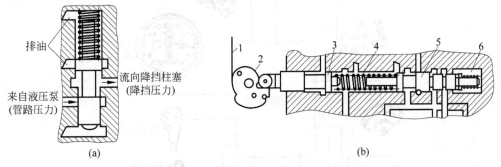

图 8-24 降挡压力调节阀和降挡柱塞工作示意图
(a) 降挡压力阀；(b) 节气门阀
1—节气门拉索；2—节气门阀凸轮；3—降挡柱塞；4—柱塞回位弹簧；5—节气门阀芯；6—节气门弹簧

另一种强制降挡阀是一种电磁阀，由安装在加速踏板上的强制降挡开关控制，如图 8-25 所示。当加速踏板踩到底时，强制降挡开关闭合，使强制降挡电磁阀通电，电磁阀作用在阀杆上的推力消失，阀芯在弹簧弹力的作用下右移，打开油路，主油路压力油进入换挡阀的左端（作用节气门油压的一端），强迫换挡阀右移，使自动变速器降低一个挡位。

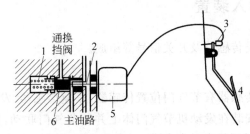

图 8-25 电磁阀控制的强制降挡阀
1—节气门弹簧；2—阀杆；3—强制降挡开关；4—加速踏板；5—强制降挡电磁阀；6—阀芯

8.4 自动变速电控系统的结构原理

在电控液压式自动变速器中,电子控制装置是整个控制系统的核心,它利用各种先进的电子手段对自动变速器以及发动机的工作进行检测,并根据检测结果和相应的控制程序来操纵各种控制阀工作,以驱动离合器、制动器、单向离合器等液力执行元件,从而实现对自动变速器的全面控制。电子控制系统还带有自诊断装置,并且具有在发生故障时使车辆继续行驶的失效防护功能。

电子控制装置由信号输入装置、自动变速器电子控制单元 ECU 和执行器组成,如图 8-26 所示。

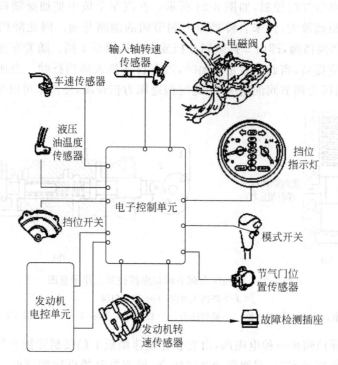

图 8-26 自动变速器电子控制装置的组成

8.4.1 信号输入装置

信号输入装置由各类传感器及开关信号等组成。

1. 传感器

自动变速器常用的传感器有节气门位置传感器、车速传感器、发动机水温传感器等。

节气门位置传感器安装在发动机节气门体上并与节气门联动,其作用是测量发动机节气门的开度,使 ECU 适时了解发动机负荷,以此作为换挡的一个主要依据。电控液压式自动变速器的电子控制系统常用线性节气门位置传感器,它所反映的节气门开度位置及变化速率的电信号是车辆在不同行驶条件下控制换挡的主要依据之一。

车速传感器用于检测自动变速器的输出轴转速,检测到的输出轴转速信号被送往ECU,处理后成为车速信号,作为控制换挡的另一个主要依据。车速传感器有多种形式,常用的电磁感应式车速传感器主要由永久磁铁和电磁感应线圈两部分组成,一般安装在变速器输出轴附近。

2. 开关信号装置

常用的自动变速器控制开关有超速挡开关、模式选择开关、挡位开关、空挡起动开关、强制降挡开关、停车灯开关和停车制动开关等。

1) 超速挡开关

超速挡开关一般设在换挡杆手柄上,超速切断指示灯安装在组合仪表板上。它的作用是当ECU获得正确的输入信号电压时,允许变速器使用超速挡。当ECU未接收到正确的输入信号时,停止超速挡工作。

超速挡开关打开时,作用在3-4挡换挡阀阀芯高挡端的压力油泄荷,此时,只要作用在3-4挡换挡阀低挡端的油压足够高,就可以将3-4挡换挡阀推至4挡位置。即超速挡开关打开且变速器操纵手柄又处于D位时,自动变速器随着车速的提高最高可升至4挡。而该开关关闭时超速挡电磁阀断电,主油路压力油作用在3-4挡换挡阀阀芯高挡端,使阀芯不能移动到4挡位置。此时,无论车速怎样提高,自动变速器最多只能升至3挡。

2) 模式选择开关

行驶模式选择开关位于自动变速器换挡架上,供驾驶员依据不同行驶路面选择ECU中适当的换挡规律,换挡规律不同,提供的换挡点也不同。一些车型的行驶模式选择开关具有一般和动力两种模式,而有些车型的换挡规律选择开关则提供经济模式、一般模式和动力模式3种,某些车型还包括雪地模式等。ECU根据模式选择开关的具体位置选择相应的换挡规律。

3) 挡位开关

挡位开关一般装在手动阀或操纵手柄上,由变速杆控制。选挡手柄的位置信号是利用挡位开关的几条编码线路将信息传给变速器控制系统的,通常还包括倒挡信号灯的开启以及空挡起动开关等。

4) 空挡起动开关

空挡起动开关是一个多功能开关,不仅具有控制起动继电器线圈电路的功能,还可将变速器换挡杆位置的信息传送给自动变速器的ECU,ECU可以根据空挡起动开关信号区别变速器是否处于P位或N位(停车或空挡)。ECU控制只有在P位或N位时,发动机才能起动。

5) 强制降挡开关

强制降挡开关安装在加速踏板下方,当踩下加速踏板并使节气门达到全开位置时,强制降挡开关接通并向ECU发送信号。此时,ECU按照急加速的程序控制换挡。一般在车速还不是很高的情况下,ECU会使变速器降一挡,以便使车辆的加速性能更好。

6) 停车灯开关和停车制动开关

停车灯开关安装在制动踏板支架上,当踩下制动踏板时,开关接通。其开关便通知自动变速器的ECU制动已经使用,即解除锁止信号,松开变矩器锁止离合器,同时停车灯亮。这种功能还可防止当后轮制动被抱死时,发动机突然熄火。

8.4.2 自动变速器的执行机构

自动变速器的执行机构由各类电磁阀组成,其作用是根据 ECU 的命令接通或切断液压回路。

按照电磁阀的作用可分为换挡电磁阀、锁止电磁阀和调压电磁阀。换挡电磁阀用于控制换挡油压、位置和时刻,它的动作可控制液压系统中换挡阀的油路接通位置,以使相应的换挡离合器、制动器等执行元件工作,从而实现自动换挡、调节主油路压力及液力变矩器的锁止等功能;锁止电磁阀用于控制锁止电磁阀的工作时间;调压电磁阀用于调节执行元件上的液压,使换挡过程更加平顺,在某些车型上还可用来调节主油路压力。

按照电磁阀结构形式的不同可分为开关式电磁阀和脉冲式电磁阀。

1. 开关式电磁阀

开关式电磁阀的作用是开启或关闭液压油路,通常用于控制换挡阀及变矩器锁止控制阀的工作。开关电磁阀由电磁线圈、衔铁、回位弹簧和阀球等组成,如图 8-27 所示。

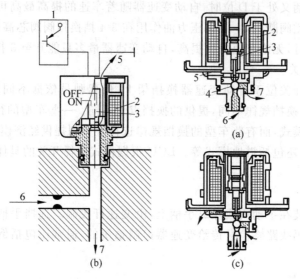

图 8-27 开关式电磁阀
1—ECU;2—电磁线圈;3—衔铁和阀芯;4—钢球;5—泄油孔;6—主油道;7—控制油道

这种电磁阀有 3 种工作方式。一种是让某一条油路保持油压或泄空,如图 8-27(b)所示,即当电磁线圈不通电时,阀芯被油压推开,打开泄油孔,该油路的液压油经电磁阀泄空,油路压力为零;当电磁线圈通电时,电磁力使阀芯下移,关闭泄油孔,使油路油压上升。另两种是开启和关闭某一条油路,即当电磁线圈不通电时,油压将阀芯推开,阀球在油压作用下关闭泄油孔,打开进油孔,使主油路压力油进入控制油道,如图 8-27(a)所示;当电磁线圈通电时,电磁力使阀芯下移,推动阀球关闭进油孔,打开泄油孔,控制油道内的压力油由泄油孔泄空,如图 8-27(c)所示。

2. 脉冲式电磁阀

脉冲式电磁阀的作用是控制油路中的油压。它的结构与开关式电磁阀基本相似,也是由电磁线圈、阀芯或滑阀等组成,如图8-28所示。

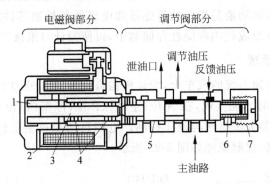

图 8-28 脉冲式电磁阀
1—轴套;2—电磁线圈;3—芯轴;4—轴承;5—阀芯;6—弹簧;7—螺钉

当电磁线圈通电时,电磁力使阀芯或滑阀开启,液压油经泄油孔排出,油路压力随之下降。当电磁线圈断电时,阀芯或滑阀在弹簧弹力的作用下将泄油孔关闭,使油路压力上升。

脉冲式电磁阀与开关式电磁阀的不同之处在于,控制脉冲式电磁阀工作的电信号不是恒定不变的电压信号,而是一个频率固定的脉冲电信号。电磁阀在脉冲电信号的作用下不断反复地开启和关闭泄油孔,ECU通过改变脉冲的宽度,或者说是每个脉冲周期内电流接通和断开的时间比例,即所谓占空比来改变电磁阀开启和关闭的时间比例,从而达到控制油路压力的目的。占空比越大,经电磁阀泄出的变速器油就越多,油路压力就越低;反之,占空比越小,油路压力就越高。

脉冲式电磁阀一般安装在主油路或减振器背压油路中,通过ECU控制,在变速器自动升挡或降挡瞬间,或者在闭锁离合器闭锁及解锁动作开始时使油压下降,以减少换挡和闭锁冲击,使车辆行驶更平稳。

8.4.3 自动变速器的电子控制单元

自动变速器的ECU是电子控制系统的核心,其结构与发动机ECU基本相同,只是控制内容不同。电子控制自动变速器ECU可与发动机电子控制系统共用一个ECU,也可使用独立的ECU。接收器接收各输入装置的输出信号,并对其进行放大,控制器将这些信号与内存中的数据进行对比,根据对比结果做出是否换挡等决定,再由输出装置将控制信号输送给执行元件即电磁阀。

8.5 电控自动变速系统的控制原理

汽车电控自动变速系统的主要功能是,根据汽车车速和发动机负荷变化,自动控制换挡和动力传递(即自动控制变速机构的换挡时机和液力变矩器的锁止时机),使汽车获得良好的动力性和经济性。此外,电控自动变速系统还有失效保护功能和故障自诊断功能。失效保护功能是指电控系统的部分重要部件(如电磁阀、车速传感器)失效或其线路发生故障时,继续控制变速机构排入部分挡位(一般排入1挡或低挡),以便汽车继续行驶回家或驾驶到维修站维修。故障自诊断功能是指车速传感器和电磁阀等控制部件或其线路发生故障时,控制系统能将故障部位编成代码存储在存储器中,以便设计与维修时参考。

1. 电控自动变速原理

在装备电控自动变速系统的汽车上,变速机构自动换挡和液力变矩器自动锁止只有在汽车前进位(D、3、2、1)时才能实现,在 N 位(空挡)、P 位(停车挡)和 R 位(倒挡)时,执行器将保持初始状态,变速器为纯机械与液压控制。电控自动变速主要包括换挡时机控制和液力变矩器锁止时机控制,控制原理如图 8-29 所示。

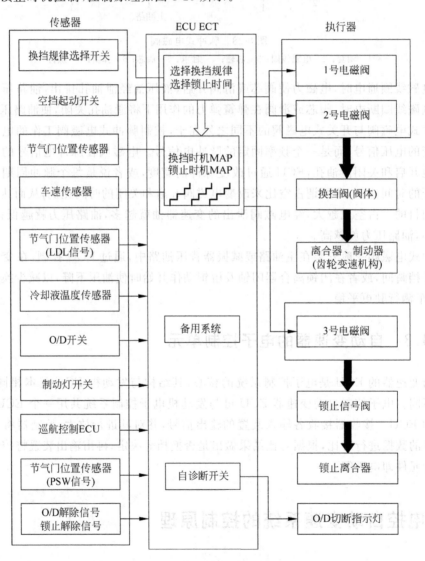

图 8-29 电控自动变速的控制原理

自动变速电控单元(ECT ECU)是电控自动变速系统的控制核心。在 ECT ECU 的存储器(ROM)中,除了存储有进行数学计算和逻辑判断的控制程序之外,还存储有变速器换挡规律MAP 和变矩器锁止时机 MAP。这些数据 MAP 在电控自动变速系统设计制作完成之后,经过反复试验测试获得，并预先存储在 ROM 之中，以供 ECT ECU 在汽车行驶时查询调用。

换挡规律又称为驱动模式，是指汽车发动机节气门开度与车速（或变速器输出轴转速）之间的关系。电控自动变速系统常用的换挡规律有普通型（normal mode，NORM）、动力型（power mode，PWR）和经济型（economy mode，ECON）3 种。如果自动变速系统只提供有普通型与动力型，那么，其普通型（NORM）换挡规律就相当于经济型（ECON）换挡规律。

在自动变速电控单元 ECT ECU 的控制下，当变速杆处于 D、L、2、R 挡位时，起动继电器线圈不能接通，发动机不能起动。当变速杆处于 P 挡位或 N 挡位时，起动继电器线圈电路才能接通，发动机才能被起动。

发动机一旦起动，各种传感器（车速传感器、节气门位置传感器等）信号和控制开关信号就不断输入 ECT ECU，经过输入回路和模/数转换电路转换成 CPU 能够识别的电信号，CPU 按照一定频率对其进行采样，并将采样信号与预先存储在只读存储器（ROM）中的换挡规律 MAP 和变矩器锁止时机 MAP 进行比较运算或逻辑判断，从而确定是否换挡和是否锁止液力变矩器。

当变速杆拨到前进挡位置时，ECT ECU 首先根据换挡规律（驱动模式）选择开关的状态在换挡规律 MAP 中选择相应的换挡规律；然后根据节气门开度信号、车速信号和控制开关信号在换挡规律 MAP 中查询确定变速机构的换挡时机，在变矩器锁止时机 MAP 中查询确定液力变矩器的锁止时机。当确定为换挡（或变矩器锁止）时，CPU 立即向相应的电磁阀发出控制指令，电磁阀再控制换挡阀（或锁止阀）动作，换挡阀（或锁止阀）阀芯移动（接合或分离）发生改变，从而实现自动换挡（或液力变矩器锁止）。

2. 换挡时间控制原理

换挡（升挡或降挡）时机是指变速器自动切换挡位（即速比）的时机，又称为换挡点。换挡时间的控制原理如图 8-30 所示。

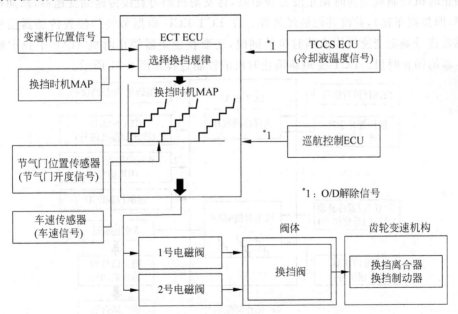

图 8-30　ECT 换挡（升挡或降挡）时机的控制过程

在汽车行驶过程中，ECT ECU 确定换挡时机的信息包括空挡起动开关提供的变速杆的位置（D、2 或 L 挡位）信号、换挡规律选择开关提供的驾驶人选择的换挡规律（NOR、PWR 或 ECON）信号、节气门位置传感器提供的发动机节气门开度（即发动机负荷）信号、车速传感器提供的汽车行驶速度信号。除此之外，还要接收发动机 ECU 和巡航控制 ECU 输送的解除超速行驶信号。

当驾驶人将变速杆拨到 D、2 或 L 位置时，ECT ECU 便从空挡起动开关接收到一个表示变速杆位置的信号。此时 ECT ECU 首先根据换挡规律选择开关信号在换挡规律 MAP 中选择相应的换挡规律；然后根据节气门位置传感器和车速传感器信号与预先存储在 ROM 中的换挡规律 MAP 进行比较并确定变速机构的升挡或降挡时机。当节气门开度和车速达到选定换挡规律的最佳升挡或降挡时机时，ECT ECU 立即向 1 号和 2 号换挡电磁阀发出通电或断电指令，控制换挡阀动作。换挡阀阀芯移动时，就会接通或关闭行星齿轮变速机构中换挡离合器和制动器的控制油路，使离合器和制动器接合或分离，从而实现自动升挡或降挡，即改变速比和车速。

3. 锁止时间控制原理

汽车电控自动变速系统普遍装备锁止式液力变矩器（即带有锁止离合器的液力变矩器）。当汽车在路面不好的道路上行驶时，为了发挥液力传动自动适应行驶阻力剧烈变化的优点，锁止离合器应当分离，使变矩器起作用；当汽车在路面良好的道路上行驶时，为了提高行驶速度和燃油经济性，锁止离合器应当接合，使变矩器的输入轴与输出轴成为刚性连接，将发动机动力直接传递到齿轮变速机构。当汽车高速行驶、变矩器速比增大到一定值（具体数值由液力变矩器结构决定，三元件变矩器一般为 0.8）时，变矩器将锁止传递动力。

锁止时机控制就是何时锁止液力变矩器，将发动机动力直接传递到变速器，从而提高传动效率（即提高车速），并改善燃油经济性。在 ECT ECU 根据节气门位置传感器信号和车速传感器信号确定变速机构换挡时机的同时，还要在变矩器锁止时机 MAP 中查询确定液力变矩器的锁止时机。ECT 变矩器锁止时机的控制过程如图 8-31 所示。

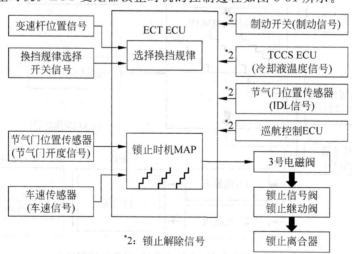

图 8-31 ECT 变矩器锁止时机的控制过程

当 ECT ECU 在变矩器锁止时机 MAP 中查询确定锁止液力变矩器时,立即向锁止电磁(3号电磁阀)发出通电或断电指令,控制锁止信号阀和锁止继动阀动作。当锁止信号阀和锁止继动阀阀芯移动时,就会改变液力变矩器内锁止离合器的控制油路使离合器接合,将液力变矩器与发动机飞轮锁成一体。液力变矩器锁止时,发动机输入变矩器的动力将直接传递到变速器输入轴,传动效率达 100%。

解除锁止则由制动灯开关、巡航控制 ECU、冷却液温度传感器、节气门位置传感器怠速触点信号(IDL)决定。

除此之外,自动变速器 ECU 还具有自我诊断和失效保护功能,当自动变速器控制系统中各传感器、电磁阀或有关开关发生故障时,ECU 通过指示灯的闪烁输出故障代码,以指示故障所发生的部位,并将之存储在存储器中。由于有备用电压,即使发动机熄火故障代码也不会消失。因此,排除故障后要进行专门的故障代码消除程序,才能将之从存储器中抹去。

失效保护功能的目的是在传感器或电磁阀出现故障时,仍可以使汽车继续行驶。例如,若1号或2号换挡电磁阀出故障,ECU 可以通过控制剩下的一个电磁阀使汽车仍能继续行驶。即使1号和2号电磁阀都出故障,仍可以通过手动变速使汽车行驶。

8.6 电控无级变速系统

电控无级变速系统(continuously variable transmission,CVT)是根据车速和节气门开度来改变机械式 V 形传动带轮的作用半径,实现无级变速。由于 CVT 可以实现传动比的连续改变,从而达到传动系与发动机工况的最佳匹配,提高整车的燃油经济性和动力性,改善驾驶员的操纵方便性和乘员的乘坐舒适性,所以无级变速器是一种理想的汽车传动装置。

8.6.1 电控无级变速器的优点

电控无级变速器应用了 V 带无级变速传动技术,与电控自动变速器(ECT)和手动变速器相比,具有以下显著优点。

(1) 汽车经济性和排放性好。这是因为 CVT 能将汽车行驶条件与发动机负荷协调到最佳状态,使发动机总是工作在较高的效率区域。装备 CVT 的汽车与5挡手动变速器汽车道路对比试验表明,前者的燃油消耗要少 11.5%,碳氢化合物(HC)排放量少 33%,一氧化碳(CO)排放量少 20%。

(2) 汽车动力性好。装备 CVT 后,因为传动比连续可变,没有动力间断,所以在变速过程中没有动力损失。与装备电控4挡 ECT 的汽车相比,从静止至 100km/h 的加速时间缩短约 10%。

(3) 传递效率高。CVT 采用 V 带传动技术,其传动比变化非常平滑,传动比曲线为光滑的曲线,因此传动效率不仅优于电控液力自动变速系统 ECT,而且接近于手动变速器。此外,还有动力传递无间断、对动力传动系统冲击小等优点。其操作方便性和乘坐舒适性均可与电控液力自动变速系统相媲美。

8.6.2 电控无级变速系统的结构

机械无级变速器的结构如图 8-32 所示,主要由金属带 4、液压泵 5、电磁离合器 10、主动带轮 7、从动带轮 3 及液压控制机构组成。

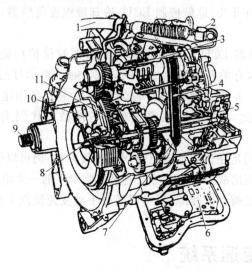

图 8-32 机械式无级变速器的结构
1—选挡控制轴；2—拉杆；3—从动带轮；4—金属带；5—液压泵；6—液压控制阀体；
7—主动带轮；8—油泵驱动轴；9—输出轴；10—电磁离合器；11—电磁离合器刷

8.6.3 电控无级变速系统的工作及控制原理

1. 无级变速原理

无级变速器的变速原理如图 8-33 所示,变速器两工作带轮通过一根金属钢带以摩擦形式联系在一起形成传动。主动轮组和从动轮组都由可动盘和固定盘组成,与油缸靠近的一侧带轮可以在轴上滑动,另一侧则固定。可动盘与固定盘都是锥面结构,它们的锥面形成 V 形槽来与 V 形金属传动带啮合。传动比的改变通过主动轮与从动轮的可动盘作轴向移动,改变主动轮、从动轮锥面与 V 形传动带啮合的工作半径来实现。当主、从动工作轮工作半径一致时(见图 8-33(a)),两个工作带轮在金属带轮驱动下同速转动,可实现传动比为 1 的直接传动；当主动工作轮 V 形槽变宽,从动工作轮 V 形槽变窄(见图 8-33(b))时,由于钢带长度不变,钢带与主动工作轮的接合半径变小,与从动工作轮的接合半径变大,所以在钢带的传动下,从动轮相对于主动轮获得了减速增矩的效果,传动比增大；反之,当主动工作轮 V 形槽变窄,从动工作轮 V 形槽变宽(见图 8-33(c))时,从动轮获得增速效果,传动比减小。

2. 无级变速系统控制原理

无级变速器控制系统由电磁离合器控制系统和变速控制系统两部分组成,结构如图 8-34 所示。

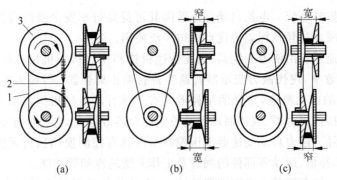

图 8-33　无级变速器变速原理
(a) 等速传递；(b) 减速传递；(c) 加速传递
1—金属带轮松边；2—金属带轮驱动边；3—从动带轮

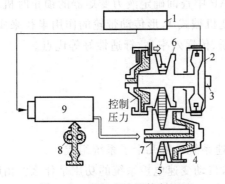

图 8-34　无级变速器控制原理
1—电磁离合器控制单元；2—电磁离合器；3—输入轴；4—从动带轮液压控制油腔；
5—金属传动带；6—主动带轮；7—从动带轮；8—油泵；9—液压控制单元

电磁离合器控制原理是，当汽车起步、换挡或停车时，由微机控制离合器实现分离和接合。变速器 ECU 接收发动机转速、车速、操纵杆位置、加速踏板位置等信号，通过运算处理后，判断当前汽车运行工况，并根据当前工况，从只读存储器中读取相应的控制参数，输出给电磁离合器，使离合器处于预先的设定工作状态。

变速控制是采用液压系统控制金属传动带传动机构，即通过主动带轮和从动带轮的 V 形槽宽度的变化来控制带轮可动锥面盘的轴向位置。液压控制系统根据发动机节气门开度、发动机转速、传动比等输入信号来控制供给主、从动带轮液压腔的油压，通过液压腔内油压的调整使主动轮与从动轮的可动盘作轴向移动，改变主动轮、从动轮锥面与 V 形传动带啮合的工作半径，实现换挡，其中调整液压腔油压分别用换挡控制阀和压力调节阀来进行。

本章小结

汽车电控自动变速系统按照控制方式可以分为电子控制机械式、液压控制式以及电子控制式自动变速系统。电子控制式自动变速系统的基本组成部分包括齿轮变速系统、液压控制系统及电子控制系统。电控自动变速器因其可提高行车安全及改善汽车整体性能、延长发动机寿命及减少油耗及污染的优点而被广泛使用。

电控自动变速系统由液力变矩器、齿轮变速机构和换挡执行机构三部分组成。为提高液力变矩器传动效率，现代液力变矩器普遍装备有锁止离合器；行星齿轮变速机构可以扩大自动变速系统的速比范围，常见的结构形式有单排行星齿轮机构及双排行星齿轮机构；换挡执行机构由换挡离合器、换挡制动器及单向离合器等组成，它们是行星齿轮实现变速传动的基本执行元件。液力自动变速器液压控制系统具有控制换挡执行元件的动作、液力变矩器的锁止、油压补偿、运动零部件的润滑及工作介质的冷却等功能。

自动变速器电控系统是自动变速器的核心，它接收传感器的信号对自动变速器及发动机的工作情况进行监测，通过控制程序来操控各种控制阀，实现自动变速器控制。自动变速器根据车速和节气门开度的不同实现自动换挡，根据节气门位置传感器信号、车速传感器信号及变矩器锁止时机在 MAP 中查询确定液力变矩器的锁止时机。电控无级变速系统可根据车速和节气门开度来改变机械式 V 形传动带轮的作用半径来实现无级变速，其具有经济性好、排放性好、动力无间断、传递效率高、舒适性好等优点。

习题

8-1 电子控制自动变速系统由哪几个子系统组成？

8-2 在自动变速器中，自动变速电控系统的功用是什么？由哪几部分组成？

8-3 自动变速电子控制系统采用的传感器主要有哪些？采用的开关控制信号主要有哪些？

8-4 在装备自动变速器的汽车上，换挡规律（或驱动模式）选择开关的用途是什么？

8-5 什么是换挡时机或换挡点？自动变速电控单元（ECT ECU）怎样控制换挡时机？

8-6 什么是锁止时机？自动变速电控单元（ECT ECU）控制液力变矩器锁止的目的是什么？

8-7 当任意一只换挡电磁阀或电路发生故障时，ECT ECU 能否继续控制自动变速器？为什么？

第 9 章

汽车底盘电子控制系统

9.1 汽车底盘电子控制系统概述

汽车底盘作为汽车的重要组成部分,其性能的好坏直接影响整车的综合性能。随着电子技术的发展,传统的汽车底盘上加装了各种电子控制装置来监测、控制底盘各个系统的运行,改善和提高了汽车的安全性、舒适性以及操纵稳定性等。汽车底盘电控系统主要有电控悬架系统、电控动力转向与四轮转向系统、汽车防抱死制动系统、汽车驱动防滑系统、汽车电子稳定控制系统等。

汽车电子控制系统的基本组成如图 9-1 所示。

图 9-1 汽车电子控制系统的基本组成

传感器是汽车电子控制系统的输入装置,它将汽车运行中各种工况的信息,如汽车底盘的工况和运行状态、汽车的行驶工况和状态等转变为电信号,输送给电控单元 ECU。

电控单元 ECU 是汽车电子控制系统的核心,它是电子技术的高级复合装置,用于按预定的程序,对各传感器输入的电信号进行处理、计算、判断或决策,然后产生新的指令信号输出到各执行器,控制汽车按照驾驶员要求安全、舒适、可靠地运行。

电控单元 ECU 一般都是密封的,其内部线路一般不进行维修,故又称"黑盒子"。现在的汽车,特别是新型高级轿车,不仅仅使用一台电控单元,而是使用多个电控单元分别处理不同系统的数据,而各个系统中的传感器采集的数据信号通过 CAN 总线技术相互共享,各个电控单元之间信息相互交互,各个系统独立工作又相互关联。例如,汽车中有发动机电控系统 ECU、自动变速箱电控系统 ECU、底盘电控悬架系统 ECU、ABS 系统 ECU、ASR 系统 ECU、车身 BCM 控制系统 ECU 等多种系统并存。

执行器是汽车电控系统的输出装置。在汽车电子控制系统中,它把电控单元输出的电信号转换为机械运动。它通过电能、液压或气压或三者之间的组合作用,推动汽车或发动机的某个装置运动,以完成所需要的控制任务。例如执行器可根据电控单元的指令,改变发动机节气门的开度,从而控制发动机的转速。

目前,汽车电子控制系统一般都具有故障自诊断功能,即电控单元 ECU 能自诊断系统故障,当系统出现故障时,电控单元 ECU 会点亮驾驶室内的故障指示灯,通知驾驶员或维修人员。当维修人员将其自诊断系统启动后,电控单元 ECU 便以不同的方式输出故障代码,根据该故障代码便可从该车型的《维修手册》中,查找其所表示的故障和发生故障的部位。

各汽车厂家的故障代码和自诊断系统的使用方法及装置不尽相同。

1. 电控悬架系统

汽车悬架装置是连接车身和车轮之间全部零件的总称,主要包含弹簧(如板簧、螺旋弹簧、扭杆等)、减振器和导向机构3部分。汽车悬架能够有效地抑制、降低车体与车轮的动载和振动,从而保证汽车行驶平顺性和操纵稳定性。

电控悬架系统通过控制调节悬架的刚度和减振器阻尼,突破被动悬架的局限,使汽车悬架特性与行驶的道路状况相适应,保证平顺性和操纵稳定性两个相互排斥的性能要求都能得到满足。其系统检测悬架系统运动的状态信号并反馈到电控单元,电控单元发出指令给主执行器,构成闭环控制。由外部提供能量产生的主动控制力作用于系统进行控制。

2. 电控动力转向与四轮转向系统

电控技术在助力转向系统上的应用,实现了车辆低速行驶时助力力矩大和高速行驶时助力力矩小的效果,这就出现了电控助力转向系统。

四轮转向(four-wheel steering,4WS)的含义是指汽车在转向时,除前轮转向外,再附加后轮转向,也就是后轮也可相对于车身主动转向,使汽车的4个车轮都能起转向作用,其目的是改善整车的转向特性和响应特性,低速时改善车辆的机动性,高速时改善车辆的稳定性。

3. 汽车防抱死制动系统

随着汽车行驶速度的提高以及道路行车密度的增大,对于汽车行驶安全性能要求也越来越高,汽车防抱死制动系统就是在这种情况下产生并得到发展的。

汽车防抱死制动系统简称ABS,该系统在汽车制动时可防止车轮抱死在路面上拖滑,是汽车上的一种主动安全装置,以提高汽车制动过程中方向的稳定性、转向控制能力并缩短制动距离,使汽车制动更为安全有效。

汽车防抱死制动系统最早应用在飞机、铁路机车上,1954年,美国福特公司将法国生产用于民航机上的ABS首次应用到林肯牌轿车上,从此揭开了汽车应用ABS的序幕。20世纪80年代初,ABS还仅在部分高级轿车上采用,自90年代以来,欧洲、美国、日本和韩国等地区ABS装车率大幅度提高,加之法规的推动作用,使得ABS已成为汽车上的标准配置。

4. 汽车驱动防滑系统

汽车驱动防滑系统简称ASR,该系统的功用是防止汽车起步、加速过程中驱动轮打滑,特别是防止汽车在非对称路面或转弯时驱动轮空转,并将滑移率控制在10%~20%范围内,是保证行车安全和防止事故发生的重要措施。

5. 汽车电子稳定控制系统

汽车电子稳定控制系统简称ESP,是提高汽车行驶条件下主动安全的控制系统。在汽车转弯时,即侧向力起作用时,ESP可使汽车稳定并保持安全行驶。ESP是ABS和ASR这两种系统功能的延伸,称得上是当前汽车防滑装置的最高形式。装有ESP与装有ABS及ASR的汽车,它们之间的差别在于ABS和ASR只能被动地做出反应,而ESP则能够探测和分析车况并纠正驾驶人员操作的错误,防患于未然。

9.2 电控悬架系统

9.2.1 电控悬架系统概述

汽车悬架系统的作用是缓冲和吸收来自车轮的振动,同时还要传递汽车行驶过程中车轮与路面间产生的驱动力和制动力,汽车在转向时悬架还要承受来自车身的侧向力,并在汽车起步和制动时能够抑制车身的俯仰振动,提高汽车的行驶稳定性和乘坐的舒适性。

传统悬架系统主要由弹簧、减振器和导向机构3部分组成。其中弹簧、减振器和轮胎的综合特性,决定了汽车行驶中操控的稳定性和乘坐的舒适性。尽管多年来汽车悬架系统作了许多改进,但由于传统悬架系统使用的是定刚度弹簧和定阻尼系数减振器,只能适应特定的道路与行驶条件,无法满足变化莫测的路面状况和汽车行驶状况,而且这种悬架只能被动地承受地面对车身的各种作用力,无法对各种情况进行主动地调节。所以,一般称传统悬架系统为被动悬架系统,如图9-2所示。

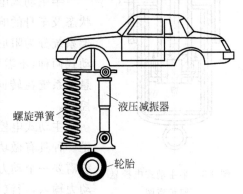

图9-2 被动悬架示意图

电控悬架系统的最大优点是它能使悬架系统随不同的路况和行驶状态作出不同的反应,不仅能使汽车的舒适性达到令人满意的状态,而且能使汽车的操纵稳定性达到最佳状态。

9.2.2 电控悬架系统的功能

电控悬架系统的功能是在汽车行驶路面、行驶速度和载荷发生变化时,自动调节车身高度、悬架刚度和减震器阻尼的大小,从而改善汽车的行驶平顺性(即乘坐舒适性)。

1. 车身高度调整

无论车辆负载多少,都可以保持汽车高度一定,车身保持水平,从而使前照灯光束方向保持不变;当汽车在凹凸不平路面上行驶时,可以使车身升高,防止车桥与路面相碰;当汽车高速行驶时,又可以使车高降低,以便减小空气阻力,提高操纵稳定性。

2. 减振器阻尼力控制

通过对减振器阻尼系数的调整,防止汽车急速起步或急加速时车尾下蹲,防止紧急制动时的车头下沉,防止汽车急转弯时车身横向摇动,防止汽车换挡时车身纵向摇动等,提高行驶的平顺性和操纵稳定性。

3. 弹簧刚度控制

与减振器一样,在各种工况下,通过对弹簧系数的调整,来改善汽车的乘坐舒适性与操纵稳定性。

有些车型只具有其中的一个或两个功能,而有些车型同时具有以上三个功能。

9.2.3 电控悬架系统的分类

现代汽车使用的电控悬架系统种类很多,按传力介质的不同可分为气压式和油压式两种,按控制理论的不同可分为半主动式、主动式两种。

半主动式电控悬架系统(见图9-3)可根据路面情况和行驶状态及车身的响应对悬架的阻尼力进行控制。半主动式电控悬架系统分为阻尼力有级半主动式和阻尼力连续可调的无级半主动式两种,不需要外加动力源,工作时几乎不耗费动力,但这种悬架系统在转向、起步、制动等工况下不能对参数实施有效的控制。

主动式电控悬架系统主要供给和控制动力源(油压、气压),是一种具有做功能力的悬架,如图9-4所示。主动式电控悬架系统需要一个动力源(液压泵或空气压缩机等)为悬架提供连续的动力输入,当汽车载荷、行驶速度、路面状况、起动、制动、转向等行驶条件发生变化时,主动式电控悬架系统能自动调整悬架刚度、阻尼以及车身高度等控制参数,从而满足汽车行驶平顺性、操纵稳定性等方面的要求。

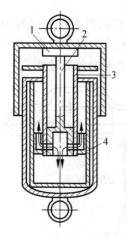

图9-3 半主动式电控悬架示意图

1—步进电动机;2—驱动杆;3—活塞杆;4—活塞

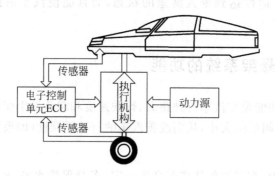

图9-4 主动式电控悬架示意图

9.2.4 电控悬架系统的结构与工作原理

半主动式和主动式悬架系统虽然在控制参数和效果上各有差别,但它们都属于电控悬架系统,且基于同一种设计思路,其基本构成和控制原理是一样的,如图9-5所示。即在车辆行驶过程中,根据实际需要,使悬架系统的基本控制参数如刚度、阻尼、车身高度等可随时自动调节,从而使汽车达到最佳的平顺性和稳定的行车状态。

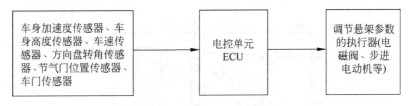

图 9-5 电控悬架系统的基本构成

1. 信号输入装置

1) 方向盘转角传感器

方向盘转角传感器用于检测方向盘的中间位置、转动方向、转动角度和转动速度。在电控悬架系统中,悬架 ECU 根据车速传感器信号和转角传感器信号,判断汽车转向时侧向力的大小和方向,以控制车身侧倾。

光电式方向盘转角传感器是电控悬架系统中比较常用的方向盘转角传感器,其安装位置与结构如图 9-6 所示。光电式方向盘转角传感器的工作原理如图 9-7 所示。

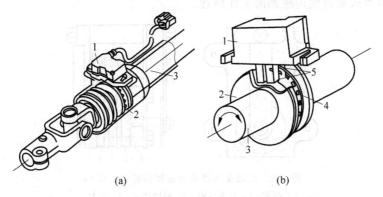

图 9-6 光电式方向盘转角传感器的安装位置与结构
(a) 转角传感器安装;(b) 转角传感器结构
1—方向盘转角传感器;2—传感器圆盘;3—转向轴;4—遮光盘;5—信号发生器

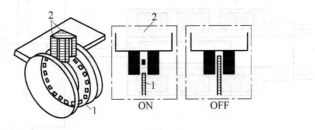

图 9-7 光电式方向盘转角传感器的工作原理
1—遮光盘;2—光电元件

当转动方向盘时,带窄缝的圆形遮光盘使遮光器之间的光束产生通/断变化,遮光器的这种反复开/关状态产生与方向盘转角成一定比例的一系列数字信号,系统控制装置可根据此信号的变化来判断方向盘的转角与转速。

传感器在结构上采用两组光电耦合器,可根据检测到的脉冲信号的相位差来判断方向盘的偏转方向。光电式方向盘转角传感器的电路原理如图 9-8 所示。

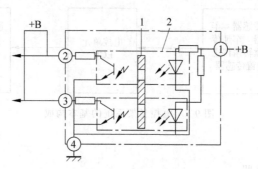

图 9-8　光电式方向盘转角传感器的电路原理
1—遮光盘；2—光耦合器件

2）加速度传感器

车辆打滑时，可直接测出车身横向加速度和纵向加速度。常用的传感器结构有差动变压器式和球位移式两种结构，图 9-9 所示为差动变压器式加速度传感器的结构，图 9-10 所示为差动变压器式加速度传感器的工作原理。

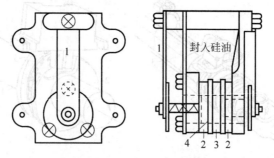

图 9-9　差动变压器式加速度传感器的结构
1—弹簧；2—检测线圈；3—励磁线圈；4—芯杆

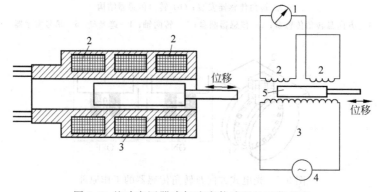

图 9-10　差动变压器式加速度传感器的工作原理
1—输出电压；2—二次绕组；3—一次绕组；4—电源；5—芯杆

差动变压器式加速度传感器在励磁线圈（一次绕组）通以电流的情况下，当汽车转弯（或加、减速）行驶时，芯杆在汽车横向力（或纵向力）的作用下产生位移，随着芯杆位置的变化，检测线圈（二次绕组）的输出电压发生变化。所以检测线圈的输出电压与汽车横向力（纵向力）一一对应，反映了汽车横向力（转向力）的大小，并以此对车身姿态进行调节。

图 9-11 所示为球位移式加速度传感器的结构。

根据所检测的力(横向力、纵向力)的不同,加速度传感器的安装方向也不一样,如汽车转弯行驶时,钢球在汽车横向力的作用下产生位移,随着钢球位置的变化,造成线圈的输出电压发生变化。所以,悬架系统电子控制装置根据加速度传感器输入的信号即可正确判断汽车横向力的大小,从而实现对汽车车身姿势的控制。

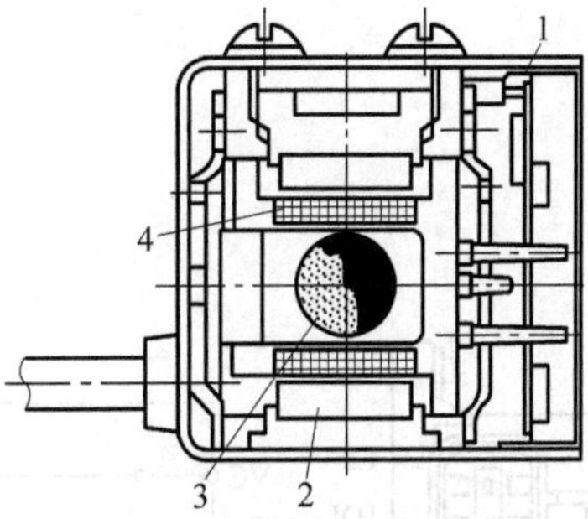

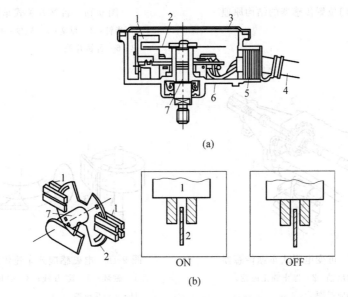

图 9-11 球位移式加速度传感器的结构
1—电路;2—磁铁;3—钢球;4—线圈

3) 车身高度传感器

车身高度传感器用于检测车辆行驶时车身高度的变化情况,常见的有光电式和可变电阻式,图 9-12 所示为光电式车身高度传感器的结构及工作原理。

图 9-12 光电式车身高度传感器的结构及工作原理
1—光电耦合器;2—遮光盘;3—传感器盖;4—导线;5—封油环;6—传感器盒;7—转轴

4) 节气门位置传感器

节气门位置传感器用于检测节气门开度大小,如节气门关闭、部分开启和全开等。另外,电控单元通过计算节气门位置传感器信号的变化率,便可得到汽车加速或减速信号,还可判断汽车是否在进行急加速。节气门位置传感器的结构原理如图 9-13 所示。

5) 车速传感器

车速传感器用于检测汽车行驶速度。图 9-14 所示为舌簧开关式车速传感器,图 9-15 所示为可变磁阻式车速传感器,图 9-16 所示为电磁感应式车速传感器。

6) 模式选择开关

模式选择开关通常有经济模式、动力模式、普通模式。经济模式和动力模式可以让变速器提前或推迟换挡,若变速器提前升入高挡,则意味着汽车行驶过程中发动机更多处于较大负荷率状态下工作,燃油经济性比较好。而若将换挡推迟、低挡利用时间延长,有利于汽车发挥较大的加速能力、动力较充足。普通模式是一个介于上两种模式之间的兼顾型模式。

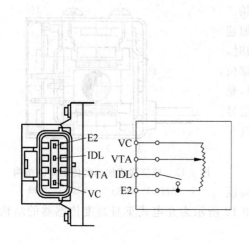

图 9-13 节气门位置传感器的结构原理

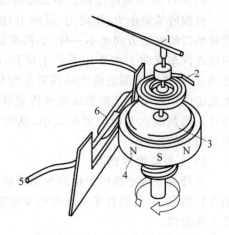

图 9-14 舌簧开关式车速传感器
1—指针；2—弹簧；3—磁铁；4—转子；5—输出；6—舌簧开关

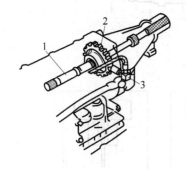

图 9-15 可变电阻式车速传感器
1—输出轴；2—停止锁止齿轮；3—感应线圈

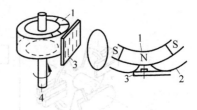

图 9-16 电磁感应式车速传感器
1—磁环；2—磁力线；3—磁阻元件；4—变速器

7) 高度控制通断开关

高度控制通断开关如图 9-17 所示。通断开关装在车后行李厢的工具储存室内，用于选择是否允许电控悬架系统 ECU 自动调节车身高度。

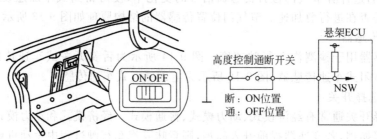

图 9-17 高度控制开关的位置及电路

2. 悬架电控单元 ECU

电控悬架系统中,电控单元 ECU 由输入电路、微处理器、输出电路和电源电路组成,它具有以下功能:

(1) 提供稳压电源;
(2) 传感器信号放大;
(3) 信号输入的计算;
(4) 输出信号驱动执行器;
(5) 故障检测。

3. 执行机构

1) 阻尼力控制执行机构

电控主动悬架系统阻尼力的调节一般是由电控单元 ECU 控制直流电动机的工作,带动控制杆旋转,控制杆改变可调阻尼减振器的回转阀与活塞杆油孔的连通情况,使减振器的阻尼力按需要的阻尼力的大小和方向改变,如图 9-18 所示。

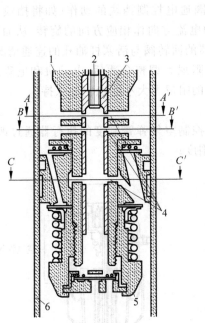

图 9-18 可调阻尼减振器的结构
1—活塞杆;2—控制杆;3—旋转滑阀;4—量孔;5—活塞;6—气缸

(1) 可调阻尼力减振器

可调阻尼力减振器的外壳为一个长圆柱缸筒,带有活塞的活塞杆插入缸筒,缸筒内充满液压油,活塞上有节流孔。

电控单元 ECU 控制执行器工作时,通过控制杆带动回转阀相对活塞杆转动,回转阀与活塞杆上的油孔连通或切断,从而增加或减少油液的流通面积,使油液的流通阻力改变,达到调节减震器阻尼力的目的,其阻尼力的调节特性,如图 9-19 所示。

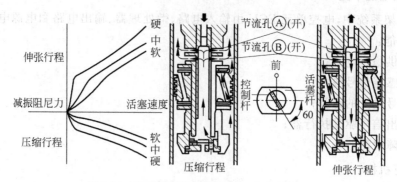

图 9-19 可调阻尼减振器的阻尼力调节特性

（2）直流电动机式执行器

电控悬架系统中执行器——直流步进电动机通过齿轮系统跟减振器的阻尼控制杆连接。电控单元 ECU 控制执行器工作时,直流步进电动机带动控制杆旋转,从而改变减振器的阻尼力,如图 9-20 所示。

电控单元 ECU 输出的控制信号使电磁线圈通电控制挡块的动作（如将挡块与扇形齿轮的凹槽分离）；另外,直流电动机根据输入的电流方向作相应方向的旋转,从而驱使扇形齿轮作对应方向的偏转,带动控制杆改变减振器的回转阀与活塞杆油孔的连通情况,使减振器的阻力按需要的阻尼力大小与方向改变。当阻尼力调整合适后,电动机和电磁线圈都断电,挡块重新进入扇形齿轮的凹槽,使被调整好的阻尼力大小能稳定地保持。

2）空气弹簧刚度控制执行器

空气弹簧刚度控制执行器如图 9-21 所示,控制空气弹簧刚度的执行器通过改变主、副气室之间气体通道的大小,来改变空气悬架的刚度。

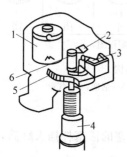

图 9-20 直流电动机式执行器的结构和工作原理
1—直流电动机；2—挡块；3—挡块用电磁铁；
4—减振器；5—扇形齿轮；6—小齿轮

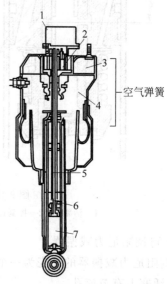

图 9-21 空气弹簧刚度控制执行器
1—悬架控制执行器；2—连通阀；3—副气室；
4—主气室；5—转阀控制杆；6—活塞节流孔；
7—可调减振器

3) 车身高度控制执行机构

空气压缩机由一个小的直流电动机驱动,根据悬架电控单元 ECU 的输出信号,干燥器输送提高车身高度所必需的压缩空气,而空气弹簧主气室内充放气即可实现车身高度的调节。图 9-22 所示为压缩空气系统的结构,图 9-23 所示为车身高度控制悬架的结构,图 9-24 所示为车身高度控制电磁阀。

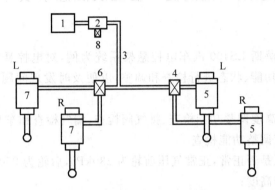

图 9-22 压缩空气系统的结构

1—压缩机；2—干燥器；3—空气管路；4,6—高度阀；5,7—气压缸；8—排气阀

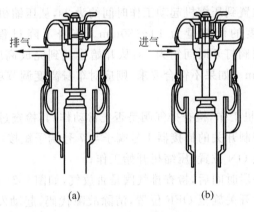

图 9-23 车身高度控制过程

(a) 车身高度降低；(b) 车身高度升高

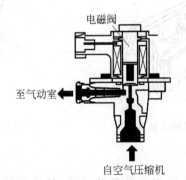

图 9-24 车身高度控制电磁阀

4）侧倾刚度控制执行机构

侧倾刚度控制系统由电控单元 ECU 输出信号到执行器，通过执行器来控制横向稳定杆液压缸内的油压，达到调节横向稳定杆扭转刚度的目的。

9.2.5 电控悬架系统的基本检查及注意事项

1. 基本检查

下面以丰田雷克萨斯 LS400 汽车电控悬架系统为例，对电控悬架系统进行基本检查，主要是对悬架的一些功能、状态进行检查和调整，以便及时发现问题，确保电控悬架系统正常工作。

基本内容有车身高度调整功能检查、排气阀检查、漏气检查和车身高度初始调整。

1）汽车车身高度调整功能检查

① 检查轮胎气压是否正常，正常气压前轮为 230kPa，后轮为 250kPa；

② 检查汽车车身高度；

③ 起动发动机，将车身高度控制开关在 NORM（标准）和 HIGH（高位）位置之间切换。

检查电控悬架系统车身高度的变化情况及所需的时间。正常时，车身升高过程从按下高度控制开关 HIGH 位置到压缩机起动工作时间约为 2s，从压缩机起动到完成车身高度调整需 20～40s，车身高度的调整量为 10～30mm。车身下降过程从按下高度控制开关 NORM 位置到排气电磁阀打开时间约为 2s，从开始排气到完成高度调整需 20～40s，车身高度的调整为 10～30mm。如果不符合要求，则应对车身高度调节功能进行检查。

2）排气阀的检查

通过短接法使压缩机工作，检查排气阀是否正常动作，其检查过程如下：

① 用导线将高度控制开关的插接器 1 号端子与 7 号端子短接，如图 9-25 所示；

② 将点火开关旋至 ON 位置，压缩机开始工作；

③ 待压缩机工作一段时间后，检查排气阀是否放气，如图 9-26 所示；

④ 检查完后将点火开关旋至 OFF 位置，清除故障代码，起动发动机（使压缩机强制运行，悬架系统 ECU 会记录下故障代码）。

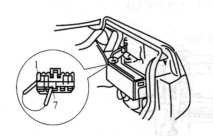

图 9-25　高度连接器连接端子

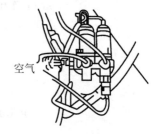

图 9-26　控制阀放气

3）漏气检查

管路漏气直接影响悬架系统正常的调节功能，检查各管路有无压缩空气泄漏的步骤如下：

① 将肥皂水涂在所有空气管路接头上；
② 在压缩机连接器端子之间加 12V 电压,使压缩机运转,在空气管路中建立空气压力；
③ 检查空气管路接头处是否有气泡出现；
④ 如果有气泡出现,则表明有漏气现象,此时,应进行必要的修理。

4) 车身高度初始调整

① 此项调整是使车身初始高度处于标准范围,以避免引起故障误诊断。
② 可通过调节悬架高度传感器的调节杆来调节悬架高度。
③ 前悬架高度传感器调节杆长度为 53.5mm,后悬架高度传感器调节杆长度为 27.5mm。调节杆螺母旋转一圈,调整高差 4mm,螺母在调节杆移动 1mm,相应车高变化 2mm。前悬架高度传感器调节杆可调极限为 8mm,后悬架高度传感器调节杆可调极限为 11mm。
④ 在进行汽车高度调整时,将汽车停放在水平地面上,高度控制开关处于 NORM 位置。

2. 电控悬架检查过程的注意事项

① 用千斤顶顶起之前,高度控制 ON/OFF 开关拨到 OFF 位置；
② 放下千斤顶之前,应将汽车下面所有的物体搬走；
③ 在开动汽车之前,应起动发动机,将汽车的高度调到正常状态；
④ 尽量不要触及前安全气囊。

9.3 电控动力转向系统与四轮转向系统

电控动力转向系统使汽车在低速行驶时转向轻便、灵活；在中高速区域行驶转向时,又能保证提供最优的动力放大倍率和稳定的转向手感,从而提高了高速行驶时的操纵稳定性。

9.3.1 电控动力转向系统的分类及组成

根据转向动力源不同,电控动力转向系统(EPS)可分为液压式电控动力转向系统(液压式 EPS)和电动式电控动力转向系统(电动式 EPS)两大类。

液压式 EPS 是在液压动力转向系统的基础上,增设控制液体流量的电磁阀、车速传感器和电控单元 ECU 等,如图 9-27 所示。电控单元 ECU 根据检测到的车速信号,控制电磁阀,使转向动力放大倍数连续可调,从而满足汽车中、低速行驶时的转向助力要求。液压式 EPS 根据其控制方式不同,可分为流量控制式、反作用力控制式和阀灵敏度控制式 3 种。

电动式 EPS 是利用直流电动机作为动力源,电控单元 ECU 根据转向参数和车速等信号,控制电动机转矩的大小和旋转方向。电动机的转矩再由电磁离合器通过减速机构的减速增矩后,加在汽车的转向机构上,使之得到一个与工况相适应的转向作用力。电动式 EPS 按照其转向助力机构结构与位置的不同,可分为转向轴助力式、转向器小齿轮助力式和齿条助力式 3 种。

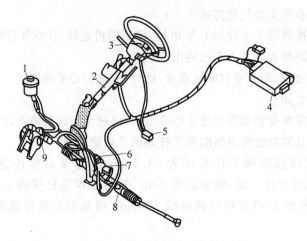

图 9-27 电控动力转向系统的组成

1—油杯；2—转向管柱；3—转角速度传感器；4—电子控制单元；5—转角速度传感器增幅器；
6—旁通流量控制阀；7—电磁线圈；8—转向齿轮联动机构；9—动力转向油泵

9.3.2 液压式 EPS 的结构与工作原理

1. 液压式 EPS 的组成

液压式 EPS 转向系统如图 9-28 所示，一般由电气和机械两部分组成，电气部分由车速传感器、转角传感器和电控单元 ECU 组成，机械部分包含转向器、控制阀、管路和电动液压泵。其中电动液压泵的工作状态是由转向电控单元 ECU 根据车辆的行驶速度、转向角度等信号计算出的最理想状态，从而实现通过控制液体流量变化使助力作用随车速的变化而改变。简单地说，汽车在低速行驶大幅转向时，电控单元 ECU 驱动电动液压泵以高速运转输出较大功率，使驾驶员转向省力；汽车在高速行驶时，电控单元 ECU 驱动电动液压泵以较低的速度运转输出较小的功率，使汽车在高速行驶时具有良好的路感。

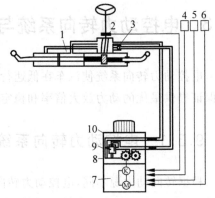

图 9-28 液压式 EPS 结构示意图

1—动力转向器；2—转向助力传感器；3—单向阀；4—车速传感器；5—转向控制灯；6—发动机传感器；7—动力转向 ECU；8—电动液压泵；9—限压阀；10—储油罐

2. 液压式 EPS 的工作原理

1) 流量控制式 EPS

图 9-29 所示为流量控制式动力转向系统的组成。

流量控制式动力转向系统中，在转向动力缸两腔之间设有一旁通油路，在旁通管路中又设有旁通油量控制阀。根据车速传感器、转向角速度传感器和控制开关等输入信号，系统电控单元通过控制电磁阀阀针的开启程度，来控制转向动力缸两腔液压油的旁通流量，使转向动力缸两腔压力差变化，从而改变系统的转向助力大小。车速越高，流过电磁阀电磁线圈

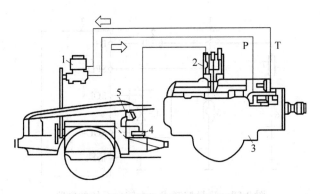

图 9-29 流量控制式动力转向系统组成

1—动力转向油泵；2—电磁阀；3—动力转向控制阀；4—ECU；5—车速传感器；P—压力油管；T—回油管

的平均电流值越大，电磁阀阀针的开启程度越大，旁通液液压油流量越大，系统助力作用越小，使转动方向盘的力随之增加；反之，车速越低，流过电磁阀电磁线圈的平均电流值越小，电磁阀阀针的开启程度越小，旁通液压油流量越小，系统助力作用越大，使转动方向盘的力随之减小。

电磁阀的结构如图 9-30 所示。

图 9-31 所示为电磁阀的驱动信号。驱动电磁阀电磁线圈的脉冲电流信号频率基本不变，但随着车速增大，脉冲电流信号的占空比将逐渐增大，使流过电磁线圈的平均电流值随车速的升高而增大。

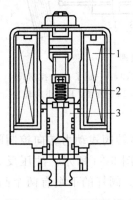

图 9-30 电磁阀的结构

1—线圈；2—弹簧；3—阀

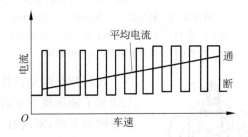

图 9-31 电磁阀的驱动信号

如图 9-32 所示，动力转向系统的 ECU 是 EPS 的核心控制部件，它根据车速传感器提供的车速信号，以控制旁通流量控制阀的电流调节液压力，达到调节转向力的效果。

这种控制方法的优点是在原来液压动力转向功能上再增加了压力油流量控制功能，所以结构简单、成本较低。但是，当流向动力转向机构的压力油降低到极限值时，对于快速转向会产生压力油量不足、响应较慢等缺点，故使它的推广应用受到限制。

2) 反力控制式 EPS

反力控制式 EPS 系统主要由转向控制阀、分流阀、电磁阀、转向动力缸、转向油泵、储油罐、车速传感器及电控单元 ECU 等组成，其工作原理如图 9-33 所示。

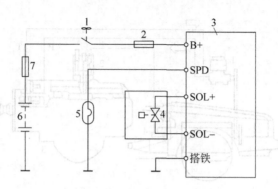

图 9-32　流量控制式动力转向系统的电路

1—点火开关；2—熔断器(ECU-IG)；3—动力转向 ECU；4—电磁阀；5—车速传感器；6—蓄电池；7—熔断器

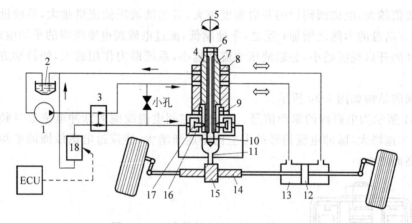

图 9-33　反力控制式 EPS 的工作原理

1—液压泵；2—储油罐；3—分流阀；4—扭力杆；5—方向盘；6,9,10—销子；7—控制阀轴；8—转阀；11—小齿轮轴；12—动力缸活塞；13—动力缸；14—齿条；15—小齿轮；16—柱塞；17—油压反力室；18—电磁阀

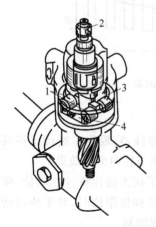

图 9-34　控制阀的结构

1—柱塞；2—扭杆；3—凸起；4—油压反力室

转向控制阀是在传统的整体转阀式动力转向控制阀的基础上增设了油压反力室而构成，如图 9-34 所示。油压反力室位于控制阀的下端，室内有 4 个柱塞。阀杆的下端有两个凸起，分别顶在 4 个柱塞上。

分流阀的作用是将来自转向液压泵的油液，一部分分流到控制阀，一部分分流到电磁阀。根据汽车行驶车速和转向要求，改变进入控制阀和电磁阀的油压，确保电磁阀一侧具有稳定的油液流量(见图 9-34)。

汽车转向时，EPS 的 ECU 根据车速的高低控制电磁阀的开度，使油压反力室的部分油液流回储液器，从而改变转向助力的大小。当车辆静止或低速行驶转向时，电磁阀线圈通以较大的电流，电磁阀开度增大，经分流阀分流的油液通过电磁阀重新回流到储液器中，使作用于柱塞的背压(油压反力室压力)降低，柱塞推动控制阀阀杆的力(反作用力)较小,此时只需要较小的转向力就可使扭杆扭转变形,使阀杆与阀体发生相对转动而实现转向助力作用。

当车辆中、高速行驶转向时,ECU使电磁阀线圈的通电电流减小,电磁阀开度减小,油压反力室的油压升高,作用于柱塞的背压增大,柱塞推动阀杆的力增大,此时,需要较大的转向力才能使阀杆与阀体之间作相对转动而实现转向助力作用,使得汽车在中、高速行驶转向时,驾驶员可获得良好的转向手感和转向特性。

3) 阀灵敏度控制式 EPS

阀灵敏度控制式动力转向系统是根据车速控制电磁阀,直接改变动力转向控制阀的油压增益(阀灵敏度)来控制转向助力。阀灵敏度可变控制动力转向系统如图9-35所示。该系统的主要部件有控制阀、电磁阀与电控单元等。

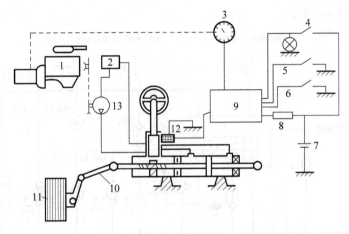

图 9-35　阀灵敏度可变控制转向系统结构示意图

1—发动机;2—储油箱;3—车速传感器;4—灯开关;5—空挡;6—离合器开关;7—蓄电池;8—熔断器;9—动力转向控制单元;10—动力转向齿轮机构;11—前轮;12—动力转向系统电磁阀;13—动力转向油泵

(1) 控制阀

控制阀为旋转式控制阀,阀杆的圆周上有6或8条沟槽,各沟槽利用阀体上的油道分别与转向油泵、动力缸、电磁阀及储液罐连接,如图9-36所示。

汽车停止时,电磁阀不通电而处于完全关闭状态。例如,向右转动方向盘,此时旁通回路没有流入油液,高灵敏度低速专用小孔1R及2R在较小转向扭矩作用下即可关闭,转向油泵的高压油液经1L流向动力缸右腔,同时,动力缸左腔的油液经3L、2L流回储液器。此时,具有轻便的转向特性,施加在方向盘上的转向力矩越大,可变小孔1L、2L的开度越大,转向助力作用越明显。

随着车速的提高,在电子控制装置的作用下,电磁阀的开度也在线性增加。例如,向右转动方向盘,则转向油泵的一部分高压油液经1L、3R和旁通电磁阀流回储液器。因此,转向动力缸右腔的油压取决于旁通电磁阀和灵敏度低的高速专用

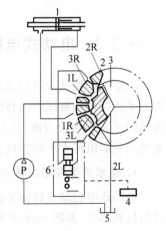

图 9-36　控制阀

1—动力缸;2—外体;3—内体;4—控制元件;5—机油箱;6—动力转向电磁阀

小孔 3R 的开度。车速越高,电磁阀的开度越大,旁通流量越大,转向助力作用就越小;在车速不变的情况下,施加在方向盘上的转向力矩越小,高速专用小孔 3R 的开度越大,转向助力作用也越小。当转向力矩增大时,3R 的开度逐渐减小,转向助力作用则随之增大。

(2) 电磁阀

电磁阀是一个受电磁线圈通电电流控制的可变节流阀。在低速行驶时,电磁线圈通过最大电流,电磁阀可变节流孔被关闭。随着车速的提高,逐渐减小通电电流,可变节流孔开启。在高速行驶时,电磁阀可变节流孔开度达到最大。该阀在左右转向时,油液流动方向可以逆转,所以在上下流动方向中可变小孔必须具有相同的特性。

(3) 电控单元 ECU

电控单元 ECU 接收来自车速传感器的信号,控制电磁阀电磁线圈的通电电流。控制系统的电路如图 9-37 所示。

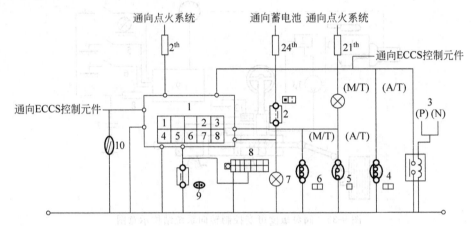

图 9-37 控制系统的电路

1—动力转向系控制元件;2—停车灯开关;3—阻化开关;4—空挡开关;5—驻车制动开关;
6—离合器开关;7—停车灯;8—接插件;9—动力转向系电磁线圈;10—车速传感器

9.3.3 电动式电控动力转向系统

电动式电控动力转向系统是一种直接依靠电动机提供助力的转向系统,这种转向系统省去了传统机械液压助力转向系统复杂的液压泵、液压管路、储液罐等液压部件,不采用发动机的动力作为动力源,而是依靠蓄电池的电源;另外,它不需要复杂的控制机构,通过改变电动机的电流大小和方向,实现助力转向系统的自动控制。

1. 电动式电控动力转向系统的组成

电动式电控动力转向系统主要包含传感器、电控单元 ECU、执行器电动机以及转向系统的机械部分,如图 9-38 所示。

1) 传感器

传感器主要有方向盘扭矩传感器和方向盘转角位置传感器。方向盘扭矩传感器如图 9-39 所示,用于检测驾驶员施加在方向盘上的扭矩;方向盘转角位置传感器用于测量方向盘的角度位置,为自动回正功能提供支持。

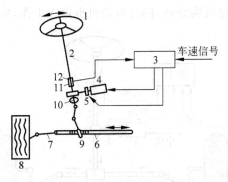

图 9-38 电动式 EPS 的组成

1—方向盘；2—输入轴；3—ECU；4—电动机；5—电磁离合器；6—转向齿条；7—横拉杆；
8—转向轮；9—输出轴；10—扭力杆；11—小齿轮轴箱；12—扭矩传感器

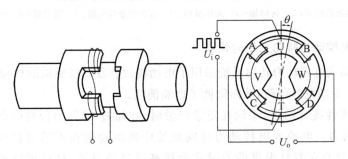

图 9-39 方向盘扭矩传感器的结构与工作原理

2) 电控单元 ECU

电控单元 ECU 可以与车上其他系统通信，接收传感器信号，通过程序运算、处理需要的助力大小，并转换成控制信号输出给驱动电路，驱动电动机输出扭矩。

3) 执行器

电动式电控动力转向系统的执行器包括电动机、离合器、减速机构及转向机构。

① 电动机。电动机主要有直流有刷电动机和直流无刷电动机两种，通常采用无刷电动机。这种电动机利用电子方式实现整流，而且没有碳刷的磨损，因此具有很好的可靠性和较长的使用寿命。当不需要提供转向助力时，电动机在很小的电流驱动下转动，这样当需要较大的转向助力时，电动机就可以立即提高转速以提供所需要的助力。

② 减速机构。电动机输出的扭矩经过减速机构加载到转向系统上。一般形式有蜗轮蜗杆式、循环球式、差动轮系和摇臂机构等，前两者比较常见。

③ 转向机构。与常规转向机构类似。

2. 电动式电控动力转向系统的工作原理

当驾驶员转动方向盘时，安装在方向盘轴上的转矩传感器不断地测出转向轴上的转矩信号，同时，车速传感器提供的车速信号与该信号同时输入给电控单元 ECU。电控单元 ECU 根据这些输入信号，确定助力转矩的大小和方向，即选定电动机的电流和转向，调整转向辅助动力的大小。电动机的转矩由电磁离合器通过减速机构减速增扭后，加在汽车的转向机构上，得到一个与汽车工况相适应的转向作用力。当超过规定的车速时，离合器的驱动信号被切断。电动机与减速机构分离,同时电动机也停止工作,如图 9-40 所示。

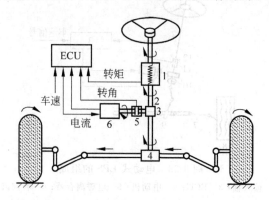

图 9-40　电动式电控动力转向系统结构示意图
1—转矩传感器；2—转向轴；3—减速机构；4—齿轮齿条转向器；5—离合器；6—电动机

3. 电动式电控动力转向系统的优点

① 由于电动式电控动力转向系统采用了电动机代替发动机驱动的机械液压泵,这在一定程度上降低了发动机的负荷,从而降低了燃油消耗。

② 根据技术性统计结果,车辆在正常行驶时,在超过 85% 的行驶时间内助力转向系统不需要提供助力。电动式电控动力转向系统中的电动机在不需要提供助力时只有很小的电流通过,只有在需要提供助力时才会提高通过的电流,这样可以避免消耗不必要的电能。

③ 电动式电控动力转向系统具有调校灵活的特点,通过修改转向电控单元内存储的软件,可以很容易地按照行驶需要设定或修改转向助力的特性,因此在低速和高速行驶时都能有良好的助力效果。

④ 由于采用了转向电控单元,在系统出现故障时还可以通过故障诊断仪读出故障代码,辅助故障的检修。

9.3.4　电控四轮转向控制系统

1. 电控四轮转向系统概述

目前,大多数汽车都是以两个前轮作为转向车轮,这样的转向系统称为两轮转向系统(two-wheel steering,2WS)。

为了使汽车具有更好的弯道通过性和操纵稳定性,一些汽车在后桥上也安装了转向系统,前后左右四个车轮均为转向轮,这样的转向系统称为四轮转向系统(four-wheel steering 或 all-wheel steering,4WS),其一般布置形式如图 9-41 所示。

汽车采用四轮转向系统,即在汽车低速行驶时,依靠逆向转向(前后车轮的转角方向相反)获得较小的转弯半径,改善汽车的操纵性；在汽车中、高速行驶时,依靠同向转向(前后车轮的转角方向相同)减少汽车的横摆运动,能减小车辆质心侧偏角,进一步提高车辆操纵稳定性。

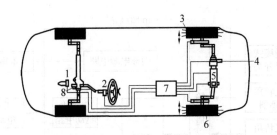

图 9-41 四轮转向系统一般布置形式

1—车速传感器；2—方向盘转角传感器；3—后轮传感器；4—后轮转角副传感器；5—后轮转向执行器；6—后轮转角主传感器；7—四轮转向控制模块；8—前轮转角副传感器

2. 电控四轮转向系统的分类及组成

4WS 系统可分为机械式、液压式、电控机械式、电控液压式和电控电动式等几种类型。下面介绍的是电控电动式 4WS 系统。

电控电动式 4WS 系统是指采用电子控制、电动机助力的 4WS 系统，主要由电控单元 ECU、步进电动机、减速机构、传感器及安全装置等组成。电动机输出扭矩经过减速机构进行减速增扭，并通过万向节、转向机构中的助力小齿轮把输出扭矩送到齿条以便向车轮提供助推扭矩。电控单元 ECU 根据各传感器送来的信号，确定助力扭矩的大小和方向。

1）传感器

传感器的功用是检测汽车转向时的有关运动物理量，并将它们转换成相应的电信号，输入到 ECU 中，供 ECU 进行分析计算。其传感器主要包括以下几种。

（1）前、后轮转角传感器

前、后轮转角传感器分别安装在前、后轮转向机构靠近车轮的一侧，采用非接触型霍尔元件传感器，用来检测前、后车轮的瞬时偏转角。

（2）车速传感器

车速传感器安装在车速里程表的转子附近，采用光电式车速传感器，将汽车前进速度检测出来，以脉冲信号的形式输出，送入四轮转向系统 ECU。

（3）车身横摆角速度传感器

车身横摆角速度传感器安装在汽车质心处的车身上，采用压电射流角速度传感器，检测汽车转向行驶时的车身横摆角速度，以电信号的形式输入 ECU，ECU 输出控制信号，实时控制汽车的转向运动，保证汽车转向行驶时的动态稳定性。

2）电控单元 ECU

电控单元 ECU 是电控电动式四轮转向系统的核心，其功能是根据预先制定的控制方案，对传感器的输入信号进行分析、计算、处理，输出一定控制指令，驱动步进电动机动作。其电控单元 ECU 的控制框图如图 9-42 所示。4WS 系统电控单元 ECU 主要由输入信号调整电路、微处理器、输出信号处理电路、电源电路等硬件部分和控制程序、软件平台等软件部分组成。为保证控制系统可靠地工作，电控单元 ECU 还必须采取有效的抗干扰措施和故障自诊断处理措施。

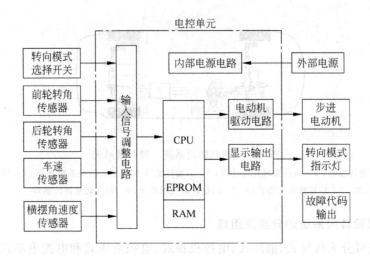

图 9-42　电控电动式 4WS 系统控制电路框图

3）步进电动机

步进电动机是一种数字控制式电动机，可以将数字脉冲信号转换成角位移，控制性能好，适于单片机控制。其功用是根据电控单元 ECU 的指令输出适宜的转矩和转角，驱动后轮转向机构，控制后轮的转向，是后轮转向系统中的驱动执行元件。

采用步进电动机的主要优点是：步进电动机的角位移与输入脉冲数严格成正比，随动性好，可与角度反馈环节组成高性能的闭环数控系统；动态响应快，易于实现起停、正反转及变速；具有自锁和保持转矩能力；结构简单，坚固耐用，抗干扰能力强。

4）减速机构

减速机构的功能是降低步进电动机的转速，增大步进电动机传递给转向传动机构的扭矩。常采用蜗轮蜗杆机构或行星齿轮机构。

5）后轮转向传动机构

不同的车型，后轮转向传动机构的结构形式也不一样，可采用传统的转向机构形式，也可根据汽车后悬架结构和行驶转向要求，设计特定结构形式的后轮转向机构。

6）自诊断及安全装置

电控电动式 4WS 系统必须保证在电控四轮转向系统发生故障的情况下，系统可以进行故障的自诊断，并将诊断结果告知驾驶员，使其进行相应的动作；在故障不能排除时，传统的转向系统必须要能正常工作，因此，在电控四轮转向系统中必须设有两种转向模式，既可进入传统转向模式，又可进入电控四轮转向模式，电控系统可以根据系统的故障信号自动对转向模式开关进行选择，以确保车辆的可靠性。

电控电动式 4WS 系统的安全装置一般可由一个在主电源电路中能切断电机的继电器和一个安装在电动机和减速器之间的电磁离合器组成。系统只要发生故障，这些装置就可以自动进行车辆转向模式的选择，从而确保整车的行驶安全。

3. 电控电动式四轮转向系统的工作原理

电控电动式 4WS 系统的前、后轮转向系统之间没有任何机械连接、油管连接装置，结构上相互独立,其布置形式如图9-43所示。汽车行驶过程中需要转向时,传感器将前轮转向的信号和汽车运动的信号送入电控单元ECU,ECU进行分析、运算,向步进电动机输出驱动信号,步进电动机动作,通过后轮转向机构控制带动后轮偏转。同时,ECU还实时监控汽车转向状况,计算目标转向角与后轮实际转向角之间的差值,实时调整后轮的转角。这样,可以根据汽车的实际运动状态,实现汽车的四轮转向。电控电动式四轮转向系统设有两种转向模式,驾驶员可通过驾驶室内的转向模式开关进行选择,既可进入4WS状态,也可保持传统的2WS状态。当4WS汽车在行驶过程中电子控制系统出现故障时,后轮自动回到中间位置,汽车自动进入前轮转向状态,保证汽车像普通前轮转向汽车一样安全地行驶。同时,仪表板上的"4WS"指示灯亮,提示驾驶员,四轮转向系统出现故障,其故障情况同时被存储在ECU中,以便于维修时通过故障代码进行检测。

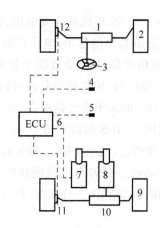

图9-43 电控电动式4WS汽车总体布置示意图

1—前轮转向机构;2—前轮;3—转向盘;4—车速传感器;5—横摆角速度传感器;6—电控单元;7—步进电动机;8—减速机构;9—后车轮;10—后轮转向机构;11—后轮转角传感器;12—前轮转角传感器

上述电控电动式4WS系统后轮转向装置属于车速感应型,其工作特点是后轮偏转的方向和转角大小主要受车速高低的控制,同时也响应前轮转角、横摆角速度的变化。ECU根据设定的控制策略,通过程序控制,实现汽车的四轮转向。在低速行驶或者方向盘转角较大时,前、后轮实现逆相位转向,且后轮偏转角度随前轮转角增大而在一定范围内增大。这种转向方式可改善汽车低速时的操纵轻便性,减小汽车的转弯半径,提高汽车的机动灵活性。在中、高速行驶或方向盘转角较小时,前、后轮实现同相位转向,使汽车车身的横摆角速度大大减小,可减小汽车车身发生动态侧偏的倾向,提高汽车高速行驶的操纵稳定性。

9.4 汽车防抱死制动系统

9.4.1 汽车防抱死制动系统概述

汽车防抱死制动系统(antilock brake system,ABS),是汽车上的一种主动安全装置,其作用是在汽车制动时,防止车轮抱死在路面上拖滑,以提高汽车制动过程中的方向稳定性、转向控制能力,并缩短制动距离,使汽车制动更为安全有效。

随着汽车行驶速度的提高、汽车数量的增多以及人们对汽车行驶安全性的要求越来越高,ABS已经成为汽车上的一种重要安全装置。早在20世纪30年代,ABS就运用在铁路机车的制动中,其目的是防止列车制动时车轮抱死后在钢轨上滑行造成局部摩擦,致使车轮、钢轨早期损坏和车轮不能平稳旋转而产生噪声和振动。40年代,为了防止飞机着陆时制动跑偏、甩尾和轮胎剧烈磨损,以及缩短滑行距离,在飞机上开始采用ABS,并很快成为飞机上的标准装备。

20世纪50年代被开发引用到汽车上。进入70年代后,随着数字技术、大规模集成电路的发展和微机的运用,电子控制式ABS系统日趋成熟,成本不断降低,并且体积小、质量轻、控制精度高,其安全效能十分显著,普遍受到人们的欢迎和认可,为其迅速普及创造了条件。80年代初,还仅在部分高级轿车上采用。进入90年代后,在欧洲、美国、日本和韩国等国家,ABS的装车率大幅提高,加之法规的推动作用,ABS已成为汽车上标准装备或选择装备。我国对ABS的研究始于80年代初,国内一些院校、科研单位和生产厂家,通过技术攻关和技术引进,已经掌握了ABS的控制技术。上海汽车制动系统有限公司引进并合资生产的ABS产品已于1997年2月顺利投产,随后的10多年时间,许多厂家也研制开发了适应不同类型车辆的ABS系统。目前我国生产的小轿车、客车及载货车都已装用了ABS系统。

9.4.2 ABS系统的基本组成

通常ABS系统是在常规制动系统的基础上增加了车轮转速传感器、ABS电控单元、制动压力调节装置及ABS警告灯等。如图9-44所示为带ABS功能的制动系统。

1. 车轮转速传感器

车轮转速传感器主要由齿圈和传感器两部分组成,其中传感器主要由永久磁铁和感应线圈构成,产生感应信号。车轮转速传感器主要用来监测车轮运动状态,当一个车轮显示出抱死信号时,车轮的减速度和滑移率急剧增加,这时该传感器把所感受到的信息传输给电控单元ECU,如果电控单元ECU经过分析、运算之后,此时车轮的减速度和滑移率数值超过预定的临界值,电控单元ECU将给执行机构的电磁阀发出指令,迅速减小或停止车轮压力的增长,达到防抱死的目的。前轮转速传感器的安装如图9-45所示,后轮转速传感器的安装如图9-46所示。

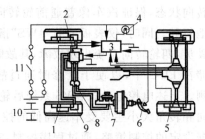

图9-44 带ABS功能的制动系统

1—前轮转速传感器;2—制动压力调节装置;3—ABS电控单元;4—ABS警告灯;5—后轮转速传感器;6—停车灯开关;7—制动主缸;8—比例分配阀;9—制动轮缸;10—蓄电池;11—点火开关

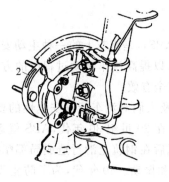

图9-45 前轮转速传感器的安装
1—车轮转速传感器;2—齿圈

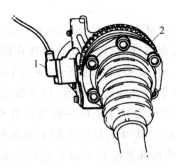

图9-46 后轮转速传感器的安装
1—车轮转速传感器;2—齿圈

2. 电控单元 ECU

ABS 的电控单元 ECU 是 ABS 系统的控制中心。电控单元接收车轮转速传感器、车速传感器以及其他开关信号,经整形放大之后,转变成同频率的方波再进行计算,计算结果与 ECU 存储的给定极限值进行比较,如果达到极限值,便发出一个控制指令脉冲,控制制动压力调节器中的电磁阀动作,进行车轮制动压力的调节。ABS 系统中设有低速控制,当汽车速度降低到一定速度(一般 5km/h)时,系统自动中断 ABS 工作,恢复常规的制动系统工作状态。另外,ABS 系统还有监测功能,当系统出现影响安全运行的故障时会自动停止 ABS 系统,仪表盘显示区域"ABS"警告灯同时点亮,告知驾驶员,此时 ABS 系统有故障,处于停止工作状态。

3. 制动压力调节器

制动压力调节器是 ABS 中的主要执行器,设置在制动总泵(主缸)与车轮制动分泵(轮缸)之间,其作用是接收 ABS 电控单元 ECU 的指令,驱动调节器中的电磁阀动作(或电机转动等),调节制动分泵的压力,使之增大、保持或减小,实现制动系统压力的调节功能,如图 9-47 所示。由于 ABS 是在传统制动系统基础上增加了一套控制装置所形成,因此 ABS 是在常规制动过程基础上进行工作的。在制动过程中,车轮还没有趋于抱死时,其制动过程与常规制动过程完全相同;只有车轮趋于抱死时,ABS 才会对趋于抱死的车轮制动压力进行调节。

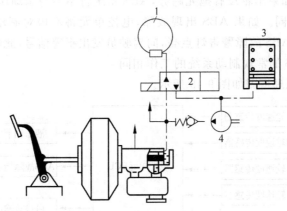

图 9-47 制动压力调节器
1—轮缸;2—电磁阀;3—储能器;4—回油泵

ABS 系统的组件在车上的安装位置如图 9-48 所示。

9.4.3 ABS 系统的工作原理

在汽车制动过程中,由装在车轮上的转速传感器采集车轮的转速信号、车速信号以及其他开关信号并同时输送到电控单元 ECU,ECU 根据设定的控制逻辑,对输入的信号进行处理,确定各车轮的滑移率。如果某个车轮的滑移率超过设定值,ECU 就发出指令控制制动压力调节器,制动压力调节器使该车轮制动轮缸中的制动压力减小;如果某个车轮的滑移率还没达到设定值,ECU 就控制制动压力调节器,使该车轮的制动压力增大;如果某个车

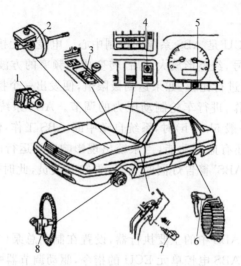

图 9-48 ABS 系统组件在车上的安装位置

1—ABS 控制器；2—制动主缸和真空助力器；3—自诊断插口；4—ABS 警告灯（K47）；5—制动警告灯（K118）；6—后轮转速传感器（G44/G46）；7—制动灯开关（F）；8—前轮转速传感器（G45/G47）

轮的滑移率接近于设定值时，ECU 就控制制动压力调节器，使该车轮制动压力保持一定。从而使各个车轮的滑移率保持在理想的范围之内，防止车轮完全抱死。

在制动过程中，如果车轮没有抱死趋势，ABS 系统将不参与制动压力控制，此时制动过程与常规制动系统相同。如果 ABS 出现故障，电控单元将不再对制动压力调节器进行控制，并将仪表板上的 ABS 故障警告灯点亮，向驾驶员发出报警信号，此时 ABS 不起作用，制动过程将与没有 ABS 的常规制动系统的工作相同。

ABS 系统工作原理框图如图 9-49 所示。

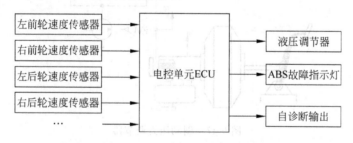

图 9-49 ABS 系统工作原理框图

ABS 系统的制动分为如下 4 个过程。

1. 常规制动过程

在常规制动过程中，ABS 系统不工作，电磁线圈中无电流通过，电磁阀处于"升压"位置。此时来自制动主缸的制动液直接进入轮缸，各制动轮缸的制动压力随制动主缸输出压力而变化。此时的制动过程与常规制动系统的工作过程完全相同，如图 9-50 所示。

2. 制动压力保持

在车辆制动过程中，当车轮趋于抱死时，即当转速传感器发出抱死危险信号时，电控单

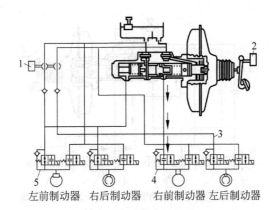

图 9-50 常规制动状态

1—电动泵；2—制动开关；3—高压管路；4—低压管路；5—电磁阀

元向制动压力调节器发出"保持压力"的指令，电控单元向制动压力调节器中电磁阀输入一个较小的保持电流（约为最大工作电流的 1/2），电磁阀处于"保持压力"位置，制动液通往轮缸的通道被切断，此时主缸、轮缸和回油孔相互隔离密封，在常开阀和常闭阀之间制动压力保持不变，轮缸中的制动压力保持一定，如图 9-51 所示。

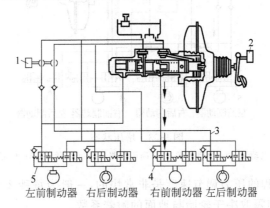

图 9-51 保压状态

1—电动泵；2—制动开关；3—高压管路；4—低压管路；5—电磁阀

3. 制动压力减小

如果在电控单元"保持压力"命令发出后，车轮仍有抱死的倾向，电控单元即向制动压力调节器电磁阀输入一最大工作电流，使电磁阀处于"减压"位置，此时电磁阀将轮缸与回油通道或储液室接通，轮缸中制动液经电磁阀流入储液室，轮缸压力下降，如图 9-52 所示。

4. 制动压力增大

制动压力减小后，车轮若加速太快，电控单元指令制动压力调节器"增加制动压力"，常开电磁阀断电打开，常闭电磁阀断电关闭，制动液在制动踏板力的作用下，通过常开电磁阀再次作用到制动轮缸，制动器再次起作用，如图 9-53 所示。

上述过程反复进行，直到解除制动为止。

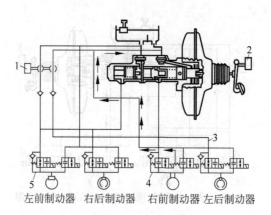

图 9-52 降压状态

1—电动泵；2—制动开关；3—高压管路；4—低压管路；5—电磁阀

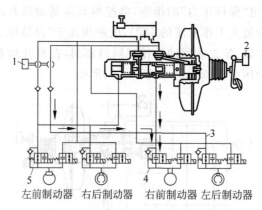

图 9-53 增压状态

1—电动泵；2—制动开关；3—高压管路；4—低压管路；5—电磁阀

整个 ABS 控制过程的压力调节速度是非常快的，一般为每秒 2～6 个循环。电磁阀控制的脉冲宽度及脉冲间隔取决于轮胎与地面的附着系数。

5. 防抱死制动系统的工作范围

① 防抱死只在汽车速度超过一定程度（一般为 5km/h 或 8km/h）时才进行制动压力调节，当车速低于规定值时，防抱死制动系统自动终止制动压力调节；

② 只有在制动过程中有车轮趋于抱死，防抱死制动系统才会对趋于抱死的车轮进行压力调节；

③ 防抱死制动系统具有自诊断功能，能对系统的工作情况进行检测，一旦发现影响系统正常工作的故障，立即关闭防抱死制动系统，并点亮防抱死制动系统警告灯，给驾驶员报警信号，常规制动不受影响；

④ 接收传感器及开关信号，计算车轮减速度、车轮滑移率，并判断车轮是否有抱死趋势，然后向制动压力调节器发出制动压力控制指令，由制动压力调节器执行压力调节任务。

9.4.4 汽车 ABS 零部件测试及常见故障排除

1. 检修 ABS 的注意事项

① ABS 系统与普通制动系统密不可分,普通制动系统一旦出现故障,ABS 系统也就不能工作,故当车辆制动系统出现问题时,应首先判明是 ABS 系统故障还是普通制动系统故障,而不能把注意力全部集中在传感器、电控单元和制动压力调节器上。

② ABS 电控单元对电压、静电非常敏感,维修时稍不注意就有可能损坏电控单元。因此,点火开关接通时不可以拔或插电控单元上的连接器。

③ 维修车轮转速传感器时应特别小心,不要碰伤传感器头,不要用传感器齿圈作撬面,以免造成损坏。安装时不可用力敲击,磁隙可以调整,要用非磁性工具调整。

④ 装有 ABS 的汽车,每年应更换一次制动液。否则,制动液吸湿性很强,含水后不仅会降低沸点,产生腐蚀,而且还会造成制动效能衰退。

⑤ 要注意不要让电控单元受碰撞和敲击,不能处在高温环境中。

⑥ 当蓄电池电压过低时,ABS 系统将不能工作,所以在汽车停驶长时间后起动时,应检查蓄电池电压。

⑦ 具有 ABS 系统的制动系统应使用专用的管路,因为该系统往往具有很高的压力。

⑧ 更换制动器或更换制动系液压部件后,应排净制动管路中的空气,以免影响制动系统的正常工作。

2. ABS 故障检修的一般步骤

① 确认故障情况和故障症状;

② 先对 ABS 系统进行直观检查,检查制动液渗漏、导线破损、插头松脱、制动液的液位过低等情况;

③ 利用自诊断系统读取故障代码,然后根据维修手册寻找故障位置;

④ 根据故障情况,利用必要的工具和仪器对故障部位进行具体的检查,确定故障部位和故障原因;

⑤ 修理或更换部件以排除故障;

⑥ 清除故障代码;

⑦ 检查故障警告灯是否持续点亮;

⑧ 路试。

3. ABS 主要部件的检修

(1) 轮速传感器的检修

轮速传感器可能出现的故障有感应线圈短路、断路或接触不良,传感器齿圈上的齿有缺损或脏污,信号探头安装不牢,或磁极与齿圈之间有脏物等。

轮速传感器在安装时要注意其固定螺母的额定扭矩,不要拧得过紧或过松,否则传感器与齿圈的间隙会过小或过大,影响轮速信号的产生与输出;轮速传感器与桥壳之间应无间隙;齿圈的齿面应无刮痕、裂缝、变形缺损等,严重时应更换转子轴总成。

（2）ABS ECU 的检修

首先检查 ABS ECU 线束插接器有无松动,连接导线有无松脱;再检查其线束插接器各端子的电压、电阻值或波形,并与标准值进行比较。

更换 ABS ECU 时,先关闭点火开关,拔下 ECU 上的线束插头,拆下旧的 ECU,固定好新的 ECU,插上所有的线束插头(注意线束不能损坏和腐蚀,插头应接触良好),对角线拧紧固定螺钉;起动发动机,制动系统警告灯和 ABS 系统警告灯应显示正常。

（3）制动压力调节器的检修

制动压力调节器可能会出现电磁阀线圈工作不良、阀门泄漏等故障。

检测电磁阀线圈的电阻,如果电阻值无穷大或过小,均说明其电磁阀有故障;将制动压力调节器电磁阀加上工作电压,检查电磁阀能否正常动作,如果不能正常动作,则应更换制动压力调节器;如果怀疑是制动压力调节器有问题,则应在制动压力调节器内无高压制动液时,拆下调节器进一步检查。

9.5 汽车驱动防滑系统

汽车驱动防滑系统(acceleration slip regulation,ASR),其作用是防止汽车起步、加速过程中驱动轮打滑,特别是防止汽车在非对称路面或转弯时驱动轮空转,并将滑移率控制在10%～20%范围内。由于 ASR 大多是通过调节驱动轮的驱动力实现控制的,因而又叫驱动力控制系统,简称 TCS。

9.5.1 ASR 系统的基本组成

ASR 系统主要由电控单元 ECU、车轮转速传感器、节气门位置传感器、节气门执行器和制动压力调节装置等组成,其中 ECU 和车轮转速传感器是与 ABS 系统共用,如图 9-54 所示。

9.5.2 ASR 系统的工作原理

ASR 驱动防滑系统是维持附着条件、充分发挥驱动车轮驱动力的系统。该系统通过控制发动机输出转矩和适当对驱动车轮进行制动等手段来控制驱动车轮的驱动力,防止汽车在起步、加速,特别是在雨雪湿滑路面、非对称路面或在转弯行驶时驱动车轮发生滑转。ASR 电控单元 ECU 根据车轮转速传感器、节气门位置传感器、发动机转速传感器等提供的输入信号计算得到驱动车轮的滑动率,并判断汽车的行驶速度、行驶状况、节气门开度、发动机的工况等,来确定是否进行防滑控制和选择什么样的控制方式。

当两驱动车轮的滑移率超出规定值时,ASR 电子控制装置向副节气门驱动步进电动机输出控制信号,使副节气门开度适当减小,以控制发动机的输出转矩,抑制驱动车轮的滑转。通过调节副节气门开度来控制发动机输出转矩的反应速度较慢,常辅以调

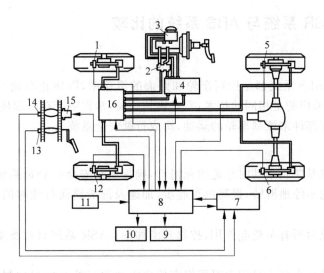

图 9-54 ABS/ASR 系统的组成

1—右前轮转速传感器；2—比例阀；3—制动主缸；4—ASR 制动压力调节器；5—右后轮转速传感器；6—左前轮转速传感器；7—发动机、变速器的电子控制单元；8—ABS/ASR 电控单元；9—ASR 关闭指示灯；10—ASR 工作指示灯；11—ASR 选择开关；12—左前车轮转速传感器；13—主节气门开度传感器；14—副节气门开度传感器；15—副节气门驱动步进电机；16—ABS 制动压力调节器

整点火时间和燃油喷射量的方法来补偿副节气门调节的不足。当发动机输出转矩调节量较小或副节气门调节还未能有效控制驱动车轮滑转时，ASR 电子控制装置则向发动机 ECU 输出控制信号，使点火时间适当推迟或喷油量适当减少，以实现迅速控制发动机输出转矩的目的。

当某一驱动车轮的滑移率超出规定值时，ASR 电控单元向 ASR 制动压力调节装置发出控制信号，对滑转的车轮施加一定的制动力，从而控制驱动车轮的滑转。

进行驱动防滑控制时，发动机输出转矩控制和驱动车轮制动控制一般结合在一起，进行综合控制，以达到最佳的控制效果。在两边车轮同时出现滑转、发动机转速较高、汽车高速行驶等情况下，ASR 电控单元优先选择减小发动机输出转矩控制方式。如果减小发动机输出转矩还不能控制驱动车轮的滑移率，再辅以驱动车轮制动控制。在两边驱动车轮滑动率不一致、发动机输出功率较小、汽车行驶速度不高等情况下，ASR 电控单元则首选驱动车轮制动控制，必要时辅以发动机输出转矩控制。

ASR 可通过选择开关来控制其是否工作。仪表板上设有 ASR 工作指示灯，用来显示 ASR 的工作状态。当关闭 ASR 时，ASR 指示灯熄灭；当打开 ASR 时，ASR 工作指示灯点亮。例如，当检查汽车传动系统或其他系统故障时，应让 ASR 系统停止工作，可以避免因驱动轮悬空，ASR 对驱动轮施加制动而影响故障检查。

一旦 ASR 系统电控单元 ECU 检测到系统故障，系统则立即停止 ASR 调节功能，此时车辆仍可以保持常规制动，同时 ASR 系统会将检测出的故障信息存入 ECU 的 RAM，并让 ASR 报警指示灯闪烁，故障检查时可通过诊断接口检测故障代码辅助排查。

9.5.3 ASR 系统与 ABS 系统的比较

1. 相同点

ASR 系统与 ABS 系统都是控制车轮和路面的滑移率,以防止车轮与地面的附着力下降,因此两个系统采用的是相同的技术,它们密切相关,常常结合在一起使用,共享许多电子组件和共同的系统部件来控制车轮的运动,构成行驶安全系统。

2. 不同点

(1) ABS 系统是防止制动时车轮抱死滑移,确保制动安全;ASR 系统则是防止汽车原地不动而驱动车轮不停地滑转,提高汽车起步、加速及湿滑路面行驶时的牵引力,确保行驶稳定性。

(2) ABS 系统对所有车轮起作用,控制其滑移率;ASR 系统只对驱动车轮起制动控制作用。

(3) ABS 系统是在制动过程中对所有车轮中出现抱死的车轮起控制作用,在车速很低(低于 5km/h 或 8km/h)时不起作用;ASR 系统则是在整个行驶过程中都工作,在驱动车轮出现滑转时起作用。

9.6 汽车电子稳定控制系统

汽车电子稳定控制系统(electronic stability program,ESP),是车辆新型的主动安全系统,是汽车防抱死制动系统(ABS)和驱动防滑系统(ASR)功能的进一步扩展,ESP 不但控制驱动轮,而且控制从动轮。例如,后轮驱动汽车常出现的转向过度情况,此时后轮失控而甩尾,ESP 便会调节增大外侧前轮的制动力来稳定车子;在转向不足时,为了校正循迹方向,ESP 则会调节增大内侧后轮的制动力,从而校正行驶方向。

ESP 系统包含 ABS(防抱死制动系统)及 ASR(驱动防侧滑系统),是这两种系统功能上的延伸,因此,ESP 称得上是当前汽车防滑装置的最高级形式。

ESP 能保证在转向状态下车辆的稳定性(横向),避免车辆产生侧滑。在转向状态下,能自动根据车辆的状态,有针对性地单独制动各个车轮,或控制发动机、自动变速器的状态使车辆保持稳定行驶。

9.6.1 ESP 系统的基本组成

ESP 系统主要由电控单元 ECU、转向传感器(监测方向盘的转向角度)、车轮传感器(监测各个车轮的转动速度)、侧滑传感器(监测车体绕垂直轴线转动的状态)、横向加速度传感器(监测汽车转弯时的离心力)等组成,如图 9-55 所示。电控单元 ECU 通过这些传感器的信号对车辆的运行状态进行判断,进而发出控制指令。

1. 传感器

ESP 系统的传感器有方向盘转角传感器(见图 9-56)、轮速传感器、纵向加速度传感器、

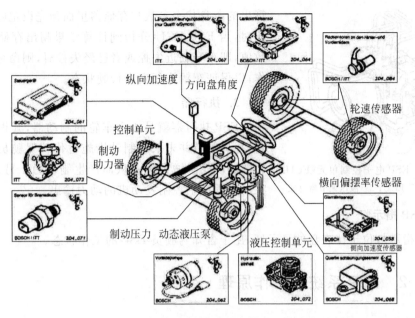

图 9-55　ESP 系统的组成

横向偏摆率传感器(见图 9-57)等。其中,横向偏摆率传感器总成包括两部分,一个是横向偏摆率传感器,另一个是横向加速度传感器。横向偏摆率传感器根据车辆绕其纵轴的旋转角度产生对应的输出信号电压;横向加速度传感器根据车轮侧向滑移率产生对应的信号电压。ESP 控制单元利用横向偏摆率传感器和横向加速度传感器输出的这两个传感器信号,计算出车辆的实际行驶状态,再结合车轮速度传感器的输入信号和方向盘转角传感器的输入信号,确定控制目标。

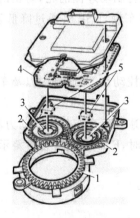

图 9-56　方向盘转角传感器
1—齿轮；2—测量齿轮；3—磁铁；4—判断电路；5—各向异性磁阻(AMR)集成电路

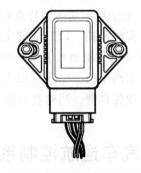

图 9-57　横向偏摆率传感器

2. ESP 电子控制单元

ESP 电子控制单元(ECU)(见图 9-58)将各传感器采集到的数据进行运算处理,并将计

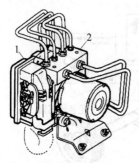

图 9-58　ESP 电子控制单元(ECU)
1—电控单元 ECU；2—液压调节器总成

算出的车身状态参数与存储器里面预先设定的数据进行比对，当 ESP ECU 分析到计算结果超出存储器预存的数值，即车身临近失控或者已经失控时，则命令执行器工作，以保证车辆恢复安全行驶状态。

3. 执行器

ESP 执行器就是 4 个车轮的制动器，其根据实际需要，在驾驶员并未采取制动措施时代替驾驶员向某个车轮的制动轮缸增大压力从而产生制动力。另外，它还能在一定程度上控制发动机的动力输出。

4. ESP 指示灯

ESP 指示灯位于仪表盘的显示区，用于告知驾驶员 ESP 的工作状态。

9.6.2　ESP 系统的工作原理

ESP 首先通过方向盘转角传感器及各车轮转速传感器识别驾驶员转弯方向(驾驶员意图)，通过横向偏摆率传感器识别车辆绕垂直于地面轴线方向的旋转角度，并用横向加速度传感器识别车辆实际运动方向，再结合车轮速度传感器的输入信号和方向盘转角传感器的输入信号，确定车辆的实际行驶状态。只要 ESP 识别出驾驶员的输入与车辆的实际运动不一致，就马上通过对单个车轮施加制动力和控制发动机的输出功率，来保持车辆行驶的稳定性。

ESP 判定车辆出现转向不足时，将制动内侧后轮，使车辆进一步沿驾驶员转弯方向偏转，从而稳定车辆；ESP 判定车辆出现过度转向时，将制动外侧前轮，防止出现甩尾，并减弱过度转向趋势。如果单独制动某一车轮不足以稳定车辆，ESP 将通过降低发动机扭矩输出的方式或制动其他车轮来满足需求。

ESP 电子稳定系统的特点是：

（1）实时监控。ESP 能够实时监控驾驶者的操控动作、路面反应以及车辆行驶状态，并不断向发动机和制动系统发出指令。

（2）主动干预。ESP 可以主动调控发动机的转速和每个车轮的驱动力和制动力。

（3）预先提醒。当驾驶者操作不当或路面异常时，ESP 会用警告灯警示驾驶者。

9.7　汽车巡航控制系统

汽车巡航是指汽车以一定的速度匀速行驶，故巡航控制系统(cruise control system, CCS)又称恒速、稳速系统，它是利用电子控制技术对汽车行驶速度进行自动调节的系统，可以让行进中的汽车以接近恒速的方式行驶。安装有 CCS 的汽车在行驶状况良好的高速公路上行驶时，汽车可以根据行驶阻力的变化，自动调节发动机节气门(或油门)开度的大小，保持汽车以事先设定的车速在公路上恒速行驶，免去驾驶员持续踩踏油门踏板的动作，从而大大减轻了驾驶者的劳动强度,在必要时(如加速、减速或停车时),驾驶员又可以重新操纵汽车,根据实际需要控制车速。

9.7.1 汽车巡航控制系统概述

1. 巡航控制系统的组成

巡航系统一般由输入部分、电子控制单元(ECU)和执行器组成,如图9-59所示。

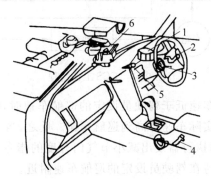

图9-59 巡航控制系统的组成
1—电子控制单元(ECU);2—控制开关;3—螺旋弹簧;4—车速传感器;5—制动开关;6—执行器

1) 输入部分

输入部分包括车速传感器、节气门位置传感器或加速踏板位置传感器(柴油机)、控制开关。输入部分不断地把车速信号、发动机负荷信号、制动信号以及开关信号送入电子控制单元(ECU)。巡航控制系统的车速传感器、节气门位置传感器或加速踏板位置传感器,分别向CCS ECU提供汽车行驶速度信号和发动机负荷信号,以便CCS ECU根据车速变化量来调节节气门开度,从而使汽车行驶速度保持恒定。传感器可与发动机控制系统或电子控制自动变速系统共用。控制开关包括主控制(MAIN 或 ON-OFF)开关、恒速设定/减速(SET/COAST)开关、恢复/加速(RES/ACC)开关、解除(CANCEL)开关等。控制开关的作用是将恒速、加速或减速、恢复原速以及取消巡航行驶等指令信号输入CCS ECU。

2) 电子控制单元

巡航控制电子控制单元(CCS ECU)是巡航控制系统的核心,负责数据存储、车速运算、比较、决策和诊断等工作。

3) 执行器

执行器有真空式和电机式两种。真空式主要由速度伺服装置和电磁阀等组成。电机式主要由电动机(永磁式或步进式电动机)、减速机构和电磁离合器等组成。执行器的作用是根据CCS ECU指令,通过节气门拉索(钢索)或电子式节气门控制器调节发动机节气门开度,使车速保持恒定。

2. 巡航控制系统的控制原理

巡航控制系统是一个典型的闭环控制系统,其工作流程如图9-60所示,驾驶员可以利用控制开关将恒速保持、减速、恢复原速和加速等命令传送给电子控制单元(ECU)。当驾驶员操纵恒速保持开关时,ECU会记忆调节后的车速来进行恒速控制。记忆车速与实际行驶车速都被送到计算机的比较电路中,比较电路的输出信号通过补偿电路和 CCS 执行器借助发动机和变速器实现对驱动力的调节,最终使汽车以经济的车速稳定行驶。

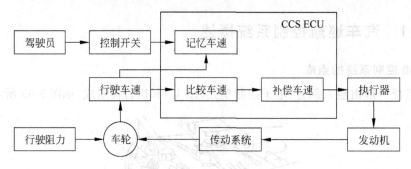

图 9-60　CCS 工作流程

在控制过程中,当实际车速低于驾驶员设定的巡航车速时,CCS ECU 将向执行器发出增大节气门开度的指令,使实际车速升高到巡航车速。反之,当实际车速高于驾驶员设定的巡航车速时,CCS ECU 将向执行器发出减小节气门开度的指令,使实际车速降低到巡航车速,从而使实际车速基本保持在驾驶员设定的巡航车速附近。

3. 巡航车速的控制方式

巡航车速一般都采用比例-积分算法(proportion and integral calculus)进行控制,又称为 PI 控制方式。比较器 A 运算得到的误差信号经过比例运算电路 K_P 线性放大后,输出的信号将正比于误差信号。积分运算放大电路 K_I 设置有一条斜率可调的输出控制线,根据控制线控制的巡航车速与节气门开度之间的关系,如图 9-61 所示,在短时间内将车速误差调节到趋近于零的很小范围。节气门控制信号则由比例运算电路和积分运算电路输出信号叠加而成。

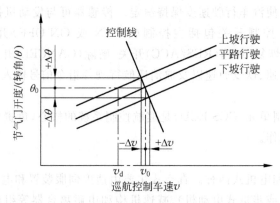

图 9-61　巡航车速控制原理

当汽车在平坦路面上以设定的巡航车速 v_0 行驶时,设节气门开度为 θ_0。如果此时 CCS ECU 向执行器发出指令使节气门开度保持不变,则汽车将以设定的巡航车速 v_0 行驶。但是,当车辆遇到坡道上坡行驶或遇到刮风逆风行驶时,由于坡道阻力或风阻增加将使车速降低到 v_d,不能以设定的巡航车速 v_0 行驶。因此,CCS ECU 必须向执行器发出指令使节气门开度增大(即节气门旋转角度增大 $+\Delta\theta$ 度),才能使车速接近于设定的巡航车速 v_0(即实际车速比巡航车速低-Δv值)行驶。同理,当车辆下坡或顺风行驶时,节气门旋转角度将减小-Δθ度,实际车速将比巡航车速 v_0 高+Δv值。

由此可见,为使汽车巡航车速 v_0 不受行驶阻力变化的影响,巡航电子控制单元内部积分运算放大电路 K_1 控制的控制线应尽可能使车速变化范围减小,即控制线的斜率应尽可能小。由于PI控制方式设置了控制线,因此,当汽车行驶在上坡、下坡道路以及风阻等因素导致行驶阻力变化时,控制系统只要将节气门开度调整±θ度,就可将车速变化幅度限制在±Δv的微小范围内。

4. 巡航控制系统的优点

巡航控制系统主要具有以下优点:

(1) 减轻驾驶员的劳动强度,提高行驶安全性。通常当车速高于40km/h后,只要驾驶员操作巡航开关设定一个想要恒速行驶的车速,CCS ECU就能自动控制发动机节气门开度使汽车保持在设定的速度恒速行驶,不需驾驶员踩踏加速踏板(油门),使劳动强度大大减轻。当汽车在高速公路或高等级公路上长时间行驶时,更能充分发挥CCS的优点,因为巡航行驶不用踩踏加速踏板,驾驶员的劳动强度大大减轻,所以行驶安全性将大大提高。

(2) 行驶速度稳定,提高乘坐舒适性。在巡航行驶过程中,无论汽车在上坡或下坡路面,还是在平坦路面上行驶,或在风速变化的情况下行驶,只要是在发动机功率允许范围之内,汽车行驶速度都将保持设定的巡航车速不变。

(3) 节省燃料,提高燃油经济性和排放性能。实践证明,汽车在相同行驶条件下利用巡航行驶可以节省15%左右的燃料。这是因为巡航控制系统(CCS)与发动机燃油喷射系统(EFI)以及自动变速控制系统(ECT)是相互配合工作的,巡航车速被控制在经济车速范围内,汽车巡航行驶时的燃料供给与发动机功率之间处于最佳配合状态,与此同时,有害气体的排放量也将大大减少。

9.7.2 汽车巡航控制系统的结构原理

汽车巡航控制系统采用的车速传感器信号、节气门位置传感器信号、制动灯开关信号、驻车制动开关信号、点火开关信号、空挡起动开关(对于自动变速器汽车)信号等一般都与发动机控制系统和电子控制自动变速系统共用,其结构原理在前面已详细介绍过,故在巡航控制系统中主要介绍巡航开关、巡航控制电子控制单元(CSS ECU)和巡航执行器有关内容。

1. 巡航系统开关

1) 巡航开关

巡航系统功能的实现均依赖于专用开关,巡航开关作为系统电源控制的主控制开关安装在仪表板或控制开关手柄上,如图9-62(a)所示,按下巡航开关后,汽车电源给巡航控制系统供电,同时Power指示灯亮。按下恒速设定开关时,Memory指示灯亮,车速被存储在计算机中。

巡航开关安装于转向盘附近的手柄,具有恒速设定/减速(SET/COAST)、恢复/加速(RES/ACC)和解除(CANCEL)等功能,通常该控制开关是一个自动回位型开关,具有以下功能。

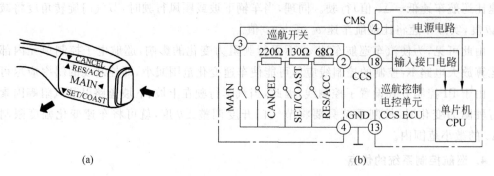

图 9-62 巡航开关操纵手柄的外形结构与内部电路
(a) 操纵手柄外形；(b) 巡航开关电路

(1) 巡航控制

在主控制开关接通的情况下，车辆在巡航控制车速范围内（通常 40～200km/h）行驶时，将巡航开关向恒速设定（SET）方向扳动一次，CCS ECU 记忆此时行车速度，并开始恒速控制。ECU 将实际车速与设定的存储车速随时进行比较，控制发动机节气门控制执行器工作，调控节气门开度，以保持汽车的稳定行驶速度，此过程驾驶员无需踩踏油门踏板。

(2) 解除与恢复巡航控制

当将控制手柄向解除（CANCEL）方向扳动一次，或者对车辆实施制动（包括行车和驻车制动）、分离离合器、接合空挡启动开关等操作，巡航控制会自动解除。如若解除瞬时的车速不低于 40km/h，ECU 记录该瞬时速度，并可以通过手柄向恢复（RES）方向扳动一次恢复巡航控制；如若车速低于 40km/h，巡航将自动解除，ECU 中原存储车速也随之自动取消，不可再恢复。

(3) 减速与加速控制

当车辆在巡航状态下行驶时，若将控制手柄向 SET/COAST 方向扳动并保持，发动机节气门将以一定步长逐渐减小开度，使车辆减速行驶，ECU 会存储松开开关瞬时的车速，作为后续巡航的恒速依据；若将控制手柄朝 RES/ACC 方向扳动并保持，发动机节气门又会以一定步长逐渐增大开度，使车辆加速，ECU 也记录下松开开关瞬时的车速，作为后续巡航的恒速依据。

如图 9-62(b) 所示，SET/COAST（设定/巡航）、RES/ACC（恢复/加速）和 CANCEL（取消巡航）3 个开关的信号均从同一个端子（即 CCS 端子或 18 端子）输入 CCS ECU。3 个开关中的任意一个接通时，都是接通搭铁回路。但是，由于各开关之间连接有不同阻值的电阻，因此，当接口电路以恒流源供给恒定电流时，不同开关接通时输入 CCS ECU 的信号电压并不相同，CCS ECU 根据信号电压高低即可判定是那一个开关接通。

2) 制动灯开关

制动灯开关接通信号为解除巡航控制信号之一。制动灯开关接通信号的功用是：在驾驶员踩下制动踏板接通制动灯电路使其发亮的同时，向 CCS ECU 输入一个表示制动的信号，CCS ECU 接收到该信号后将立即解除巡航控制状态，以便制动器制动将车速降低。

在装备巡航控制系统的汽车上，制动灯开关是一个双闸开关，即制动灯开关是在原有常开触点的两端并联一个常闭触点构成。常开触点连接在 CCS ECU 与制动灯电路中，常闭触点连接在 CCS ECU 与巡航执行器（电磁离合器线圈或电磁阀线圈）电路中。当驾驶员踩下制动踏板时，常开触点闭合接通制动灯电路，同时向 CCS ECU 输入一个表示制动的信号，CCS ECU 立即关闭巡航控制程序并控制仪表盘上的巡航指示灯发亮，指示巡航控制状态解除。与此同时，制动灯开关的常闭触点断开，切断巡航执行器电路，使巡航执行器动力传递路线切断。将制动开关常闭触点与控制节气门开度的巡航执行器（电磁离合器线圈或电磁阀线圈）电路串联连接的目的是保证行车安全。因为这样连接可以保证驾驶员踩下制动踏板时，制动灯开关常闭触点断开能将执行器的电源可靠切断，从而使节气门处于完全关闭状态。

3）驻车制动开关

驻车制动开关接通信号为解除巡航控制信号之一。在汽车行驶过程中，当制动系统（防抱死制动系统或常规制动系统）发生故障时，就需要通过操作驻车制动器来降低车速。因此，驻车制动开关接通时的信号必须作为解除巡航控制的输入信号之一。驻车制动开关称为手刹或手制动开关，其功用是：向巡航电子控制单元（CCS ECU）输送一个电信号，以便 CCS ECU 解除巡航行驶状态。

当拉紧驻车制动器时，驻车制动开关触点闭合，在接通制动警告灯电路的同时，还向 CCS ECU 输送一个表示驻车制动器处于制动状态的信号（一般为低电平信号），CCS ECU 接收到该信号后将解除巡航行驶状态。

4）空挡起动开关

空挡起动开关接通信号为解除巡航控制信号之一。在装备自动变速器的汽车上配装有空挡起动开关，安装在自动变速器侧面，由选挡操纵手柄通过杠杆机构操纵。当选挡操纵手柄置于"空挡"（N）位置时，空挡起动开关触点闭合，如果此时点火开关接通"起动"（START）挡位，则空挡起动开关将向发动机电子控制单元 ECU 输入一个电信号（高电平或低电平）。

在汽车行驶过程中接通"空挡"（N）位置时，说明驾驶员想要减速停车。因此，在装备巡航控制系统的汽车上，空挡起动开关还有一个功用就是：向巡航电子控制单元（CCS ECU）输入一个电信号，以便 CCS ECU 解除巡航行驶状态。

5）离合器开关

离合器开关接通信号为解除巡航控制信号之一。在装备手动变速器而不是自动变速器的汽车上，当驾驶员踩下离合器踏板换挡时车速就会降低，巡航控制系统就会发出命令使发动机转速升高，因此，可能导致发动机超速运转而损坏。为了确保安全，在离合器踏板下面设置有一个离合器开关，开关触点在驾驶员踩下离合器踏板时就会闭合。

离合器开关的功用是：当汽车处于巡航状态行驶时，如果驾驶员踩踏离合器踏板（以便变换变速器挡位等），离合器开关触点就会闭合，并向 CCS ECU 输入一个电信号（高电平或低电平），以便 CCS ECU 解除巡航控制状态，同时也便于驾驶员变换变速器挡位。

2. 巡航电子控制单元

汽车在 20 世纪 70 年代装备的巡航控制系统电子控制单元大多数都是采用模拟电子技术制成。随着数字电子技术的发展，特别是大规模集成电路和单片机的广泛应用，20 世纪 80 年代开始采用数字式单片机进行控制，目前已全部采用数字式单片机控制。图 9-63 所示为美国摩托罗拉（Motorola）公司开发研制的数字式巡航控制电子控制单元电路框图。

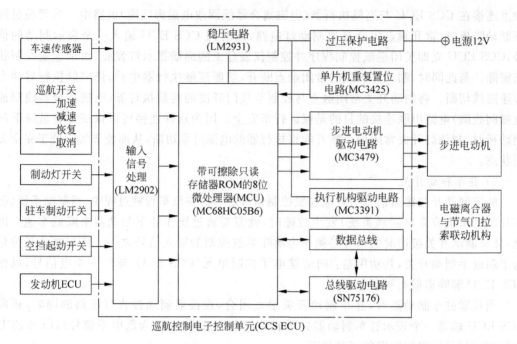

图 9-63 Motorola 数字式 CCS ECU 电路框图

巡航控制系统电子控制单元(CCS ECU)又称为巡航电子控制器,其功用是接收车速传感器、巡航开关、制动灯开关、驻车制动开关、空挡起动开关或离合器开关、发动机电子控制单元以及自动变速系统电子控制单元(ECT ECU)的信号,经过信号转换与处理、数学计算(比例-积分计算)、逻辑判断、记忆存储以及功率放大等后,向巡航执行器输出控制指令信号,驱动执行器动作,从而实现恒速控制或解除巡航行驶状态。

CCS ECU 根据驾驶员操作"设定/巡航"(SET/COAST)开关输入的设定车速信号、车速传感器输入的实际车速信号、各种开关输入信号以及发动机电子控制单元和自动变速电子控制单元(ECT ECU)输入的信号,按照只读存储器 ROM 中预先编制的程序进行计算处理后,向执行器驱动电路发出指令,驱动执行器(步进电动机或直流电动机)动作,执行器通过节气门联动机构和节气门拉索等改变节气门开度,使实际车速达到设定的巡航车速。

CCS ECU 普遍采用大规模或超大规模专用集成电路与单片机组合而成。当汽车上已经装备发动机电子控制系统或自动变速控制系统时,许多传感器(如节气门位置传感器、车速传感器)和控制开关(如制动灯开关、空挡起动开关等)的信号可以共享,只需编制控制程序调用该信号即可,因此,可以大大降低系统的硬件成本。

3. 巡航执行器

目前,巡航执行器有真空式和电机式两种,真空式主要由速度伺服装置和电磁阀等组成,电机式主要由电动机(永磁式或步进式电动机)、减速机构和电磁离合器等组成。执行器的作用是根据 CCS ECU 指令,通过节气门拉索(钢索)或电子式节气门控制器调节发动机节气门开度,使车速保持恒定。目前电机式执行器正逐步代替真空式执行器,因此,下面以电机式执行器为例进行说明。

电机式执行器由驱动电机、电磁离合器、电位计、控制臂和齿轮机构组成,如图 9-64 所示。电机式执行器接收 ECU 指令后,使驱动电动机正转或反转,然后通过齿轮机构的减速传动作用使控制臂正转或反转,从而控制节气门开度的大小,直至控制臂达到所规定的位置后,由电位计向 ECU 发出信号,ECU 便发出指令,使驱动电动机停止通电,并由齿轮机构把控制臂固定在此位置。当解除巡航状态时,电磁离合器脱开,控制臂又回到原位置。

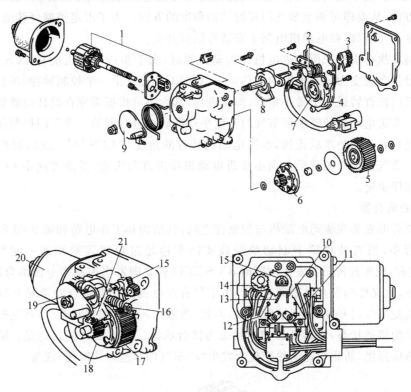

图 9-64 电机式巡航执行器的结构

1—驱动电动机;2,14—电位计;3—电位器主动齿轮;4—电路板;5,17—电磁离合器;6,18—离合器片;7—滑力环;8,21—主减速器;9,19—控制臂;10—杆 B;11,12—限位开关;13—杆 A;15—电位器主动齿轮;16—蜗杆;20—电动机

图 9-65 所示为电机式巡航执行器的工作原理,各个组成部分的作用和工作原理如下。

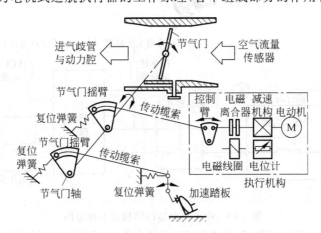

图 9-65 电机式巡航执行器的工作原理

1) 驱动电动机

驱动电动机是执行机构的动力源,既可采用永磁式直流电动机,也可采用步进式直流电动机。电动机转动时通过减速机构和电磁离合器带动控制臂转动,控制臂又通过专用节气门拉索(钢索)拉动节气门摇臂转动。改变流过电动机电枢绕组电流的方向,就可改变电枢轴的转动方向,从而即可调节节气门摇臂转动角度的方向。为了限定控制臂转动角度,防止发动机发生飞车事故,在电动机电路中安装有限位开关。

当电机式执行机构采用步进电机作为动力源时,由于步进电动机能将 CCS ECU 发出的数字信号指令转变为一定角度的位移量。CCS ECU 每发出一个控制脉冲,步进电动机就可带动节气门摇臂转过一个微小角度(即步进角,其大小可根据需要在设计电动机时进行选择)。因此,步进电动机能够保证节气门开度平稳准确地进行调节。节气门摇臂转过的角度与步进电动机转过的角度成正比,步进电动机转过的角度与 CCS ECU 发出的控制脉冲频率成正比。节气门摇臂的转动方向由步进电动机步进方向决定,步进方向由 CCS ECU 控制脉冲的相序决定。

2) 电磁离合器

电磁离合器安装在驱动电动机与控制臂之间,其结构和工作电路如图 9-66 所示。在巡航行驶过程中,当驾驶员踩下制动踏板或实际车速超过设定巡航车速一定值(一般为 15km/h 左右)或车速传感器发生故障时,CCS ECU 将立即发出控制指令使离合器分离,防止发生事故,故又称为安全电磁离合器。由于只有在电磁离合器接合的情况下驱动电动机转动才能改变节气门开度,进入巡航控制,因此,当未进入巡航控制状态时,将电磁离合器线圈电路设计为接通状态,使离合器初始状态为接合状态。如此设计的目的是:提高巡航执行机构的响应速度,防止车速突然变化而发生"游车"(即车速时快时慢)现象。

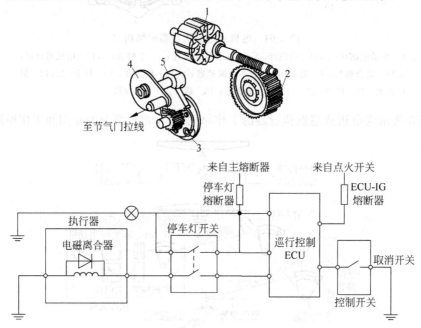

图 9-66 电磁离合器的结构及工作电路
1—驱动电动机;2—电磁离合器;3—离合器;4—控制臂;5—主减速器

如果将电磁离合器的初始状态设计为分离状态,由于离合器接合的机械惯性动作滞后于 CCS ECU 驱动电动机的电驱动动作,因此,待离合器接合时,电动机将突然拉动节气门摇臂转动较大一个角度,使车速突然升高甚至超过设定车速;当超过设定的巡航车速时,CCS ECU 又会发出指令使车速降低,这就会导致"游车"现象。将离合器初始状态设计为接合状态时,节气门摇臂将随驱动电动机转动而转动,不仅能够保证巡航执行机构迅速响应,而且能够防止发生"游车"现象,从而提高巡航行驶稳定性和乘坐舒适性。

3)电位计

在电机式执行机构中,一般都装有一个由滑片电阻器构成的电位计(即转角或位移传感器),其功用是检测执行机构中控制臂转动的角度或拉索的位移量,并将信号输入巡航电子控制单元,其结构及工作电路如图 9-67 所示。该信号主要用于 CCS ECU 诊断执行机构是否发生故障。当 CCS ECU 向执行机构发出控制指令后,如果电位计信号没有变化或超过设计值,则将判定执行机构有故障。

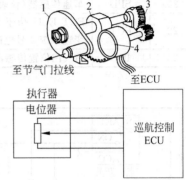

图 9-67 电位计的结构及工作电路
1—控制臂;2—主减速器;3—电位器主动齿轮;4—电位器

9.7.3 汽车巡航控制实例分析

1. 丰田汽车巡航控制系统的组成

不同汽车巡航控制系统的结构组成与控制电路虽然各不相同,但其控制过程大同小异。图 9-68 所示为丰田皇冠 3.0 型轿车电动式巡航控制系统电路,其控制部件主要有传感器(节气门位置传感器、1 号车速传感器)、控制开关(巡航开关、驻车制动开关、双闸制动灯开关、自动变速系统的空挡起动开关或手动变速器的离合器开关等)、巡航电子控制单元(CCS ECU)、执行机构(电磁离合器、驱动电动机与电位计等)。CCS ECU 线束插座上各接线端的编号、代号以及连接部件的名称见表 9-1。

表 9-1 丰田皇冠 3.0 型轿车 CCS ECU 接线端子编号、代号与连接部件名称

端子编号	端子代号	连接部件的名称	端子编号	端子代号	连接部件的名称
1	STP+	制动灯开关	10	L	制动灯开关的电磁离合器触点
2	N&C	离合器开关	11	MC	驱动电动机
3	PKB	驻车制动开关	12	MO	驱动电动机
4	CMS	巡航主开关	13	GND	CCS ECU 搭铁端子
5	P1	巡航控制指示灯	14	B	电源(受点火开关控制)
8	TC	故障诊断查找 TDCL	15	BATT	备用电源(常火线)
9	OD	发动机和自动变速 ECU 超速与解除锁止信号输入端子 OD1	16	STP−	制动灯(制动信号输入端子)

续表

端子编号	端子代号	连接部件的名称	端子编号	端子代号	连接部件的名称
18	CCS	巡航控制开关	24	VR1	控制臂电位计正极端子
20	SPD	车速传感器（仪表盘上）	25	VR2	控制臂电位计信号端子
22	ECT	ECT ECU 端子 S2 和自动变速系统 2 号电磁阀	26	VR3	控制臂电位计负极端子
23	IDL	节气门位置传感器急速触点			

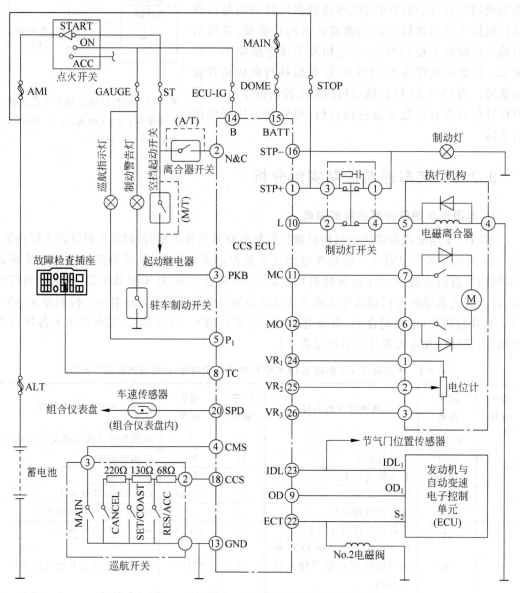

图 9-68　丰田皇冠 3.0 型轿车巡航控制系统控制电路

2. 丰田汽车巡航控制系统控制过程

1) 巡航控制电源电路

(1) 备用电源电路。汽车所有电子控制系统都设有备用电源电路,电子控制单元的备用电源端子始终与蓄电池连接,不受任何开关控制,只受易熔线控制,以便汽车停驶时保存随机存储器 RAM 中的故障代码和临时存储的数据。备用电源电路为:蓄电池正极→易熔线 ALT、MAIN→熔断器 DOME→CCS ECU 端子 15(BATT)→CCS ECU 内部电路→端子 13(GND)搭铁→蓄电池负极。

(2) 电源电路。当点火开关接通 ON 位置时,巡航控制系统电源接通。其电路为:蓄电池正极→易熔线 ALT、AM1→点火开关"点火"(ON)挡→熔断器 ECU-IG→巡航电子控制单元 CCS ECU 电源端子 14(B)→CCS ECU 内部电路→端子 13(GND)搭铁→蓄电池负极。

2) 巡航控制过程

接通巡航主开关(MAIN)时,仪表盘上的"巡航指示灯"发亮 3~5s 后自动熄灭,此时巡航控制系统 CCS 处于待命状态,仅当车速达到或超过 40km/h 时,CCS 才能投入工作,控制部件及开关电路与工作情况如下:

(1) 巡航主开关(MAIN)电路为:蓄电池正极→点火开关"点火"(ON)挡→熔断器 ECU-IG→CCS ECU 电源端子 14(B)→CCS ECU 内部电路→端子 4(CMS)→巡航开关端子 3→主开关 MAIN 触点→巡航开关端子 4→搭铁→蓄电池负极。

(2) 巡航指示灯电路为:蓄电池正极→点火开关"点火"(ON)挡→熔断器 GAUGE→巡航指示灯→CCS ECU 端子 $5(P_1)$→CCS ECU 内部电路→端子 13(GND)搭铁→蓄电池负极。

(3) SET/COASI(设置/巡航)开关电路。巡航开关具有 MAIN(主开关)、SET/COAST(设置/巡航)、RES/ACC(恢复/加速)和 CANCEL(取消)4 种开关的控制功能。在车速达到或超过 40km/h 的情况下,当 SET/COASI(设置/巡航)开关接通时,电磁离合器线圈电路接通,执行机构投入工作,汽车将不断减速。SET/COASI(设置/巡航)开关电路为:蓄电池正极→点火开关 ON 挡→熔断器 ECU-IG→CCS ECU 电源端子 14(B)→CCS ECU 内部电路→端子 18(CCS)→SET/COASI(设置/巡航)→搭铁→蓄电池负极。

(4) 电磁离合器线圈电路为:蓄电池正极→点火开关 ON 挡→CCS ECU 电源端子 14(B)→CCS ECU 内部电路→CES ECU 端子 10(L)→制动灯开关常闭触点→电磁离合器线圈→搭铁→蓄电池负极。

电磁离合器接合将驱动电动机动力传递路线接通。

(5) 驱动电动机电路为:蓄电池正极→点火开关 ON 挡→CCS ECU 电源端子 14(B)→CCS ECU 内部电路→端子 $24(VR_1)$→电位计及其滑臂→端子 $25(VR_2)$→端子 11(MC)→电动机→端子 12(MO)→CES ECU 内部电路→端子 13(GND)→搭铁→蓄电池负极。

电动机转动时,通过减速机构和电磁离合器拉动控制臂以及节气门摇臂转动。使节气门开度增大,车速升高。与此同时,电位计滑臂随减速机构、控制臂或拉索移动,将执行机构动作情况从端子 $25(VR_2)$反馈给 CCS ECU,CCS ECU 根据反馈信号电压高低即可诊断执行机构是否发生故障。并将故障编成代码存储在随机存储器中(电动机电流过大用代码"11"表示,电动机电路断路或电磁离合器线圈电路断路用代码"13"表示等),以便维修时查询,同时 CCS ECU 还将发出指令驱动巡航指示灯发亮。

(6) 电位计电路为:蓄电池正极→点火开关 ON 挡→CCS ECU 电源端子 14(B)→CCS ECU 内部电路→端子 24(VR_1)→电位计→端子 26(VR_3)→CCS ECU 内部电路→端子 13(GND)→搭铁→蓄电池负极。

在车速达到或超过 40km/h 的情况下,当驾驶员向下拨动巡航开关使 SET/ACC(设置/加速)开关保持接通时,车速将持续升高。当实际车速升高到想要设定的巡航行驶车速时放松开关手柄和加速踏板,设定的车速将被记忆在存储器中,CCS ECU 将控制执行机构通过节气门开度保持该车速恒速行驶。

当汽车行驶阻力减小使实际车速高于设定车速时,CCS ECU 将控制驱动电动机电路反转一定角度,使节气门开度减小来降低车速。此时电动机电流从端子 12(MO)流入,经过电动机电枢后,再从端子 11(MC)流出。

(7) 驱动电动机翻转电路为:蓄电池正极→点火开关 ON 挡→CCS ECU 电源端子 14(B)→CCS ECU 内部电路→端子 24(VR_1)→电位计及其滑臂→端子 25(VR_2)→端子 12(MO)→电动机→端子 11(MC)→CCS ECU 内部电路→端子 13(GND)→搭铁→蓄电池负极。

在汽车以设定的巡航速度行驶过程中,如果驾驶员踩下加速踏板超车或踩下制动踏板制动或将自动变速器选挡手柄拨到前进挡 D 以外的位置等导致车速升高或降低而需要恢复到原来设定的巡航车速时,将 RES/ACC(恢复/加速)开关接通短暂时间,汽车即可迅速减速或加速并恢复到原来设定的巡航车速恒速行驶。但是,当实际车速已经远低于 40km/h 时,巡航车速则不能恢复。

3) 取消巡航的控制

在汽车以设定的巡航速度行驶过程中,当遇到下列情况之一时,CCS ECU 将发出控制指令使巡航执行机构停止工作,立即解除巡航状态。

(1) 巡航开关的 CANCEL(取消)开关接通时。该开关接通时,将从 CCS ECU 端子 18(CCS)输入一个表示解除巡航行驶的信号。CCS ECU 接收到该信号时,将立即解除巡航控制状态,同时驱动仪表盘上的巡航指示灯发亮指示。

(2) 制动灯开关接通时。当驾驶员踩下制动踏板时,双闸制动灯开关的常开触点闭合、常闭触点断开。常开触点闭合时,一方面使制动灯电路接通发亮报警,另一方面从端子 16(STP−)向 CCS ECU 输入一个高电平信号,CCS ECU 接收到该信号时,将立即驱动巡航指示灯发亮指示。与此同时,常闭触点断开将电磁离合器线圈电路切断,离合器分离,驱动电动机动力传递路线切断,巡航控制状态被解除。

(3) 驻车制动开关接通时。当驻车制动(手制动)手柄拉紧时,驻车制动开关接通,一方面使制动警告灯电路接通发亮指示,另一方面从端子 3(PKB)向 CCS ECU 输入一个低电平信号,CCS ECU 接收到该信号时,将立即解除巡航控制状态并驱动巡航指示灯发亮指示。

(4) 空挡起动开关或离合器开关接通时。在装备手动变速器的汽车上,当踩下离合器踏板时,离合器开关触点闭合,并从端子 2(N&C)向 CCS ECU 输入一个高电平信号,CCS ECU 接收到该信号时,将立即解除巡航控制状态并驱动巡航指示灯发亮指示。在装备自动变速器的汽车上,当选挡操纵手柄拨到"空挡"(N)位置时,空挡起动开关接通并从端子 2(N&C)向 CCS ECU 输入一个高电平信号,CCS ECU 接收到该信号时,将立即解除巡航控制状态并驱动巡航指示灯发亮。

9.7.4 自适应巡航控制系统

巡航控制系统提高了车辆的驾驶舒适性，但也容易因为驾驶员的悠闲、舒适，注意力分散而引发交通事故。同时，在需要频繁制动的城市道路上并不实用，而自适应巡航则能很好地适应路况较复杂的城市路况。

自适应巡航（adaptive cruise control，ACC）也可称为主动巡航，自适应巡航控制系统是基于巡航控制技术发展而来的一种智能化的车速自动控制系统。由于可以视交通情况自动采取适宜措施（加速、减速、制动），使得自适应巡航系统能很好地适应路况复杂的城市道路行驶。驾驶员设定所希望的车速，系统利用低功率雷达或红外线光束得到前车的确切位置，如果发现前车减速或监测到新目标，系统就会发送执行信号给发动机或制动系统来降低车速使车辆和前车保持一个安全的行驶距离，当前方道路没车时又会加速恢复到设定的车速，雷达系统会自动监测下一个目标。主动巡航控制系统代替司机控制车速，避免了频繁地取消和设定巡航控制，使巡航系统适合于更多的路况，为驾驶者提供了一种更轻松的驾驶方式。

1. 自适应巡航控制系统的组成

自适应巡航控制系统主要由车距传感器（雷达）、轮速传感器、转向角传感器以及 ACC 控制单元等组成。车距传感器一般安装在散热器格栅内或前保险杠的内侧，它可以探测到汽车前方 200m 左右的距离。图 9-69 所示为大众 CC 轿车的车距传感器的安装位置，车距传感器（雷达）与 ACC 控制单元安装在同一壳体内。在前后车轮上装有轮速传感器（与 ABS 系统共用），可以检测车辆的行驶速度。转向角传感器用来判断车辆行驶的方向。ACC 控制单元采集各个传感器的信号并进行计算，以便实时地与发动机控制单元和制动防抱死控制单元交换数据。

图 9-69 大众 CC 轿车车距传感器的安装位置

2. 自适应巡航控制系统的工作原理

自适应巡航控制系统是一种智能化的自动控制系统，它是在前面介绍的巡航控制技术的基础上发展而来的。在车辆行驶过程中，安装在车辆前部的车距传感器（雷达）持续扫描车辆前方道路，同时轮速传感器采集车速信号。当与前车之间的距离过小时，ACC 控制单元可以通过与制动防抱死系统、发动机控制系统协调动作,使车轮适当制动,并使发动机的输出功率下降,以使车辆与前方车辆始终保持安全距离。

自适应巡航控制系统在控制车辆制动时,通常会将制动减速度限制在不影响舒适性的程度,当需要更大的减速度时,ACC控制单元会发出声光信号通知驾驶员主动采取制动操作。当与前车之间的距离增加到安全距离时,ACC控制单元控制车辆按照设定的车速行驶。

虽然自适应巡航控制系统可以自动控制车速,但在任何时候驾驶员都可以主动进行加速或制动。当驾驶员在巡航控制状态下进行制动后,ACC控制单元就会终止巡航控制;当驾驶员在巡航控制状态下进行加速,停止加速后,ACC控制单元会按照原来设定的车速进行巡航控制。

3. 自适应巡航控制系统的扩展功能

通过软件升级和增加少量电子装置等方法,自适应巡航控制系统无需增加更多的装置即可实现车辆的智能驾驶等多项扩展功能。

通过车距传感器的反馈信号,ACC控制单元可以根据靠近车辆物体的移动速度判断道路情况,并控制车辆的行驶状态;通过反馈式加速踏板(见图9-70)检测驾驶员施加在踏板上的力,ACC控制单元可以决定是否执行巡航控制,以减轻驾驶员的劳动强度。

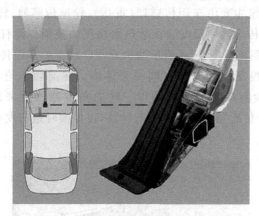

图9-70 反馈式加速踏板

自适应巡航控制系统一般在车速大于25km/h时才会起作用,而当车速降低到25km/h以下时,就需要驾驶员进行人工控制。通过系统软件的升级,自适应巡航控制系统可以实现"停车/起步"功能,以应对在城市中行驶时频繁地停车和起步情况。

自适应巡航控制系统使车辆的编队行驶更加轻松。ACC控制单元可以设定自动跟踪的车辆。当本车跟随前车行驶时,ACC控制单元可以将车速调整为与前车相同,同时保持稳定的车距,而且这个距离可以通过方向盘附近的控制杆上的设置按钮进行选择,如图9-71所示。

自适应巡航控制系统的这种扩展功能,可以使汽车在非常低的车速时也能与前车保持设定的

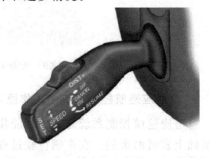

图9-71 位于转向柱左侧的ACC操作杆

距离。当前方车辆起步后,自适应巡航控制系统会提醒驾驶员,驾驶员通过踩加速踏板或按下按钮发出信号,车辆就可以起步行驶。

本章小结

随着电子技术的发展,电子控制方式成为汽车上的主要控制方式,由电控单元 ECU、传感器和执行器构成的电控系统使汽车性能大为改善,电控技术在汽车底盘上的应用,使汽车行驶过程中各种动作都可以被更加精确地控制,从而大大提高了汽车行驶的安全性、操控稳定性以及乘坐舒适性。本章具体介绍了汽车底盘电控悬架系统、电控动力转向系统与四轮转向系统、防抱死制动系统、驱动防滑系统、电子稳定控制系统、巡航控制系统的作用、组成、基本工作原理、常见故障诊断与排除方法等。通过本章的学习,可使学生熟悉了解汽车底盘电子控制系统的种类、系统组成和工作原理等,掌握各系统基本的检修能力。

习题

9-1 汽车底盘电子控制系统主要包含哪些部分?在汽车中的作用是什么?

9-2 什么是主动悬架?什么是被动悬架?主动悬架有什么优点?

9-3 电控悬架是如何分类的?各有什么特点?可以实现哪些控制功能?

9-4 电控悬架是如何实现悬架刚度的调节的?电控悬架是如何实现车身高度的调节的?

9-5 ESP 系统的基本组成有哪些?简述 ESP 系统的主要作用。

9-6 简述 ESP 系统的工作原理。ESP 与 ABS、ASR 之间的关系如何?

9-7 简述 ESP 的特点。

9-8 电控动力转向系统有哪些类型?

9-9 简述流量控制式 EPS 的基本控制原理。

9-10 简述的电动式动力转向系统的组成和工作原理。电动式 EPS 的电动机是如何实现正反转的?

9-11 简述 4WS 汽车低速和高速转向特性。

9-12 简述 ABS 系统的作用及基本组成。ABS 的控制方式有哪些?各有什么特点?

9-13 简述 ABS 系统工作时的四个工作过程。

9-14 简述 ASR 系统的主要作用。ASR 系统的基本组成有哪些?

9-15 简述 ASR 制动压力调节器的工作原理。

9-16 ASR 控制系统的控制方式有哪些?

9-17 ABS 与 ASR 有哪些相同点和不同点?

9-18 当汽车前轮抱死制动时,分析其产生的危害。

第 10 章 全车电路和车载网络技术

10.1 汽车全车电路的基础知识

汽车电器设备总线路是将电源、起动系、点火系、照明、仪表以及辅助装置等,按照它们各自的工作特性以及相互的内在联系,通过开关、导线、熔断器连接起来,所构成的一个整体。

熟悉汽车的全车电器线路,了解汽车电器间的内在联系,为正确使用汽车电器设备并迅速地分析与排除电器故障提供了方便。

10.1.1 汽车电路图的表达方法

随着汽车工业的迅速发展,汽车性能的逐渐提升,汽车电器日益增多,汽车电路也日趋复杂。与此相应,汽车电路图的表达方法也在发生改革。汽车电路图趋于简化、规范化已是当今世界各国汽车电路图表达方法的总趋势。

汽车电路图的表达方法有线路图、原理图、线束图 3 种。

1. 线路图

线路图是传统的汽车电路表达方法,它是把汽车电器在汽车上的实际位置用线从电源到开关至搭铁——连接起来所构成的线路图。这种画法的优点在于:电器设备的外形、安装位置都与实际情况一致,因此可以循线跟踪地查找电器,导线中间的分支、接点容易找到,便于制作线束,故仍有不少厂家沿用。缺点是:线路图中线束密集、纵横交错,读图和查找、分析故障不便。

2. 原理图

原理图的特点是通俗易懂,电路连接控制关系清楚。原理图是以表达汽车电路的工作原理和相互连接控制关系为重点,不讲究电器设备的形状、位置和导线的实际走向等情况,对线路图作了高度的简化,使电路原理变得简明扼要、准确清晰,对于了解汽车电器设备的工作原理和迅速分析排除电器系统的故障十分有利。它是分析电器系统工作原理以及维修电器系统的最基本、最实用的资料。我们通常说的"识读汽车电路图",主要就是针对此类电路图。理所当然,这也是汽车检测维修等技术人员需要着力掌握的知识。

3. 线束图

线束图是汽车制造厂把汽车实际线路排列好后，并将有关导线汇合在一起扎成线束以后画成的树枝图。整车电路线束图常用于汽车厂总装线和修理厂的连接、检修与配线。线束图主要表明电线束各用电器的连接部位、接线柱的标记、线头、插接器（连接器）的形状及位置等，它是人们在汽车上能够实际接触到的汽车电路图。这种图一般不去详细描绘线束内部的电线走向，只将露在线束外面的线头与插接器详细编号或用字母标记。它是一种突出装配记号的电路表现形式，非常适于安装、配线、检测与维修。安装操作人员只要将导线或插接器按图上标明的序号连接到相应的电器接线柱或插接器上，便完成了全车线路的装接。

10.1.2 线路分析

不同型号的汽车，尽管采用的电器设备数量不同，型号不一，安装的位置和控制的方式也有差别，但是归纳起来，一般都由电源电路、起动电路、点火电路、照明与灯光信号装置电路、仪表信息系统电路、辅助装置电路和电子控制系统电路组成。

汽车总线路按车辆结构形式、电器设备数量、安装位置、接线方法而各有所异，但其线路一般都遵循以下几个原则：

① 单线制；
② 各用电设备均并联，并由各自的开关控制；
③ 凡由蓄电池供电时，电流都要经过用电设备与蓄电池构成的回路；
④ 各车均装有保险装置，以防止短路而烧坏用电设备。

1. 电源电路

电源电路也称充电电路，是由蓄电池、发电机、调节器及充电指示装置等组成的电路。电能分配（配电）及电路保护器件也可归入这一电路。

2. 起动电路

起动电路是由起动机、起动继电器、起动开关及起动保护电路组成的电路。低温条件下起动预热的装置及其控制电路也可列入这一电路。

根据相关规定，汽车用起动机电路的电压降（每百安培的电压差）对 12V 电系不得超过 0.2V，对 24V 电系不得超过 0.4V，因此连接导线需用专用的起动机导线，并应连接牢固和接触良好。

3. 点火电路

点火电路是汽油发动机汽车特有的电路，早期由点火线圈、分电器、电子点火控制器、火花塞及点火开关组成，目前微机控制的电子点火控制系统都已列入发动机电子控制系统中。

4. 照明与灯光信号装置电路

照明与灯光信号装置电路是由前照灯、雾灯、示廓灯、转向灯、制动灯、倒车灯、车内照明灯及有关控制继电器和开关组成的电路。

5. 仪表信息系统电路

仪表信息系统电路是由仪表及其传感器、各种报警指示灯及控制器组成的电路。

6. 辅助装置电路

辅助装置电路是由为提高车辆安全性、舒适性等设置的各种电器装置组成的电路。辅助电器装置的种类随车型不同而有所差异。汽车档次越高,辅助电器装置越完善。一般包括风窗刮水及清洗装置、风窗除霜(防雾)装置、空调装置、音响装置等。较高级车型还装有车窗电动举升装置、电控门锁、电动座椅调节装置和电动遥控后视镜等。

7. 电子控制系统电路

电子控制系统电路主要由发动机控制系统(包括燃油喷射、点火、排放等控制)、自动变速器及恒速行驶控制系统、制动防抱死系统、安全气囊控制系统等电路组成。

10.1.3 汽车电系的导线

汽车电系的导线有低压线和高压线两种,低压线中又有普通线、起动电缆和蓄电池搭铁电缆之分,高压线又有铜芯线和阻尼线之分。

1. 低压导线

1) 普通低压导线

普通低压导线为铜质多丝软线,根据外皮绝缘包层的材料不同又分为 QVR 型(聚氯乙烯绝缘包层)和 QFR 型(聚氯乙烯-丁腈复合绝缘包层)两种。

导线的截面主要根据用电设备的工作电流进行选择。但是对功率很小的电器,仅从工作电流的大小来选择导线,其截面积太小、机械强度差、易于折断,因此汽车电系中所有的导线截面不得小于 $0.5mm^2$。汽车用低压导线的结构与规格见表 10-1,其允许载流量见表 10-2。汽车 12V 电系主要电路导线截面的推荐值见表 10-3。

表 10-1 低压导线的结构与规格

标称截面/mm²	线芯结构		绝缘层标称厚度/mm	电线最大外径/mm
	根数	单根值/mm		
0.5			0.6	2.2
0.6			0.6	2.3
0.8	7	0.39	0.6	2.5
1.0	7	0.43	0.6	2.6
1.5	17	0.52	0.6	2.9
2.5	19	0.41	0.8	3.8
4	19	0.52	0.8	4.4
6	19	0.64	0.9	5.2
8	19	0.74	0.9	5.7
10	49	0.52	1.0	6.9
16	49	0.64	1.0	8.0
25	98	0.58	1.2	10.3
35	133	0.58	1.2	11.3
50	133	0.68	1.4	13.3

表 10-2　低压导线允许载流量

导线标称截面/mm²	0.5	0.8	1.0	1.5	2.5	3.0	4.0	6.0	10	13
允许载流量/A			11	14	20	22	25	35	50	60

表 10-3　12V 电系主要电路导线截面推荐值

电路名称	标称截面/mm²
尾灯、顶灯、指示灯、仪表灯、牌照灯、刮水器电动机、时钟	0.5
转向灯、制动灯、停车灯、分电器	0.8
前照灯的近光、电喇叭（3A 以下）	1.0
前照灯的远光、电喇叭（3A 以上）	1.5
其他 5A 以上的电路	1.5～4
电热塞	4～6
电源线	4～25
起动电路	16～95

随着汽车电器的增多，导线数量也不断增加，为了便于维修，低压导线常以不同的颜色加以区分。其中面积在 4mm² 以上的采用单色，面积在 4mm² 以下的均采用双色。搭铁线均用黑色。

汽车用低压导线的颜色与代号见表 10-4。汽车电系各系统的主色见表 10-5。

表 10-4　汽车用低压导线的颜色与代号

导线颜色	黑	白	红	绿	黄	棕	蓝	灰	紫	橙
代号	B	W	R	G	Y	Br	Bl	Gr	V	O

表 10-5　汽车电系各系统的主色

序号	系统名称	主色	颜色代号
1	电源系统	红	R
2	点火、起动系统	白	W
3	雾灯	蓝	Bl
4	灯光、信号系统	绿	G
5	防空灯及车身内部照明系统	黄	Y
6	仪表、报警系统、喇叭系统	棕	Br
7	收音机、时钟、点烟器等辅助系统	紫	V
8	各种辅助电动机及电器操纵系统	灰	Gr
9	搭铁线	黑	B

在汽车电气设备的电路中，导线上一般都标注有符号，该符号用来表示电线的截面积和颜色，如 1.5RW，各符号含义如下：

1.5 表示电线的截面积(mm²)；

R 表示电线的颜色；

W 表示电线上的辅助色(即呈轴向条纹状或螺旋状的颜色)。

2) 起动电缆

起动电缆用来连接蓄电池与起动机开关的主接线柱,截面有 $25mm^2$,$35mm^2$,$50mm^2$,$70mm^2$ 等多种规格,允许电流达 500~1000A。为了保证起动机正常工作,并发出足够的功率,要求在线路上每 100A 的电流电压不得超过 0.1~0.15V。

3) 蓄电池的搭铁电缆

它是由铜丝编织而成的扁形软铜线,国产汽车常用的搭铁线截面有 $300mm^2$,$450mm^2$,$600mm^2$,$760mm^2$ 共 4 种。

2. 高压导线

高压导线用来传送高电压,由于工作电压很高(一般在 15kV 以上),电流强度较小。因此高压导线的绝缘包层很厚,耐压性能好,但线芯截面积很小。

国产汽车用高压导线有铜芯线和阻尼线两种,它们的型号和规格见表 10-6。

表 10-6 高压点火线的型号和规格

型号	名称	线芯结构		标称外径/mm
		根数	单线直径/mm	
QGV	铜芯聚氯乙烯绝缘高压点火线	7	0.39	7.0±0.3
QGXV	铜芯橡皮绝缘聚氯乙烯护套高压点火线	7	0.39	7.0±0.3
QGX	铜芯橡皮绝缘聚氯丁橡胶护套高压点火线	7	0.39	7.0±0.3
QG	全塑料高压阻尼点火线	1	2.3	7.0±0.3

注：QG 全塑料高压阻尼点火线线芯是由聚氯乙烯塑料加炭黑及其他辅料混炼塑料经注塑成型。

为了衰减火花塞产生的电磁干扰,目前已广泛使用了高压阻尼点火线。高压阻尼点火线的制造方法和结构亦有多种,常用的有金属阻丝式和塑料芯导线式。金属阻丝式又有金属阻丝线芯式和金属阻丝线绕电阻式两种。

金属阻丝线芯式是由金属电阻丝疏绕在绝缘体制成阻尼线;金属丝线绕电阻式是由电阻丝绕在耐高温的绝缘体上制成电阻,再与不同型式的绝缘套构成。塑料芯导线式是用塑料和橡胶制成直径为 2mm 的电阻线芯,在其外面紧紧地编织着玻璃纤维,外面再包有高压 PVC 塑料或橡胶等绝缘体,电阻值一般为 6~25kΩ/m。这种结构形式,制造过程易于自动化,成本低且可制成高阻值线芯。

10.1.4 汽车线束

汽车上的全车线路(除高压线外),为了不凌乱、安装方便和保护导线的绝缘,一般都将同路的不同规格的导线用棉纱编织或用薄聚氯乙烯带半叠缠绕包扎成束,称为线束。一辆汽车可以有多个线束。汽车线束在汽车电器中占有重要位置,随着汽车电器与电子设备的增多,线束总成结构与电路也越来越复杂,因此对线束的结构、功能、适用性、可靠性都提出了更高的要求。

现代汽车的线束总成由导线、端子、插接器、护套等组成。端子一般由黄铜、紫铜、铝材料制成,它与导线的连接均采用冷铆压合的方法。线路间的连接采用插接器,现代汽车线束总成中有很多个插接器。为了保证插接器的可靠连接,其中都有一次锁紧和二次锁紧装置,极孔内有对端子的限位和止退装置。为了避免安装中出现错误,插接器还可以制成不同规格型号、不同的形体和颜色,这样不仅装拆方便又不会出现错误。安装汽车线束,一般都事先将仪表板和车灯总开关、点火开关等连接好,然后再往汽车上安装。

安装线束注意事项:

① 线束应用卡簧或绊钉固定,以免松动磨坏。

② 线束不可拉得太紧,尤其在拐弯处更要注意,在绕过锐角或穿过金属孔时,应用橡皮或套管保护,否则容易磨坏线束而发生短路、搭铁,并有烧毁全车线束、酿成火灾的危险。

③ 连接电器时,应根据插接器的规格以及导线的颜色或接头处套管的颜色,分别接在电器上。

为便于拆装,在线束与线束之间、线束与电器设备之间、线束与开关之间采用插接器连接。插接器就是通常说的插头和插座。插接器不能松动、腐蚀,为保证插接器的可靠连接,其上都有锁紧装置,而且为了避免安装中出现差错,插接器还制成不同的规格和形状。常用插接器的结构和符号,如图10-1所示。符号涂黑的表示插头,白色的表示插座,带有倒角的表示针式插头。

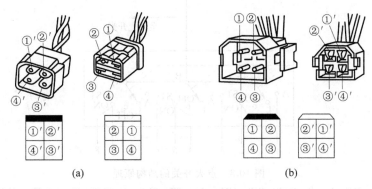

图 10-1 插接器的结构和符号

(a) 平端四脚插接头;(b) 针状四脚插接头

插接插接器时,应先对准插头与插座的导向槽后稍用力插入到位,通过闭锁装置固定插头与插座。拆开插接器时,应先压下闭锁装置,再用力分开插头与插座,注意不可拉动导线,以免损坏导线和插接器,如图10-2所示。有些插接器用钢丝扣锁止,取下钢丝扣后才能将插接器拔开。

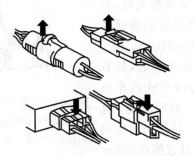

图 10-2 解除插接器闭锁的方法

10.1.5 汽车开关

在汽车电路中,各用电设备或独立的电源系统中都设有单独的控制开关,如灯光开关、变光开关、刮水器开关、洗涤器开关、转向灯开关、紧急报警开关、空调开关、倒车灯开关、制动开关、电喇叭开关等。

1. 点火开关

在所有的开关中,点火开关最为复杂,它控制着电源系统、点火系统、起动系统以及绝大多数的辅助电器设备。点火开关的结构原理如图 10-3 所示。3 片电刷组合在一起并同时转动,当点火开关拧到 ST 挡时,所有电刷转到 ST 位置,此时,电刷 B 将蓄电池的电压输送到点火线圈,电刷 C 将蓄电池的电压输送到起动系统和点火控制器,电刷 M 没有输出。当发动机起动后,电刷便转到 ON 位置,此时,电刷 M、B、C 的输出情况如图 10-3 所示。在电刷 C 的端子 A 和 ON 之间的跨接线,表示它所接的附件在点火开关的电刷处于 ON 和 A 位置,并且均可开动。

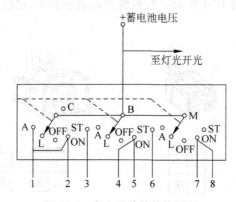

图 10-3 点火开关的结构原理

A—附件;L 锁住;OFF—断开;ON—运行;ST—起动;1—接刮水器、洗涤器、电动门窗;2—接仪表;3—接起动系统、点火控制器;4—接点火控制器;5—接点火线圈、安全带报警灯;6—接点火线圈;7—接空调系统、转向信号灯;8—接交流发动机报警灯

大部分车型点火开关的锁体都具有锁止转向盘的功能,同时还具有防止误起动的功能。点火开关只能从 OFF 挡开始旋到 ST 挡,当没有起动着发动机或发动机熄火时,若要重新起动发动机,必须将点火开关旋回到 OFF 挡,然后,再从 OFF 挡—ON 挡—ST 挡。

有些轿车的钥匙采用了电子钥匙,具有防盗功能。图 10-4 所示为美国 GM 汽车公司采用的电子钥匙防盗系统。其原理是:电子钥匙上装有一个电阻晶片。每把钥匙所用的电阻晶片有一特定的阻值,其范围在 380~

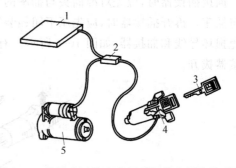

图 10-4 美国 GM 汽车公司采用的电子防盗系统

1—发动机电控单元(ECU);2—电子钥匙解码器;3—电阻晶片;4—电子检测触头;5—起动机

12300Ω之间。点火钥匙除了像普通钥匙那样必须与锁体匹配之外,其晶片电阻值还要与起动机电路相匹配。当点火钥匙插入锁体时,电阻晶片与电阻检测触头接触。当锁体转到ST挡时,电阻晶片的电阻值输送到电子钥匙解码器。若电阻晶片的电阻值与电子钥匙解码器中存储的电阻值一致,则起动机工作,同时,起动信号送给发动机电控单元(ECU),发动机电控单元(ECU)控制燃油喷射及点火系统,完成发动机的起动。若电阻晶片的电阻值与电子钥匙解码器中存储的电阻值不一致,电子钥匙解码器便禁止起动机工作,尽管锁体已经转到了起动位置,发动机仍然不能起动。

2. 组合开关

为保证行车安全和操作方便,在现代汽车上广泛采用组合开关。组合开关将灯光开关(前照灯开关、变光开关)、转向灯开关、紧急报警灯开关、刮水器、洗涤器开关等组合为一体,形成一个多功能开关,安装在便于驾驶员操纵的转向柱上。国产JK322A型多功能组合开关如图10-5所示。

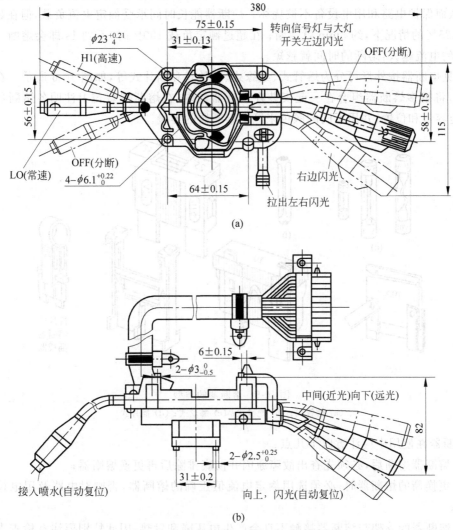

图10-5 国产JK322A型多功能组合开关
(a) 前后方向工作状态;(b) 上下方向工作状态

该多功能组合开关由板柄开关、旋转开关、推拉开关、按钮等组成。开关的接线方式采用多孔圆柱插接器一次连接外电路,开关接线的颜色与外接电路导线的颜色一致,在使用和维修时十分方便。

10.1.6 电路保护装置

为防止电路中导线或电气设备短路或过载,在每个用电设备的电路中都需要设置电路保护装置。当电路因负荷超载或短路故障致使电流过大时,保护装置就自动断开电源电路,以防止电路或用电设备烧坏。常用的电路保护装置有熔断器、易熔线和断路保护器等。

1. 熔断器

熔断器是最普通的电路保护装置,主要用于对局部电路进行保护。熔断器的保护元件是熔断器,串联在其所保护的电路中。当通过熔断器的电流超过其规定值时,熔断器发热而熔断,从而保护电路和用电设备不被烧坏。熔断器能长时间承受额定电流负载,但在超过额定负载 25% 的情况下,约 3min 就熔断;在超过额定负载 100% 时,不到 1s 即会熔断。流过熔断器的电流越大,熔断的时间就越短。

常见熔断器按外形可分为熔管式、绝缘式、缠丝式和插片式等,如图 10-6 所示。在通常情况下,将很多熔断器组合在一起安装在熔断器盒内,在熔断器盒盖上注明各熔断器的名称、额定容量和位置,并用不同的颜色来区别熔断器的容量。

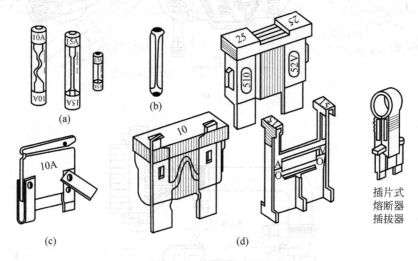

图 10-6 熔断器的类型
(a) 熔管式;(b) 绝缘式;(c) 缠丝式;(d) 插片式

熔断器在使用中应注意以下几点:

① 熔断器熔断后,必须先查出故障原因并彻底排除后再更换熔断器;

② 更换新的熔断器时,必须选用额定电流值正确的熔断器,否则对电路及用电设备是有害的;

③ 熔断器的支架与熔断器接触不良会产生电压降和发热,因此特别要注意检查支架有无氧化现象和脏污,若有脏污和氧化物,需用细砂纸将其打磨光,保证接触良好。

2. 易熔线

易熔线是一种截面一定、可长时间通过额定电流的铜芯或合金导线,用于保护总体线路或较重要电路。如北京切诺基吉普车设有 5 条易熔线,分别保护充电电路、预热加热器、雾灯、灯光及辅助电路。

3. 断路保护器

断路保护器用于正常工作时容易过载的电路,是利用双金属片受热变形使触点分离的原理制成的。按其作用形式的不同,断路保护器可分为手动复位式和自动复位式两种类型。手动复位式断路保护器如图 10-7 所示。当电路发生过载时,双金属片受热向上弯曲变形,使触点分离,自动切断电路,保护线路及用电设备。排除故障后,需用手按下按钮,使双金属片复位。

自动复位式断路保护器如图 10-8 所示。当电路发生过载时,双金属片受热变形弯曲,触点打开,电路自动切断。当双金属片冷却后,自动复位,触点闭合,电路自动接通。双金属片受热变形,触点再次打开。如此,断电器触点周期地打开和闭合,直至电路不过载为止。

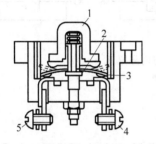

图 10-7 手动复位式断路保护器
1—复位按钮;2—双金属片;
3—触点;4,5—接线柱

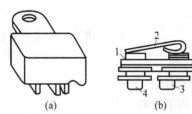

图 10-8 自动复位式断路保护器
(a) 外形;(b) 结构
1—触点;2—双金属片;3,4—接线柱

自动复位式断路保护器在国产汽车的灯光线路中应用较多,在国外汽车中常用于刮水电机、自动门窗电路。手动复位式断路保护器在日系汽车上有所应用。

10.1.7 继电器

在一般情况下,汽车上使用的操纵开关的触点容量较小,不能直接控制工作电流较大的用电设备,常采用继电器来控制它的接通与断开。继电器的主要作用是用小电流控制大电流,即用流经开关的小电流,通过继电器的触点控制用电设备的大电流,这样可保护开关触点不被烧蚀,延长开关的使用寿命。汽车上的继电器可分为常开继电器、常闭继电器和混合式继电器 3 种类型。部分常见继电器的外形与内部原理如图 10-9 所示。继电器的每个插脚都有标号,与继电器插座的插孔标号相对应。

(1) 常开继电器

常开继电器线圈不通电时,继电器触点在弹簧力的作用下保持在断开位置,当继电器线

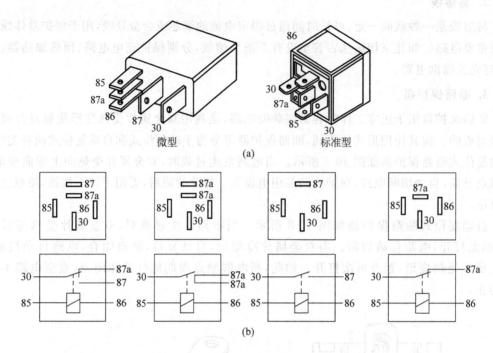

图 10-9 常见继电器的外形与内部原理
(a) 外形；(b) 内部原理

圈通电后触点闭合。

(2) 常闭继电器

常闭继电器的触点在弹簧力的作用下保持在闭合位置，当继电器线圈通电后触点断开。

(3) 混合式继电器

混合式继电器中既有常开触点也有常闭触点。当继电器线圈通电后，常开触点闭合，常闭触点断开，两者的工作状态发生转换。

汽车上常见的继电器有电源继电器、起动继电器、卸荷继电器、前照灯继电器、雾灯继电器、喇叭继电器、鼓风机继电器、空调继电器和电动窗继电器等。多数继电器都设置在中央配线盒内，还有一部分继电器随系统的线束而定。

10.1.8 中央配线盒

中央配线盒通常被设置在仪表台里面或仪表台下面的围板上或发动机罩下，其内部装有中央线路板。汽车上大部分继电器和熔断器都安装在中央配线盒的正面。几乎全部主线束均从中央配线盒背面插接并通往各电器设备。典型轿车中央配线盒的正面结构如图 10-10 所示。各熔断器的位置及控制内容见表 10-7。各继电器的位置及名称见表 10-8。中央配线盒的背面布置反映了各线束插头与中央配线盒插座的连接关系，如图 10-11 所示。

第10章 全车电路和车载网络技术

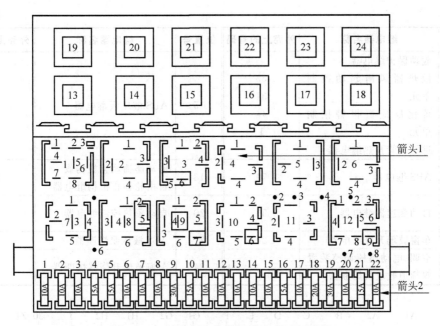

图10-10 捷达轿车中央配线盒的正面结构

表10-7 捷达轿车熔断器的位置及控制内容

位置号	熔断器名称	容量/A	颜色	位置号	熔断器名称	容量/A	颜色
1	左近光灯	10	红色	12	右远光灯	10	红色
2	右近光灯	10	红色	13	喇叭、散热器风扇	10	红色
3	仪表盘照明灯、牌照灯	10	红色	14	倒车灯	10	蓝色
				15	发电机电子装置	10	红色
4	杂物箱灯	15	蓝色	16	组合仪表	10	蓝色
5	风窗刮水器、洗涤器	15	蓝色	17	转向灯、报警器	10	红色
6	空调机、鼓风机	30	黄色	18	电动燃油表	20	黄色
7	右尾灯、右停车灯	10	红色	19	散热器风扇	30	绿色
8	左尾灯、左停车灯	10	红色	20	制动灯	10	红色
9	后窗除霜加热器	20	黄色	21	车内照明、行李厢灯、时钟	15	蓝色
10	雾灯、后雾灯	15	蓝色				
11	左远光灯	10	红色	22	收音机、点烟器	10	红色

表10-8 捷达轿车继电器的位置及名称

位置号	继电器名称	外壳上的号码	位置号	继电器名称	外壳上的号码
1	空调继电器	13	4	卸荷继电器	18
6	闪光器	21	8	间歇清洗/刮水继电器	19
10	雾灯继电器	53	11	双音喇叭继电器	53
12	进气歧管预热继电器	1	13	散热器风扇起动继电器	31
	燃油泵继电器	67		燃油泵起动控制单元	91
	预热塞继电器	60		急速提升控制单元	82

续表

位置号	继电器名称	外壳上的号码	位置号	继电器名称	外壳上的号码
14	起动保护继电器 散热器风扇起动控制单元 催化反应器报警控制单元 进气歧管预热继电器	53 31 44 1	15	ABS液压泵继电器	78
16	ABS继电器	79	18	电动座椅调整机构或自由轮锁止机构继电器	83
19	自动变速器继电器	53	20	自动预热控制继电器	47
21	车窗玻璃升降继电器	24	22	ABS液压泵熔断器	
23	空调、电动座椅调整装置双频道收放机熔断器		24	车窗玻璃升降器熔断器	

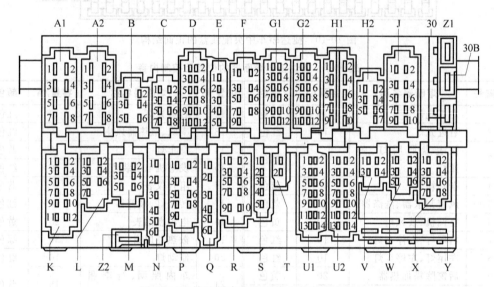

图 10-11 捷达轿车中央配线盒的背面布置

A1—8孔插头(黄色),前照灯线束;A2—8孔插头(黄色),前照灯线束;B—6孔插头(绿色),用于前照灯清洗系统;C—8孔插头(黄色),用于任选线束;D—12孔插头(绿色),用于附加设备;E—5孔插头(绿色),仪表线束;F—9孔插头(白色),发动机舱右侧线束;G1—12孔插头(白色),发动机舱右侧线束;G2—12孔插头(白色),发动机舱右侧线束;H1—10孔插头(红色),转向柱开关线束;H2—7孔插头(红色),转向柱开关线束;J—10孔插头(红色),转向柱开关线束;K—12孔插头(黑色),尾部线束;L—7孔插头(黑色),尾部线束;M—6孔插头(黑色),尾部线束;N—6孔插头(绿色),空调线束;P—9孔插头(蓝色),后风窗及前雾灯开关线束;Q—6孔插头(蓝色),仪表线束;R—10孔插头(蓝色),灯光开关线束;S—5孔插头(白色),发动机舱右侧线束;T—2孔插头(绿色);U1—14孔插头(蓝色),仪表板线束;U2—14孔插头(蓝色),仪表板线束;V—4孔插头(绿色),多功能指示器线束;W—6孔插头(绿色),ABS线束;X—8孔插头(绿色),报警指示灯(拖挂设备、ABS系统)线束;Y—单孔插头,接线柱30;Z1—单孔插头;Z2—单孔插头,接线柱31;30—单孔插头,接线柱30;30B—单孔插头

10.2 汽车电路的识图方法

由于各国汽车电路图的绘制方法、符号标注、文字标注、技术标准的不同,各汽车生产厂家对于汽车电路图的画法有很大差异,甚至同一国家不同公司汽车电路图的表示方法也存在较大的差异,这就给读图带来许多麻烦。因此,掌握汽车电路图识读的基本方法显得十分重要。

1. 认真阅读图注

认真阅读图注,了解电路图的名称、技术规范,明确图形符号的含义,建立元器件和图形符号间一一对应的关系,这样才能快速准确地识图。

2. 掌握回路的原则

在电学中,回路是一个最基本、最重要,但也是最简单的概念,任何一个完整的电路都由电源、用电设备、开关、导线等组成。一个用电器要想正常工作,总要得到电能。对于直流电路而言,电流总是要从电源的正极出发,通过导线,经熔断器、开关到达用电器,再经过导线(搭铁)回到同一电源的负极。在这一过程中,只要有一个环节出现错误,此电路就不会有效。

例如,在汽车电路中,发电机和蓄电池都是电源,在寻找回路时,不能混为一谈。不能从一个电源出发,经过若干个用电设备后回到另一个电源上,这种做法不会构成一个真正的通路,也不会产生电流。所以必须强调,回路是指从一个电源正极出发,经过用电器,回到同一个电源的负极。

3. 熟悉开关作用

开关是控制电路通断的关键,电路中主要的开关往往汇集许多导线,如点火开关、车灯总开关,读图时应注意与开关有关的 5 个问题。

(1) 在开关的许多接线柱中,注意哪些是接直通电源的?哪些是接用电器的?接线柱旁是否有接线符号?这些符号是否常见?

(2) 开关共有几个挡位?在每个挡位中,哪些接线柱通电?哪些断电?

(3) 蓄电池或发电动机的电流是通过什么路径到达这个开关的?中间是否经过别的开关和熔断器?这个开关是手动的还是电控的?

(4) 各个开关分别控制哪个用电器?被控用电器的作用和功能是什么?

(5) 在被控的用电器中,哪些电器处于常通?哪些电路处于短暂接通?哪些应先接通?哪些应后接通?哪些应单独工作?哪些应同时工作?哪些电器允许同时接通?

4. 汽车电路图的一般规律

(1) 电源部分(发电动机和蓄电池并联供电)到各用电设备的熔断器、开关的导线是电器设备的公共火线,在电路原理图中一般画在电路图的上部。

(2) 标准画法的电路图,开关的触点位于零位或静态,即开关处于断开状态或继电器线圈处于不通电状态,晶体管、晶闸管等具有开关特性的元件的导通与截止视具体情况而定。

(3) 汽车电路是单线制,各电器相互并联,继电器和开关串联在电路中。

(4) 大部分用电设备都经过熔断器，受熔断器的保护。

(5) 把整车电路按功能及工作原理划分成若干独立的电路系统，这样可解决整车电路庞大复杂、分析起来困难的问题。现代汽车整车电路一般都按各个电路系统来绘制，如电源系、起动系、点火系、照明系和信号系等，这些单元电路都有它们自身的特点，抓住特点把各个单元电路的结构、原理吃透了，理解整车电路也就容易了。

5. 识图的一般方法

(1) 先看全图，把一个个单独的系统框出来。一般来讲，各电器系统的电源和电源总开关是公共的，任何一个系统都应该是一个完整的电路，都应遵循回路原则。

(2) 分析各系统的工作过程和相互间的联系。在分析某个电器系统之前，要清楚该电器系统所包含各部件的功能、作用和技术参数等。在分析过程中应特别注意开关、继电器触点的工作状态，大多数电器系统都是通过开关、继电器不同的工作状态来改变回路从而实现不同功能的。

(3) 通过对典型电路的分析，达到触类旁通。许多车型的汽车电路原理图的很多部分都是类似或相近的，可以通过一个具体的例子，举一反三，对照比较，触类旁通，来掌握汽车电路的一些共同规律，再以这些共性为指导，了解其他型号汽车的电路原理，又可以发现更多的共性以及各种车型之间的差异。汽车电器的通用性和专业化生产使同一国家汽车的整车电路形式大致相同，如掌握了某种车型电路的特点，就可以大致了解相应车型或合资企业汽车电路的特点。因此，抓住几个典型电路，掌握各系统的接线特点和原则，对于了解其他车型的电路大有好处。

10.3 车载网络技术

10.3.1 传统导线线束式信息传输方式的问题

随着汽车电器和电子装备的日趋完善，车用电器设备越来越多，特别是电子技术在汽车上的应用，使得汽车传感器和 ECU 大量增加的同时，电器配线和各种信号配线也愈来愈多，如果按照传统点到点间的布线方法，则整个汽车的线束质量和线束直径会大幅增加。据统计，一辆采用传统布线方法的高档汽车中，其电线长度可达 2km，电气节点多达 1500 个。而且该数字大约每 10 年增长 1 倍。粗大的线束不但占用了汽车上宝贵的空间资源，还使得汽车配线的设计和布线变得十分复杂，复杂和凌乱的线束将导致系统运行的可靠性下降，故障率提高。一旦线束出了问题，不仅查找相当麻烦，而且维修也很困难，从而制约了电子控制技术在汽车上的应用。

另外，电子控制单元的大量引入，要求大批的数据信息能够在不同的子系统中共享，汽车综合控制系统中大量的控制信号也需要实时交换，以提高信号的利用率。所以，无论从材料成本、系统可靠性、故障诊断和维修性能来讲，传统布线法已远远不能满足现代汽车发展的需求。

随着计算机网络技术的不断发展，在计算机网络技术和现场总线技术的基础上，开发各种适用于汽车环境的网络技术和设备，组建汽车内部的通信网络，将成为解决上述问题最好的手段之一，也是现代汽车技术发展的必然趋势。

10.3.2 总线式信息传输方式(网络技术)及其特点

总线式信息传输方式是利用计算机数据总线将汽车上的各个不同控制功能的电子系统连接起来构成网络,如图10-12所示,数据总线上传递的信号可以被多个系统共享,数据通过不同的编码信号来表示不同的开关动作,信号解码后,根据指令接通或断开对应的用电设备(前照灯、刮水器、电动座椅等)。从而最大限度地提高系统整体效率,充分利用有限的资源。这样就能将过去一线一用的专线制改为一线多用制。

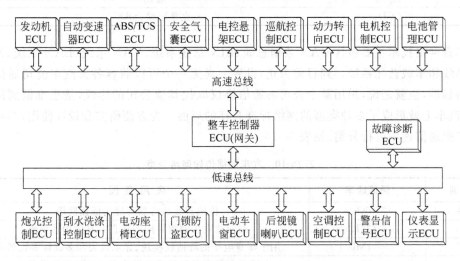

图10-12 汽车控制系统总线结构原理图

与传统导线线束式信息传输方式相比,汽车总线式信息传输方式有如下的优点。

(1) 一根总线上传输的信号可以被多个设备系统共享,从而最大限度地提高系统整体效率,减小了线束的数量和线束的体积,简化了整车线束,提高了整车电气线路的可靠性,因而也减少了造价、质量。

(2) 由于采用了通用传感器(如发动机及自动变速器共用传感器),因此消除了冗余传感器,达到了数据共享的目的。

(3) 改善了系统的灵活性,即通过系统的软件可以实现系统功能的变化和系统的升级。

(4) 提高了维修性。由于网络结构将各个子系统连接起来以达到数据共享,使各个子系统间协调工作,同时为诊断提供了通用接口,可利用多功能测试仪对系统进行测试、诊断,大大方便了维修人员对电子系统的维护和故障的检修,提高了电子系统的可维修性。

由于汽车网络技术上述显著的优点,早在20世纪80年代,众多国际知名汽车公司就积极致力于汽车网络技术的研究及应用。迄今为止,已有多种网络标准,如博世的CAN、SAE的J1850、马自达的PALMNET、德国大众的ABUS、美国商用机器的AUTOCAN、ISO的VAN等。

几种典型的网络标准见表10-9。

表 10-9　几种典型的网络标准

序号	通信协议名称	推荐或实施单位
1	CAN	奔驰、英特尔、博世、JSAE、ISO/TC22/SC3/WG1
2	BASLCCAN	飞利浦、博世
3	ABUS	大众
4	VAN	雷诺、标致、雪铁龙、ISO/TC22/SC3/WG1
5	HBCC	福特、SAEJ1850
6	PALMENT	马自达、SAE
7	DLCS	通用
8	CCD	克莱斯勒、SAE

车载网络技术主要包含 CAN 数据总线、LIN 总线系统、VAN 系统、LAN 系统、MOST 数据总线和车载蓝牙系统。到目前为止，世界上尚无一个可以兼容各大汽车公司通信协议的网络标准，也就是说，想用某个公司的通信协议取代其他公司的协议，是很难做到的。因此，在汽车上就形成了多种类型的网络标准共存的局面。为方便研究和设计使用，车载网络总线按照通信速率进行分类，见表 10-10。

表 10-10　汽车数据传输网络分类

类别	通信速率	应用范围
A	<10Kb/s	传感器或执行器管理的低速网络
B	10~125Kb/s	面向独立控制模块间的信息共享的中速网络
C	25~1Mb/s	用于车身电子的舒适性模块、显示仪表和多媒体等设备中
D	>1Mb/s	用在车身电子的舒适性模块和显示仪表等设备中

B 类网支持 A 类网的功能，C 类网能同时实现 A 类网和 B 类网功能。从发展趋势来看，D 类网将占据主导地位。由于汽车上不同区域的总线的速率和识别代号不同，因此一个信号要从一个总线进入另一个总线区域，必须把它的识别信号和速率进行改变，使其能够让另一个系统接受，这个任务由网关（gateway）来完成。在车载网络系统的设计中，有一个模块往往在完成控制自身的控制任务之外，同时还具备网关的功能。

10.3.3　CAN 总线系统简介

CAN 总线的全称为 Controller Area Network，即控制器局域网，是德国 BOSCH 公司在 20 世纪 80 年代初为解决现代汽车众多的控制器与测试仪器之间的数据交换而开发的一种先进的串行数据通信总线。它是一种多主总线，每个节点机均可成为主机，且节点机之间也可进行通信，通信介质可以是双绞线、同轴电缆或光导纤维，通信速率可达 1Mb/s，距离可达 10km。CAN 总线系统的一个最大特点是废除了传统的站地址编码，而代之以对通信数据块进行编码，使网络内的节点个数在理论上不受限制。由于采用了许多新技术及独特的设计，具有较强的纠错能力，支持差分收发，适合高干扰环境，因而具有突出的可靠性和较远的传输距离，另外，CAN 总线还具有实时性、灵活性和开放性等特点，因此在汽车工业已得到了广泛应用，奔驰、宝马、大众、沃尔沃等世界著名的汽车公司都采用了 CAN 总线技术。目前,CAN 总线技术已成为汽车上应用最广泛的现场总线之一。1993 年,CAN 成为国际标准:ISO 11898(高速应用)、IOS 11519(低速应用),为控制器局域网的标准化和规范化奠定了基础。与其他数据总线传输系统相比,汽车 CAN 总线数据传输系统具有以下突出优点:

(1) 将传感器信号线减至最少,使更多的传感器信号进行高速数据传递;

(2) 电控单元和电控单元插脚最小化应用,节省电控单元的有限空间;

(3) 组网自由,扩展性强,如果系统需要增加新的功能,只需软件升级即可;

(4) 各电控单元对所连接的 CAN 总线进行实时监测,如出现故障该电控单元会存储故障代码;

(5) CAN 数据总线符合国际标准,以便于同一车上不同厂家的电控单元间进行数据交换;

(6) 总线利用率高,数据传输距离较长(可达 10km),数据传输速率高(可达 1Mb/s);

(7) 成本相对较低。

目前汽车上的 CAN 总线网络连接方式主要采用两条 CAN:一条用于驱动系统的高速 CAN,速率达到 500Kb/s;另一条用于车身系统的低速 CAN,速率是 100Kb/s。驱动系统 CAN 主要连接对象是发动机控制器(ECU)、ASR 及 ABS 控制器、安全气囊控制器、组合仪表等,它们的基本特征相同,都是控制与汽车行驶直接相关的系统。车身系统 CAN 主要连接对象是四门以上的中控锁、电动车窗、后视镜和厢内照明灯等。有些高档车辆有第 3 条 CAN 总线,用于卫星导航及智能通信系统。驱动系统 CAN 和车身系统 CAN 这两条独立的总线之间可通过网关实现在各个 CAN 之间的数据交换和资源共享。

CAN 总线采用双线串行通信方式,具有优先权和仲裁功能,多个控制模块通过 CAN 接口挂到总线上。CAN 数据传输系统中,每块电脑的内部都有一个 CAN 控制器和一个 CAN 收发器,每块电脑外部连接两条 CAN 数据总线。在系统中作为终端的两块电脑,其内部还装有一个数据传递终端(有时数据传递终端安装在电脑外部)。典型的 CAN 总线模块的结构如图 10-13 所示。

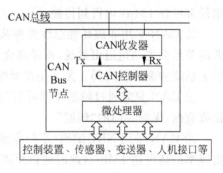

图 10-13 CAN 总线模块的结构

CAN 控制器的作用是接收控制单元中微处理器发出的数据,处理数据并传给 CAN 收发器。同时 CAN 控制器也接收收发器的数据,处理数据并传给微处理器。CAN 收发器是一个发送器和接收器的组合,它将 CAN 控制器提供的数据转化成电信号并通过数据总线发送出去,同时,它也接收总线数据,并将数据传到 CAN 控制器。CAN 数据总线是用以传输数据的双向数据线,分为 CAN 高位(CAN-high)和 CAN 低位(CAN-low)数据线。数据没有指定接收器,数据通过数据总线发送给各控制单元,各控制单元接收后进行计算。汽车 CAN 数据总线的通信介质多采用双绞线,通常将两条线缠绕在一起,两条线上的电位是相反的,如果一条线的电压是 5V,另一条线就是 0V,两条线的电压总和等于常值。通过该种办法,CAN 总线得到保护而免受外界电磁场干扰。同时 CAN 总线向外辐射也保持中性,即无辐射。典型的 CAN 总线网络数据交换原理如图 10-14 所示。

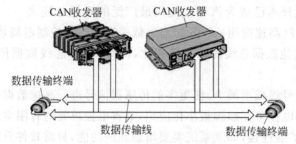

图 10-14 网络数据交换原理

由于 CAN 总线系统实现了全车数据共享,使整车成为一个智能化的整体,从而具有自我调节能力。例如,当点火开关关闭一定时间后,CAN 总线的舒适系统将自动处于休眠状态,整个系统处于最低耗电状态,从而节省了能源。一旦接收到车门开启信号,无须起动发动机,系统立即被唤醒激活,开始接收各处节点传递的信息,将整车调整到最佳工作状态。

10.3.4 CAN 总线的数据传输特点

与一般的通信总线相比,CAN 总线的数据传输有如下特点:

① CAN 为多主方式工作,网络上任一节点均可在任意时刻主动地向网络上其他节点发送信息,而不分主从,通信方式灵活,且无需站地址等节点信息。利用这一点可方便地构成多机备份系统。

② CAN 网络上的节点信息分成不同的优先级,可满足不同的实时要求,高优先级的数据最多可在 $134\mu s$ 内得到传输。

③ CAN 采用非破坏性总线性仲裁技术,当多个节点同时向总线发送信息时,优先级较低的节点会主动地退出发送,而最高优先级的节点可不受影响地继续传输数据,从而大大节省了总线冲突仲裁时间。尤其是在网络负载很重的情况下也不会出现网络瘫痪情况。

④ CAN 只需通过帧滤波即可实现点对点、一点对多点及全局广播等几种方式传送和接收数据,无需专门的"调度"。

⑤ CAN 采用 NRZ 编码(不归零编码),直接通信距离最远可达 10km(速率 5Kb/s),通信速率最高可达 1Mb/s(此时通信距离最长为 40m)。

⑥ CAN 上的节点数主要取决于总线驱动电路,目前可达 110 个;标识符可达 2032 种(CAN2.0A),而扩展标准(CAN2.0B)的标识符几乎不受限制。

⑦ 采用短帧结构,传输时间短,受干扰概率低,具有极好的检错效果。

⑧ CAN 的每帧信息都有 CRC 效验(循环冗余效验)及其他检错措施,保证数据出错率极低。

⑨ CAN 节点在错误严重的情况下具有自动关闭输出功能,以使总线上其他节点的操作不受影响。

10.3.5 网络技术在汽车上的应用举例

下面以大众波罗(Polo)轿车采用的 CAN 总线系统来说明 CAN 总线系统在汽车上的具体应用。

图 10-15 所示为波罗轿车 CAN 总线的结构形式。该车采用了动力系统控制的高速 CAN 和舒适系统控制的较低速 CAN，并且设置了网关，将这两个 CAN 连为一体形成了车载网络系统。通过 CAN 数据总线将各个控制单元连接起来，从而实现各个控制单元间数据的共享、接收、发送，以及完成以前由控制单元和继电器单独所执行的各种控制功能。

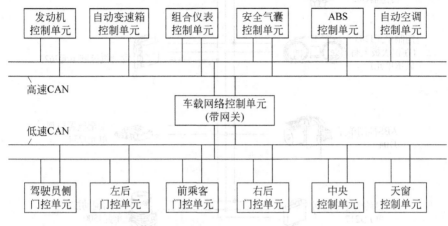

图 10-15 波罗轿车 CAN 总线的结构形式

1．CAN 数据总线系统的组成

波罗的 CAN 数据总线系统，由 CAN 驱动装置数据总线系统和 CAN 舒适模式数据总线系统组成，它们的区别在于传输的数据内容不同。

1）驱动装置数据总线系统

CAN 驱动装置数据总线系统以 500Kb/s 的传输速度工作，以使在对安全较重要的系统内部能进行快速的数据传输。它由车载网络系统的控制单元 J519、带有用于数据总线的诊断接口 J533（网关）、转向角传感器 G85、控制单元 J285（在仪表板上有显示单元）、ABS 控制单元 J104、自动变速器控制单元 J217、转向辅助控制单元 J500、安全气囊控制单元 J234、发动机控制单元 J623 及诊断接口组成，如图 10-16 所示。

2）舒适模式数据总线系统

CAN 舒适模式数据总线系统以 100Kb/s 的传输速度工作。它由车载网络系统的控制单元 J519、带有用于数据总线的诊断接口 J533（网关）、空调电子控制系统的控制单元 J255、空调控制单元 J301、舒适系统的中央控制单元 J393、驾驶员侧车门控制单元 J386、左后车门控制单元 J388、诊断接口、控制单元 J503（带有无线电和导航用显示单元）、前座乘客侧车门控制单元 J387 和右后车门控制单元 J389 组成，如图 10-17 所示。

3）数据总线的诊断接口

数据总线的诊断接口 J533 集成在车载网络系统的控制单元 J519 中，其结构如图 10-18 所示。

数据总线的诊断接口 J533 有两个任务：

（1）CAN 驱动装置数据总线和 CAN 舒适模式数据总线间进行数据交换。由于两个系统的传输率不同，要进行直接的通信是不可能的。要进行系统间的信息交换需要建立连接，这个连接通过数据总线的诊断接口 J533 实现。诊断接口 J533 编译来自总线系统的数据，

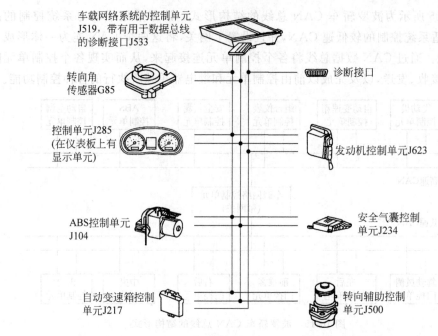

图 10-16 波罗的驱动装置 CAN 数据总线系统的组成

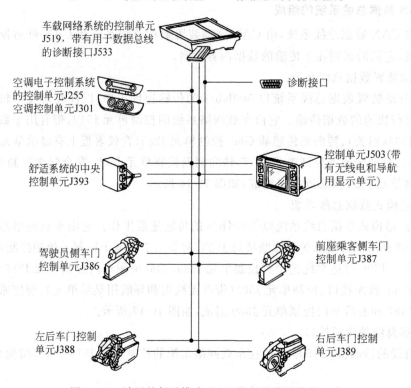

图 10-17 波罗的舒适模式 CAN 数据总线系统的组成

并将数据继续传送给相关的其他总线系统。

(2) 数据总线的诊断接口 J533 将 CAN 驱动装置数据总线和 CAN 舒适模式数据总线的诊断数据转换到车身导线上。

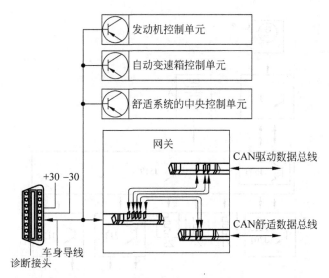

图 10-18 波罗轿车 CAN 总线系统的数据总线的诊断接口

2. CAN 数据总线系统的主要功能

1) 负荷控制

在行驶中大量舒适性装备和电热器(如座椅加热装置、后窗加热装置、外后视镜加热装置和电子辅助加热装置)会引起发电机过载,进而导致蓄电池放电,电路如图 10-19 所示。尤其是出现在距离极短的短途行车和冬季行驶时,以及时停时走和装备过多的车辆中。考虑到短时间用电器的电流需求,车载网络系统控制单元的负荷管理系统定期监控蓄电池,网络系统控制单元将采取措施,以保持行驶能力并确保车辆重新起动能力。例如,如果车载网络系统电压低于 12.7V 时则怠速转速将被提高;如果电压降到 12V 以下,除提高怠速转速外,车载网络系统控制单元还将关闭后窗加热装置、座椅加热装置、外后视镜加热装置等耗电较大的加热系统,并降低空调压缩机功率。另外为保持蓄电池电能,外后视镜和后窗加热装置也只有在发动机运行时才能接通,并且接通约 20min 后,加热装置将自动关闭。

2) 车内灯控制

车内灯控制电路如图 10-20 所示。

如果前部和后部车内灯开关都位于车门触点位置,通过车载网络系统控制单元 J519 可以确保在车辆停止而车门未关闭状态下,车内灯 10min 后自动关闭,这样可以避免蓄电池不必要的放电。如果解除车辆联锁或拔出点火钥匙,30s 后车内灯自动接通。在车辆锁止或打开点火开关后车内灯即关闭。车内灯在撞车时自动接通。在点火开关关闭约 30min,自动关闭由手动打开的灯(车内灯、前后阅读灯、行李厢照明灯、杂物箱照明灯和化妆镜)。

3) 燃油系统供给控制

2002 款波罗中的汽油发动机有一个新的燃油泵供给控制单元。它是由燃油泵继电器 J17 和燃油供给继电器 J643 并联来代替单个集成防撞燃油关闭装置的燃油泵继电器。这两个继电器位于车载网络系统控制单元 J519 上的继电器托架上,当驾驶员打开驾驶员侧车门后,车门触点开关 P2(或中控门锁 F220 的关闭单元)将信号发送到车载网络系统控制单元。接着,车载网络系统控制单元控制燃油供给继电器 J643,并使燃油泵 G6 运行大约 2s。打开点火开关或起动发动机后,燃油泵 G6 通过燃油泵继电器 J17 由发动机控制单元控制,电路图如图 10-21 所示。

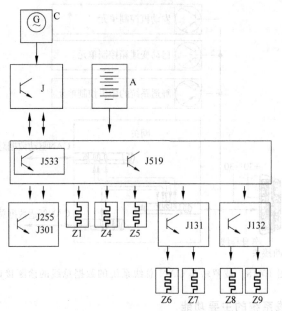

图 10-19 负荷控制电路

A—蓄电池；C—发电机；J—发动机控制单元；J131—可加热式驾驶员座椅控制单元；J132—可加热式前座乘客座椅控制单元；J255—空调电子控制系统控制单元；J301—空调器控制单元；J519—车载网络系统控制单元；J533—数据总线诊断接口；Z1—可加热式后窗；Z4—可加热式外后视镜,驾驶员侧；Z5—可加热式外后视镜,前座乘客侧；Z6—可加热式驾驶员座椅；Z7—可加热式驾驶员靠背；Z8—可加热式前座乘客座椅；Z9—可加热式前座乘客靠背

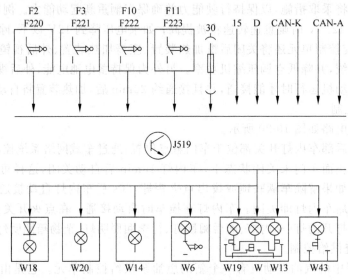

图 10-20 车内灯控制电路图

CAN-A—CAN 驱动装置数据总线；CAN-K—CAN 驱动模式数据总线；D—点火开关；F2—驾驶员侧车门触点开关；F3—前乘客侧车门触点开关；F10—左后车门触点开关；F11—右后车门触点开关；F220—驾驶员侧集控门锁关闭单元；F221—前乘客侧集控门锁关闭单元；F222—左后集控门锁关闭单元；F223—右后集控门锁关闭单元；J519—车载网络系统控制单元；W—前部车内灯；W6—杂物箱照明灯；W13—前乘客侧阅读灯；W14—带照明的化妆镜(前乘客侧)；W18—左行李厢照明灯；W19—驾驶员侧阅读灯；W20—带照明的化妆镜(驾驶员侧)；W43—后部车内灯

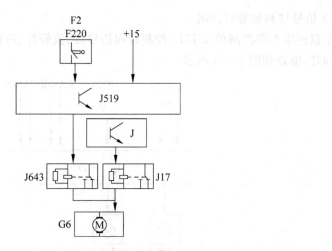

图 10-21 燃油泵控制电路

F2—驾驶员侧车门触点开关；F220—驾驶员侧集控门锁关闭单元；G6—燃油泵；J—发动机控制单元；J17—燃油泵继电器；J519—车载网络系统控制单元；J643—燃油供给继电器

在车载网络系统控制单元有一个定时开关，它有两个作用：

① 当驾驶员侧车门短暂开启时，避免燃油泵持续运行；
② 如果驾驶员侧车门开启超过 30min，燃油泵重新受控。

4）刮水器控制

刮水器控制电路如图 10-22 所示。

控制方式如下：在前挡风玻璃刮水器置于 1 挡或 2 挡或间歇挡的条件下，当在挂入倒挡后，后窗刮水器将自动刮水一次，如果挡风玻璃刮水器已接通间歇挡（取决车速的间歇运行模式或下雨运行模式），并且同时发动机盖打开，信号将从发动机盖接触开关 K26 发送至车载网络系统控制单元。控制单元将阻止刮水器运动，直到发动机盖再关闭。

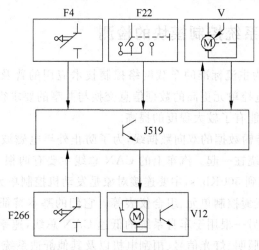

图 10-22 刮水器控制电路

F22—间歇运行刮水器开关；F4—倒车灯开关；J519—车载网络系统控制单元；V—刮水器电机；V12—后窗刮水器电机；F266—发动机舱盖开关

5) 信号灯和报警灯控制

车载网络系统控制单元J519控制转向信号灯、报警灯、防盗报警装置、中控门锁以及挂车转向灯，电路如图10-23所示。

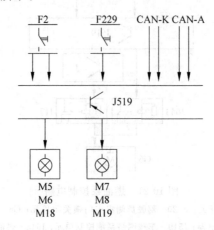

图10-23 信号灯和报警灯控制

CAN-A—CAN驱动装置数据总线；CAN-K—CAN舒适模式数据总线；F2—转向信号灯；F229—报警灯按钮；J519—车载网络系统控制单元；M5—左前转向信号灯；M6—左后转向信号灯；M7—右前转向信号灯；M8—右后转向信号灯；M18—左侧转向信号灯；M19—右侧转向信号灯

6) 编码

车辆的装置范围和国家标准决定了车载网络系统单元的编码。编码由厂方进行，如果在售后服务或维修的装置被更改，例如安装可加热式座椅或更换新的控制单元，必须重新编码。需编码的装置和情况包括燃油泵供给控制系统、后行李厢遥控解锁、可加热式外后视镜、4车门车型、带舒适开关的后窗雨刮器、雨量控制传感器、可加热式前挡风玻璃、车内灯控制装置、大灯清洗装置、可加热式座椅、主动电子负荷管理激活。

10.3.6 总线系统控制模块的检测

随着以CAN总线为主流标准的车载网络控制技术应用的普及，汽车整车电气系统的布线得到了简化，车载电控单元更高的数据信息交换与共享的要求得到了满足，汽车整车的电子控制技术水平与性能有了较大程度的提高。

CAN数据总线是传输数据的双向数据线，为了防止外界电磁波干扰和向外辐射，CAN数据传输线通常都是缠绕在一起。汽车上的CAN总线主要有两根。一根用于驱动系统的高速CAN总线，速率达到500Kb/s，主要连接对象是发动机控制单元、ABS控制单元、自动变速器控制单元、安全气囊控制单元、组合仪表等。它们的基本特征相同，都是控制与汽车行驶直接相关的系统。另一根用于车身系统的低速CAN总线，速率一般小于100Kb/s，主要连接和控制汽车内部照明、灯光信号、雨刮电机以及其他舒适系统。从成本和需求的角度出发，LIN总线、MOST总线等类型的网络通信系统相继出现，车载网络系统被划分为动力总线、舒适总线、信息娱乐总线。汽车成为了动力、电器、电子、网络和智能化系统混合叠加的专用设施。

为了适应汽车车载 CAN 总线这一新技术的发展，汽车检测维修人员必须掌握汽车 CAN 总线网络系统的结构组成、工作原理、故障特点及诊断方法，才能快速、准确地排除涉及 CAN 总线方面的汽车故障。

随着工业自动化技术、计算机网络技术、人工智能化技术的快速发展和向汽车制造领域的跨界，汽车检测维修诊断过程更多成为一种根据制造商提供的技术手册、借助专业诊断设备的检测结果，分别选择不同"维修"策略的标准化的工艺流程。维修人员需要的是借助专用设备的诊断信息得出定性的判断，然后执行标准的修理或者更换流程。

1. CAN 总线工作波形图简介

CAN 总线每个控制单元都有各自的特有地址，以利于它接收特定的信号。CAN 总线通过遍布车身的传感器，将汽车的各种行驶数据发送到总线上，控制模块之间也不断交换各种数据。这些数据不会指定唯一的接收者，凡是需要这些数据的接收端都可以从总线上读取需要的信息。

汽车电控系统的控制单元、CAN 模块和 CAN 数据总线，再加上诊断 K 线就构成了总线系统的一个功能单元。汽车电控系统的控制单元由硬件和软件组成，为了简化维修工艺和降低制造成本，系统开发商往往在相同的硬件模块上植入不同的控制软件，通过设置不同的代码使得模块具有不同的控制功能。在同一车系的汽车控制模块中，同样的硬件模块就可以被安装到不同型号的汽车上。

CAN 总线工作波形如图 10-24 所示。驱动 CAN 总线（高速），亦称动力系统 CAN 总线，其标准传输速率为 500Kb/s，主要用于发动机、变速器、ABS、转向助力等汽车动力系统模块之间的数据传输。动力系统 CAN 总线的 CAN 高线（CAN-H 线）和 CAN 低线（CAN-L 线）有相同的预设值，该值约为 2.5V，称为静电平，也称为静止状态，连接的所有电控单元均可修改它。

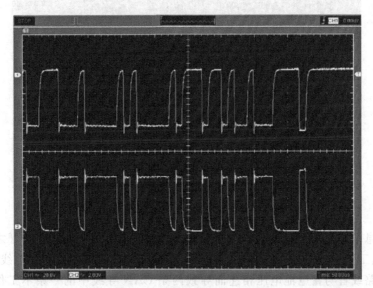

图 10-24　CAN 总线工作波形

汽车动力系统控制模块收发器中的差动信号放大器在处理信号时，会用 CAN-H 线上作用的电压减去 CAN-L 线上作用的电压，对处理的结果进行判读，如图 10-25 所示。例如，

CAN-H 电压为 3.5V,CAN-L 电压为 1.5V,处理结果是电压为 2V,判读为显性状态"1"。

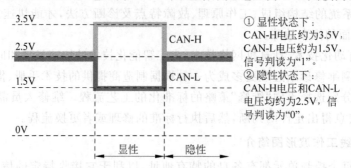

① 显性状态下：
CAN-H电压约为3.5V，
CAN-L电压约为1.5V，
信号判读为"1"。
② 隐性状态下：
CAN-H电压和CAN-L电压均约为2.5V，信号判读为"0"。

图 10-25　动力系统 CAN 总线电平判读

　　CAN-H 信号和 CAN-L 信号经过差动信号放大器处理后（就是所谓的差动传输技术），可最大限度地消除干扰的影响。即使车上的供电电压有波动（如起动发动机时），也不会影响各个控制单元的数据传输，这就大大提高了数据传输的可靠性。

　　舒适/信息系统 CAN 总线主要用于空调电控单元、车门电控单元、舒适电控单元、收音机和导航电控单元等，其标准传输速率为 100Kb/s。舒适信息系统 CAN 总线放弃了 CAN-H 线和 CAN-L 线共同的中压（2.5V）。图 10-26 和图 10-27 分别给出舒适系统 CAN 总线工作波形和电平判断。在隐性状态（静电平）时 CAN 信号为 0V，在显性状态时 CAN-H 信号大于等于 3.6V；对于 CAN-L 信号来说，隐性电压为 5V，显性电压小于等于 1.4V。

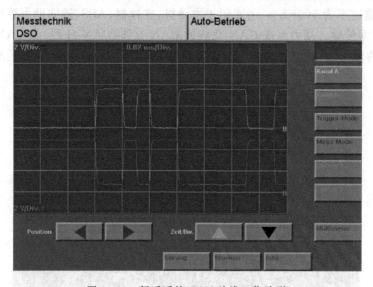

图 10-26　舒适系统 CAN 总线工作波形

　　舒适/信息系统 CAN 总线是由汽车电源的 30 线供电，在点火开关断开之后的一段时间内维持继续工作，然后进入睡眠模式。舒适/信息系统 CAN 总线具有单线工作能力，如果因断路、短路或者与蓄电池电压相连而导致两条 CAN 导线中的一条不工作，那么舒适/信息系统 CAN 总线就会切换到单线工作模式，如图 10-28 所示。

　　CAN 总线上的电平是一个动态变化的电压，应该使用汽车示波器进行观察。但是在一般的维修过程中，可以通过汽车万用表检测获得参考检测电压，据此进行初步判断。

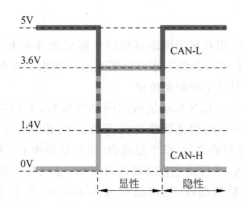

图 10-27　舒适系统 CAN 总线电平判读

① 显性状态下：
CAN-H 电压约为 3.6V，
CAN-L 电压约为 1.4V，
信号判读为"1"。
② 隐性状态下：
CAN-H 电压约为 0V，
CAN-L 电压约为 5V，
信号判读为"0"。

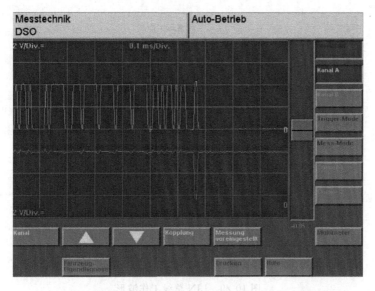

图 10-28　单线工作模式下的舒适系统 CAN 总线工作波形

　　动力系统 CAN 总线和舒适/信息系统 CAN 总线是不同的，所以在检测和诊断时有所不同。主要区别如下：

　　动力系统 CAN 总线中 CAN-H 线和 CAN-L 线使用一个驱动器，而舒适系统 CAN 总线中 CAN-H 线和 CAN-L 线使用了单独的驱动器。动力系统总线中 CAN-H 线和 CAN-L 线之间有终端电阻，而舒适系统 CAN 总线中 CAN-H 线和 CAN-L 线之间没有终端电阻。动力系统 CAN 总线中需要 CAN-H 和 CAN-L 线共同完成数据通信，不能单线运行；舒适系统 CAN 总线中 CAN-H 线和 CAN-L 线没有彼此依赖的关系，可以单线运行。舒适系统 CAN 总线中收发器内有故障逻辑电路，用来校验两条 CAN 导线上的信号，若出现故障，故障逻辑电路会识别出该故障，从而使用完好的一条导线（单线工作模式）；而动力系统 CAN 总线中收发器内没有故障逻辑电路，不能识别故障。

　　因此，动力系统 CAN 总线出现故障时，CAN-H 线、CAN-L 线的波形变化会相互影响（如搭铁、对正极短路等）。舒适系统 CAN 总线 CAN-H 线、CAN-L 线的波形变化不直接产生相互影响。利用故障诊断仪、万用表和示波器对总线故障进行诊断是经常使用的手段。

2. LIN 总线工作波形图简介

大量的车身和安全性能方面的应用对车用网络总线的性能要求并不太高,只需要一种性价比更高的标准车用网络总线,而 LIN 总线正好可以满足这一需求。因此,目前 LIN 总线技术正被越来越广泛地应用到车身电子控制系统中。

与控制器局域网 CAN-bus 相对应,LIN-bus 是内部网络的缩写,人们习惯上用"CAN 总线""LIN 总线"来称呼。所谓汽车中的内部网络是指所有的控制单元都在一个总成内(如空调等),并且有主控制器和子控制器之分,整个总成内(主控制器和子控制器,子控制器和子控制器)信息都由 LIN 总线相连,然后由主控制器通过 CAN 总线与外界相连。LIN 总线是 CAN-bus 的子网,但它只有一根数据线,线截面积为 $0.35mm^2$,并且没有屏蔽措施。LIN 总线系统规定一个主控制单元最多可以连接 16 个子控制单元。LIN 总线工作波形如图 10-29 所示。

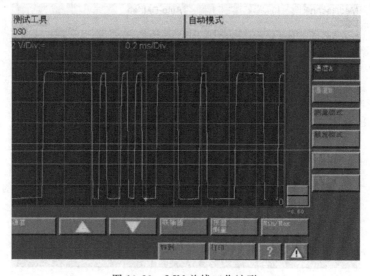

图 10-29 LIN 总线工作波形

本章小结

汽车全车线路是将电源、起动系、点火系、照明、仪表以及辅助装置等,按照它们各自的工作特性以及相互的内在联系,通过开关、导线、保险丝等连接起来,构成一个整体。汽车电路图是汽车制造和维修过程中的工程语言,是利用图形符号和文字符号表示汽车电路的构成、连接关系和工作原理,而不考虑其实际安装位置的一种简图。

汽车设计制造工艺水平的提高,使得汽车机械部件的设计制造工艺几乎达到极致,现代汽车正朝着安全性、舒适性和智能化方向发展。但是,电子技术的普遍应用,使得车辆控制单元的数目不断增多,相应的传感器和执行器不断增多,车上的线路也越来越复杂。线束长度的飞速增加,使线束变得越来越庞大。为了减少车内连线并且实现数据的共享和快速交换,同时提高可靠性,对汽车内部控制功能电控单元相互之间通信采用 CAN、LAN、LIN、

MOST 等基础构造的汽车电子网络系统,这就是车载网络系统。

由于汽车电子和新技术的快速发展,汽车电路日趋复杂。现代汽车的维修已经从依靠维修经验和维修技能转向依靠维修手册、专用设备和维修技能。汽车电路图成为汽车维修人员必备的基本资料,快速、准确地识读各种电路图,是快速、准确地判断汽车故障点和排除故障的关键。

习题

10-1 画图说明 CAN 总线信号传输原理。
10-2 汽车上采用总线技术有哪些优点?
10-3 车载网络中网关起什么作用?
10-4 汽车数据总线的数据传递过程是怎样的?

参考文献

[1] 王惠君,于明进,吴芷红.汽车电气设备[M].北京:人民交通出版社,2014.
[2] 凌永成,李淑英.汽车电气设备[M].北京:北京大学出版社,2010.
[3] 吴芷红,胡福祥.汽车电气设备[M].北京:中国水利水电出版社,2010.
[4] 曲金玉,崔振民.汽车电器与电子控制技术[M].2版.北京:北京大学出版社,2012.
[5] 杨保成.汽车电器与电子控制技术[M].北京:清华大学出版社,2016.
[6] 付百学,胡胜海.汽车电子控制技术(上册)[M].北京:机械工业出版社,2010.
[7] 冯崇毅,鲁植雄,何丹娅.汽车电子控制技术[M].2版.北京:人民交通出版社,2011.
[8] 舒华.汽车电子控制技术[M].4版.北京:人民交通出版社,2017.
[9] 陈志恒,胡宁.汽车电控技术[M].北京:高等教育出版社,2014.
[10] 祝政杰.汽车底盘电控系统检修[M].北京:北京理工大学出版社,2017.
[11] 于京诺.汽车底盘及车身电控系统维修[M].北京:机械工业出版社,2011.
[12] 解福泉,周建平.汽车典型电控系统构造与维修[M].北京:人民交通出版社,2009.
[13] 李春明.汽车底盘电控技术[M].北京:机械工业出版社,2010.
[14] 许炳照.汽车底盘电控系统检修[M].北京:国防工业出版社,2013.
[15] 曹红兵.汽车发动机电控技术与维修[M].北京:机械工业出版社,2014.
[16] 毛峰.汽车电器设备与维修[M].2版.北京:机械工业出版社,2014.
[17] 麻友良.汽车车载电源及起动机原理与故障检修实例[M].北京:机械工业出版社,2010.
[18] 刘军,杨浩.汽车电器设备构造与检修[M].重庆:重庆大学出版社,2016.
[19] 边焕鹤.汽车电器与电子设备[M].北京:人民交通出版社,2014.
[20] 左伟奇.汽车电器设备检修[M].长沙:湖南大学出版社,2015.
[21] 杜弘.汽车电器及电子设备检修[M].北京:北京理工大学出版社,2014.
[22] 熊新.汽车电器设备与维修技术[M].长沙:中南大学出版社,2016.
[23] 郭瑞莲,周大森.汽车电控系统原理与故障分析[M].北京:北京工业大学出版社,2010.